KB116851

열정을 경영하라

열정을 경영하라

1판 1쇄 인쇄 2006. 3. 7.
2판 1쇄 인쇄 2007. 3. 19.
2판 12쇄 발행 2022. 3. 26.

지은이 진대제

발행인 고세규
발행처 김영사

등록 1979년 5월 17일 (제406-2003-036호)
주소 경기도 파주시 문발로 197(문발동) 우편번호 10881
전화 마케팅부 031)955-3100, 편집부 031)955-3200 | 팩스 031)955-3111

값은 뒤표지에 있습니다.
ISBN 978-89-349-2454-8 03320

홈페이지 www.gimmyoung.com   블로그 blog.naver.com/gybook
인스타그램 instagram.com/gimmyoung   이메일 bestbook@gimmyoung.com

좋은 독자가 좋은 책을 만듭니다.
김영사는 독자 여러분의 의견에 항상 귀 기울이고 있습니다.

진대제가 밝히는 '블루칩 인재의 자기경영법'

열정을 경영하라

진대제 지음

김영사

열정이 있는 삶은 블루칩이다

이 책이 나오기 직전인 2006년 1월 말, 설날을 며칠 앞두고 나는 스위스 다보스로 떠났다. 다보스포럼이라고 알려져 있는 세계경제포럼(WEF)에 참석하기 위해서였다. 눈으로 뒤덮인 해발 1천 500미터 고지의 알프스 중턱에 위치한 작은 휴양지 다보스는 그런 국제적인 규모의 모임을 열기에는 교통이 불편한 곳이었지만, 먼 길을 마다않고 세계 각지에서 모여든 사람들의 열기는 대단했다.

이번 포럼의 전체 주제는 기술, 특히 정보통신(IT)의 급속한 발전에 힘입어 세계무대의 주역으로 부상하는 중국과 인도(Chindia라는 신조어가 만들어졌다)에 의해 세계는 경제 · 사회 및 국제질서에서 엄청난 변화가 있을 것이며, 이에 대응하기 위해서는 절대적인 창조성(Creative Imperative)이 필요하다는 것이었다.

나는 이번 다보스포럼에 참석하는 CEO들의 추천에 의해 미국 연방통신위원회 캐빈 마틴 위원장과 함께 정보통신부 장관 자격으로 초청되어 참석하게 되었다. IT강국으로서의 한국의 위상을 전세계가 인정하고 있음을 실감케 하는 일이었다. 몇몇 토론에 참석해서 연설을 하고 조언을 하기도 했다. 참석자들은 정보통신의 현재와 미래는 한국이 잘 보여주고 있으며, 한국을 보고 영감을 받아야 한다고 공공연하게 말했다. 어깨가 으쓱해지고 보람으로 벅차오르는 순간이었다.

　나는 기업이나 학교 또는 여러 모임에서 자주 강연요청을 받는다. 강연을 들으러 온 사람들은 최근 세계경제도 어렵고 우리나라 주변환경에도 불확실성이 많다 보니 뭔가 확실한 이야기를 듣고 싶어한다. 많은 CEO나 직장인, 미래를 준비하는 학생들이 국민소득 2만 달러를 어떻게 조기에 달성할 것인지, 10~15년 후의 먹거리산업을 어떻게 만들 것인지, 나아가 국민소득 3~4만 달러의 선진한국이 되기 위해서는 무엇을 준비해야 할 것인지에 대해 듣고 싶어한다. 열심히 강연을 하다 보면 예정된 시간을 훌쩍 넘길 때가 많은데, 참석자들은 늘 질문할 시간이 넉넉지 않다고 아쉬워하곤 했다.
　청중들의 질문 중에는 나 개인에 대한 내용도 많았다. "처음 반도체 부문에서 일할 때 또는 대학시절에 무엇을 어떻게 공부했느냐?"라든가, "공직사회는 기업과 어떻게 다른가?" 등, IT와는 무관한 것도 많았다. 또 "박사도 하고 사장도 하고 장관도 해온 과정이 무척 순조로워 보이는데, 실패나 좌절을 경험해 본 적이 있는가?" 하는 질문도 있었다.

　나는 지난 일들에 대해 얘기하는 것을 좋아하지 않는다. 옛날 얘기를 자꾸 되풀이하는 것은 늙었다는 징후이고, 나에겐 앞으로 할 일이 과거에 한 일보다 훨씬 많다고 믿고 있기 때문이다.
　회사일로 늘 바빴던 나는 집에 있는 시간이 별로 많지도 않았지만 집에 돌아와서도 직장에서 있었던 이런저런 일을 얘기하는 것을 좋아하지 않았다. 그래서 집사람이 내가 직장에서 무슨 일을 하고 있는지 아는 것은 간혹 있는 직장의 부부동반 모임에서 듣는 정도가 전부였다. 물론 나도 집안일에 대해 이것저것 묻지 않았다. 아이들이 어떻게 공부하는지, 어떤 어려움을 겪으면서 자라는지에 대해 별로 아는 바가 없었다. 세월이 지나고 보니 그게 가장 큰 아쉬움으로 남는다.

공직생활을 시작하면서 회사에서 근무할 때보다 해외출장이 반 이하로 줄어 국내에 머무를 시간이 많아졌다. 그래서 집에 돌아오면 아무리 늦은 밤이라도 양재천을 한 시간 이상 산책하는 습관을 들였고, 그때마다 장성한 아이들을 데리고 함께 산책하면서 많은 이야기를 나누었다. 어떻게 하면 직장생활을 잘할 수 있는지, 일이 안 풀릴 때는 어떻게 하면 생각을 바꿀 수 있는지, 앞으로 다가올 시대에는 무엇을 준비하고 주목해야 하는지, 이런저런 코치를 해주었다. 그러다 보니 결국 지나온 내 경험을 얘기해 줄 수밖에 없었다.

이 책은 우리 아이들과 며느리, 사위와 산책을 하면서 나눈 여러 가지 얘기들을 기초로 쓴 것이다. 초고를 가족끼리 돌려 읽으면서 때로는 웃고 때로는 가슴아파하기도 했다. 그러면서 서로간에 모르고 지내온 것들을 많이 알게 되었고, 아쉽게 보낸 지난날의 안타까움을 달랠 수 있었으며, 그럼으로써 가족간의 우애를 새롭게 다질 수 있었다.

이 책을 쓰면서 소중한 것을 깨달았다. 나는 1980년대 중반부터 오늘에 이르기까지, 우리나라가 눈부시게 발전하는 바로 그 변화와 도전의 현장에서 맘껏 일할 수 있는 기회를 얻은 엄청난 행운아였다는 것. 반도체기술이 일천하던 시절에 한국으로 돌아와 메모리반도체로 세계를 제패하고, 외환위기로 온 나라가 어려움을 겪던 와중에 비메모리반도체 사업을 적자에서 흑자로 반전시켰으며, 21세기의 화두인 디지털시대에 디지털TV로 소니를 이기는 기반을 닦았다.

2003년에는 10~15년 뒤 국민의 먹거리산업을 만들어보라는 국가의 부름을 받아 공직생활을 시작하였다. 그동안 와이브로와 DMB를 세계 최초로 개발하여 'IT강국 코리아'를 앞당기는 등, 그 도전의 현장에서 때로는 기술자로서 때로는 CEO로서 또 나중에는 우리나라 정보통신산업을 진두지휘하는 수장으로서 일할 기회를 얻었다는 것에 대해 무한한 감사를 드린다. 또한 그동안 고락을 같이하면서 주어진 목표를 향해 함께 달려온 많은 동료와 선후배들에게도 감사드린다.

누군가가 나에게 "다시 태어나면 무엇을 하고 싶으냐?"고 물으면 나는 주저 않고 "내가 했던 일을 다시 하겠노라"고 자신 있게 말하겠다. 꿈은 나를 행복하게 했고, 새로운 도전은 나를 기운 솟게 했으며, 그 도전을 극복하기 위해 온몸을 내던져 몰입한 뒤 주어진 결과를 받아들이면서 감사를 배웠다.

꿈꾸고 도전하고 감사하는 삶, 그리고 열정이 있는 삶이 바로 블루칩이라고 믿는다. 그러한 삶이 내 목표였으며, 앞으로도 죽는 날까지 변함없이 뜨거운 열정을 경영하면서 살아갈 것이다.

2006. 2

진대제

1

세상에서 목구멍이 제일 큰 놈

16M D램을
개발하던 날

'공돌이' 진대제 인생 최고의 순간이었다. 미쳤냐는 소리를 들으며 미국 IBM을 박차고 나오면서, "조국에 돌아가서 반드시 반도체로 일본을 집어삼키겠다"고 했는데 그 가능성이 마침내 실현되려는 순간이기도 했다.

"에이, 16M D램 팀장이 재수가 없어서 일이 이렇게 안 되나? 이거 원, 팀장을 바꾸든지 해야지……."

새벽같이 출근을 하니 상무가 나 들으라는 듯 툭 한마디 던진다. 휴일인데도 일찌감치 나와 내 책상에 떡하니 발을 올려놓고 앉아 있는 상사의 모습에서 나는 모든 사태를 짐작할 수 있었다. 회사의 사활이 걸린 16M D램 완전동작 칩(Fully Working Die)의 개발이 계속 벽에 부딪히자 회사에서도 더는 두고 볼 수 없다는 방침을 내린 것이 분명했다.

그렇지 않아도 조마조마한 마음으로 출근했는데 상사가 대놓고 눈치를 주니 얼굴이 화끈거려 도저히 그 자리에 더 이상 있을 수가 없었다. 아무런 대꾸도 하지 못한 채 슬그머니 검사실로 내려갔다. 1989년 10월 하순의 어느 일요일이었다.

그날은 삼성기술대상을 받기 위해 16M D램의 완전동작 칩을 꼭 개발하여 그 결과를 제출해야 하는 마감일이기도 했다.

당시 회사에서는 16M D램의 완전동작 칩 개발에 사활을 걸고 있었고, 만약 우리 팀이 완전동작 칩을 개발할 경우 삼성기술대상을 거머쥐게 되어 있었다. 그러나 칩 개발에 실패할 경우 시상식 자체가 무산될 뿐만 아니라 회사의 운명마저도 장담할 수 없는 절박한 상황이었다.

반도체라는 것이 그렇다. 누가 먼저 선점하느냐에 따라 승자와 패자가 확연히 갈리고, 개발시기가 조금이라도 늦어질 경우 회사 문을 닫는 것은 시간문제다. 당시 삼성은 반도체에 엄청난 비용을 투자하고 있었는데, 세간에 '삼성이 저러다가 망하는 것 아니냐'는 소문까지 나돌 정도로 분위기가 좋지 않았다.

상황이 그런데도 16M D램의 완전동작 칩 개발은 요원하기만 했다. 지난 2년간 거의 모든 휴일을 반납하고 밤을 새며 실험에 실험을 거듭했건만, 1천 600만 개가 넘는 메모리셀이 모두 동작하는 완전동작 칩은 개발되지 않았다.

설상가상으로 지금까지 사용하던 연구소시설(FAB라 부르는 청정시설)도 곧 문을 닫을 처지에 놓여 있었다. 16M D램의 완전동작 칩이 나오지 않는 원인 중 하나가 공장에 떠다니는 미세한 먼지들이었는데, 이 문제가 도저히 해결되지 않자 회사 경영진에서 아예 공장을 새로 짓기로 결정을 내린 것이다. 반도체 표면에 미세한 먼지가 앉으면 불량이 나기 때문에, 반도체공장은 청정한 상태를 유지하기 위해 온갖 노력을 기울인다.

문제는 새로운 시설로 이전하려면 적어도 몇 달은 실험을 중단해야 한다는 것이었다. 즉, 적어도 몇 달은 16M D램 칩을 만들어볼 수 없다는 얘기다. 때문에 연구소를 닫기 전에 생산되는 마지막 웨이퍼(실리콘 기판)가 내게는 남아 있는 유일한 기회인 셈이었는데, 바로 그날이 최종으로 제작한 20여 장의 웨이퍼가 나오는 날이었다. 그야말로 운명의 날이었다.

검사실에 내려가니 우리 팀의 테스트기술자들이 마지막으로 제작된 웨이퍼를 들여다보고 있었다. 나도 그 옆에 앉아서 꼼꼼하게 결과를 검토하기 시작했으나, 20장에 있는 2천여 개의 칩을 모두 테스트해 봐도 완전히 동작하는 것은 단 하나도 없었다. 눈앞이 캄캄해졌다. 그러나 포기할 수는 없었다.

나는 완전동작 칩이 무엇을 의미하는지 다시 한 번 곰곰이 생각해 봤다. 완전동작하는 16M D램이란 정확하게 16,777,216비트가 모두 동작하는 반도체칩을 의미한다. 16메가(16,000,000)보다 좀더 많은 비트 수지만 편의상 16M라고 부르는 것이다.

그런데 그날 나온 웨이퍼는 정말 '죽고 싶도록' 아쉽게도 210비트가 모자랐다. 이것만으로도 대단한 성과라고 할 수 있지만, 단 한 비트라도 동작하지 않으면 아무런 소용이 없는 것이 반도체다. 그야말로 '화룡점정'을 눈앞에 두고 있는데, 이 '마의 210비트'를 어떻게 살리느냐가 관건이었다.

궁하면 통한다고 했던가! '발상을 전환해 보자'는 생각이 퍼뜩 들었다. 당시 우리가 설계한 16M D램은 내부구조가 극도로 정밀하고 민감한 나머지, 그전 세대의 반도체에 사용되던 5V 전압을 쓰면 전계가 너무 강해져서 얇은 산화막들이 망가질 우려가 있었다. 따라서 내부에서 다시 4V로 전압을 낮춰 사용하도록 설계되어 있었다. 즉, 외부에서 일반 전압인 5V를 가해도 반도체 내부에서는 4V로 내리니 외부 전압에는 민감하게 반응하지 않는 구조였다.

나는 기지를 발휘했다. '외부 전압은 당연히 5V를 가해야 한다'는 통념을 깨보기로 한 것이다. '만약 외부 전압을 내리거나 올린다면 내부의 전압이 약간이라도 변화하게 될 것이고, 혹시 죽어 있는(동작하지 않는) 210여 비트 중 일부가 살아나지 않을까?'

그때까지 고개를 떨구고 낙심해 있던 기술자들에게 전압을 좀 낮춰 보라고 지시했다. 고개를 갸웃거리던 기술자들이 '밀져봐야 본전'이라는 생각으로 전압을 조금 낮췄다.

어! 그랬더니 동작상태가 훨씬 좋아지는 것 아닌가. 그러다 조금 더 내리니 순간 기적이 일어났다. 놀랍게도, 아니 믿을 수 없게도, 완전동작 칩이 만들어진 것이다. 머리털이 다 쭈뼛해졌다.

희열과 함께 '우연은 아닐까' 하는 일말의 불안감이 등줄기를 타고 올라왔다. 기대와 흥분이 서린 눈초리와 마른기침 삼키는 소리, 정말 내장이 다 타는 것만 같았다.

쿵쿵쿵, 터질 듯 뛰는 심장박동을 느끼며 이번엔 전압을 다시 올려보라고 했다. 그랬더니 동작이 안 되는 원래 상태로 되돌아갔다. 다시 전압을 천천히 내려보라고 했다. 그러자 다시 완전동작하는 상태가 되었다. 그렇게 전압을 올리고 내리며 검증해 보기를 수십 차례, 확인에 확인을 거듭했다.

두 주먹이 불끈 쥐어졌다. 나는 자리를 박차고 일어나 2층 검사실에서 5층 사무실까지 단숨에 뛰어올라갔다. 그리고 외쳤다.

"나왔다!"

일요일까지 회사에 나와 가슴 졸이며 결과를 기다리던 기술자들과 여직원들 몇백 명이 동시다발로 환호성을 질렀다. '공돌이' 진대제 인생 최고의 순간이었다. 미쳤냐는 소리를 들으며 미국 IBM을 박차고 나오면서, "조국에 돌아가서 반드시 반도체로 일본을 집어삼키겠다"고 했는데 그 가능성이 마침내 실현되려는 순간이기도 했다.

나를 두고 어느 월간지 기자가 그랬던가. '땅땅한 경상도 사나이'라고. 그 땅땅한 경상도 사나이의 두 눈에 눈물이 그렁그렁 맺혔다. 땀에 전 연구복 소매로 눈물을 쓱 훔쳐냈다. 반도체 회로도로 도배되다시피 한 연구실의 천장과 벽이 눈앞에 어른거렸다. 말 그대로 99%의 땀과 1%의 영감이 이루어낸 일이었다. 그날 나는 에디슨이 부럽지 않았다.

1989년 10월 22일 일요일, 그렇게 16M D램의 완전동작 칩이 탄생하던 날, 기흥연구소 직원들은 서로 부둥켜안고 눈물을 쏟아냈다. 16M D램의 완성이 회사는 물론 국가적으로 어떤 의미가 있는지를 잘 알기에 흘리는 눈물이었다. 모두들 흥분과 감격에 겨워 발을 굴렀다. '쿵쿵쿵' 발 구르는 소리에 5층건물이 다 흔들렸다. 누가 봤으면 대한민국 축구팀이 월드컵 4강, 아니 우승이라도 한 줄 알았을 것이다.

그해 말 우리 연구진은 당당하게 삼성기술대상을 수상했다. 나로서는 87년 4M D램 개발로 삼성기술대상을 받은 이래 두 번째로 기술대상을 받는 것이었다. 물론 상당한 보너스가 주어져서, 전직원이 "너무 좋아서 음식이 입으로 들어가는지 코로 들어가는지 모르겠다"며 회식깨나 했다.

그날 저녁 나는 회사일 때문에 따뜻한 말 한마디 건네주지 못했던 아내와 아이들을 거실에 불러모아 눈물의 감사기도를 드렸다. 청원기도가 아닌 감사기도의 가치를 새삼 느낀 순간이었다.

가족들이 곤히 잠든 한밤중, 나는 홀로 거실에 나와 베란다 창가에 섰다. 잠이 오지 않았다. 기쁨과 흥분이 어느 정도 가시자 대신 가슴 가득 고뇌가 채워졌다. 반도체전쟁은 이제 시작일 뿐인데, 그 살벌한 전쟁터에 이제 겨우 한 발을 걸친 것 같은 느낌 때문이었다. 완전동작 시제품을 얻은 것은 단지 시작일 뿐이고, 앞으로 너무도 많은 할 일이 나를 기다리고 있을 터였다.

반도체신화의 서막

비교하기조차 낯뜨거웠던 선진국과의 기술격차는 이제 '제로(0)'. 마치 마라톤에서 꼴찌를 달리던 선수가 갑자기 막판 스퍼트를 내 순식간에 선두를 차지한 것과 같은 상황이라 할 수 있었다.

삼성이 메모리반도체에 대대적인 투자를 시작한 것은 1983년이었다. 당시에는 기술이 없어서 64K D램 설계를 마이크론테크놀로지사로부터 구입했는데, 기술수준으로 보면 선두주자보다 약 5년 이상 뒤진 상태였다. 다른 나라는 이미 다음세대인 256K D램을 생산하고 있었고 1M D램 개발이 시작된 것으로 알려져 있었다.

반도체메모리는 대체로 3년마다 1M에서 4M, 16M로 집적도가 4배씩 늘어나서 다음세대로 옮겨가는 속성이 있다. 한 세대가 만들어져서 판매가 시작되면 생산량이 점차 늘어나다가 5~6년이 지나면 가격도 많이 떨어지고 생산도 서서히 줄어들어 그 수명을 다하게 된다.

기업의 이익은 대부분 가격이 비싸게 유지되는 초기에 나게 되는데, 이 때문에 먼저 개발하는 회사는 많은 이익을 내고 몇 년 뒤지는 회사는 경영의 위기까지도 맞을 수 있는 것이 반도체시장의 특성이라고 할 수 있다.

이처럼 반도체는 '고위험 고수확(High Risk, High Return)' 사업일 뿐 아니라 엄청난 투자를 필요로 하는 최첨단산업이기도 하다. 때문에 일단 반도체시장에 뛰어든 모든 회사는 차세대 메모리를 먼저 개발하기 위해 사생결단의 노력을 경주하게 된다. 그러나 이 기술은 엄청나게 어렵기 때문에 90년대 초 4M D램까지 어떤 회사도 메모리의 두 세대를 연속 제패하지 못했다.

삼성의 16M D램 개발 성공이 회사는 물론 국가적으로도 엄청난 의의를 지니는 이유가 모두 여기에 있다. 이는 또 노동집약형 산업에만 강세를 보여온 한국이 선진국의 전유물이라 불리던 최첨단기술 분야인 반도체에서 제1군(群)에 합류했음을 의미하는 것이었다. 남의 기술을 빌려오지 않고 오직 우리의 독자적 기술로 개발한 첫 반도체메모리 제품이라는 데에도 큰 의의가 있었다.

비교하기조차 낯뜨거웠던 선진국과의 기술격차는 이제 '제로(0)'. 마치 마라톤에서 꼴찌를 달리던 선수가 갑자기 막판 스퍼트를 내 순식간에 선두를 차지한 것과 같은 상황이라 할 수 있었다.

개인적으로 16M D램의 개발은 엔지니어로서의 꿈이요, 일생을 건 도박이었다. 내가 10여 명의 팀원을 모아 16M D램 개발에 착수한 것은 87년 10월, 완전동작하는 칩이 나온 것은 그로부터 2년이 흘러간 89년 10월이었다.

그 과정에서 수많은 시행착오와 위기를 겪었는데, 지금 생각해도 고개를 절레절레 흔들 정도로 엄청난 일들을 해냈다. 지금도 그때 같이 일한 동료들을 만나면 당시 이야기를 하면서 감격에 젖곤 한다. 장비도 부족하고 기술도 없었던 시절, 오직 열정과 오기로 똘똘 뭉쳐서 이룩한 일이었기에 아직도 믿어지지 않는다고.

그중 정태영 과장(현재 상무)은 내가 미국 현지연구소에 처음 입사했을 때 본사에서 파견나와 있던 기술자사원이었다. 나는 한눈에 그의 사람됨을 알아보고 다른 팀에서 빼내다시피 하여 우리 팀으로 데려왔는데 이후 수년을 함께 연구개발에 매진했다.

16M D램 완전동작 칩이 나온 며칠 뒤 책상에 망연히 앉아 있는 정 과장을 스쳐 지나가다가 "왜 그러고 있소?"라고 물었다. 그랬더니 그가

"글쎄요, 가슴이 좀 답답하고 아픈 것 같습니다"라고 했다.

　나는 어서 병원으로 가보라고 했으나 그는 할 일이 많다며 거절했다. 그런 그를 억지로 떠밀어 병원으로 보냈는데, 다행히 큰 병은 아니었지만 휴식이 절대적으로 필요하다는 진단을 받았다. 아마도 우리 팀원들 중 정 과장처럼 자신을 희생하며 연구에 임한 기술자가 한두 명이 아니었을 것이다.

　또 당시 부장이었던 한 기술자는 아주 중요한 부분을 맡아 그야말로 밤낮으로 전념하느라 부인이 암에 걸린 줄도 몰랐다고 한다. 그 사실을 안 뒤에도 업무에 방해가 된다며 아무에게도 알리지 않고 묵묵히 일하면서 혼자서만 병간호를 했다. 그 부인은 결국 세상을 떠났는데, 비가 부슬부슬 오던 발인날, 우리 연구진 모두 영구차를 떠나보내며 눈물을 감추지 못했다.

　16M D램을 개발하기까지는 여러 가지 기술적인 문제에도 참 많이 부딪혔다. 그중에는 우리가 'C형 반달무늬'라고 이름붙인 해괴한 불량이 있었는데, 그 원인을 파악하지 못해 한동안 골치를 썩기도 했다. 공정을 마치고 나면 칩 위에 C자 혹은 반달 같은 무늬가 생기며 불량을 일으켜서 'C형 반달무늬'라고 불렀는데, 바로 이 불량 때문에 한동안 내 사무실 칠판에는 'C형 반달무늬를 잡아라'라는 구호가 대문짝만하게 씌어져 있었다. 하루라도 빨리 16M D램을 개발해야 하는 우리 연구팀에게 이 불량은 그야말로 '공공의 적'이었다.

　우여곡절 끝에 그 원인을 알아냈지만, 그것은 불행히도 내가 창안해 국제특허까지 신청한 메모리셀 방식에서 유발되는 문제였다. 기술을 지키자니 불량이 나고, 버리자니 지금까지 개발한 기술이 아깝고, 팀원들 모두 어쩔 줄을 몰라했다. 그러나 나는 눈도 깜짝하지 않고 과감하게 그 방식을 포기해 버리자는 결정을 내렸다. 반도체는 시간과의 싸움이니 다른 새로운 공정방식을 개발해 내는 것이 잘 안 되는 것을 붙잡고 시간을 낭비하는 것보다 훨씬 낫다고 판단한 것이다.

여담이지만 다른 경쟁사에서도 우리와 유사한 셀방식을 채택했는데, 중도에 포기하지 못하고 양산까지 해보려고 우기다가 수년 동안 고생은 고생대로 하고 엄청난 손실을 입었다고 한다.

16M D램 개발에 성공하자, 원천기술이 없어 서러웠던 시절의 일화가 떠올랐다. 과학기술이 일천하던 시절, 선진국으로부터 당한 설움이 어디 한두 가지였겠는가. 그러나 16M D램을 개발하면서는 평생 잊지 못할 설움을 겪었다.

가까스로 여러 가지 불량의 원인들을 알아내고 16M D램 포토공정을 할 때였다. 포토공정이란 전문용어로 '노광(露光)'이라고도 하는데, 간단하게 말해서 컴퓨터로 마친 반도체설계를 사진을 현상하듯이 실리콘웨이퍼 위에 모사하는 것이다. 그런데 당시에는 16M D램 급을 노광할 수 있는 장비가 국내에는 없었다.

그래서 '스태퍼'라고도 불리는 이 특수한 노광장비를 히타치사에서 수입했는데, 이 기계가 하도 정밀하고 복잡한 물건이다 보니 주문을 해도 납기일을 못 맞추고 늦어지는 일이 허다했다. 한시가 급한 마당에 기계가 제시간에 들어오지 않자 우리는 조금이라도 빨리 기계를 공수하기 위해 히타치 일본 본사까지 사람을 보냈다.

개발시간이 늦어지는 것 외에 그 정도 불편쯤은 그런대로 참을 수 있었는데, 정말 참기 어려운 것은 기술이 없어서 겪어야만 했던 설움이다. 히타치에서는 회사 근처 10킬로미터 안으로는 얼씬도 하지 말라고 으름장을 놓았다. 혹 기술을 엿볼까 봐 아예 냄새도 못 맡게 하려는 것이었다.

그 제한선 바깥으로 지정해 준 호텔에서 자고 나면 히타치 사람들이

와서 공정이 끝난 웨이퍼를 가져다주곤 했다. 그때 미국 인텔에서 근무하다가 한국의 반도체 발전에 기여하고자 귀국해 같이 일하던 서광벽 박사(현재 삼성전자 부사장)가 이 일을 도맡아 했다. 그때 그가 기술자로서 정말 부끄럽다며 어찌나 화를 내던지, 지금도 격분하던 그의 모습이 눈에 선하다. 어떤 일이 있어도 우리의 원천 기술과 장비를 꼭 보유해야 한다는 그때의 생각은 지금까지도 가슴 깊이 새겨져 있다.

16M D램으로 쿠데타를 일으키다

"We brought a few fully working 16M DRAM samples." (완전동작하는 16M D램을 가져왔다.) 졸던 구매담당 매니저가 눈을 번쩍 떴다.
"What did you say?" (뭐라고?)

완전동작하는 16M D램을 기적적으로 개발했지만, 언제나 그랬듯이 기쁨과 감격을 누리기에 나는 너무 바빴다. 노광장비도 문제없이 들어오고 새로운 연구소시설도 잘 운영되면서, 시제품 16M D램을 기술적으로 좀더 완벽하게 만드는 작업은 계속되고 있었다. 완전히 동작하는 칩도 몇십 개를 만들기에 이르렀다.

나는 지체하지 않고 바로 미국 출장을 준비했다. 한시라도 빨리 반도체 종주국인 미국에 가서 우리가 만든 반도체 샘플을 보여주고 평가를 받아 판로를 개척해야 했다.

1990년 7월 17일 제헌절, 이륙하는 비행기 안에서 나는 지그시 눈을 감았다. 태평양을 수도 없이 넘나들었지만 그날은 새로운 각오가 다져지는 날이었다. 그간 256K, 1M D램을 만들어 팔았지만 항상 경쟁사보다 뒤져 있었고, 회사는 아직 누적적자를 벗어나지 못하고 있었다. 어떻게 하면 이 상황을 빨리 타개하고 세계를 석권할 수 있을 것인가? 우리나라는 언제 후진국 또는 개발도상국이라는 그늘에서 벗어날 수 있을 것인가? 나는 와인 몇 잔을 마시면서 그날을 하루라도 빨리 앞당기리라 다짐했다.

미국에 도착해 처음 방문한 곳은 반도체의 최선두업체 IBM이었다. IBM 대형컴퓨터를 생산하는 사업부는 뉴욕주 포킵시(Poughkeepsie)에 있었다. IBM은 내가 귀국하기 전에 몸담았던 곳인데, 이제 다른 회사의 직원이 되어 제품을 팔러 오니 기분이 묘했다.

IBM은 'I Buy Memory'라는 별명을 가지고 있을 정도로 반도체메모리의 최대 구매자이자 소비자였다. 그런 IBM에 삼성은 256K D램을 저렴한 가격에 납품하고 있었는데, 경쟁사가 새로운 기술인 CMOS를 적용하는 데 비해 삼성은 낙후된 NMOS 기술만을 보유하고 있는 상태였다. 때문에 타사 제품에 비해 불량률이 높은 편이었는데, 이날 IBM 간부들과의 회의도 높은 불량률 때문에 심하게 타박을 듣는 것으로 시작되었다.

'반도체사이클'이라는 말이 있다. 통상 올림픽이 있는 해를 전후해 반도체경기가 아주 좋고, 그 중간이 되는 월드컵을 전후로 가격이 하락하여 고전을 면치 못하는, 4년 주기를 일컫는 말이다. 우리가 IBM을 찾아간 해는 월드컵이 열린 1990년으로, 모든 메모리 공급 회사가 하나라도 더 많이 팔기 위해 필사적인 노력을 기울이던 때다.

먼저 1M D램 영업담당이 삼성의 1M D램을 IBM이 구매해 달라고 요청했으나 일언지하에 거절당하고 말았다. 256K D램 불량이나 빨리 해결하라는 것이었다. 계속 핀잔만 터져나왔다. 4M D램을 평가해 달라는 얘기는 아예 들은 척도 하지 않았다. IBM의 구매담당 매니저는 회의중에 심지어 졸기까지 했다. 괘씸하다는 생각마저 들었다.

그때 나는 차세대메모리 개발담당 임원으로 그 회의에 참석하는 중이었는데, 회의 분위기 때문에 상당히 주눅이 들어 있었다. 1M, 4M에 이어 드디어 내 차례가 되었다. 나는 플라스틱봉지에 넣은 16M D램을 꺼내 보여주면서, 완전동작하는 16M D램을 두 개 가져왔다고 말했다. 이것이 IBM이 몇 번째 받아보는 16M D램인지 궁금했지만, 메모리칩을 공급하는 업체나 공급받는 회사 모두 이러한 정보를 비밀로 하는 것이 관례이기 때문에 물어볼 수는 없었다.

"We brought a few fully working 16M DRAM samples." (완전동작하는 16M D램을 가져왔다.)

졸던 구매담당 매니저가 눈을 번쩍 떴다.

"What did you say?" (뭐라고?)

"Here are two fully working 16M DRAM samples." (여기 완전동작하는 16M D램 샘플 두 개를 가져왔다.)

"Really? Really?" (정말이냐? 진짜냐?)

"Sure!" (물론!)

좀 놀란 표정이었다. 고쳐앉아 칩을 들여다보던 그는 잠시 기다리라고 하고는 우리 16M D램 샘플을 들고 급히 사무실을 나갔다. 뭔가 낌새가 이상했다. 다른 회사의 제품과 비교해 보려는 것이든지, 아니면 삼성이 허풍을 늘어놓는 것은 아닌지 알아보려는 것이라고 짐작할 뿐이었다.

잠시 후 그가 돌아왔다. 흥분을 감추려는 기색이 역력했다. 구렁이 담 넘어가듯 은근슬쩍 넘겨짚어 물어보았다.

"혹시 그게 IBM에서 처음으로 받아보는 16M D램 샘플 아니냐?"

졸음기가 싹 가신 그는 IBM의 보안사항이기 때문에 알려줄 수 없다고 했다. 그러나 우리도 눈치가 눈치인지라, 다음날 방문하기로 되어 있는 보스턴의 DEC(Digital Equipment Corp)사에 혹시 16M D램 샘플을 입수한 적이 있는지 문의해 봤다. 대답은 "No"였다. '설마' 하던 우리는 깜짝 놀랐다. 그것은 우리가 미국 시장에 16M D램을 가져온 최초의 공급자라는 의미였다. 놀라움과 기쁨에 벌겋게 상기된 얼굴이 가실 줄을 몰랐다.

흥분을 억누르며 IBM 건물을 나서는데 IBM 간판이 크게 시야에 들어왔다.

"그렇지, 내가 한때 이 회사에 몸담았었지."

꿈과 열정을 불태우던 젊은 연구원 시절의 기억이 새록새록 되살아났다. 그동안 얼마나 치열하게 도전하며 살았던가. '일본을 삼키겠다'며 뛰쳐나왔던 곳. 그 꿈을 이루겠다고 분투하고 있지만, 이렇게 돌아와 서 있으니 기분이 묘했다. 주변 사람들에게 미쳤냐는 소리를 들으며 귀국하던 날이 영화 장면처럼 차르르 스쳐 지나갔다.

다음날 DEC사와의 회의는 전날과는 너무나 달랐다. 우리가 16M D램 샘플을 가져간다고 하니 50명 정도의 직원이 회의에 참석했는데, 부사장급의 고위임원도 서너 명 있었다. 물론 회의는 전날과는 정반대로 16M D램부터 시작해 4M, 1M 순서로 일사천리로 진행되었다.

DEC사의 몇 사람이 카메라를 들고 와서 16M D램을 찍어댔다. 그날 흥분한 것은 삼성 사람들만이 아니었다. 놀라움을 감추지 못한 DEC사 직원들이 우리를 보스턴의 고급 맥주집에 초대했다. 모두 우르르 몰려가서 밤 12시까지 술을 마시고 떠들어댔다. 상식상 판매자가 고객을 접대하기 마련인데 고객으로부터 술대접을 받다니 상상도 못한 일이었다. 주객이 전도된 격이었지만 자랑스런 순간이 아닐 수 없었다. 얻어먹는 술이라 그런지 맥주맛도 기가 막혔다.

우리는 그 다음날부터 일주일 이상 미국 전역을 돌며 HP(Hewlett Packard)사를 비롯한 고객들을 만나러 다녔다. 어딜 가나 16M D램 이야기가 먼저 나왔다. 이제 나는 반도체라면 전세계 어딜 가나 목에 힘을 줄 수 있는 사람이 되었다.

LA의 웨스턴디지털(Western Digital)사에 갔을 때는 그 회사의 CEO가 나에게 하소연을 했다. 그 회사에서 고속 중대형 컴퓨터를 개발해 두었는데 9개의 16M D램을 꼭 장착해야 한다는 것이었다. 그런데 아직도 샘플을 구하지 못해 사업이 쫄딱 망하게 생겼다고 울상이었다.

나는 왜 일본 사람들이 샘플을 주지 않느냐고 물었다. 아마도 일본이 반도체부품보다는 컴퓨터시스템을 판매해 더 큰 이익을 내려고 경쟁사에 샘플을 안 주는 것 같다고 했다. 당시 그 점은 정말 미스터리였다. 우리의 경쟁상대인 일본이 16M D램 샘플을 완성했는데도 일부러 배포하지 않는 것인지, 아니면 아직 제대로 동작하는 16M D램을 못 만들고 있는 것인지 정말 궁금했다. 그 답은 몇 달 뒤에야 알게 됐다.

어쨌든 확실한 것은 우리가 가져간 16M D램이 미국 시장에 첫발을 들여놓은 시제품이라는 사실이었다. 당장 서울의 김광호 반도체 사장에게 전화를 했다. 그리고 미국에서 16M D램이 어떤 반응을 일으키고 있는지 말해주었다.

"야, 웃기는 소리 마. 무슨 잠꼬대 같은 소리냐?"

"아니, 진짭니다. 정말 우리가 최초로 16M D램 샘플을 뿌린 겁니다."

"이야, 정말이야? 야, 그러면 정말 좋은 기회를 놓쳤구나. 우리가 최초인 줄 알았으면 금으로 만든 박스에 넣어 각 회사 회장들 나오라고 해서 생색내며 줬어야 하는 건데. 당신, 플라스틱봉지에 달랑 넣어가지고 갔지? 하, 그것 참…… 쯧쯧……. 여하간 수고했소."

소문은 삽시간에 퍼졌다. 회사 전체가 흥분했고 국내 반도체업계 전체가 놀라움을 금치 못했다. '삼성의 16M D램 샘플 최초 출하'는 엄청난 효과를 가져왔다. 회의시간에 졸던 그 IBM 구매담당자 자틴 메타 부장은 당시 삼성에 깊은 인상을 받고 몇 년 뒤 아예 삼성에 입사했다. 그 친구한테 내가 샘플을 주던 날 IBM 내부에서 어떤 일이 있었는지 물어보았다.

그는 옆방에서 진행중이던 임원회의에 뛰어들어가서, 어느 회사에서 16M D램을 갖고 왔는데 어디인지 알아맞혀보라고 했단다. 물론, 당연히, 삼성이라고 답을 맞힌 사람은 아무도 없었다. 그 회사가 삼성이라

20A

Electronic Buyers' News

THE ELECTRONIC INDUSTRIES PURCHASING NEWSWEEKLY

A CMP Publication

Samsung Coup: A 16-Meg DRAM

Koreans overtake Japanese Leaders

By Hugh G. Willot

San Jose, California- Samsung Semiconductor corp. is sampling a 16megabit dynamic RAM to key customers demonstrating that it will no longer take a back seat to leading DRAM makers in Japan, the United states and Europe.

In another leadership bid, Samsung last week introduced the first 4Mbit DRAM from a South Korean supplier.

Samsung officials confirmed that company representatives visiting U.S. customers earlier this month left behind fully functional 16Mbit parts as evidence of

their technological prowess and commitment to the market.

Samsung has been pouring huge amounts of money into semiconductor research and development, just like Korean competitors Hyundai, Gold-star and Daewoo.

Samsung has also added capacity to position itself as a worldclass semiconductor maker. The Koreans want to be perceived as equals of Japanese firms, according to analysts.

"The Koreans are trying to do in five years what the Japanese have done in 20 years," said Briar Matas, an analyst with Integrated Circuit Engineering Corp., Scotts-dale, Ariz.

Samsung, with 10% of the world DRAM market, re-

Worldwide DRAM Market

presenting $950 million in sales last year, has established itself as the fourth largest DRAM producer in the world, according to ICE. Toshiba, NEC and Hitachi, none of which has indicated

sampling of 16-Mbit parts, are ranked as the top three DRAM makers, respectively, in 1989.

Samsung wants to demonstrate that it was a major commitment to the DRAM

market, admitted Mark Ellsberry, director of memory marketing at the firm's San Jose, Calif., facilities. The investments needed to stay at the leading edge of density in DRAMs are increasing at a dizzying pace, he said.

"It takes a half billion dollars to build a 4Meg DRAM plant and a billion dollars to build a 16Meg plant," he said. "There are a lot of parttime players in DRAM business that are just going to have to drop out."

Though he would not divulge details of the 16Mbit parts, he did say the firm has the commitment to be at part with or ahead of the world's DRAM leaders from now on. Samsung has gained ground quickly in the last four

[to page 51]

(Electronic Buyers' News, July 30, 1990)

'삼성이 쿠데타를 일으키다.' 반도체업계의 무명이던 삼성이 16M D램 샘플을 세계에서 가장 먼저 시장에 내놓자, 미국의 〈일렉트로닉바이어스뉴스〉에 게재된 기사.

는 사실을 안 IBM 임원들은 경악했다. 제품을 돌려본 IBM 임원진은 삼성의 잠재력을 인정하며 다르게 보기 시작했다고 한다. 그때 IBM 내부에는 '앞으로 삼성에 크레디트를 많이 주고 조만간 절차를 거쳐서 1M와 4M D램을 구매할 것'이라는 메모가 회람되었다고 했다.

'16M D램을 개발한 일류 반도체회사'라는 평가에 힘입어 타박받던 1M와 4M D램까지 덩달아 덕을 본 것이다. 우리는 기회를 놓칠세라 그토록 판매하기 어려웠던 IBM을 집중 공략했고, 동시에 일본 업체로 들어가는 주문의 상당 물량을 삼성으로 돌릴 수 있었다.

미국에 샘플을 배포하고 돌아온 7월 30일, 미국 실리콘밸리의 〈일렉트로닉바이어스뉴스Electronic Buyers' News〉지는 삼성의 16M D램 샘플 배포에 관한 기사를 게재했다. 기사의 제목은 '삼성이 16M D램으로 쿠데타를 일으키다(Samsung Coup, 16M DRAM)'이었다. 그때까지 반도체업계에 별로 알려지지 않았던 삼성이 유수한 미국, 일본, 독일의 모든 회사에 앞서 당시 최첨단제품인 16M D램 샘플을 배포했다는 사실을 알리는 기사였다.

일본 회사가 세계적 반도체학회 ISSCC에서 16M D램 기술의 개발을 발표한 것은 이미 몇 년 전이었지만, 당시에는 논문을 발표하는 차원의 기술개발이었다. 우리가 완전동작하는 16M D램을 개발했을 때 일본 회사 역시 완전동작하는 칩을 확보했는지, 확보하고도 샘플을 배포하지 않은 것인지는 알 수 없는 일이었다. 그런데 1990년 연말까지도 일본 전체를 포함해서 세계적으로 완전동작하는 16M D램이 아직 없었다는 사실을 나중에 HP사를 통해 알게 되었다.

"그랬구나!" 나는 무릎을 쳤다. 일본이 16M D램을 배포하지 않은 이유는 완전동작하는 샘플을 아직 개발하지 못했기 때문이었던 것이다. 이는 드디어 우리가 반도체기술에서 일본을 완전히 따라잡았다는 의미였다. 일본을 반도체로 집어삼키겠다던 나의 꿈이 이루어진 순간이었다. 그 사실을 알았을 때의 희열과 전율은 감히 말로써 표현할 수 없는 것이었다.

꼬냑이 두 개

우리는 엄청난 속도로 돌진했다. 설계 변경에 한 달 반, 처음 해보는 반도체공정을 두 달 안에 전부 해내겠다는 목표는 모든 사람을 경악시켰다. 그때까지는 시도해본 적도 없는 무모한, 그야말로 '엽기적인' 계획이었다.

당시 HP사는 세계 각사의 최신 메모리반도체 제품을 공급받아 분석한 후 전세계 회사들을 찾아다니며 성능비교를 해주고 있었다. 이는 전체 반도체업계를 경쟁시켜 메모리를 구매하는 컴퓨터회사에 유리하게 끌고가려는 고단수 전략이었다. 이 성능비교 활동을 총괄하는 사람이 프랑수아즈 르무엘 과장이었다. 그녀는 프랑스 출신으로, 미국 캘리포니아공과대학(Caltech)에서 4년 내내 올 A학점을 받은 대단한 여성이었다.

1990년 11월로 기억되는데, 르무엘 과장을 포함한 HP사의 고위임원들이 일본 회사 전체를 방문한 뒤 삼성에 왔다. 16M D램의 비교분석 결과를 알려주기 위해 오는 것이라 우리는 상당한 궁금증을 갖고 회의에 임했다. 우리가 샘플을 배포한 지 4개월 뒤의 일이었지만, HP사에 16M D램 샘플을 공급한 회사는 6개사였고, 그중 완전동작하는 샘플을 제공한 회사는 삼성을 포함해 4개사뿐이었다. 르무엘 과장은 각사의 칩 동작성능을 비교한 표를 보여주었는데, 프랑스인답게 모든 회사를 와인 이름으로 표시해 어느 회사인지 알 수 없게 했다.

삼성에 붙여진 와인 이름은 '샤도네'였다. 우리가 가장 먼저 16M D램을 제공했고 그 규격(Specification)을 다 만족한 것으로 되어 있었다. 그러나 우리는 그 비교표에서 깜짝 놀랄 사실을 발견했다. 비록 완전동작은 못했지만 '꼬냑'이라고 표기된 한 일본 회사 제품의 처리성능이 엄청나게 빠른 것으로 나타나 있었다.

그 동작속도(메모리 bit로부터 신호를 읽어내는 데 걸리는 시간)가 무려 45ns였다. 동작속도가 80ns만 되면 사양을 만족하는 것으로 되어 있었는데, 당시 삼성의 칩은 62ns로 사양을 만족시키고도 남는 성능이었다. 그러나 그걸 본 나는 피가 끓어올랐다. 우리가 샘플을 먼저 내놓긴 했지만, 경쟁사 제품보다 동작이 느리다는 것은 장기적으로 시장에 나갔을 때 경쟁에서 질 수밖에 없다는 의미였기 때문이다.

우리가 16M D램 샘플을 가장 먼저 출시했음을 다시 확인받는 날이었기 때문에 그날 HP사와의 회의는 시종일관 즐거웠으나, 내 머릿속은 '어떻게 하면 꼬냑을 이길 수 있을까?' 하는 생각으로 꽉 차 있었다.

다음날 일찍 모든 개발담당자를 내 사무실에 집합시켰다. 전쟁터에 나가는 군대의 지휘관처럼 나는 비장하게 선언했다.

"우리가 샘플을 경쟁사보다 먼저 출시한 것은 이제 과거사다. 앞으로 시장에 나가면 결국 동작성능으로 경쟁할 텐데, 이런 느림보 칩으로는 먹고먹히는 반도체전쟁에서 승리할 수 없다. 우리는 무조건 꼬냑을 이기기 위해 모든 설계와 공정을 전면적으로 고친다. 내년 3월에 HP사가 다시 경쟁사 데이터를 발표한다고 하는데, 그 전에 완전히 재설계하고 성능 면에서 꼬냑을 이기는 샘플을 다시 만들어내야 한다."

우리 기술진은 다시 몇 달 동안 거의 밤을 새우다시피 했다. 속도를 향상시키는 것은 쉬운 일이 아니었다. 우리는 그간 제조원가를 낮추기 위해 금속배선을 일층만 사용하는 공법을 적용해 왔는데, 이게 속도를 늦추는 주원인이라는 사실을 알아냈다. 그래서 속도를 높이기 위해 금속배선을 이층으로 하기로 했다. 대신 원가절감을 위해 칩의 크기를 대폭 축소하기로 했다.

이러한 나의 결정은 우리 기술팀에게는 청천벽력과도 같은 것이었다. 처음에는 어리둥절해하던 기술진 사이에서 불만의 소리가 터져나왔다. 불행히도 당시 우리는 이층배선 기술을 보유하지 못한 상태였고, 그 기술에 사용되는 비싼 장비를 하나 구매하기 위해 주문만 해두었을 뿐이었던 것이다. 공정담당 기술진으로서는 투덜댈 수밖에 없는 일이었다.

그러나 그것도 잠시, 모두들 곧 돌아서서 묵묵히 임무를 수행하기 시작했다. '세계 최고는 공짜로 되는 것이 아니다' '이것은 우리의 숙명이요, 못하면 죽는다'는 것을 모두 가슴으로 느끼고 있었기 때문이다.

우리는 엄청난 속도로 돌진했다. 설계 변경에 한 달 반, 처음 해보는 반도체공정을 두 달 안에 전부 해내겠다는 목표는 모든 사람을 경악시켰다. 그때까지는 시도해 본 적도 없는 무모한, 그야말로 '엽기적인' 계획이었다.

그 이후 몇 달은 그야말로 피눈물나는 노력의 연속이었고, 전쟁을 방불케 하는 긴급작전의 연속이었다. 나는 이 전면전을 진두지휘하느라 눈코 뜰 시간도 없었다. 그리고 마침내 우리는 해냈다. 그 어렵다던 금속 이층배선을 헤쳐나가, 천지가 개벽하듯이 새로 만든 설계와 공정으로 그것도 단 한 번만에 완전동작 칩을 만들어낸 것이다. 해는 바뀌어 1991년 3월 중순의 일이었다.

나는 바로 르무엘 과장에게 전화를 했다. 그녀와는 그동안 일을 통해 이미 두텁게 친분을 쌓아온 터였다. "언제 일본으로 떠나느냐?"고 물었더니 "다음주 월요일"이라고 했다. 나는 그녀에게 간곡히 부탁했다. 내가 새로 만든 샘플을 가지고 갈 테니 주말에 꼭 테스트하여 그 데이터를 포함시켜 달라고. 르무엘은 주말에 일을 해야 한다는 것을 내켜하지 않았지만 곧 흔쾌히 승낙해 주었다.

나는 1박3일의 '번개출장'을 준비해 미국으로 급히 날아갔다. 금요일에 도착하자마자 HP사까지 달려가 샘플을 직접 르무엘 과장에게 건네주고, 주말에 테스트하는 것을 내 눈으로 확인한 후 돌아왔다.

그리고 얼마 후 그 결과를 통고받았다. 물론 우리도 회사 내의 자체 테스트를 통해 동작속도가 어느 정도인지 알고 있었지만, HP사의 검사 장비로 동일한 결과가 나와야만 공식적으로 인정을 받는 것이었다. 르무엘 과장의 테스트 결과는 47ns였다. 나는 안도의 숨을 쉬었다. 그 정도의 작은 차이는 테스트장비의 차이로 인해 발생할 수도 있기 때문에 만족할 만한 결과였다. 또한 계속 개선해 나가 꼬냑을 확실히 누를 수 있다는 확신이 있었다.

그해 1991년 5월, 우리는 VLSI심포지엄에 16M D램 관련 논문을 제출했고, 나는 논문 발표를 위해 일본 센다이로 갔다. 호텔로 들어서는 순간 나는 깜짝 놀라지 않을 수 없었다. 약 50명쯤 되어 보이는 한 무리의 일본 기자들이 나를 기다리고 있다가 우르르 달려드는 게 아닌가. 순식간에 야단법석이 나고 질문공세가 이어졌다.

"소문에 의하면 전세계에 '꼬냑'이 딱 두 개 있고, 그중 하나가 삼성이라는데 확인해 줄 수 있습니까?"

나는 간단하게 대답했다.

"우리는 45ns 정도의 고속으로 완전동작하는 샘플을 보유하고 있습니다. 그러니 당신들이 생각하는 것처럼 꼬냑이 두 개라는 말이 맞다고 생각합니다."

그랬더니 일본 기자들이 수군거렸다. 다른 하나의 꼬냑은 도시바인데 아직 완전동작 칩을 만들지 못하고 있으며, 공정기술이 완벽하지 못해 동작속도를 오히려 둔화시켰다는 내용이었다.

'1M D램에서 세계 최고의 기술력으로 시장을 석권하면서 엄청난 돈을 벌고 있던 메모리업계 1위 도시바가 16M D램에서 트렌치방식을 고

16M D램 개발 주역 陳大濟氏

우리技術수준 과시 세계를 놀라게

16M D램 개발로 나는 갑자기 업계와 언론의 주목을 받기 시작했다. 사진은 1990년 12월 21일자 〈매일경제신문〉에 실린 기사.

집하다가 결국 고전을 면치 못하고 있구나.'

나는 속으로 쾌재를 불렀다. 그 시점에서 실제로 상품화할 수 있는 최고성능의 16M D램을 내놓은 회사는 전세계에서 삼성이 유일하다는 의미였다.

삼성은 순식간에 전세계 반도체업계의 주목을 한 몸에 받기 시작했다. 그해 VLSI학회의 화두는 단연 삼성의 16M D램이었고, 나는 최고의 화제와 관심의 대상이었다. 일본뿐만 아니라 각국 언론으로부터 엄청난 질문공세가 이어졌다. 어떻게 그런 결과를 만들어냈으며, 앞으로 어떤 상용화전략을 펼칠 것인지가 주된 질문이었다.

펑펑 터져대는 플래시세례 속에서 '일본을 집어삼키겠다'던 그 다짐이 다시금 귓가에 메아리쳤다.

IBM을 떠나며

내가 한국에 가서 개발하려는 4M D램은, 경제적 파급효과 및 과학기술의 급성장에 미치는 효과 등을 감안할 때, 그 폭발력이 국가 안보를 위해 원자폭탄을 우리 힘으로 개발하는 것과 같은 의미를 갖는다고 힘주어 말했다.

내가 스탠퍼드대학교에서 박사학위 과정을 끝낸 것은 1983년 5월이었다. 당시에는 오일쇼크로 불경기가 계속되어 박사학위 보유자, 그것도 외국인 학생을 뽑는 곳은 거의 없었다. 그런 중에도 나는 다행히 상당히 높은 연봉을 받고 IBM에 입사하게 되었다. 자타가 공인하는 세계 최고이자 당시 전성기를 구가하고 있던 IBM이라면 나의 꿈을 펼치기에 안성맞춤이라고 생각했다. 그중에서도 IBM의 두뇌인 왓슨연구소에서 일하게 된 것은 세계 최고의 반도체기술을 섭렵할 수 있는 좋은 기회였다.

IBM은 미국 동부인 뉴욕주에 위치하고 있어서 서부의 스탠퍼드에 있던 우리는 대륙을 가로질러 가야 했다. 나와 아내, 아들과 딸, 우리 네 식구는 크로스컨트리(Cross Country, 육상 대륙횡단)를 하기로 했다. 이사비용은 물론 IBM에서 부담해 주었다. 싸구려 중고 웨건을 타고 미대륙을 횡단했던 그 여행은 아직도 내 생애 최고·최장의 여행으로 기록되어 있다.

IBM에 도착하니 많은 새로운 일이 기다리고 있었다. 왓슨연구소는 직원 2천 500명 가운데 박사학위 보유자가 800여 명이나 되는 엄청난 연구소였다. 나의 상사인 로버트 데나드(Robert Dennard)는 당대 반도체소자 분야에서 최고로 인정받는 사람 중 하나였다. 그는 IBM 전체에서도 10여 명 정도에 불과한 'IBM 펠로(Fellow)'이기도 했다. 오늘날 삼성전자의 '삼성 펠로'도 이를 본떠 만든 것이다.

나는 열심히 배우고 열심히 일했다. 그리고 각오를 새롭게 다졌다. 매달 한 건씩 새로운 아이디어를 내고 특허출원을 해보자고. IBM은 각종 기술과 정보의 보고였지만, 나는 이미 반도체소자 분야의 이론에 대해서는 많은 것을 알고 있었기 때문에 그다지 새로운 것은 많지 않았다. 그래서 반도체소자를 직접 만드는 공정기술 분야를 경험해 보고 싶어졌다.

사실 내게는 나 자신과의 굳은 약속이 하나 있었다. 그것은 세계 최고의 반도체기술을 제대로 섭렵했다고 판단되는 날 한국의 반도체산업을 일으키는 데 기여하겠다는 것이었다. 메모리기술을 전반적으로 익히는 것이 한국에 돌아갔을 때 큰 도움이 되리라고 생각한 나는 공정분야로 옮기기를 희망했다. 다행히 입사한 지 6개월 정도 되었을 때 마침 자리가 생겨, 최대치인 15% 연봉인상과 함께 공정부문으로 옮기게 되었다.

당시 IBM 연구소에서는 4M D램 개발이 한창 진행중이었다. 엄청나게 투자를 해가며 새로운 메모리기술을 극비리에 개발하고 있었던 것이다. 운 좋게도 나는 이런 새로운 기술을 자연스럽게 접하게 되었고, 버몬트주에 있는 IBM 반도체공장에도 자주 가볼 수 있었다. 당시 IBM의 메모리 수요는 엄청나서, 전세계에서 최대의 메모리반도체 생산자이자 소비자이기도 했다. IBM 반도체공장은 스탠퍼드대학의 자그마한 실험실에 비하면 엄청나게 큰 규모였다.

1년 정도 제조공정 분야를 익힌 다음, 나는 소자이론과 제조공정만 가지고는 메모리기술 전반을 이해하는 데 부족함이 있음을 깨달았다. 반도체설계를 익혀야 했다. 마침 스탠퍼드대학 동문 친구인 대만 출신의 루(Lu) 박사가 메모리설계 부분의 매니저 역할을 하고 있어서 조언을 구했다.

그때나 지금이나 유능한 기술인력을 선발하는 것은 가장 중요한 성공요인이다. 지금도 마찬가지겠지만, 당시에는 IBM 내에서도 상호 인재 스카우트가 많이 이루어지고 있었다. 나는 설계부문에서 일하고 싶다는 희망을 피력했고, 회사 내에서의 내 평판을 잘 알고 있던 루 박사는 사내경쟁을 감안해 15% 연봉인상과 함께 자리를 마련해 주었다. 2년간 두 번이나 최대치로 연봉인상을 받으면서 월급봉투가 제법 두둑해졌다.

당시 루 박사의 팀은 세계 최고속 메모리칩(동작속도 25ns)을 설계하고 있었는데, 그들과 함께 일하면서 많은 것을 배울 수 있었다. 이때 배운 지식과 기술은 후에 경쟁사보다 더 빠른 초고속 동작칩을 개발하는 데 훌륭한 응용기반이 되었다.

1985년 당시에는 유난히 경기가 나빠서 반도체업계도 구조조정이 한창 진행되고 있었다. 64K D램으로 기록적인 매출을 올리던 모스테크(Mostek)도 256K D램의 개발 실패로 거짓말처럼 그해 여름 문을 닫았고, 다른 대부분의 회사 또한 가격 급락으로 고전을 면치 못하고 있었다. 한국에도 메모리반도체 공장이 설립되어, 삼성전자의 경우 미국의 마이크론테크놀로지사로부터 기술을 도입해 64K D램을 생산·판매하고 있었다. 하지만 원가 1달러 30센트의 제품을 30센트에 팔고 있었고, 이제 겨우 256K D램을 개발하느라 정신이 없던 때였다.

그러나 확실한 것은 반도체산업의 중심이 미국을 떠나 일본과 한국으로 옮겨가고 있다는 사실이었다. 특히 일본은 이미 반도체산업을 제패하며 미국을 앞지르는 강자로 자리를 잡아가고 있었다.

한국으로 돌아가야겠다는 생각이 들었다. 단 하루도 잊지 않았던 나 자신과의 그 약속을 지킬 준비와 때가 되었다는 판단이 섰다. 한국의 반도체기업들 중 그나마 사정이 제일 나았던 삼성에 의사를 타진했더니, 실리콘밸리에 있는 현지법인 연구소에 자리를 만들어주겠다며 적극적으로 영입의사를 밝혀왔다.

나는 IBM을 떠나기로 작정하고 우선 가족들과 상의했다. 가장 강력하게 반대한 분은 어머니셨다. 나무랄 데 없이 만족스러운 직장이었던 IBM을 떠나 언제 망할지도 모르는 한국 회사로 옮긴다는 것을 어머니는 도무지 이해할 수 없다고 하셨다. 나 또한 일말의 불안감이 없는 것은 아니었다. 당시에는 반도체에다 돈을 쏟아붓는 이병철 회장 때문에 삼성그룹 전체가 망한다는 소문이 팽배해 있었다. 항상 내 결정을 존중해 주었던 집사람은 묵묵히 나의 뜻을 따라주었다.

주변의 동료들도 든든한 기반을 마련한 IBM을 떠난다는 나의 돌출발언에 크게 놀라워했다. 한국인 엔지니어들은 기술과 경력을 더 쌓기 위해 반도체메카로서 최고의 인프라를 갖춘 미국을 떠난다는 생각을 웬만해서는 하지 못한다. 뿐만 아니라 한국은 반도체를 하기에는 그 여건이 끔찍하게 나쁘다고 생각하고 있었다. 사실이었다. 기회가 닿는다면 어렵게 공부하고 익힌 기술을 조국을 위해 쓰겠다는 생각을 하는 사람들도 있었지만, 한국의 반도체산업 전망에 대해서는 매우 회의적이었다. 한국행이 무엇을 의미하는지 누구보다도 잘 아는 그들이었기에 그렇게 놀라워하는 것도 무리는 아니었다.

회사에 사직서를 내던 날, 나는 동네의 한국 사람들 대부분을 집으로 초청해 저녁식사를 함께 했다. 그 자리에서 나는 메모리반도체 사업이 뭔지, 한국의 반도체산업 현황이 어떠한지, 그리고 내가 한국으로 돌아가서 무엇을 하려고 하는지 설명해 주었다. 내가 한국에 가서 개발하려는 4M D램은, 경제적 파급효과 및 과학기술의 급성장에 미치는 효과 등을 감안할 때, 그 폭발력이 국가안보를 위해 원자폭탄을 우리 힘으로 개발하는 것과 같은 의미를 갖는다고 힘주어 말했다.

당시 그동안 기다려왔던 영주권이 막 나왔다. 그런데도 최고의 직장인 IBM 연구소를 떠난다는 얘기를 듣고 모두들 놀라움을 금치 못했지만, 내 얘기를 들은 뒤에는 다들 고개를 끄덕였다. 그러나 모두들 나의이 선택이 일생을 건 도박인 것만은 분명하다고 얘기했다. 틀린 말은아니었다.

일본을 삼켜
버리겠습니다

"두고 보십시오. 반도체분야에서
일본을 집어삼켜버릴 겁니다!"
"야, 네가 이 세상에서 목구멍이
제일 큰 놈이로구나!"

IBM에서는 사직서를 낸다고 그냥 내보내지 않는다. 반드시 퇴직인터뷰를 한다. 무슨 문제가 있어서 퇴사를 하는지, 혹시 극비문서 같은 것을 가지고 나가는 건 아닌지 물어보고, 나중에 IBM에 재입사할 수 있는 자격을 줄 것인지에 대해서도 결정하는 자리다.

나도 그곳의 관리담당(변호사 업무) 임원과 인터뷰를 했다. 그는 영주권까지 주고 연봉도 남들보다 훨씬 많이 받는데 왜 옮기려 하느냐고 물었다. 나는 무슨 문제가 있어서가 아니라 반도체산업의 중심이 극동아시아로 옮겨가고 있고, 한국이 현재는 엄청난 고전을 면치 못하고 있지만 상당한 성공가능성이 있다고 믿기에 뭔가 기여하고 싶어서 떠난다고 대답했다. 그는 한동안 생각에 잠겨 있다가 말했다.

"좋은 생각이오. IBM이 컴퓨터시스템 분야에서 이미 강력한 경쟁자가 된 일본 회사로부터 메모리반도체를 공급받고 있는데 이것이 장차 문제가 될 소지가 있다고 봅니다. 비일본 회사로서 새로운 메모리 공급 회사가 등장하면 IBM에게도 도움이 될 거라고 생각됩니다."

그는 나에게 몇 달치의 월급을 보너스로 주면서 언제라도 IBM으로 돌아올 수 있도록 조치해 주었다. 감사한 일이었다. 그런 인사처리 하나만 봐도 세계의 존경을 받을 만한 회사라는 생각이 들었다. 당시 IBM의 매출은 약 700

억 달러로 우리나라 총수출액과 맞먹었다. 공·사를 분명히 하는, 청교
도적인 IBM의 엄격한 근무수칙은 나의 조직생활에 지금도 좋은 규범이
되고 있다.

1985년 10월 초, 나는 실리콘밸리 근처의 삼성반도체 미국 법인 연구
소에 입사했다. 첫날을 정신없이 보내고, 그 다음날 점심시간을 이용해
스탠퍼드의 은사 더튼(Dutton) 교수를 찾아갔다. 갑작스런 나의 방문에
깜짝 놀란 교수님이 "웬일이냐?"고 물었다. 나는 IBM을 그만두었다고
말씀드렸다. 교수님은 상당히 실망하는 눈치였다.

일반적으로 서부의 캘리포니아는 날씨도 좋고 살기 좋아서 서부지역
대학, 특히 스탠퍼드대학 졸업생들이 추운 동부지역의 회사에 취직하
는 경우는 매우 드물다. 때문에 동부지역에 자리잡은 제자들이 별로 없
다가 내가 뉴욕의 IBM 연구소에 있으니 그곳을 앞으로 연구자금을 지
원받을 수 있는 좋은 거점으로 생각하고 있었는데, 그나마 떠나서 실리
콘밸리로 돌아오니 크게 섭섭했던 모양이다. 교수님이 정색을 하고 "왜
그만두었느냐?"고 물었다.

"I am going to swallow Japan!"(두고 보십시오. 반도체분야에서 일본을
집어삼켜버릴 겁니다!)

교수님은 놀라움과 황당함이 섞인 목소리로 대답했다.

"Are you crazy? You must be kidding!"(너, 미쳤냐? 농담이겠지!)

조국에 돌아가 반도체산업을 일으켜 일본을 삼켜버리겠다던 다짐.
나의 그 다짐이 남들에게는 혈기 넘치는 젊은시절의 호언장담으로 들
렸겠지만, 나는 할 수 있다고 믿었다. 아니 해야만 했다.

더튼 교수와의 이 대화를 한국에 돌아온 후 과학원의 김충기 교수님
께 해드렸더니, 껄껄 웃으면서 이렇게 말씀하셨다.

"야, 네가 이 세상에서 목구멍이 제일 큰 놈이로구나!"

1993년 삼성은 메모리반도체 사업에서 세계 일등이 된 후 지금까지 줄곧 그 자리를 내놓지 않고 있다. 또한 수년 전부터 한국이 세계 메모리반도체 시장의 40% 이상을 점유하면서 일본을 밀어냈으니, 나의 이 호기롭던 장담은 내가 IBM을 떠난 후 그리 오래지 않아 실현된 셈이다.

삼성과 현대의 진대제 쟁탈전

삼성에 사표를 내고 잠적한 나는 현대반도체 공장으로 날아갔다. 그때 삼성반도체의 김광호 부사장이 전화를 해서는 고래고래 고함을 질렀다.
"야, 너 거기서 뭐 하냐?"

삼성에서 처음 맡은 직책은 4M D램 개발팀장이었다. 당시 삼성은 1M D램 개발에 한창 힘을 쏟고 있었다. 주로 중국 사람들을 스카우트해서 1M D램 연구를 진행하고 있었는데, 4M D램을 연구하는 사람은 아무도 없었다.

삼성은 그때 256K D램을 겨우 만들어 막 판매하기 시작했는데, 64K D램은 엄청난 적자를 내고 있었다. 어려운 시기였고 사람이 필요한 시기였다. 이런 어려움 속에서도 삼성이 4M D램 개발에 착수할 수밖에 없었던 것은 '반도체'라는 사업의 특성 때문이었다. 경쟁사의 독점과 기술종속을 막고 세계시장에서 살아남기 위해서는 반드시 차세대제품을 개발해야만 한다. 4M D램의 개발에 회사의 운명이 걸려 있었다.

나는 '할 수 있다'고 생각했다. 이미 IBM의 4M D램 개발팀에서 일한 경험이 있고 상당한 지식과 기술도 축적한 상태였기 때문에, 삼성에서도 IBM이 하는 트렌치방식을 변형해 4M D램을 개발하기로 했다. 우선 같이 일할 연구원부터 채용해야 했기 때문에, 스탠퍼드에서 아직 박사학위 과정을 채 마치지 않은 권오현 박사(현재 시스템LSI사업담당 사장)를 스카우트했다.

우리는 처음부터 4M D램을 설계하기는 어려우니 그것의 4분의 1 크기인 1M D램을 시험적으로 먼저 만들기로 했다. 그러나 그 속에는 4M D램이 필요로 하는 모든 기술적인 사항을 다 넣었다. 하지만 반도체 설계와 개발이라는 것은 한두 명으로 할 수 있는 일이 아니었다. 나는 TI(Texas Instruments)사에서 설계를 담당할 기술자도 스카우트해 왔다. 가능한 모든 사람을 다 동원해 초기모델의 설계를 마치고, 열악한 환경 속에서 시제품을 만들어보기까지 약 1년이 걸렸다.

시제품은 비록 불완전하기는 해도 설계의 개념을 제대로 반영하여 부분적인 동작은 제법 하는 것 같았다. 그 결과를 기반으로 4M D램을 개발하기 시작했는데, 밤샘을 정말 밥 먹듯이 하곤 했다. 1986년 크리스마스에는 외국인을 포함한 모든 연구원과 그 가족들이 실리콘밸리의 한 공원에 모여 하루 놀기로 되어 있었는데, 그 전날 밤 연구실에서 꼬박 밤을 새고 바로 공원으로 나갔던 기억이 난다.

4M D램은 이렇게 미국 법인에서 몇 안 되는 우리 팀이 고군분투하며 개발하고 있었지만, 1M D램은 미국 현지법인과 한국의 본사에서 동시에 개발되고 있었다. 일종의 경쟁체제인 셈이었고, 4M D램도 조만간 본사에 개발팀이 생길 것으로 예상됐다.

그런데 삼성반도체 미국 법인에서 일하면서 두 가지 마음에 들지 않는 게 있었다. 하나는 내가 타고 있는 배가 너무 작다는 것이었다. 한국 본사가 메이저리그라면 미국의 현지법인은 마이너리그였다. 좀더 큰 바다에서 활동하고 싶던 내게 삼성의 현지법인은 너무 작은 배였다. 다른 하나는 이 작은 배에서조차 조타수 역할을 할 수 없다는 것이었다. 현지법인의 70% 이상을 중국 사람들이 차지하고 있었는데, 이들에 치여서 역량을 발휘하기가 무척 어려웠다.

나는 진짜 실황이 벌어지고 있는 한국 본사에 가서 반도체개발이라는 전쟁을 직접 지휘하는 장수가 되고 싶었다. 그래야만 최대의 능력을 발휘해 차세대반도체 개발에 매진할 수 있을 것이었다. 그러나 현지법인에서 나를 놓아줄 리 만무했다. 내가 한국으로 가면 한국 본사팀이 이길 것이 뻔했기 때문이다. 한국으로 가고 싶다는 나의 요청은 받아들여지지 않았다. 화도 나고 실망감도 컸다.

그런데 마침 이 소문을 들은 현대전자반도체 미국 현지연구소에서 접선을 해왔다. 당시 현대는 삼성 다음으로 반도체개발에 의욕적으로 매진하고 있었다. 한국의 삼성 본사로 들어가려고 하는데 현지법인에서 안 놔주려고 한다고 했더니, 이천에 있는 현대 본사로 구경을 가자고 제의했다. 현대에서는 한국의 본사에서 일할 수 있는 기회가 얼마든지 있다는 것이었다. 그 길로 삼성에 사표를 내고 잠적해서는 몰래 한국행 비행기를 타버렸다.

다음날 이를 알게 된 삼성에서는 난리가 났다. 현지법인에 있는 한국 사람들이 사방팔방으로 찾아다녔다. 집까지 찾아와 행방을 다그치니까 집사람이 할 수 없이 한국으로 현대전자를 방문하러 갔다고 알려주었다고 한다. 그러자 삼성에서는 진짜로 난리가 났다.

현대에 도착한 나는 반도체 공장과 연구실 등을 구경하고 있었다. 사실 삼성반도체 사람이 현대로 옮긴 것은 처음 있는 일이 아니었다. 후에 삼성전자 부회장이 된 김광호 당시 반도체 부사장이 현대로 스카우트되어 몇 달 동안 현대반도체의 책임자를 맡았던 전력이 있었다. 이와 관련해서는 여러 가지 일화가 있는데, 내가 알기로는 정부에서도 중재를 하고 해서 결국 삼성으로 돌아가게 되었다. 그렇게 김광호 부사장을 다시 데려왔건만 이번에는 내가 현대로 갔으니 삼성이 뒤집어질 만도 했다.

현대반도체 공장에서 256K D램 반도체가 불량난 것을 실험해 보고 엔지니어들과 이야기하고 있는데, 바로 그곳으로 전화가 걸려왔다. 수화기 너머로 고래고래 고함소리가 들렸다. 김광호 부사장이었다.

"야, 너 거기서 뭐 하나?"

"아, 여기 256K D램 불량이 많이 나서 원인을 살펴보고 있습니다."

김광호 부사장은, 오늘 밤 메모리개발을 총괄하고 있는 박용의 이사를 보낼 테니까 저녁이나 같이 먹으라고 했다. 밥 먹는 거라면 못할 것도 없으니, 그러자고 했다.

삼성에서 연락을 받기 전날, 즉 현대에 도착하던 날 저녁에 나는 정몽헌 회장과 면담을 했다. 정 회장은 삼성에 비해 반도체사업이 잘 안 돼 고민이 무척 많았다. 나를 보자마자 "현대를 둘러보니 어떠냐, 뭐가 문제냐?"고 물었다. 나는 성심성의껏 대답했다.

"예, 회장님. 저는 이번에 현대에 와서 보고 다섯 가지 면에서 놀랐습니다."

"아, 그래요? 그게 뭡니까?"

"우선 시설도 대단하고 투자도 엄청나게 한 걸 보고 놀랐습니다. 둘째, 엄청나게 많은 사람이 모두 열심히 일하는 걸 보고 놀랐습니다. 셋째는……, 문제 또한 엄청나게 많은 것을 보고 놀랐습니다."

"그렇지요? 맞습니다. 문제 많지요. 그래서 참 어렵습니다."

나는 말을 이어갔다. 너무 솔직하게 말하는 것 같아 좀 미안하기는 했지만, 내 의견을 다 말하는 게 현대에도 좋을 것 같았다.

"예, 넷째로 놀란 것은 아시다시피 문제가 그렇게 많은데도 해결을 못하고 있다는 점입니다. 그리고 마지막으로, 해결책을 제시할 수 있는 사람을 모아야 하는데 그런 노력도 별로 안 하고 있다는 점이 더욱 놀라웠습니다."

정 회장은 내가 짧은 시간에도 문제점을 제대로 파악했다며, 그 문제를 좀 해결해 달라고 부탁했다.

그 다음 만난 사람은 현대그룹 재무담당 부사장이었다. 그는 자기는 반도체 같은 건 잘 모른다고 운을 떼면서 물었다.

"진 박사, 내가 알기로는 반도체공정에는 네 가지 중요한 과정이 있는 걸로 알아요. 반도체를 설계해서 사진을 찍어 칩 위에 올리는 포토, 반도체 표면에 구멍을 뚫는 식각, 그 구멍 속으로 불순물을 집어넣는 확산이 있고, 그 다음이 금속배선이지요. 진 박사는 그중에서 어떤 공정을 합니까?"

듣고 보니 반도체공정에 관해 비교적 잘 알고 있지만, 진짜 중요한 것은 잘 모르고 있는 것 같았다.

"저는 그중 아무데도 속하지 않습니다."

"예? 그럼 뭘 합니까?"

"여기 와서 반도체공정을 가만히 들여다보니까 포토도 잘 됐고, 구멍도 잘 뚫었고, 확산이랑 배선도 잘 되어 있습니다. 그런데 지금 현대에서는 불량이 많이 나오고 수율이 낮아서 고민을 하고 있지요? 수율이 낮으면 원가가 높아지고 따라서 이익을 낼 수 없습니다. 그런데 그 불량이나 총체적인 문제는 누가 해결합니까?"

"글쎄, 부분적으로는 잘 되어 있어도 전체적으로 문제가 있는 경우에는 누가 해결해 주느냐, 그런 의미지요?"

"바로 그렇습니다. 저는 그런 전반적인 공정과 설계를 총괄하고 해결하는 사람입니다."

"어휴, 진 박사. 하여간 해달라는 대로 다 해줄 테니 현대에 와요."

그날 저녁, 약속한 대로 삼성의 박용의 이사를 만났다. 인사를 나누고 박 이사의 차에 올라탔는데, 저녁 먹자고 한 사람이 갑자기 고속도로로 들어서는 것이었다. '어어……' 하는데 차는 벌써 서울까지 줄달음쳤다. 도착한 곳은 신라호텔. 삼성반도체 송세창 사장이 갑자기 나타나서는 술이나 한잔 하자고 했다.

잘 마시지도 못하는 술을 들입다 부어주는 바람에 잔뜩 취했는데, 송 사장이 떠나긴 어딜 떠나느냐면서 당장 현대 영빈관에 가서 가방 가져오라고 호통을 쳤다. 원하는 대로 연구할 수 있는 환경을 조성해 주겠다는 것이었다. 밤비가 부슬부슬 내리는데 이천까지 다시 가서 가방을 주섬주섬 챙겨 호텔로 돌아오니 자정이 훨씬 넘어 있었다.

이번에는 현대에서 나를 찾느라 야단법석이 났다. 삼성에서 내 이름이 아닌 다른 이름으로 호텔을 예약해 두었기 때문에 나를 찾기는 더더욱 어려웠을 것이다.

아침에 일어나니 전날의 과음 때문에 골이 지끈지끈했다. 아침 일찍 삼성반도체에서 나온 사람이 나를 회사로 데려갔다. 삼성반도체 관계자가 단도직입적으로 물었다. 어떡하면, 무엇을 해주면 삼성으로 돌아오겠느냐고.

"한국으로 오고 싶습니다. 미국 현지법인은 제 꿈과 실력을 펼치기에 너무 작습니다."

"좋소, 그건 알아들었소. 본사로 발령을 내주겠소. 더 요구할 게 있으면 말해보시오."

"제게 임원자리를 주십시오. 제가 현지법인에서 책임연구원 정도로 있다 보니 일하기가 참 어려웠습니다. 임원급이 아니면 연구팀을 지휘하기가 거의 불가능합니다. 지도적인 위치(Commanding Position)라야 반도체전쟁을 제대로 치를 수 있습니다."

이 배짱 좋은 요구에 삼성반도체 관계자는 금방 답변을 하지 못하고 한참 망설이더니 나에게 물었다.

"진 박사, 올해 나이가 몇이오?"

"서른다섯 살입니다."

내 대답에 그는 매우 난처하다는 표정을 지었다. 그러나 나 또한 물러설 생각이 없었다.

"좋아요, 한번 건의해 보겠소. 임원이 되는 것은 이병철 회장님의 승낙이 필요한 사항이오. 혹 회장님과 면접을 할 수도 있으니 호텔에서 떠나지 말고 대기하고 있어요. 워낙 바쁘시니 일정을 맞추려면 시간이 좀 걸릴 겁니다."

내가 언제 어디로 튈지 불안했는지, 삼성 측에서는 나를 신라호텔에 꽉 붙잡아두고 있었다. 나도 결론이 어떻게 날지 몰라 불안했지만 내 꿈과 도전을 위해 무엇을 마련하고 추구해야 하는지 그 하나만큼은 명확하게 알고 있었다.

하루 정도를 하릴없이 지내고 난 다음날 아침, 이병철 회장과의 면담 시간이 잡혔다. 처음에는 15분쯤 만나뵙고 인사하는 정도의 면담으로 계획되어 있었다. 엘리베이터를 타고 삼성 본관 회장실로 올라가는데, 동행한 직원들이 내가 아는 것과 자신들이 회장에게 보고한 내용에 어긋나는 점이 없는지 꼼꼼하게 확인했다. 몇 가지 사항에 대해서는 이렇게 보고가 되어 있으니 조심해 달라는 부탁도 했다. 그냥 할아버지같이 편하게 생각하고, 우선 나이가 몇 살이고 이름이 무엇이며 고향이 어디인지부터 얘기하라는 당부도 있었다.

27층의 회장비서실에 들어서니 대형테이블 주위에 둘러선 사람들이 일제히 나에게 시선을 보냈다. 테이블의 끝자리에는 이병철 회장이 앉아 있었다. 긴장감에 몸이 조금 뻣뻣해졌다. 사람들이 나가고 이병철 회장과 나, 비서실장과 신현확 회장, 이렇게 네 사람이 테이블에 둘러앉았다.

"처음 뵙겠습니다. 이름은 진대제라고 하고, 경상남도 의령 출신이며, 나이는 만으로 서른다섯 살입니다."

"그래, 그래. 알고 있어, 알고 있어."

차분하면서도 카리스마 넘치는 음성이었다.

이병철 회장은 나와 고향이 같다. 그래서인지 말이 아주 잘 통했다. 마음이 통한다는 느낌이 들었으며 대화도 자연스럽고 재미있었다. 우리는 많은 이야기를 나누었다. 그러다 보니 면담시간은 처음 예정됐던 15분을 훌쩍 넘겨 50분까지 늘어났다. 주로 반도체에 관한 이야기를 나누었다. 이 회장은 반도체에 대해 놀라울 정도로 정통했고 반도체사업에 진한 애정과 깊은 관심을 가지고 있었다. 나는 본사로 들어오면 4M D램과 16M D램을 맡아서 연구할 것이며 일본을 이기고 세계를 제패하겠다는 포부를 말씀드렸다. 이 회장은 연신 고개를 끄덕이면서 만족한 표정을 지었다.

그런데 반도체 얘기로 한창 열을 올리고 있는데 갑자기 엉뚱한 질문이 이어졌다.

"그런데, 진군. 진군이 골프를 그렇게 잘 친다면서?"

"네?"

나는 뭐라고 대답할 수가 없었다.

"진군이 체구는 작아도 드라이브도 엄청 멀리 치고 아주 대단하다고 그러던데?"

골프 얘기가 나오자 비서실장의 눈이 휘둥그레졌다. 골프를 잘 치고 못 치고는 비서실의 보고사항이 아니었다. 나중에 안 사실이지만, 이병철 회장은 골프를 잘 치는 사람은 '대체로 머리가 나쁜 놈'으로 인식한다고 했다. 그러니 내가 골프를 잘 친다는 사실을 누가 얘기했을 리 없다고 생각한 비서실장이 물었다.

"그걸 어떻게 아셨습니까, 회장님?"

이병철 회장이 입가에 씩 웃음을 띠었다.

"아, 그거 홍진기 회장이 얘기해 주더라고."

그러고 보니 이 회장과 사돈지간인 홍진기 회장이 미국 연구소를 방문했을 때 한 번 만난 적이 있었다. 저녁식사를 하면서 홍 회장과 여러 한국 사람이 골프 애기도 하고 자유롭게 농담도 주고받았다. 홍 회장이 그때 나를 만난 애기를 이 회장에게 전해준 모양이었다. 인재확보를 가장 중요한 경영목표로 삼기 때문에 삼성의 중요 인물에 대해서는 거의 모든 것을 꿰고 있는 이 회장이었기에, 그 정도 애기까지도 다 기억하고 있는 것 같았다.

일을 잘해보라는 격려를 마지막으로 나는 회장실을 나왔다. 밖에서 대기하던 사람들이 우르르 몰려왔다. 15분이면 끝날 줄 알았던 면담이 길어지고 분위기도 화기애애해서 무슨 애길 하는지 무척 궁금했다는 것이다. 이병철 회장과의 면담은 임원자리를 간접적으로 약속받은 것과 다름없었다. 이 회장이 직접 그 애기를 하지는 않았지만 "원하는 대로 다 해주라"고 당부했다는 것이다.

35세의 임원이 삼성, 아니 국내 최초로 탄생한 순간이었다. 해외에서도 그런 경우는 거의 전무하다시피 했다. 나는 삼성에서 내 꿈과 도전을 펼쳐보기로 결심했다. 무엇보다 반도체를 바라보는 이병철 회장의 마음과 비전이 과학자인 나의 마음에 와닿았으며, 내가 실력을 마음껏 펼칠 수 있는 최적의 장소가 바로 삼성반도체라는 확신이 섰다. 그것은 내 인생에서 가장 중요한 결정 중 하나였다. 결정을 내렸으니 이제는 사력을 다해 뛰어드는 일만 남아 있었다.

곧바로 미국 집으로 돌아가려고 하는데 삼성 측에서 출국하기 전에 아파트부터 먼저 알아보라고 했다. 귀국하면 살 아파트를 한 채 얻어줄 테니 위치나 크기를 정해주고, 어떤 가구가 필요한지도 알려주면 준비해 두겠다고 했다. 가구는 필요없다고 했으나 한 번 더 골라보라고 했다. 그 외에도 여러 가지 불편하지 않도록 배려를 해주었다. 미국에 갔다가 돌아올 때 한 2주 정도 하와이 같은 데서 놀다 오라고도 권했다.

"아이구, 노는 게 어디 있습니까? 빨리 와서 일해야지요. 짐만 챙겨서 바로 돌아오겠습니다. 반도체 따라잡으려면 시간이 없습니다."

시간은 절대적으로 부족했다. 1분 1초가 아쉬웠다. 내 성격에 논다든가 쉰다든가 하는 말은 사전에 없는 얘기였다.

그렇게 나는 1987년 9월 4일 기흥에 있는 삼성반도체에서 근무를 시작했다. 당시 그곳은 1공장과 2공장이 가동하고 있었고, 사무동과 연구소만이 덩그렇게 서 있었다. 지금의 세계에서 가장 큰 반도체단지의 위용과는 거리가 먼 모습이었다.

이건희 회장의 리더십, 스택이냐 트렌치냐

어떤 일이라도 혼신의 노력을 기울이면 불가능한 일은 없겠지만, 시간과의 싸움에 지는 일이 없도록 주의해야 한다. 경쟁이 치열한 시대에 완벽을 기하느라 시간이 늦어지면 결국 경쟁에 지고 만다.

4M D램은 1M D램보다 집적도가 4배로 늘어나면서 구조적으로는 2차원에서 3차원으로 이전해 가는 최초의 세대였다. 기술적인 한계를 극복하기 위해 더 이상 평면구조인 2차원을 고집할 수 없었던 것이다. 평면구조는 각사별로 셀방식에 차이가 별로 없었지만, 3차원으로는 여러 형태가 가능했다.

3차원구조가 가능해진 4M D램의 공정방식은 크게 아래로 구멍을 뚫는 트렌치(Trench) 방식과 위로 고층아파트같이 쌓아올리는 스택(Stack) 방식 두 가지로 나눌 수 있었다.

그러나 스택과 트렌치 어느 쪽이 더 유리한 방식인지는 그 당시에는 전혀 알 수 없는 일이었다. 어떤 방식을 선택하느냐 하는 문제는 제품의 안정성이나 경제성 외에도 엔지니어들의 근성이나 사상과도 밀접한 관계가 있었다. 때문에 4M D램의 공정방식은 각사별로 온갖 창의적인 방법을 다 동원하면서 다양하게 개발되고 있었다.

나는 삼성 미국 연구소에 있으면서 2년여 동안 개발해 왔던 트렌치방식의 4M D램 설계를 가지고 한국으로 돌아왔다. 그러나 귀국하자마자 곧 스택방식으로의 변경을 결정했다. 대다수의 미국·일본 회사가 트렌치방식을 선택하고 있지만, 일본의 한두 회사가 스택방식으로 전환하고 있다는 정보를 얻었기 때문이다. 또 스택이 오히려 유리할 수도 있다는 기술자로서의 육감도 있었다. 여기에 미국 현지연구소의 중국인들과 경쟁해서 이겨보겠다는 오기도 한몫했다.

이 와중에 나를 포함한 기술자들은 엄청난 고생을 감수해야 했다. 보통 설계를 변경하려면 1년 정도 기간이 걸리는데, 워낙 시간에 쫓기던 우리는 두 달 만에 설계 변경을 끝내는 강행군을 단행했던 것이다. 지금 생각하면 정말 무모하리만큼 겁없는 도전이었다.

다행히 기술적인 난이도와 성공가능성에 대해서는 너무 쉽게 결론이 났다. 공정을 시작한 지 한 달여 만에 트렌치와 스택의 갈림길이 되는 부분을 통과했는데, 우리는 전인미답의 신천지에서 새로운 가능성을 발견한 흥분에 모두 들떠 있었다.

"아! 스택방식이 쉽구나!"

감탄사가 절로 나왔다. 이건 초등학생과 대학생 간의 시합이었다. 결정적인 차이점은 검증가능 여부였다. 트렌치는 아래로 구멍을 뚫기 때문에 구멍 속을 들여다볼 수 없어 문제가 발생하면 거의 속수무책이지만, 위로 쌓아올리는 스택은 외곽을 볼 수 있어 다음 공정을 처리하는 데 유리했던 것이다. 이 스택방식의 4M D램 개발은 비밀리에 진행되고 있었고, 당시 이를 아는 사람은 극소수뿐이었다.

드디어 최초의 4M D램이 만들어졌다. 그런데 정말 기적 같은 일이 벌어졌다. 아무도 처음 개발한 스택방식 4M D램 시제품에서 완전동작 칩이 나올 거라고 생각하지 못했는데, 단번에 나와버린 것이다. 1988년 1월의 일이었다. 어안이 벙벙했지만 실제로 그런 일이 일어났다.

반면 85년에 시작된 트렌치방식 4M D램은 그때까지도 완전동작 칩을 확보하지 못한 채 고전하고 있었다. 그러나 미국 현지연구소는 트렌치방식을 포기하지 않았고 패배를 인정하지도 않았다. 그럴 경우 현지

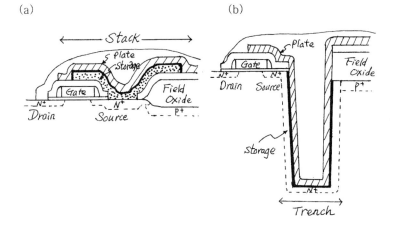

(a)   (b)

D램 셀구조 비교

(a) 스택셀은 스토리지와 플레이트라고 부르는 두 층의 다결정실리콘층이 포개져 있고, 그 사이 면적이 커패시터로 활용된다(굵은 선). 필드 옥사이드의 왼쪽 뾰족한 끝을 '새 부리 산화막'이라 부르는데, 내 박사논문의 연구과제이기도 했다.

(b) 트렌치셀은 실리콘 면에 구멍을 뚫고 그 속을 플레이트 다결정실리콘으로 채워넣는다. 스토리지 N^+확산영역과 그 사이 면적이 커패시터가 된다(굵은 선).

연구소가 존재할 이유가 없어지기 때문이었다. 그러면서 시제품 단계에서는 알 수 없으니 양산까지 가서 둘을 비교하자는 제안을 해왔다. 그야말로 양쪽 기술팀의 자존심과 생존이 걸린 문제였다.

그러나 내부에서 첨예하게 대립하기에는 시간이 너무 없었다. 바깥 사정을 보면 그것은 엄청난 사치였다. 도시바는 85년 11월에 이미 4M D램 시제품을 발표하고 이듬해 4월에 생산라인을 착공했으며, 히타치와 미국의 TI사도 86년에 개발을 끝내고 양산을 서두르고 있었다. 안 그래도 후발주자인 삼성이 공정방식을 두고 왈가왈부할 여유는 전혀 없었다. 기술자들의 아집이 회사를 망친다는 볼멘소리가 터져나오기 시작했다.

그런 상태로 몇 달이 지나자 드디어 이건희 회장이 칼을 뽑아들었다. 이 회장은 내가 성공가능성을 검증하고 단초를 제공한 스택방식을 선택했고, 당신이 직접 미국 현지연구소로 날아가 기술진을 설득시켜 포기하도록 했다. 그러고는 양쪽 기술진을 한데 합류시켜 차세대제품 개발을 맡겼다. 갈등의 소지를 뿌리째 뽑아버린 것이다.

무척 어려운 결정이었지만 그것은 정답이었다. 나중에 알게 된 사실이지만, 도시바와 NEC사는 4M 초기제품에 트렌치방식을 고집했다가 수율 및 품질 저하로 인해 스택방식으로 전환하는 등 고전을 면치 못했다. 그러다가 결국 스택으로 나선 히타치에게 선두자리를 빼앗겼다. 이 외에도 트렌치를 고수하던 여러 회사는 지구상에서 사라지는 비운을 겪었다.

삼성도 자칫 잘못 판단해 트렌치방식에 집착했다면 도시바 짝이 났을 것이고 회사가 휘청거릴 정도의 치명상을 입었을 것이다. 이때만큼 리더의 판단력과 결단력이 극적인 분수령으로 작용한 경우는 거의 없었던 것 같다.

그후의 반도체들은 4M D램을 포함하여 모두 스택방식으로 개발되었다. 그러나 당시에는 16M D램도 스택으로 개발하겠다고 공언하는 나를 미친 사람 취급하는 이도 많았다. 4M D램은 스택으로 가능해도 16M D램은 불가능하다는 것이었다.

그러나 미래는 구하는 사람의 것이고 실제로 몸으로 부딪치며 터득한 경험만이 믿을 수 있는 것 아닐까? 스택은 대성공이었고 그 뒤 삼성 반도체가 지속적으로 세계를 석권할 수 있었던 기술적 토양은 이때 만들어졌다는 데에 이의를 달 사람은 아무도 없을 것이다.

지금 생각하면 당시에는 정말 순간순간 몸서리쳐지는 결정들을 수없이 내려야만 했다. 그러나 나는 두려움 없이 무모할 정도로 과감하게 새로운 세계에 도전하는 젊은 기술자였다. 많은 사람이 당시 어떻게 그런 '살벌한' 결정을 그렇게 쉽게 내릴 수 있었느냐고 묻는다. 나는 "글쎄요, 재수가 좋았던 것도 같고, 꼭 더 꼽으라면 기술자로서의 육감이라고나 할까요?"라고 답한다. 이 세상 어느 곳에도 정답은 없고 정답을 가르쳐줄 사람도 없으니 자신을 믿고 길을 찾는 수밖에 다른 도리가 없었다는 게 정답 아닐까.

1989년 초 이건희 회장이 대만에 출장을 갔다가 급작스럽게 나를 호출한 적이 있다. 함께 대만의 TSMC라는 회사를 방문하고 나오는 길에 이 회장이 이런 질문을 던졌다.

"도시바가 계속 트렌치로 D램을 고집하고 있는데 이는 기술자들의 아집 때문 아니오?"

"일부 그런 점도 있긴 하겠지만, 특정한 기술이 미래에 성공하지 못할 것을 알면서도 고집을 부릴 기술자는 없을 겁니다. 다만 어떤 기술이라도 완전히 불가능해 보이지는 않으니 하던 일을 포기하는 결단을 내리기가 쉽지 않은 것으로 보입니다."

사실 그렇다. 어떤 일이라도 혼신의 노력을 기울이면 불가능한 일은 없겠지만, 시간과의 싸움에 지는 일이 없도록 주의해야 한다. 경쟁이 치열한 시대에 완벽을 기하느라 시간이 늦어지면 결국 경쟁에 지고 만다. 이런 것을 기회손실이라 한다. 문제점을 빨리 알아차려 빨리 포기하고 다른 길을 찾는 것이 백 번이라도 옳은 일이다. 쓸데없이 개인적인 고집을 부려서 본인이나 기업을 나락에 떨어뜨리는 일이 없도록 열린 마음과 유연한 자세를 가져야 한다. 그런 면에서 전략적인 선택을 해야 하는 사람의 책임이 무겁다.

"싸움에서 살아남으려면 싸움 잘하는 장수보다 재수가 좋아 싸우지 않고도 이기는 장수를 따라나서라"는 옛말이 있다. 현대식으로 표현하자면 머리 좋은 사람보다 유연한 사고방식을 가진 사람을 중용하는 것이 더 낫다는 의미 아닐까.

'웃기는'
전두환 대통령

"정 회장은 하룻밤 술값으로 천만 원씩 쓴다면서요?"
"아이구, 그럴 리가 있겠습니까? 우리 정말 돈 안 쓰고 삽니다. 하도 안 쓰고 살아서 구자경 회장은 별명이 두쇱니다. 구두쇠라고 합니다."

소리소문없이 진행되던 4M D램의 완전동작 칩이 첫 방에 나와버린 1988년 1월 말은 삼성뿐만 아니라 나라 전체가 떠들썩했다. 그리고 2월 중순경에는 삼성, 금성, 현대 등 반도체 3사의 경영진, 기술자, 국책연구 책임자 등 상당히 많은 사람이 청와대로 초대받아 4M D램 개발 성공을 축하하는 행사가 있었다. 한국 반도체산업 발전에 많은 관심과 지원을 해준 전두환 대통령의 퇴임을 며칠 앞둔 시점이었다.

어렵사리 보안절차를 통과해 청와대 영빈관에 들어가니, 테이블이 수십 개 늘어서 있고 봉황으로 장식된 대통령 자리는 단상 위에 따로 마련되어 있었다. 예정시간을 30분 정도 넘겨 전두환 대통령이 들어서서는 떡하니 단상에 앉았다. 삼성 이건희 회장과 현대 정주영 회장, 럭키금성의 구자경 회장도 참석해 있었다. 대통령은 앉자마자 큰 소리로 외쳤다.

"연구원 여러분! 4M D램의 개발 성공을 진심으로 축하합니다. 자, 우리 건배합시다! 원샷입니다."

그때가 '마주앙'이라는 포도주가 처음 나온 때였다. 모두 마주앙을 한 잔씩 들고는 바로 원샷을 했다. 그 사이클이 얼마나 빠르던지, 얼마 지나지 않아 거의 모든 사람의 얼굴이 벌개졌다.

전 대통령은 자기가 얼마나 적극적으로 반도

체사업을 지원했는지 진담 반 농담 반으로 자랑했다. 그건 사실이었다. 반도체장비를 수입할 때 수입관세를 면제해 주고 수도권에 공장을 세우도록 토지매입을 허가해 주는 등 많은 지원을 해주었다. 4M D램이 나왔다는 소식에 누구 못지않게 좋아했다는 말도 덧붙였다.

"연구원 여러분, 앞으로 반도체가 잘 되면 제가 커미션 좀 받아야 될 것 같은데 어떻습니까?"

모두 이구동성으로 대답했다.

"맞습니다! 많이 도와주신 겁니다."

전 대통령이 만면에 웃음을 띠고 다시 건배를 제안했다.

"그런데 정 회장!"

"예!"

"그, 정 회장은 하룻밤 술값으로 천만 원씩 쓴다면서요?"

당시 신문에 나기도 했던 재벌 회장들의 음주문화에 대한 가십을 두고 한 말이었다.

"아이구, 그럴 리가 있겠습니까? 우리 정말 돈 안 쓰고 삽니다. 하도 안 쓰고 살아서 구자경 회장은 별명이 두쇱니다. 구두쇠라고 합니다."

참석한 사람들이 모두 박장대소했다. 기분이 좋아진 전 대통령이 다시 술잔을 번쩍 들었다.

"사랑합니다, 연구원 여러분."

전 대통령의 재담은 계속됐다.

"그 뭐, 야당의 YS라는 사람이 뭐, 자기가 토라졌으면 토라졌지, 그 무슨 산에는 왜 가서…… 산행은 무슨 산행입니까? 절에 가서 중이나 되지."

사람들이 낄낄대며 웃었다. 당시 노사분규를 일으킨 한국과학기술원 (KAIST)도 도마에 올랐다.

"거, 연구하는 사람들이 왜 노사분규를 일으켜가지고. 안 그렇습니까, 연구원들? 거기 과기처 장관!"

"예!"

"거, 말이오. 과학원인가 뭔가 그거 없애버릴 계획 한번 만들어보시오. 연구원들이 연구는 안 하고 데모 같은 거나 해서야 되나?"

"알겠습니다. 검토하도록 하겠습니다, 각하!"

조금 전까지 웃던 과학원 사람들의 얼굴이 금방 굳어졌다. 전 대통령이 좀더 재임했다면 한국과학기술원이 정말 없어졌을지도 모를 일이다.

"아, 그, 요새는 컴퓨터니 이런 게 무지하게 많이 나와서 세상이 달라지고 있다는데, 나같이 머리 나쁜 사람들도 배우면 됩니까? 나 같은 사람은 그거 얼마나 배워야 쓸 수 있을까요?"

"각하, 아닙니다. 한 두어 달만 배우시면 잘 쓰시게 됩니다."

"에이, 난 안 돼. 어려울 것 같애. 그래도 내가 은퇴하면 컴퓨터나 좀 배워볼까 봐. 하하하."

전 대통령의 농담에 '사랑하는 연구원들'의 웃음소리가 그치지를 않았다. 하지만 심각한 얘기도 있었다.

"제가 말입니다. 청와대에서 처음으로 살아서 나가는 대통령이 돼봐야겠습니다. 지금 나한테 대통령 더 하라고 하는 사람들도 많이 있지만……"

어쨌든 그 자리에서는 과학자들에 대한 애정을 과시하는 얘기가 많이 나왔다.

"과학자 여러분, 전쟁 나도 여러분은 걱정 없습니다. 전쟁 나면 과학자들 전부 대전 이남으로 소개시킬 특별계획도 다 마련되어 있습니다."

실제로 전두환 대통령은 과학자들에게 신경을 많이 써주기도 했다. 그때 내가 살던 남현동 집에는 경찰에서 지금의 세콤 같은 특수 보안장치를 설치해 주었으며, 정기적으로 집 주변을 순찰하고 이상이 없는지 방문하기도 했으니 말이다.

2
디지털 신세계의 카우보이가 되라

독자기술로
세계를
제패하라

"우리가 일본 것을 베꼈다는 게 사실인가? 내가 기껏 남의 거 베끼려고 평생을 건 반도체사업을 시작한 줄 아나? 영국은 증기기관 하나를 개발해서 세계를 제패했다! 우리 반도체도 그런 역할을 하라고 시작한 것 아닌가?"

한국에 돌아와 일을 시작한 지 얼마 지나지 않은 9월 말의 어느 날 아침, 서울에서 부리나케 연락이 왔다. 이병철 회장이 지금 차를 타고 남쪽으로 내려가니 남쪽에 있는 임원들은 전부 대기하라는 내용이었다. 어디로 간다는 얘기 없이 무조건 남쪽으로 떠났다는 것이다.

처음에는 그런가 보다 하고 평상시처럼 일을 했다. 당시 이병철 회장은 폐암으로 몸이 많이 편찮아서 사업현장을 찾는 일이 거의 없었다. 그저 안양골프장이나 용인자연농원에 바람을 쐬러 가끔 들르는 정도였다. 그래서 이번에도 자연농원에 가나 보다 했다. 그런데 다급한 목소리로 속보가 날아들었다.

"영동고속도로 통과! 그 아래 임원들은 자리 뜨지 말고 대기!"

그 아래라면 수원공장이든가, 아니면 기흥종합연구소(현재의 기술원)든가, 그것도 아니면 반도체였다. 조금 있자니 또 긴급연락이 왔다.

"어? 수원톨게이트 통과!"

그렇다면 종합연구소 아니면 반도체다. 곧 종합연구소와 반도체에 있는 임원들은 모두 모일 준비를 하라는 연락이 왔다.

"기흥톨게이트에서 나오셨다. 어? 종합연구소 정문 통과……. 앗! 반도체로 가신다. 즉시 회장실로 집합하시오!"

연구소 3층의 내 사무실에서 뛰어내려가는

데 벌써 이 회장이 탄 벤츠가 좍 지나갔다. 어리둥절해서는 그 앞에다 꾸벅 인사를 하고 회장실 앞으로 집합했다. 이병철 회장이 천천히 차에서 내렸다. 우리 사무동 앞에는 층계가 세 개 있었는데, 이 회장은 그 층계를 다 오르지 못하고 중간에 넘어졌다. 발목이 까져서 피가 났다. 폐암 말기로 이미 거동이 많이 불편한 듯했다. 회장실에서는 수행원들이 회장의 구두를 바꿔 신겨주었다. 이상하다는 생각이 들었다. 바깥에서 신는 구두와 실내에서 신는 구두가 따로 있나?

많은 임원이 출장을 가고 없어서 당시 회장실에 집합한 사람은 이윤우 공장장(당시 전무, 현재 삼성전자 부회장), 연구소장, 나 정도였다. 한참 지난 후, 비서실장이 헐레벌떡 따라들어와 배석했다. 이 회장이 평소와는 달리 행선지를 밝히지 않고 갑자기 내려와 비서실장마저도 서울에서 허겁지겁 달려온 길이었다.

이 회장은 약간 거칠게 숨을 들이쉬며 가만히 앉아 있었다. 침묵이 흘렀다. 잠시 후 회장이 조용히 말했다. 차분했지만 노기가 섞인 목소리였다.

"봤제?"

사람들이 움찔했다. 우리는 대번에 무슨 말인지 알아챘지만 아무도 대답을 할 수가 없었다. 한참 있다가 이윤우 공장장이 목구멍으로 기어들어가는 듯한 목소리로 대답했다.

"아, 예. 봤습니다."

그날의 신문기사를 말하는 것이었다. 아침에 신문을 보고 우리도 깜짝 놀랐었다. '우리나라 반도체는 전부 다 일본 것을 베꼈다'는 기사가 실렸던 것이다. 그 기사가 다 사실은 아니었지만 부분적으로는 맞는 말이었다. 삼성을 비롯한 한국 반도체업체들은 후발주자로서 일본 것을 많이 참고하고 있었다. 선진업체들을 따라가려면 어쩔 수 없는 일이기도 했다.

"우리가 일본 것을 베꼈다는 게 사실인가? 내가 기껏 남의 거 베끼려고 평생을 건 반도체사업을 시작한 줄 아나? 영국은 증기기관 하나를 개발해서 세계를 제패했다! 우리 반도체도 그런 역할을 하라고 시작한 것 아닌가?"

증기기관. 이병철 회장이 반도체사업을 시작한 취지와 목표는 영국처럼 한국이 독자적으로 개발한 기술로 세계의 정상에 올라서는 것이었다. 모두 찍소리도 못하고 가만히 있는데 이 공장장이 급히 대답했다.

"근데 그게 삼성더러 하는 소리가 아니고 다른 회사들이 하도 베끼니까 하는 얘기인 것 같습니다."

그래도 회장의 분노는 쉽게 누그러지지 않았다. 이 공장장과 나는 독창적인 제품을 만들어 다시는 그런 소리가 나오지 않도록 하겠다고 약속했다.

"반드시 16M D램을 독자개발해서 다시는 모방을 했다는 얘기가 안 나오도록 하겠습니다."

나는 굳은 목소리로 말했다. 어느 정도의 비장감마저 섞여 있었다. 이런저런 얘기들이 오고간 뒤에야 이 회장의 마음이 조금씩 풀어지기 시작했다.

"진군, 그래 개발팀은 만들었나?"

"예, 조그마하게 만들어 시작을 했습니다."

"그래? 여러 인재를 모아오라고."

그러고 나서 그 시점에 착공한 3공장의 용수나 전기가 제대로 확보되었는지, 시장상황과 기술개발 등에 대해 여러 가지를 일일이 메모까지 하면서 점검했다.

나중에 안 얘기지만, 이병철 회장이 기흥 회장실에 도착하자마자 갈아신은 신발은 골프화였다. 안양골프장에 하루 쉬러 갔다가 아침신문을 봤는데 그런 기사가 실려 있으니 골프화를 신은 채 달려온 것이었다. 비서실장을 대동하지 않은 것도 그런 이유였다. 생각해 보니 그때 입었던 옷도 골프복장 비슷한 것이었다.

그때가 이병철 회장과의 두 번째이자 마지막 만남이었다. 약 한 달이 지난 11월에 병환으로 타계했기 때문이다. "우리 기술로 독자개발한 반도체로 세계를 제패하라"는 그 말이 이병철 회장이 남기고 간 사업상의 마지막 유언이었던 셈이다.

회장님, 저 약속 지켰습니다

기사 제목은 '더 이상 한국 반도체는 일본의 모방이 아니다'였다. 본문은 독자기술로 개발된 한국의 반도체는 모든 면에서 일본 것을 앞선다는 내용이었다.

1994년, 일본의 저명한 반도체전문지 《니케이 마이크로디바이스》에 처음으로 한국 특집기사가 실렸다. 제목은 '한국 D램의 협위'. 협위(脅威)란 우리말로 하면 '위협'이라는 뜻이다. 기사에는 내 얼굴과 16M D램 사진이 같이 실려 있었다. 그 기사는 꽤 덩치가 커서 작은 기사 네 개로 나뉘어 있었는데, 그중 하나의 제목이 '더 이상 한국 반도체는 일본의 모방이 아니다'였다. 본문은 독자기술로 개발된 한국의 반도체는 모든 면에서 일본 것을 앞선다는 내용이었다.

기사를 읽자마자 가슴 심연으로부터 뜨거운 감동 같은 것이 피어올랐다. 그 기사는 수년 전 "독자기술로 개발한 반도체로 세계를 제패하겠다"고 한 고(故) 이병철 회장과의 약속을 확실하게 지켜냈음을 의미하는 것이었다. 더구나 다름아닌 일본 최고의 반도체전문지에 실린 기사였기에 그 감동은 더했다.

'이병철 회장님, 저 약속 지켰습니다.'

16M D램을 개발하면서 나는 독창적인 기술을 적용하기 위해 여러 가지 노력을 기울였다. 이를 뒷받침하는 사례가 몇 가지 있는데, 그중 대표적인 것이 알루미늄 용해공법이다. 반도체를 만들 때 가장 중요한 공법 중 하나가 절연박막에 구멍을 뚫어 그 아래의 실리콘기판 위에

있는 반도체소자들을 알루미늄배선으로 연결하는 것이다. 그러나 당시 0.6미크론 크기의 미세한 구멍에 알루미늄을 넣어 연결시키는 공정은 그 민감함과 초정밀성 때문에 가장 어려운 작업으로 취급되었다.

1988~89년, 16M D램을 개발하면서 나는 이 연결공정 때문에 무던히도 애를 먹었다. 알루미늄분자를 진공중에 날려서 그 작은 구멍 속으로 들어가게 하는 기술(Sputtering)을 사용하고 있었지만, 구멍의 측면은 알루미늄분자가 잘 들러붙지 않아 바닥까지는 연결이 안 되었다. 한번은 회의중에 이런 고충을 털어놓았더니 당시 노광담당 과장 고용범 박사가 "뭐 그런 걸 가지고 고민하느냐?"고 했다. 나는 눈이 번쩍 뜨여서 "그래, 뭐 방법이 있느냐?"고 물었다.

"진 이사님, 지금 기술로는 구멍도 제대로 다 못 뚫을 것 같은데 그 구멍끼리 연결하는 걸 벌써부터 걱정하고 계십니까?"

농담으로 하는 얘기였지만, 그런 기술은 애초부터 불가능하다는 의미였다.

들려오는 소문에 의하면, 일본에서는 더 이상 알루미늄만을 사용하는 공법은 불가능하다는 결론을 내리고, 텅스텐을 이용하는 신기술을 개발하고 있다고 했다. 하지만 우리는 기존 기술에서 돌파구를 찾아야만 했다. 이제 와서 새로운 기술을 개발하려면 적어도 2~3년은 더 걸릴 것이기 때문에 신기술개발은 생각조차 할 수 없었던 것이다.

다행히 기술진의 노력으로 구멍 뚫는 문제는 해결할 수 있었다. 하지만 금속배선은 여전히 난제로 남아 있었다. 91년에 이르러서도 뾰족한 수가 생기지 않았다. 칩을 작게 하는 것이 관건인데, 칩을 작게 하면 할수록 구멍의 크기도 작아져서 연결은 당연히 더 어려워지는 것이었다. 애가 탔다.

그러던 어느 날 금속배선을 담당하던 이상인 박사가 급히 찾아와서는 재미있는 현상을 발견했다고 말했다.

"알루미늄을 실내온도의 진공상태에서 소자에 덮은 다음, 온도를 550도 정도로 올리면 알루미늄이 녹는 현상을 발견했습니다. 알루미늄을 녹여서 넣으면 자연스럽게 들어가 연결되지 않을까요?"

그 말에 나는 실낱같은 희망을 느끼고 계속 실험을 해보라고 격려했다. 며칠 뒤 알루미늄이 구멍 속으로 쏙 들어간 전자현미경 사진이 나왔다. 우리는 "바로 이거다"라면서 기뻐했고, 이 방법을 철저히 연구해보기로 했다.

그러나 아쉽게도 이 방법은 골치아픈 문제가 너무도 많았다. 가장 심각한 문제는 증착(蒸着)된 알루미늄박막이 식으면서 우윳빛이 되어 그아래에 있는 소자의 모양이 보이지 않게 되는 것이었다. 그렇게 되면밑의 모양을 볼 수 없어 정확한 위치에 알루미늄배선을 만들 수 없는것이다. 산 넘어 산이었다. 문헌을 찾아보니, 선진업체에서도 이 정도까지는 해봤는데 이 방식으로는 후속공정이 불가능하다고 판단, 포기했다고 한다.

하지만 우리는 거기서 물러설 수 없었다. 나는 이 열처리된 알루미늄을 투명하게 하는 방법은 없을까 생각했다. 가장 먼저 떠오른 것이 알루미늄에 함유된 실리콘의 양을 줄여 투명도를 높여보자는 아이디어였다. 그래도 문제는 아직 남아 있었다. 실리콘을 줄이면 투명해지기는하지만 알루미늄이 밑에 있는 실리콘과 닿아 합금을 만들면서 큰 구멍이 뚫리는 것이다. 이러지도 저러지도 못하는 상황이었다.

이 문제를 해결하기 위해 임원회의가 열렸다. 당시 공정개발 전반을담당하고 있던 이종길 공정개발센터장(당시 상무)에게 "알루미늄을 녹여서 연결해 보겠다"고 했더니, 걱정스러운 표정으로 "일본에서도 안하는 기술을 가지고 되겠소? 되면 일본에서도 진작 다 하지 않았겠소.요새 일본에서 하고 있는 텅스텐 사용방식을 빨리 개발해 줄 테니 그걸사용하시오"라고 했다. 공정개발 담당자로서 당연한 반응이었다.

하지만 시간과의 싸움에서 선택의 여지가 없다고 판단한 나는 계속 밀어붙이기로 했다. 재료를 바꾸거나 새로운 장비를 설치할 필요 없이 열처리만 하면 되기 때문에 위험도도 적고, 알루미늄 투명도만 높일 수 있다면 시도할 만하다는 논리를 펼쳤다.

반면 이 상무는 일본처럼 텅스텐공법을 도입해야 한다고 주장했다. 약이 오르기도 했지만, 16M D램의 전체 책임을 맡은 나로서는 엄청나게 시간에 쫓기고 있던 터라 특별한 제안을 했다.

"우리 내기합시다. 이 상무나 저나 미국에 집이 한 채씩 있습니다. 제가 이걸 해봐서 성공하면 이 상무께서 그 집을 제게 주시고, 실패하면 제 집을 드리는 겁니다."

"그래? 그러지 뭐. 허허허. 그 사람 참…… 정말 자신이 있소?"

필요는 발명의 어머니라 했던가! 우리는 적절한 '꼼수'를 써보기로 했다. 알루미늄을 이중구조로 넣어보기로 한 것이다. 알루미늄의 실리콘 함유량이 많으면 불투명해지니까 윗부분에는 실리콘이 없는 알루미늄을 두고, 실리콘기판에 닿게 되는 밑부분에만 화학반응을 일으키지 않을 정도로 적은 양의 실리콘이 함유된 알루미늄을 사용한다는 기발한 아이디어였다. 그러면 어느 정도 투명성을 가지면서도 밑부분에서는 부작용을 일으키지 않을 테니 한꺼번에 두 마리 토끼를 잡을 수 있다는 생각이었다.

그런데 그 아이디어를 막상 실행에 옮기려고 하니 또 문제가 생겼다. 그 '적절하게 실리콘이 함유된 알루미늄'이 먹고 죽으려 해도 없는 것이다. 이걸 구하는 데 또 몇 달이 걸렸다. 결국 비행기를 타고 여기저기를 날아다니면서 특별주문을 해서 어렵사리 구할 수 있었다. 그리고 계획대로 이중구조를 만들어 열을 가해서 구멍에 넣어봤다. 그러나 처음에는 여전히 기판 쪽에서 불량이 나왔다. 수천만 개의 구멍 중 한두 개의 구멍에서만 실리콘이 함몰되어도 과도한 전류가 흐르고 불량으로 처리되는 것이다.

당시 연구소장이었던 이윤우 전무가 일본으로 출장을 가면서 지시를 남겼다.

"도대체 해도해도 안 되니 어떻게 할 것이오? 오쿠라호텔로 오늘 저녁에 나온다는 그 결과를 팩스로 넣으시오."

그 말을 듣는 순간 나는 눈앞이 캄캄해졌다. 스트레스를 받으면 눈이 잘 안 보이게 된다는 어른들의 말이 실감났다. 사실 많은 사람이 초조하게 지켜보고 있었지만 이 알루미늄공정에 올인하기로 결정을 하고 밀어붙이고 있던 나만큼 초조한 사람은 아마 없었을 것이다.

우리는 수많은 시행착오를 반복했다. 수없이 온도와 기타 조건을 조정해야 했으므로 이상인 박사, 홍정인 과장 등이 밤잠을 설쳐가며 실험을 해댔다. 하늘은 스스로 돕는 자를 돕는다고 했던가! 정말 하느님의 도움인지는 몰라도, 마침내 불량에 따른 전류의 양이 규격 이하로 내려갔다. 그 수많은 구멍 속으로 골고루 알루미늄이 들어가면서도 불량이 생기지 않는 까다로운 공정조건을 찾아낸 것이다.

우리가 개발해 낸 이 신기술의 장점은 공정과정이 매우 단순해 원가가 적게 든다는 것이었다. 이 기술로 반도체를 만들어보니 일본 기업들은 흉내도 못 낼 정도로 원가가 싸게 먹혔다. 성능 좋고 가격마저 싸다면 더 이상 무엇을 바라겠는가?

나는 이 알루미늄 용해공법을 적나라하게 보여주는 전자현미경 사진을 항상 지갑에 넣어가지고 다니면서 다른 회사들에게도 보여주고 전수도 해줬다. 기회만 있으면 '기똥차게' 잘 되니 한번 해보라고 권하고 다녔다. 사람들은 물을지도 모른다. 어렵게 개발한 기술을 왜 경쟁사들에게 공짜로 알려주었느냐고.

그것은 특허료를 상쇄하기 위한 것이었다. 당시 우리는 매년 수천억 원에 달하는 특허료를 지불하고 있었는데, 우리가 특허를 낸 이 기술을 많은 기업이 사용하게 되면 우리도 특허료를 받아 이를 상당부분 만회할 수 있을 거라는 생각이 들었다. 1991년부터 사용하기 시작한 이 기술을 2000년의 256M D램까지 근 10년을 우려먹었다.

그외에도 이런 식으로 특허를 낸 기술이 다수 있었다. 이제 더 이상 남의 것을 베끼는 것이 아니라 아무도 따라오지 못하는 신기술을 보유한 반도체 최강국의 반열에 오르게 된 것이다.

메모리반도체 시장을 삼키다

'안 된다는 생각을 버려라'로 시작되는 「반도체십계명」은 '반도체 때문에 삼성그룹은 침몰할 것'이라는 말을 거리낌없이 내뱉던 주위의 따가운 시선을, 사실은 너무나 두려웠던 스스로의 마음을 극복하기 위해 악을 쓰고 외친 절규였다.

1992년을 기준으로 세계 D램 시장에서 16M D램을 대량으로 공급할 수 있는 회사는 삼성이 유일했다. 일종의 독점이었다. 세계 최첨단 분야에서 한국이 시장을 독점한 것은 건국 이래 처음 있는 일이었기에 기분이 참 묘했다. 사람들은 좋아서 싱글벙글하면서도 이게 꿈인가 생신가 하며 볼을 꼬집어보기도 했다. 국내외의 언론도 흥분해서 한때는 거의 매일 보도하다시피 했다.

93년에 들어서면서 다른 경쟁사들이 하나둘 시장에 진입하기 시작했지만, 그래도 삼성은 80%를 웃도는 독점적 시장점유율을 자랑했다. 이러한 시장독식 행진은 94년 말에야 주춤하기 시작했는데, 그래도 여전히 시장의 절반을 차지하고 있었다. 경쟁에서 밀린 것이 아니라 우리의 공장 생산규모가 그 정도였던 것이다. 한마디로 없어서 못 파는 시절이었다. 아무리, 아무리 공급해도 주문이 끊임없이 밀려들어 행복한 비명이 계속되었다.

손톱만한 16M D램 하나의 부가가치는 엄청난 것이었다. 92년 당시에는 16M D램 한 개를 500달러에 팔기도 했으니까. PC의 폭발적인 수요팽창에 따라 모든 D램이 품귀였지만, 당시 가장 기억용량이 높던 16M D램의 경우 무게 대비로는 금보다 훨씬 비싸게 팔리고 있었다. PC붐을 타고 신형컴퓨터가 속속 등장하여 메모리 수요는 폭증하는데 공급이 따라가지 못해 생기는 해프닝이었다.

당시 삼성의 경쟁력은 거의 절대적이었다. 95년 삼성은 월 500만 개의 16M D램을 생산했다. 세계시장의 40%에 육박하는 물량이었다. 같은 기간에 20~30만 개를 생산한 일본이나 미국의 업체와는 비교를 거부했다. 95년 초까지는 4M D램이 세계시장의 주력이었다. 당시 4M D램이 개당 11달러였던 데 비해 16M D램은 90달러에 거래되었고, 그나마도 없어서 못 파는 지경이었다. 그러다 보니 샌프란시스코공항에서 항공화물로 보낸 메모리가 박스째 도난당하는 사건까지 발생했다.

우리는 반도체업계의 상식에 따라 95년쯤 되면 판매가격이 5~6달러 정도로 떨어질 것으로 예상했다. 94년 말 미국인 마케팅 부사장 마크 엘스베리가 내년에는 가격이 5달러쯤 될 거라고 말한다는 것을, 실수로 내년에도 50달러쯤은 될 거라고 말한 적이 있다. 우리는 웃으면서 설마 그럴 리가 있겠느냐고 했다. 그런데 정말로 95년 11월 말까지 내내 50달러 이상을 유지했다. 덕분에 삼성은 95년 한 해에만 1조 원이 넘는 엄청난 순이익을 달성할 수 있었다. 적절한 투자전략과 대량생산, 그리고 4M D램과 16M D램의 고부가가치에 힘입은 것이었다. 회사는 언제 만성적자였냐는 듯 전례없는 흑자를 연달아 기록했다.

나는 반도체개발 및 관련분야에서의 공로를 인정받아 초고속 승진을 거듭했다. 87년부터 5년간 계약직 이사대우로 있다가 계약이 만료된 92년에는 상무로, 이듬해에는 바로 전무로 승진했다. 전무가 되면서 반도체 개발과 생산을 총괄하는 메모리사업부장을 맡았다.

부사장이 된 것은 약 1년 반 후인 95년이었고, 96년 말에는 대표이사 부사장으로 발탁됐다. 거의 1년이나 1년 반 만에 한 번씩 승진을 한 셈이다. 그러다 보니 하는 일이 조금 익숙해지려고 하면 더 큰 조직이나 업무를 맡게 되어 실로 눈코 뜰 새 없이 바쁜 나날이 계속되었다.

삼성이 고공행진을 계속하는 동안 해외 경쟁사에서는 난리가 났다. 이름도 모르던 경쟁자가 치고올라왔으니 선진업체들이 가만있을 리 만무했다. 세계 정상의 명예는 얻기보다 지키기가 더 어렵다는 것을 나는 누구보다 잘 알고 있었다. 막중한 부담감이 어깨를 짓눌렀다. 동시에 '안 된다는 생각을 버려라'로 시작되는 「반도체십계명」이 귓가에 메아리쳤다.

아침마다 복창하던 이 열 가지 신조는 선진업체들의 비웃음과 견제를, '반도체 때문에 삼성그룹은 침몰할 것'이라는 말을 거리낌없이 내뱉던 주위의 따가운 시선을, 사실은 너무나 두려웠던 스스로의 마음을 극복하기 위해 악을 쓰고 외친 절규였다.

나는 생각했다. 지속적인 첨단 반도체기술 개발과 수출이 회사 차원을 떠나 이 나라의 젖줄이 되리라는 것을, 반도체가 원자폭탄 같은 위력을 지니게 되리라는 것을. 그러자 다시 '할 수 있다, 아니 해야 한다'는 신념과 자신감이 살아났다. '이 두 손으로 우리나라 반도체를 계속 일으켜 나아가리라.' 땀에 젖은 두 주먹이 불끈 쥐어졌다.

그리고 우리는 잇달아 개가를 올렸다. 93년에는 권오현 박사가 64M D램을, 95년에는 황창규 박사(현재 반도체총괄 사장)가 256M D램을, 97년에는 박종우 박사(현재 프린터사업담당 사장)가 1G D램을 각각 세계 최초로 개발하는 데 성공했다. 또한 D램 이외의 각종 메모리사업에서도 대박이 났다. 임형규 박사(현재 종합기술원 사장)가 최근 각광을 받고 있는 MP3나 디지털카메라에 사용되는 낸드플래시메모리 개발에 성공한 것이다.

이 모든 성과는 변함없는 애정으로 반도체의 모든 것을 보살피고 밀어준 이윤우 부회장(당시 공장장, 연구소장, 사업본부장)의 지도력 덕분이었다. 또한 불황에도 불구하고 과감한 투자를 독려하여 일본의 경쟁을 물리치고 메모리사업을 세계에 우뚝 서게 한 이건희 회장의 리더십도

메모리반도체의 일인자라 하여 언론에서는 내게 '국보1호 박사'라는 호칭을 붙이기도 했다.

빼놓을 수 없다.

삼성은 93년 반도체메모리 분야에서 매출 1위에 등극한 이후 단 한 번도 1등자리를 내놓지 않고 있다. 꼴찌로 엄청난 적자를 내면서 출발한 지 10년 만에 기라성같은 경쟁자들을 제치고 선두를 차지한 후 죽 유지해 오고 있는 것이다.

그리고 한국은 94년 반도체 한 품목만으로 수출 100억 달러를 달성했고, 10년이 흐른 지금은 반도체부문에서 250억 달러 이상을 수출하고 있다. 반도체산업은 이제 한국을 먹여살릴 산업으로 확실하게 자리매김했다. 메모리반도체가 한국 경제를 떠받치는, 한국을 대표하는 주력 수출품목이 된 것이다. 이 정도면 '반도체신화'라고 감히 말해도 되지 않겠는가?

귀신도 곡할 불량

말이 쉬워 생산중단, 출하중지 하루에 수백억 원의 매출을 포기하는 엄청난 결정을 내려버린 것이다. 하지만 1초라도 빨리 생산을 중단시키는 것이 손해를 최소화하는 길이라는 판단이 섰다.

16M D램이 불량나다니

1994년 4월 5일 식목일, 휴일이었지만 나는 회사에 출근해 공장 쪽에 있는 유병일 이사(현재 부사장)의 사무실로 놀러 가 심심하니 바둑이나 한판 두자고 했다. 바둑돌을 하나하나 놓으면서 요즘 회사일은 어떻게 진행되고 있는지 물었다.

그랬더니 대부분 잘 돌아가고 있는데 찝찝한 게 하나 있다고 했다. 요즘 이상하게 16M D램의 웨이퍼 가운데에서 불량이 발견된다는 것이었다. 이상했다. 가운데가 불량이 난다는 것은 극히 드문 일이었다. 보통은 웨이퍼 가운데가 수율이 가장 좋고 바깥으로 나갈수록 수율이 나빠지기 때문이다.

내가 계속 고개를 갸웃거리자 유 이사가 사진 한 장을 꺼내 보여줬다. 불량이 일어나는 부위를 절개한 사진이었는데, 아무리 들여다봐도 이유를 모르겠으니 연구소도 같이 개입해서 해결책을 찾았으면 좋겠다는 것이었다. 그러자고 하고는 왠지 불안한 마음에 두던 바둑판도 접고 자리에서 일어났다.

그리고 며칠이 지나자 전세계에 팔았던 16M D램의 일부에서 불량이 난다는 소식이 들려왔다. 그런데 특이한 것은 온도가 낮아지면서 불량이 생긴다는 것이었다. 반도체는 원래 동작온도가 낮을 때는 불량이 거의 안 생기고 온도가 높아질수록 온갖 종류의 불량이 다발하기 마련이다. 그런데 이런 반대의 경우는 '불량 해결사'로 불리던 나로서도 금시초문이었다. 게다가 금방금방 발생하는 불량도 아니고 저온에 오래 두면 천천히 생기는 저온장주기성(Cold-temperature and Long-cycle) 불량이었다.

메모리를 적게 쓰는 PC보다는 대량으로 사용하는 곳이나 대형컴퓨터의 응용에서만 일어나는 것도 특이했다. 최초로 불량을 신고해 온 곳도 메모리를 대량으로 사용하는 미국 보스턴의 한 회사였다.

처음에는 한 회사에서만 불량이 나왔으니 우연한 문제겠지 하고 넘겼다. 그런데 조금 지나자 여기저기서 동시다발로 그런 불량이 보고되었다. 문제의 반도체를 가져오라고 하여 직접 테스트해 봤다.

문제는 이 불량이 장시간 방치해 두었을 때 서서히 발생하는 것이라서 테스트만 하는 데도 상당히 오랜 시간이 걸린다는 것이었다. 검사방법을 장주기 형태로 고지식하게 하면 칩 하나 테스트하는 데 무려 한 시간이 걸릴 수도 있어 수천만 개를 검사해 낼 수가 없었다. 어떻게 하든 보통의 단주기 형태 검사방법을 통해 1~2초 내에 검사를 완료하고 불량을 걸러내는 방안을 수립해야 했다.

우리는 여러 가지 방법을 동원해 검사시간을 최대한 단축시킬 방법을 찾았다. 그러나 불량 자체가 워낙 느리게 발생하는 것이라 가속검사 방법은 정확도가 너무 떨어졌다. 게다가 불량의 양상도 이상했다. 일반적인 불량의 양상은 버킷(Bucket) 안에 전자를 넣어 '1'로 저장해 놓은 것이 전자가 줄어들면서 신호가 '0'으로 바뀌는데, 그 반대의 현상으로 불량이 나는 것이었다. 말하자면 전자가 당초에 없었는데 어딘가에서 기어들어오듯이 불량이 나니, 도대체 알 수가 없는 일이었다. 그야말로 귀신이 곡할 노릇이었다.

유령 같은 이 문제의 근본적인 해결책은 생산공정에서 찾아야 하겠지만, 더 큰 문제는 앞으로 생산될 16M D램이었다. 문제의 근본적인 원인을 찾아서 해결하지 않는 한 계속적으로 불량품을 양산할 수 있다는 점은 정말 큰일이 아닐 수 없었다.

우선 어느 정도의 불량이 내포되어 있는지를 알아야 했다. 상당량의 생산품을 검사해 본 결과 불량률은 1~2% 정도였는데 이는 대단히 심각한 문제였다. 반도체라는 것이 약 100만 분의 1의 불량이 나도 팔 수 없는 것인데, 퍼센티지 단위의 불량이 났다는 것은 상품가치가 전혀 없다는 의미였다.

전세계에 이미 팔아버린 수천만 개의 D램을 생각하니 등줄기로 식은 땀이 흘렀다. 전세계에 퍼져 있는 물건들을 전부 수거해 불량을 걸러낸 다음 다시 공급해야 했다. 불량품을 제대로 분리해 내지 못하면 해당 물량을 전부 다 변상해 주어야 할지도 모르는 일이었다.

아니, 그것으로 끝나지 않는다. 우리 16M D램을 탑재해 판매된 IBM, EMC, HP, SUN 등의 모든 컴퓨터를 회수해 메모리를 바꿔줘야 하는 절체절명의 사태가 발생할 수도 있다. 그 모든 비용을 부담하고 손해배상을 하게 된다면, 아마도 회사는 문을 닫는 위기에 처하고 말 것이다. 당시 회사는 엄청난 흑자가 나면서 사업이 잘 되고 있었지만, 우리 기술진은 이 문제 때문에 불안감을 지울 수 없었고 위기감마저 감돌고 있었다.

한편 공장에서는 여전히 웨이퍼의 가운데가 수율이 낮게 나오는 문제가 지속적으로 발생하고 있었다. 유병일 이사의 얘기로는, 화학처리를 해보면 여기저기 구멍이 보인다고 했다. 또 수율이 특히 낮은 웨이퍼를 분석해 보면 이상하게 다결정실리콘이 움푹 파이고 심지어는 조각이 떨어져나가는 문제가 있다고 했다. 물론 이 불량이 저온장기저장 시 일어나는 불량과 상관관계가 있는지는 아무런 증거도 확신도 없는 상황이었다.

나는 이미 생산된 16M D램의 불량을 걸러내는 가속검사 방법을 찾는 한편, 수백 개의 제조공정 단계 어디에서 이런 희귀한 불량이 유발되는지에 대해 고민하고 있었다. '이런 일은 일어날 수가 없는데, 이상하다'고 혼잣말을 연발하며, 며칠을 연구에 매달렸다. 나는 온갖 데이터를 아예 집으로 가지고 와서는 밤새도록 온갖 상상력을 동원해 어디에 문제가 발생하면 이런 일이 생길 수 있을까 끙끙대며 궁리했다.

그러던 중 뭔가 짚이는 게 있었다. 거대한 설계도를 가져다 들여다볼 때였다.

'아, 이 트랜지스터 게이트에 미세한 구멍이 나 있는 것 같은데! 그것도 센스앰프에 있는 PMOS 트랜지스터의 게이트에 아주 작은 구멍이 나 있어야만 이런 불량이 생길 수 있어.'

트랜지스터 게이트란 반도체소자 내부에서 전류의 흐름을 통제하는 부분인데, 수도꼭지의 손잡이에 해당한다고나 할까. 말하자면 물이 수도관으로 흘러야 하는데 수도꼭지 손잡이 쪽에 구멍이 있어서 물이 새어나오는 것과 같은 이치다. 이 게이트 쪽으로 미세한 구멍이 있어 그곳으로 전류가 새지 않고는 그런 불량이 날 수 없다는 생각이 들었다.

이튿날 출근하자마자 긴급회의를 소집해, 불량이 나는 셀을 구동하는 센스앰프의 PMOS 트랜지스터 게이트를 정밀히 관찰하면 구멍이 나 있을 테니 그 구멍을 찾아오라고 지시했다. 기술자들은 그런 구멍이 어디 있느냐고, 아무리 들여다봐도 본 적이 없다고 대꾸했다. 나는 그 구멍이 아주 작을 테니 그 부위를 화학약품 처리해서 최대로 키워 관찰해보라고 했다.

딱 두 시간이 지난 후 한 직원이 잔뜩 상기된 얼굴로 사진을 한 장 들고 들어왔다. 까맣게 보이는 그 유령 같은 구멍이 실체를 드러낸 전자현미경 사진이었다. 그런 구멍이 메모리셀에는 없는데 그외의 모든 부분에서 관찰된다고 했다.

우선 이런 구멍이 왜, 어디서, 어떻게 대량으로 발생하는지를 찾아야했다. 만약 공장에서 생산되고 있는 모든 웨이퍼에 감염되었다면 전부버려야 하는 큰 문제가 될 것이다. 가슴이 철렁 내려앉았다.

피말리는 결정

이 치명적인 구멍이 문제의 근본적인 원인이라는 것을 알게 된 이상생산을 지속하면 더 큰 일이 일어날 수도 있었다.

그때 시간이 밤 11시경. 시간관계상 위의 경영자들과는 상의하지 못했지만 품질보증, 제품기술, 설계담당 및 생산담당 임원들과 충분히 토론한 후 메모리사업부장의 권한으로 16M D램의 생산을 중단하고 모든출하를 중지하라는 명령을 내렸다. 또한 전세계의 지점과 대리점에 일단 창고에 있는 모든 16M D램을 본사로 긴급 반환하라고 지시했다. 한국으로 가져오지 못하는 물량은 미국 전역의 테스트 전문업체에 맡겨작업하도록 했다.

그리고 그 구멍을 포함한 여러 가지 불량형태의 전자현미경 사진을정리하고, 불량의 원인을 설명하는 불량모형도와 수식도 정리해 두었다. 또 이를 검사장비로 어떻게 테스트하면 실효를 볼 수 있는지에 대한 방안도 정리했다. 회사가 설립된 후 처음으로 내린 생산중단 결정의이유를 설명하기 위해 꼼꼼하게 준비를 해둔 것이다.

말이 쉬워 생산중단, 출하중지지 하루에 수백억 원의 매출을 포기하는 엄청난 결정을 내려버린 것이었다. 나는 엄청난 불똥이 튈 것을 예상했고 속으로 겁도 많이 났다. 하지만 1초라도 빨리 생산을 중단시키는 것이 손해를 최소화하는 길이라는 판단이 섰다. 내가 그렇듯 과감한 용기를 낸 것은 "불량을 만드는 것보다 공장가동을 중단시키는 것이 낫다"는 이건희 회장의 평소 지론을 가감없이 실천한 것이었다.

다음날 출근해 온양공장에 전화를 걸어보니 이동길 공장장이 화가 머리끝까지 나서 씩씩대고 있었다. "한마디 의논도 없이 생산을 중지하면 어떻게 하느냐, 아무 대책도 없이 그럴 수가 있느냐?"는 것이었다. 최종검사를 담당하고 있는 이 공장장의 입장으로서는 그럴 만도 했다. 이윤우 대표이사도 붉으락푸르락하긴 마찬가지였다.

"아니, 도대체 의논도 없이 공장을 세우다니 미친 것 아니오?"

이 대표이사는 화가 머리끝까지 나서는 "오늘은 임원회의 안 한다, 전부 당장 온양에 내려가자"고 고함을 질렀다. 그리하여 관련자가 다 모인 가운데 온양에서 긴급 임원회의가 열렸다. 나는 미리 준비해 둔 자료를 보여주고 차분히 설명했다.

"보시다시피 웨이퍼 전면에 구멍이 나 있고, 이 공정불량이 저온장주기성 불량을 유발하고 있습니다. 이건 양심을 걸고는 못 파는 물건입니다. 테스트를 해서 완전히 걸러내야 하겠지만, 시간이 지나면서 두고두고 불량이 나 원망을 살 근본적인 문제입니다. 회사의 신뢰가 송두리째 날아갈 수 있는 그런 엄청난 문제입니다."

모든 사람의 얼굴이 하얗게 굳어지는 것이 보였다. 회사 전체가 난리가 난 것은 말할 것도 없었다.

사실 당시는 전세계적으로 메모리반도체가 많이 부족한 상황이라서 불량이 섞여 있어도 좋으니 많이만 달라고 컴퓨터회사들이 줄을 서던 시기였다. 영업 쪽 임원들 중에는 "지금 메모리칩 한 톨이 아쉬워서 고객들이 법석인데 저온장주기성 불량하고는 관계가 거의 없는 PC를 포함한 대다수 컴퓨터회사에는 그냥 팔아도 되는 것 아닙니까?"라고 말하는 사람도 있었다. 하도 답답하니 그런 소리가 나올 만도 했다.

그러나 그럴 수는 없는 일이었다. 그것은 기술자로서의 자존심과 경영자로서의 양심이 걸린 문제였다. 촌각을 다투면서 해결해 내야 하는 내 마음도 새까맣게 타들어가고 있었다.

누가 개 짖는 소리를 하는가?

예삿일이 아니었다. 그때 나는 절대적인 위기에 놓여 있었다. 비단 책임소재와 자리에 연연할 문제가 아니었다. 이 문제를 해결하지 않으면 회사가 쓰러질지도 모를 일이었다. 무엇보다 '반도체신화'라는 명예에 먹칠을 할지도 모를 일이었다. 당시 나는 그야말로 온 신경이 바짝 곤두서 있었다. 누가 옆에서 살짝 건드리기만 해도 당장 폭발할 지경이었다.

공장가동을 완전히 중단시키고 출근한 날 아침, 나는 회의를 마치고 온양공장과 계속 전화회의를 했다. 품질담당 단민호 상무가 온양 검사기술자와 심각하게 통화를 하고 있는데, 단 상무가 말을 할 때마다 저쪽에서 '멍멍' 하고 개 짖는 소리가 들렸다. 스피커폰을 통해 들려오는 소리라 명확하지는 않았지만 진짜 개가 짖는 소리가 아니라 사람이 개 짖는 소리를 흉내내는 듯했다. 아는 목소리 같았다.

"이놈들이……."

불끈 화가 솟구쳤다. 단민호 상무와 함께 일하는 온양공장의 이사가 단 상무가 말할 때마다 개소리를 흉내내고 있는 것 같았다. 단 상무는 미국에서 계약직으로 온 임원이었는데, 반도체에 불량이 나면 일선에서 가장 먼저 해결해야 하는 사람이었다.

그러다 보니 온양공장 사람들과 여러 가지 업무문제로 자주 충돌했고, 따라서 서로 감정이 좋지 않다는 것을 나 또한 잘 알고 있었다. 문제가 생기면 직급이 높은데다 한 성깔 하기로 유명했던 나에게 직접 말하기는 무서웠는지, 성격이 양순한 단 상무에게 먼저 따지고 든다는 것도 알고 있었다. 그가 말을 할 때마다 개 짖는 소리를 낸다는 것은 한마디로 '개소리 하지 말라'는 뜻이라는 생각이 들었다.

일이 워낙 급해 통화중에는 그냥 넘겨버렸는데, 온양에서 회의를 마치고 서울로 올라오는 차 안에서 이러저런 생각을 하다 보니 그 '개소리' 생각이 번쩍 드는 것이었다. 화산이 폭발하듯 화가 끓어올랐다. 나는 그 이사에게 당장 전화를 걸었다.

"야, 이 ×××야! 아무리 상황이 그렇더라도 우리가 다같이 고생하면서 해결해 보자고 열심인데, 니가 그럴 수가 있어? 왜 남이 얘기를 하는데 중간에 개소리를 내?"

육두문자로 시작한 나는 한 20분 동안 그렇게 퍼부어댔다. 집중포화를 맞은 그가 내가 씩씩거리는 사이 한마디를 겨우 넣었다.

"아이고, 무슨 말씀인지 모르겠습니다. 절대로 그런 적 없습니다."

"야 임마, 거짓말하지 마. 오늘 아침에 단 상무가 스피커폰에 얘기할 때마다 니가 멍멍 짖는 소리를 내가 똑똑히 다 들었다!"

그는 한참을 생각하더니 말을 이었다.

"아! 알았습니다, 무슨 얘긴지. 아까 컨퍼런스콜 하실 때요? 그 방 바깥에서 예비군 집체교육이 있었습니다. '하나 둘! 하나 둘!' 하니까 그걸 '멍멍' 소리로 들으셨나 봅니다."

나는 할 말을 잊었다. 머쓱하고 미안하고 측은했다. 온양에서도 밤을 새며 일하느라 고생이 이만저만이 아닐 텐데……. 나는 그저 "미안하다"는 말만 연거푸 하고 얼른 전화를 끊었다. 참 여러 가지로 어려운 시절이었다.

생지옥에서 건진 교훈

공장가동을 중단시키고 한참이 지나도록 불량의 해결책을 찾지 못하고 발만 동동 구르고 있었다. 사장실이나 회장비서실에서도 답답하긴 하지만 다들 겁이 나서 어떻게 되어가느냐고 물어보지도 못한 채 내 눈치만 살피는 형편이었다. 그러던 어느 날, 회의를 막 시작하려고 하는데 불같은 전화가 걸려왔다.

"도대체 어떻게 되어가는 거야, 응? 뭐 좀 알아낸 게 있어?"

수화기 너머로 김광호 사장의 굵은 목소리가 들려왔다. 나는 순간적으로 아찔하면서 눈앞이 캄캄해졌다. 뭐라고 대답할 거리가 아직 없던 것이다.

"예, 죄송합니다. 아직 원인을 찾지 못하고 있습니다만, 불량을 걸러내는 검사방법은 찾아가고 있습니다."

"좀 빨리 해결하도록 하시오. 그렇게 꾸물거려서야 되겠나?"

"알겠습니다. 최대한 빨리 해결하도록 하겠습니다."

나는 회사생활을 하면서 '눈앞이 캄캄해진다'는 말을 두 번이나 실제로 경험했다. 한 번은 알루미늄 용해공정이 말썽을 부릴 때였고, 또 한 번은 바로 이 저온장주기성 불량이 터졌을 때였다. 그만큼 매순간을 엄청난 스트레스 속에서 헤매고 있었다.

다행히 모든 인력을 동원해 불량의 원인을 알아내는 데 성공했다.

16M D램이 없어서 못 팔 정도로 잘나가던 시절, 우리는 생산량을 늘리기 위해 과감하게 메모리칩의 크기를 계속 축소하고 있었다. 당시 공장에서는 전자를 저장하는 버킷인 스택 부분의 높이를 고층아파트처럼 높게 쌓고 있었는데, 그걸 본 내가 너무 높이 쌓으면 수율이 떨어지니 좀 낮추라는 지시를 내렸었다.

스택의 높이를 낮추기 위해서는 다결정실리콘 게이트의 두께를 줄여야 했는데, 대신 커지는 저항을 감소시키기 위해 불순물을 많이 넣어야 했다. 그런데 이 불순물의 농도가 과도해지면 실리콘과 화학결합을 하게 되고, 후속 식각공정중에 전자현미경으로도 잘 보이지 않는 분자 크기의 초미세 구멍이 생기게 된다.

'귀신도 곡할 불량'의 원인은 바로 이때 생긴 것이었다. 그리고 그후에 만들어진 스택공정 중에 이 초미세 구멍 속으로 극소량의 다결정실리콘이 들어가 미량의 전류가 흐르게 된 것이다. 천만다행으로 정보를 저장하는 메모리셀에는 보호막이 덧씌워져 있어서 피해가 전혀 없었고, 주변 회로에만 곰보같이 구멍이 생겼다. 만약 셀에 구멍이 생겼다면 벌써 큰 문제가 발생하여 해결되었을 텐데, 묘하게도 생각지도 않은 주변부에 문제가 생기는 바람에 원인을 찾는 데 더 오랜 시간이 걸렸던 것이다.

어쨌든 불량의 원인을 알아냈으니 이제 가속검사 방법만 제대로 만들어내면 되었다. 우리는 곧 불량률을 0.1% 정도로 낮추면서도 시간이 너무 오래 걸리지 않는 가속검사 방법도 찾아냈다. 그리고 전세계에 나가 있던 16M D램을 전부 수거하여 재검사해서 다시 공급했다.

또 공장에서는 트랜지스터 게이트 공정을 손보았고, 이미 진행된 웨이퍼 중에서 구멍이 많이 난 웨이퍼는 분리해 버렸다. 그러자 불량률이 대폭 떨어졌다. 이렇게 해서 다시 공장을 돌리고 16M D램이 나올 때까지 약 5개월 정도가 소요됐다. 생지옥이나 다름없었던 시간이었다.

이 문제를 해결하는 과정에서 뼈저리게 깨우친 교훈이 있다. 반도체에서 공정을 변경할 때는 철저히 마지막까지 다 검증을 해보고 점진적으로 바꿔야 한다는 것이다. 적당하게 된다고 해서 마구잡이로 적용하면 큰일이 나고 만다. 그리고 꼭 과정마다 그 중간결과를 잘 정리해 두어야 한다.

　나는 이런 경험을 통해 업무 프로세스가 잘 만들어져야 하고, 또 무슨 일이 있어도 그 프로세스를 지켜내는 것이 얼마나 중요한지를 절실히 깨달았다.

삼성반도체가
망하는
시나리오

"오늘은 발상을 바꾸어 우리 반도체가 망할 수밖에 없는 시나리오 두 개를 제시하겠습니다. 그 시나리오에 대한 해결방안 찾는 것을 전략회의의 주제로 하겠습니다."

1994년 11월에 도고 파라다이스호텔에서 메모리사업부장인 내가 주최하는 연례 전략회의가 열렸다. 회의 몇 주 전부터 나는 극비리에 전동수 부장(현재 반도체마케팅담당 전무)을 포함한 다섯 명의 전략기획부서 간부들에게 숙제를 하나 냈다.

"이번 전략회의는 보통 때와는 달리 위기 시나리오를 설정해서 밤새도록 토론하는 형식으로 하겠소. 모두 삼성반도체가 망하는 위기 시나리오를 만들어서 전략회의 전에 가져오도록 하시오."

전략회의를 하는 날, 메모리사업부문의 모든 고위임직원이 모였다. 비밀 프로그램이 준비된 것을 모르는 사회자가 매년 반복하는 통상적인 전략회의 순서를 간략하게 소개하는 중에 내가 두 손을 내저으며 나섰다.

"아닙니다, 오늘 회의는 색다르게 하겠습니다. 우리가 우리 메모리사업이 세상에서 일등인 데 만족하고 태평세월을 보낼 수는 없습니다. 오늘은 발상을 바꾸어 우리 반도체가 망할 수밖에 없는 시나리오 두 개를 제시하겠습니다. 그 시나리오에 대한 해결방안 찾는 것을 오늘 전략회의의 주제로 하겠습니다."

나는 심각한 표정을 지으며 가상적인 위기상황을 설명했다.

"우선 오늘 날짜는 앞으로 3년 후인 1997년

12월로 옮겨집니다."

첫 번째 시나리오

그로브 인텔 회장이 은퇴하고 다른 회장이 취임한다. 신임 회장은 마이크로프로세서 시장이 더 이상 커지지 않으니 인텔도 다시 메모리산업에 뛰어들겠다고 발표한다. (인텔은 원래 메모리반도체 1군 업체였는데 그로브 회장이 1985년 메모리사업 철수를 발표한 바 있다. 그로브 회장은 이것이 본인 인생에서 가장 잘한 결정이라고 생각한다고 말한 바 있다.)

인텔이 메모리시장에 뛰어들면 메모리를 제어하는 반도체소자까지도 손에 넣어 메모리 사양을 마음대로 결정하게 되는데, 이것이 삼성의 위기다. 예를 들어 인텔은 자신들만 가지고 있는 특허와 기술을 기반으로 한 메모리 사양을 제시하고, 당분간 아무에게도 기술사용권을 주지 않겠다고 선언한다. 새로운 메모리는 20ns의 처리속도를 가지며 이름은 이상적인(Ideal) 램이라는 뜻으로 '아이램(IRAM)'이라 부른다. 정해진 메모리 사양도 잘 모르는데다 이걸 만들 수 있는 특허사용권도 받지 못하는 삼성은 두 손이 묶여 최악의 위기상황에 빠진다.

두 번째 시나리오

같은 시각, 일본 도쿄에서는 한국을 견제하기 위해 D램 노광장비 등 반도체 생산장비의 한국 수출을 금지한다는 법안이 통과된다.

한국의 삼성전자 김광호 회장이 전략회의를 주재하면서 올해 최대의 순익을 냈다고 임원들을 칭찬한다. 바로 그 다음날, 김 회장의 사무실에 두 장의 팩스가 날아든다. 하나는 인텔의 발표, 다른 하나는 일본 정부의 발표. 김 회장은 격분한다. 3년 전부터 이러한 위기를 예상하고 대비하라 했는데, 특별한 대책이 없어 회사가 망하게 생겼기 때문이다.

이런 황당하지만 상당히 가능성 있는 위기 시나리오를 들은 임원들의 얼굴은 대번에 굳어졌지만 대부분 고개를 끄덕였다. 특히 영업을 담당하고 있던 라영배 상무는 "가슴이 철렁한다"고 표현했다. 나는 "그러한 상황이 벌어지는 것은 아직도 3년이나 남은 미래의 일이니, 어떤 대비책을 마련해야 하지 않겠느냐"며 뭐 좋은 방법이 없느냐고 물었다. 하지만 아무도 선뜻 대답하지 못했다. 우리는 밤새도록 이 문제에 대해 토론했다.

우리도 그 아이램을 미리 만들어보자는 의견에서부터 공정을 획기적으로 바꿔 더 강력한 경쟁력을 가진 메모리를 만들어보자는 등 좋은 방안들이 나오기도 했다. 나는 지금도 그때 만들어진 자료들을 가끔 꺼내 들여다본다. 위기에 빠졌을 때 벗어나는 방안을 적어준 제갈공명의 주머니라도 되는 듯이 말이다.

그런데 놀랍게도 그 첫 번째 시나리오는 현실화되었다. 우연치고는 너무도 정확하게, 그로브 회장이 퇴임하고 베럿 수석부사장이 후임자로 부임한 것이 97년이었다. 더욱 놀라운 것은, 미국 캘리포니아 버클리대학에서 우리가 가정했던 것과 같은 이름의 '아이램'이라는 메모리칩의 기술을 발표했다는 사실이다. 우리 시나리오가 인텔에 흘러들어간 것이 아닐까 의심이 들 정도로 꼭 맞아떨어지는 상황이 벌어진 것이다.

한 가지 다른 것이 있다면 인텔이 직접 메모리를 만들지 않고 램버스(RAMBUS)라는 메모리개발 회사와 협력한다고 선언한 것이다. 램버스 D램은 아이램과 유사한 특성을 갖고 있었고, 이를 양사가 지적자산으로 통제해 다른 경쟁업체들의 손발을 묶는 방식을 택한 것이다.

그러나 현실의 양상은 그 시나리오와는 약간 다르게 진행되었다. 인텔도 메모리 1위업체인 삼성을 완전히 무시하지 못하고, 오히려 램버스 D램의 라이선스를 받아 생산을 맡아달라는 제안을 해온 것이다. 이는 우리에게 여러 가지 불리한 독소조항이 포함되어 있어서 3년 전의 위기 시나리오와 유사한 상황이 펼쳐질 위험이 있었다.

나는 그로브 회장을 찾아가 램버스메모리의 문제점을 지적해 주었다. 특히 램버스메모리 기술은 기존의 것과는 너무도 혁신적으로 달라져서 실용화하기에는 여러 가지 문제가 있다고 했다. 기존의 컴퓨터설계 환경도 많이 바꿔야 할뿐더러 생산원가도 비싸지며, 기존의 D램보다 고속으로 동작하니 칩의 온도가 올라가고 그 경우 D램의 저장능력이 감소되어 불량이 대량 발생할 소지도 높다고 강조했다.

실제로 램버스는 큼직한 방열판을 달아야 할 정도로 열이 많이 났고, 그것이 핸디캡이 되어 결국 크게 성장하지 못했다. 만들기가 너무 어려웠던 것이다. 우리로서는 다행스럽게도, 램버스 D램으로 반도체 전산업을 확실하게 자기의 영역하에 두려고 했던 인텔의 의도는 성공하지 못했다. 램버스 D램을 표준으로 주장하다가 점진적인 발전을 선호하던 컴퓨터업계와 메모리업체의 저항에 부딪혀 물러난 것이다.

그러나 이런 불협화음은 결국 세계적으로 PC사업이 불황을 맞는 요인으로 작용했고, 반도체산업 역시 1997~98년에 형편없는 침체를 맞게 되었다.

이런 상황 속에서 삼성 역시 많은 우려가 있긴 했지만 이를 현명하게 잘 극복했고 망하지도 않았다. 무엇보다 이런 형태의 위기 시나리오를 만들어 회사의 경쟁력을 키우고 앞날을 예측한 시나리오경영과 위기관리가 얼마나 중요한 일인지 느끼는 좋은 계기가 되었다.

이번엔 비메모리반도체 다!

비즈니스로 전세계 구석구석을 돌아다녔지만 이런 수모를 당하기는 처음이었다. '비즈니스세계에서는 매출과 수익이 신분이자 인격'이라는 말이 만고의 진리임을 새삼 깨닫는 순간이었다.

적자나는 골치아픈 사업부를 떠맡다

1995년 나는 부사장으로 승진했다. 생각보다 훨씬 빠른 승진이었다. 갑자기 부사장 발령을 받은 나는 김광호 회장을 찾아갔다.

"갑자기 부사장은 왜 시키시는 겁니까?"

"아니, 승진을 시켜줘도 불만인가? 허허허."

"제 말씀은, 무슨 일을 더 하라고 직급을 올려주셨냐는 말입니다."

"글쎄, 뭘 더 하면 좋을까? 여러 가지 사업이 있기는 한데……."

"저 밑에 있는 연구소에 비메모리반도체 공정개발부문이 있는데, 잘 안 되고 있는 것 같습니다. 비메모리분야의 사업 쪽은 말고 기술개발만 제게 맡겨주시면 비메모리도 여러 가지로 좋아질 것 같습니다."

김 회장이 뜻밖이라는 듯이 나를 빤히 쳐다봤다. 그도 그럴 것이, 비메모리반도체는 삼성전자 내에서 실적이 가장 밑바닥에 있는 사업부였다. 세계 정상을 이룩한 메모리분야에 비해 시작한 지도 훨씬 오래되었지만 비메모리사업부(당시는 '마이크로사업부'라고 불렀다)는 부진을 면치 못하고 있었다.

잘나가는 사업부를 두고 고전을 면치 못하고 있는 사업부로 옮긴다는 것은 다른 사람이 볼 때는 분명 미친 짓이었다. 때문에 당시 회사에서는 내가 회장에게 뭔가 찍힌 게 아니냐는 다소 황당한 소문까지 나돌았다.

하지만 나는 새로운 도전을 온몸으로 맞이하고 싶었다. 이번엔 비메모리를 일으켜보고 싶다는 도전의식이 강하게 일었다. 메모리와 비메모리 두 부문을 다 잘해야 진정한 반도체계의 강자로 오래 남을 수 있다는 것을 잘 알고 있었기 때문이다. 현재의 위치에 자만해서 잘하는 것 하나만 밀고나간다면 반도체사업이 절름발이신세를 면치 못할 것이었다.

당시는 메모리사업도 약간 주춤할 때였다. 96년에 들어서면서부터 엄청난 공급과잉으로 매출이나 이익이 전년도보다 훨씬 못했다. 경영진은 모두 반도체의 앞날을 불안하게 생각하기 시작했고, 이를 계기로 메모리를 받쳐주는 비메모리의 중요성을 다시금 인식하게 되었다.

1996년 말, 나는 갑작스럽게 마이크로사업부의 대표이사 부사장으로 발령받으면서 또 한 번 승진을 했다. 비메모리를 진두지휘하라는 특명이었다. 나는 내가 96년 한 해 동안 비메모리분야의 기술부분을 도와주면서 상당한 진전이 있었고, 또 그 이상의 발전가능성을 제시했기 때문에 그런 발령이 났으리라고 생각했다. 나중에 들기로는, 이 분야의 중요성을 일찍이 깨닫고 있던 이건희 회장이 "메모리반도체가 거꾸로 가는 한이 있더라도 비메모리를 일으켜야 한다"며 내린 결단이었다고 한다.

당시 삼성전자의 사업부는 대학의 학점처럼 실적에 따라 A, B, C 순으로 성적이 매겨지고 있었다. 당연히 메모리반도체 부문이 항상 A를 독차지했다. 비메모리분야는 항상 C를 면치 못하는 열등생이었다. B도 한번 못 받아본 것이다. 메모리가 보너스 600%를 받을 때 비메모리는 0% 내지는 잘해야 100% 정도를 받고 있었다. 마이크로사업부의 임원

전체를 갈아치우지 않는 한 제대로 될 것 같지 않다는 혹평도 나오고 있었다.

발령을 받고 사업의 전반적인 면을 파악해 본 결과는 너무나 참담했다. 나는 손익을 책임져야 하는 대표이사로서, 정확한 손익계산을 위해 이제부터는 회계분리를 하겠다고 선언했다. 제대로 시작하려면 현재 사업의 실상이 어떤지 정확히 아는 것이 무엇보다 중요하다고 생각했기 때문이다.

회계분리를 하고 나는 깜짝 놀랐다. 메모리와 비메모리를 한데 묶어 회계했을 때는 비메모리사업이 그래도 이익을 좀 내는가 했는데, 뚜껑을 열어보니 이익은커녕 1천억 원대의 적자를 내고 있었던 것이다.

비메모리반도체는 그 성격이 소량 다품종이고 응용분야도 다양해, 메모리에 비해 훨씬 복잡한 어려움을 안고 있었다. 360종의 제품을 개발하고 있고 약 1천 종의 제품을 생산중이었지만, 이런 각종 제품을 개발하기 위한 검사장비(Tester)는 고작 아홉 대뿐이었다. 그렇다 보니 검사장비를 서로 먼저 사용하려고 멱살을 잡고 싸우는 사원들도 있었고, 밤새 짧은 자투리시간이라도 얻어서 테스트해 보려고 며칠 밤을 새며 기다리는 열성파들도 있었다.

내가 30종의 메모리제품을 개발하고 60종의 제품을 생산하는 데 약 30대의 개발용 검사장비를 운용했던 것과는 너무나 대조적이었다. 테스트를 해봐야 무슨 설계가 어떻게 잘못되었는지 알고 설계실력을 신장시킬 수 있는데, 정말 '말도 안 되는' 초라한 형편이었다.

나는 부임하자마자 엄청난 개혁을 단행했다. 마이크로사업부의 '마이크로'에는 '작다'는 뜻이 포함되어 있다. 그런 이름으로는 세계적인 규모의 사업으로 클 수 없다고 생각했다. 사람도 이름이 중요하듯이, 이런 '쪼잔한' 이름으로는 큰일을 해낼 수 없을 것이었다. 우선 사업부의 이름부터 '집적회로'와 '크다'는 뜻이 포함된 시스템LSI(System Large

Scale Integration) 사업부로 바꾸고 조촐한 출범식을 거행했다. 96년 매출 7천여억 원에 적자 1천 500억 원이었던 마이크로사업부가 시스템LSI사업부로 새로이 출발을 다짐한 것이다.

직원들은 '이번에는 이건희 회장의 신임을 받는 새 사업부장이 왔으니 뭔가 해볼 만하지 않겠는가?'라며 의욕과 자신감을 갖는 듯했다. 나는 사원들의 의욕을 고취하기 위해, 급한 대로 몇 대의 개발용 검사장비를 도입하고 97년에는 1조 원 매출을 달성해 보자는 기치를 내걸었다. 본사로부터 1조 원 매출을 달성하면 A평가를 받을 수 있도록 해주겠다는 약속도 받아냈다.

그러나 사실 앞이 막막했다. 우선 세계 어디에 내놔도 관심을 끌 만한 차별화된 제품이 솔직히 하나도 없었다. 대부분의 매출과 이익은 20년 전부터 부천공장에서 생산해 온 개별 트랜지스터에서 나오고 있었다. 고부가제품인 주문형반도체(ASIC)나 시스템칩(SOC)은 일부 생산중이긴 했으나 엄청난 적자에 시달리고 있었다.

내가 비메모리사업부장으로 세계에서 휴대폰을 가장 많이 만드는 노키아사를 방문했을 때의 일이다. 노키아는 메모리사업부장으로 있을 때 자주 가서 안면이 있는 회사였다. 단지 안면이 있는 정도가 아니라 최고의 대접을 받아왔다. 그런데 내가 메모리반도체가 아닌, 비메모리반도체를 들고 가자 완전히 찬밥신세였다. 그래도 삼성전자 대표이사라는 직함이 있으니 마지못해 얼굴은 내밀었지만 거의 한 시간에 걸쳐 잔소리만 늘어놓았다. 노키아의 시스템LSI제품 구매담당 부사장은 이렇게 말문을 열었다.

"You know, Nokia is the best in the class. So we buy only the best in the class. Is Samsung the best in ASIC?"(알다시피 휴대폰에서 노키아는 세계 최고다. 따라서 우리는 세계 최고만을 구매하는데 삼성이 ASIC분야에서

최고인가?)

"I am afraid not……." (그렇게 생각되지는 않는다.)

"Then would you please not waste my time?" (그러면 내 시간을 낭비
하지 말아주시겠소?)

비즈니스로 전세계 구석구석을 돌아다녔지만 이런 수모를 당하기는
처음이었다. 메모리 시절엔 상상도 못할 일이었다. 속이 부글부글 끓어
올랐다. 지난 20년간 별볼일없었던 삼성 비메모리는 아무도 쳐다봐주
지 않았다. '비즈니스세계에서는 매출과 수익이 신분이자 인격'이라는
말이 만고불변의 진리임을 새삼 깨닫는 순간이었다.

'어디 한번 두고 보자. 너희들이 줄을 서서 우리한테 뭔가 만들어달
라고 애걸복걸하게 만들어주겠다.'

나는 각오를 새롭게 다졌다. 하지만 무엇을 해야 당면한 매출 1조 원
목표를 달성하고 대형적자를 줄일 수 있을까?

연봉보다 중요한 것은

검사장비가 조금씩 늘어나면서 우리 설계기술자들의 실력도 급속히
향상되기 시작했다. 아직 부족하긴 하지만 그래도 설계가 나오는 족족
테스트해 볼 수 있는 장비들이 갖추어졌고, 또 잘못된 설계부분은 자유
롭게 재설계해 보도록 해주었다. 시행착오를 통해 배울 수밖에 없었던
것이다. 나도 설계·공정 엔지니어들과 함께 작업복을 입고 회사에서
살다시피 했다. 모두가 신이 나서 열심히 일했다.

특히 메모리분야에서 일하다가 나를 따라 비메모리 쪽으로 옮겨 '이
등시민'이 되기를 자청한 권오현 박사, 안성태 박사(현재 리디스테크놀로
지사 대표), 최창식 박사 등은 맹장 중의 맹장이었다.

외부의 많은 사람이 마이크로사업부는 임원들을 전부 바꿔야 제대로
될 거라고 했지만, 나는 아무도 내보내지 않고 모두를 단합시켜 신바람
나는 사업부를 만드는 데 주력했다. 이영환 이사, 박형건 부사장 등 기
존 임원들과 서광벽 박사 등이 모두 팔을 걷어붙이고 불가능을 가능하
게 만들었다.

지성이면 감천이라 했던가! 우리 사업부에 드디어 천운이 찾아왔다.
97년 한 해 전세계가 '타마고치'라는 게임열풍에 휩싸이면서 우리 사업
부가 회생할 기회를 맞게 된 것이다. 타마고치 안에는 '마이컴(Micom)'
이라는 4비트 제어장치 칩이 들어가는데, 때마침 우리도 그 제품을 보
유하고 있었던 것이다. 노형래 박사가 10년 전쯤 미국에서 스카우트되
어 와 개발해 둔 우수한 제품이었다. 이것이 타마고치열풍에 힘입어 불
티나게 팔려나가기 시작했다.

마이컴은 원래 판가가 20센트 정도밖에 안 되었는데, 공급이 달리면
서 거의 1달러 가까이 올라가기도 했다. 이를 한 달에 수천만 개씩 생산
했으니 이익도 상당히 많이 났다. 당시 보유하고 있던 검사장비가 부족
해 국내뿐 아니라 홍콩에 있는 다른 회사의 검사장비를 있는 대로 빌려
서 사용했고, 심지어는 테스트도 안 하고 팔기도 했다. 당시 마이컴은
양품률이 95% 정도로 좋았는데, 그렇다 보니 고객들이 굳이 테스트를
원하지도 않았다. 비용을 들여 테스트를 하기보다 그냥 타마고치게임
기를 만들어 동작을 안 하면 버리는 편이 더 낫다며 아예 입도선매를
해버리는 지경이었다.

나중에는 웨이퍼에서 칩을 하나하나 잘라내는 기계도 부족해서 웨이
퍼를 통째로 팔기도 했다. 아마 중국의 어딘가에서 잘라 다마고치게임
기를 만들었던 것으로 기억된다. 그렇게 운도 따라줘, 어려웠지만 신바
람나는 시절이었다.

낙후된 비메모리반도체 부문을 키우기 위해 알파칩을 들고 비전을 발표하던 1997년.

　　이후 나는 뭔가 세계에 내놓을 수 있는 것을 개발해 보기로 했다. '삼성' 하면 메모리가 최고이니 대형메모리가 탑재되는 새로운 ASIC기술을 개발하기로 했는데, 이는 엄청난 위험부담을 수반하는 것이었다. D램 메모리와 ASIC제품은 기술이 아주 달라서 두 개를 동시에 한 칩에 탑재하는 것은 그 당시로서는 극도로 어려운 기술이었고, 잘못하면 원가만 높아져서 죽도 밥도 안 될 수도 있었다. 하지만 과감하게 도전해 보기로 했다. 특히 삼성전자와 내가 공히 갖고 있는 명성, 즉 '메모리업계의 최고'라는 브랜드를 적극 이용하기로 했다.

결과는 대성공이었다. 컴퓨터그래픽 처리를 가속시키는 칩은 대용량 메모리가 들어가야 성능이 좋아지는데, 우리는 당시로서는 거의 불가능에 가까웠던 8M D램 및 16M D램을 내장하는 기술을 개발했고, 판가로 몇십 달러를 받기도 했다. 마이크로사업부 시절 '어떻게 하면 1달러짜리 제품을 만들어 팔 수 있을까?' 궁리한 적도 있으니 격세지감을 느끼지 않을 수 없었다.

이 메모리와 비메모리 반도체를 하나로 융합시키는 기술은 세계에서도 가장 앞선 기술이었다. 나는 98년 세계적인 반도체학회 IEDM에서 기조연설을 통해 전세계에 이 융합기술을 소개했다. 남들이 갖지 못한 기술을 보유하기 시작하자 주문형반도체에도 트라이덴트(Trident), 칩앤드테크놀로지(Chips & Technology) 및 맥스터(Maxtor) 같은 굵직굵직한 고객들이 모여들기 시작했다. 시스템LSI사업에 드디어 '별들 날'이 온 것이다.

1998년 일본의 큰 정보통신 회사인 유니덴사를 찾아갔을 때의 얘기다. 나는 한창 삼성의 시스템LSI제품을 소개하고 있었는데, 이 회사의 CEO가 조용히 회의실에 들어왔다. 내가 대표이사 직함을 갖고 있었기 때문에 격을 맞추기 위해 참석한 것이었다. 그도 나처럼 정통 엔지니어 출신 CEO로, 도쿄공대에서 박사학위를 받은 사람이었다. 묵묵히 설명을 듣던 그가 몇 가지 질문을 던졌다. 모두 기술을 꿰뚫어볼 줄 아는 엔지니어 출신만이 할 수 있는 날카로운 질문이었다. 그가 마지막으로 물었다.

"진 박사, 당신이 열심히 설명해 주는 것은 고맙지만 우리 회사가 굳이 삼성에 ASIC를 맡겨야 하는 필요불가결한 이유를 말해보시오."

나는 그가 무슨 말을 듣고 싶어하는지 간파했다. 나라도 그걸 알고 싶었을 것이다.

"솔직히 말씀드리겠습니다. 유니덴이 ASIC의 정확한 납기라든가 좋은 서비스를 필요로 한다면, 대만의 TSMC에 가야 합니다. 다만 삼성에 오면 유니덴에 도움이 될 만한 것이 있는데, 바로 대형메모리나 알파칩을 만드는 것 같은 고성능기술을 필요로 하는 특수한 ASIC분야입니다. 그러니 삼성이 오랜 전통을 갖고 있는 아날로그설계 같은 특별한 부분은 우리에게 맡겨주십시오."

그가 고개를 끄덕였다. 아마 "대만의 TSMC만큼 잘해줄 수 있다"고 말했다면 그 사장은 자리에서 일어나 회의실을 나가버렸을 것이다. 고객에게는 거짓이 통하지 않는다. 솔직하게 접근하는 것이 최선의 방법이다. 얼마 후 우리는 유니덴으로부터 상당한 양의 ASIC 수주를 따낼 수 있었다.

이런 일련의 성과들을 통해 시스템LSI사업부는 97년 말에 목표로 했던 1조 원 매출을 달성했고, 적자폭도 대폭 줄어서 사상 처음으로 A평가를 받았다. 사실 본사에서는 내게 약속은 했지만 '설마' 했었다고 한다. 내가 약속을 받아낸 것이 97년 초였으니, '7천억 원밖에 안 되는 매출을 설마 1년 만에 1조 원으로 끌어올릴 수 있을까?' 하고 생각했다는 것이다. 그런데 막상 매출 1조 원을 달성하니 약속과는 다른 소리를 했다. 그래도 아직 적자상태이니 다른 사업부에 A를 주고 우리에게는 B를 주겠다는 것이었다.

나는 화가 나서 전화로 고래고래 고함을 지르고 약속을 안 지키면 이회장에게 일러바친다고 으름장을 놓기도 해서 결국 A를 받아냈다. 처음으로 A를 받은 시스템LSI사업부 직원들은 말할 수 없이 기뻐했다.

그때 나는 아주 중요한 사실 하나를 깨달았다. 회사의 직원들, 특히 중요 기술자들을 신바람나게 하는 것은 연봉을 올려주는 것만이 아니라는 사실. 새로운 것에 도전할 수 있는 기회를 제공하고, 환경을 만들어주며, 특히 잘했을 때 그에 걸맞은 칭찬을 해주는 것이 무엇보다 중요하다는 사실. 물론 거기에 충분한 인센티브가 주어진다면 금상첨화겠지만.

시스템LSI사업부는 그후로도 계속 발전했다. 97년에는 15개 사업부 중 14위를 차지했지만, 계속 실적순위가 올라갔고 외환위기가 한창이던 98년에는 세계적인 불황에도 불구하고 약간의 이익을 냈다. 그리고 3년차인 99년에는 1천억 원 이상의 이익을 냄으로써 메모리사업부, LCD사업부, 휴대폰사업부에 이어 당당히 4위로까지 부상했다.

재떨이로
외국인
협상자의
머리를
내려쳤다고?

수백 쪽이 넘는 영업보고서의 깨
알 같은 숫자들을 하나하나 다시
들여다보고 계산을 하면서 다같이
밤을 꼬박 샜다. 다행히 새벽 동
이 틀 무렵, 우리는 미국 협상팀
의 논리에 계산상의 모순이 있음
을 간파해 냈다.

인도네시아에서 시작돼 태국 등 동남아시아를
거친 외환위기는 1997년 말 우리나라를 맹타
했다. 98년 들어 환율은 급격히 상승했고 전 아
시아시장이 얼어붙었다. 같은 시기 중국은 춘
절로 두 주 정도를 쉬었기 때문에 반도체 수출
에도 영향이 미쳤고, 세계적인 불경기의 영향
으로 각종 전자제품의 수요도 뚝 떨어졌다. 타
마고치게임기의 수요도 많이 감소해 우리 매출
액도 반으로 줄었다.

삼성전자도 월별 기준으로 적자가 되어 회사
전체가 심각한 구조조정 국면으로 접어들게 되
었다. 98년 6월 모든 임원이 사표를 작성해서
윤종용 대표사장에게 제출하고, 각오를 새롭게
다졌다. 실제로 그때 많은 동료와 직원이 명예
퇴직이라는 명목으로 회사를 떠나는 아픔을 겪
기도 했다. '기업이 적자를 내면 죄악을 저지
르는 것'이라는 말이 새삼 실감났다. 매출은 매
달 줄고 수요도 없는데, 기존의 고객들도 수주
를 철회하기 일쑤였다.

외환이 부족해서 전국민이 금모으기를 통해
서랍 속에 꼭꼭 넣어두었던 결혼반지, 아이들
돌반지까지 내다팔던 시절이었다. 삼성전자 내
부에서도 뭔가 돈이 될 만한 것을 떼어 팔자는
의견이 계속 나오고 있었다. 대표적인 것이 부
천 반도체공장이었다.

당시 부천공장에서는 소신호용 및 전력용 트

랜지스터를 개발, 생산하고 있었다. 대다수가 개발된 지 오래된 제품으로, 판가가 개당 1~2센트 또는 기껏해야 몇십 센트 정도였다. 하지만 한 달에 몇억 개씩 생산하고 있었고 또 당시 환율이 달러당 1,500원 이상으로 오른 덕분에 이익도 상당히 나고 있었다.

그러나 이미 사양산업으로 접어든 지 오래였기 때문에 회사에서 구조조정 차원으로 뭔가 매각해야 한다면 누구라도 1순위로 꼽는 것이 바로 부천공장이었다. 사실상 최고경영진은 부천공장 매각을 진지하게 고려하고 있었고, 공장이 곧 팔려나갈 거라는 소문도 떠돌고 있었다.

한편 사업 전체를 매각하는 것보다 나쁜 메모리경기 때문에 가동률이 반 이하로 떨어진 기흥공장으로 이전하는 방안도 검토되고 있었다.

1998년 3월 정도로 기억되는데, 부천 월례식에서 한 직원으로부터 이런 질문을 받았다.

"부천공장이 지금 적자를 내고 있는 시스템LSI사업부를 먹여살리고 있습니다. 그런데도 이를 매각하거나 폐쇄 후 기흥으로 옮길 것이라는 소문이 있는데, 사실입니까?"

나는 해당 사안이 검토되고 있음을 솔직히 시인했다.

"지금 그것을 검토하고는 있으나 여러분의 노력에 따라 이익이 많이 나고 신제품이 속속 개발되면 독립된 부천공장으로 그냥 남을 수도 있습니다. 그러니 열심히 일해주시기 바랍니다. 부천공장은 우리 삼성반도체의 요람이니 본사에서도 쉽게 매각결정을 내리지는 못할 것으로 봅니다."

그러나 삼성전자 전체의 경영상황은 악화일로를 걷고 있었다. 그대로 가다가는 적자로 떨어질 것이고, 메모리반도체는 그 사업의 특성상 수조 원의 투자를 하지 않을 수 없으니 시중에서 거금을 빌리거나 유상증자를 해야 하는 형편이었다.

결국 삼성전자는 부천공장을 매각하기로 결정했다. 내가 나서서 구매자를 찾고 협상을 연내에 마무리지으라는 지시를 받았다. 나는 조건을 하나 붙였다. 적어도 노사협상에 관해서는 내가 전권을 행사하도록 해줄 것과, 매각을 통해 들어오는 자금은 꼭 시스템LSI를 위한 투자로만 써야 한다는 조건이었다. 마음이 급했던 본사는 조건을 수락했다.

97년에 달러당 900원이었던 환율은 이제 1,500원에서 최고 1,800원까지 오르내리기 시작했다. 우리나라 기업의 값이 반으로 떨어진 것이다. 그러나 부천공장은 오히려 환율 덕분에 연간 9천만 달러의 이익을 내고 있었다. 때문에 나는 이의 약 3.3배, 즉 3억 달러 이상은 받아야 된다고 생각했다. 낡을 대로 낡은데다 잠재력도 낮은 이 공장을 그 금액에 매각한다면 "봉이 김선달이 대동강물 팔아먹은 것과 같은 장사"라며 동료들이 농담을 했다.

우리는 미국의 페어차일드사와 협상을 시작했다. 한 푼이라도 더 받으려는 우리와 거의 공짜라는 생각으로 기업사냥에 나섰던 미국 회사의 협상은 난항을 거듭할 수밖에 없었다. 페어차일드에서는 미국의 유능한 변호사와 투자전문가를 데려왔다. 그중에는 한국계인 데이비드 한도 끼어 있었는데, 그때는 그렇게 얄미울 수가 없었지만 지금은 아주 가까운 친구로 지내고 있다.

우리 측 협상자로는 현재 삼성증권 부사장인 김석씨가 있었는데, 우리 두 사람은 눈빛만 봐도 무슨 생각을 하는지 알았기에 같이 치고 빠지는 작전을 구사했다. 내가 세게 몰아붙이고 빠지면 김석 부사장이 얼른 달라붙어 달래주는 식이었다.

하지만 모든 면에서 우리가 불리했다. 우선 마음이 급했다. 본사에서는 연내에 매각을 마무리지어 그 수익금으로 손익구조를 개선하려 하니 되도록 빨리 협상을 마무리지으라고 압력을 넣어왔다. 더군다나 모든 회의가 영어로 진행되었기 때문에 의사소통 면에서도 우리가 불리했다.

당시 원화로는 약 5천억 원에 달했던 이 매각건은 국내에서 외국에 매각한 회사 중 가장 큰 규모였기 때문에, 외환에 목말라 있던 많은 사람의 관심을 끌고 있었다. 직원들은 어차피 매각되어 다른 회사에 편입될 것이라면 전별금이라도 많이 받아야 한다며, 머리에 붉은 띠를 매고 파업에 나서기 시작했다. 한 노사협의회 위원이 눈물을 흘리며 내게 했던 말이 아직도 머리를 떠나지 않는다.

"저는 아직 결혼도 못했습니다. 회사가 팔려나가면 더 이상 삼성직원도 아니니 이제 장가도 못 갈 것 같습니다. 1년 반치 명예퇴직금을 지급하고 구매사로부터 3년 근무와 임금인상을 보장받도록 해주세요. 그렇지 않으면 매각을 철회해 주십시오. 이것도 저것도 안 된다면 3일 내에 파업을 시작하겠습니다."

누군들 이 말에 공감하지 않겠는가. 나 역시 괴로운 마음으로 직원들을 달래고 또 달랬다. 공장을 매각하는 것은 나 또한 원하지 않는 일이었지만, 회사 전체의 생존을 위해서는 불가피한 결정이었다. 직원들에게 협상의 중간결과를 알려주지 못하는 것도 괴로운 일이었다. 이런 정보가 외부에 알려지기라도 하면 협상에 불리할 것이 뻔했으므로 어떤 말도 해줄 수 없었다. 답답하고 괴로운 날들의 연속이었다.

어려움은 이것뿐만이 아니었다. 페어차일드사는 97년 및 98년의 경영결과와 유사한 이익구조를 향후 3년간 보장해 달라고 명시했다. 부천에서 생산되는 반도체를 삼성전자가 내부거래를 통해 높은 가격으로 구입, 자체 소비해서 이익이 많이 나는 것처럼 포장해 둔 것 아니냐는 의구심을 표출한 것이다. 소위 퍼포마(Performa)라는 것인데, 그렇지 않다는 것을 이해시키기도 어려웠지만, 환율의 변동이 워낙 심해서 향후 경영성과를 예측하기란 거의 불가능했기에 수락하기도 어려운 조건이었다.

이는 다시 말해 삼성전자에서 소비하는 부천공장의 반도체제품에 대해 3년간 가격은 평균가격 변동으로 유지하면서 구매비중도 동일하게 유지해 달라는 말이었다. 처음부터 불리한 협상에 임해야 했던 우리로서는 어쩔 수 없이 이 조건을 수락할 수밖에 없었다. 반도체사업으로 보면 별 문제가 없는 것이었으나, 후에 이들 반도체를 구매해야 하는 정보가전사업부에는 상당한 부담이 되는 것이었다. 그런데 아이로니컬하게도 99년 말 내가 정보가전사업총괄 사장으로 부임하면서 그 부담을 전부 떠안게 되었다.

협상이 진행되던 중에 갑자기 미국에서 페어차일드 협상팀이 대거 들어오기 시작했다. 우리와 대면한 자리에서 그들은 현재의 매각관련 계산이 잘못되어 가격을 수천만 달러 줄여야 한다고 주장했다. 설명을 들어보니 그럴듯하긴 했지만 뭔가 이상한 느낌이 들었다. 우리는 협상을 다음날 계속하기로 하고, 자리에 남아 어디가 잘못되었는지 검토하기 시작했다.

수백 쪽이 넘는 97년, 98년 영업보고서의 깨알 같은 숫자들을 하나하나 다시 들여다보고 계산을 하면서 다같이 밤을 꼬박 샜다. 다행히 새벽 동이 틀 무렵, 우리는 미국 협상팀의 논리에 계산상의 모순이 있음을 간파해 냈다.

아침이 밝자 회의실의 커다란 칠판에 계산한 결과를 빽빽이 적고는 그들이 내세우는 논리의 모순점을 적나라하게 적어두었다. 그러고는 칠판덮개를 꼭 닫았다.

간단하게 샤워를 하고 정신을 가다듬고는 미국 협상팀과 다시 마주 앉았다. 우리가 어제 그들의 논리를 정면으로 반박하지 못했던 탓인지 그들은 아주 희희낙락하고 있었다. 페어차일드 협상팀은 가격을 대폭 삭감할 수 있다고 의기양양해하면서 자기들의 논리를 다시 설명했다. 어제와 같은 내용이었다. 나는 아무 말 없이 가만히 앉아 경청했다. 나는 그들의 설명이 다 끝나기를 기다렸다가 닫아둔 칠판문을 열도록 지시하고 나가서 설명을 하기 시작했다.

그들 논리의 허점은 제품을 팔거나 원자재를 구매할 때 국내와 국외에 따라 다르게 적용하는 환율을 자기들에게만 유리하게 적용한 데에 있었다. 내가 조목조목 예까지 들어가며 설명하고 비판하자, 회의실 안은 찬물을 끼얹은 듯 조용해졌다. 나는 그들의 노림수를 잘 알고 있었다. 당시 페어차일드의 고위임원들은 자신들의 전재산을 팔아서 자사주를 매입해 두고 있었다. 부천공장을 싸게 매입해 합병, 재상장해서 적어도 투자금액의 두 배 정도 이익을 보려는 속셈이었다.

결국 나의 논리를 반박하지 못한 미국 협상자들은 실망스런 표정을 짓더니 다른 엉뚱한 문제를 붙잡고 늘어지기 시작했다.

나와 김석 부사장은 상대 협상대표자인 경영본부장(CFO)과 변호사를 따로 불러, 도대체 어떻게 이런 부당한 주장을 할 수 있느냐고 따졌다. 협상은 치열한 소모전 양상을 띠기 시작했다. 협상이 시작된 지 이미 석 달이 지나 12월에 접어들고 있었는데, 타결의 기미는 보이지 않았다. 연말 결산기간이 가깝다는 것을 알고 있는 상대측이 지연전술을 쓰면서 양보를 받아내려고 술수를 부리고 있었던 것이다.

화가 머리끝까지 치솟았다. 계속 분을 삭이다 못한 나는 그들을 한방 때려주고 싶은 강한 충동을 느꼈고, 나도 모르게 책상 앞에 놓인 돌재떨이를 번쩍 들어올렸다. 이를 본 김석 부사장이 얼른 몸을 던져 제지했고, 미국인 협상자는 어느새 꽁무니를 뺐다. 너무 화가 나서 엉겁결에 그런 것이었는데, 옆에 있던 사람들은 모두 내가 그 돌재떨이로 협상자의 머리를 내려치는 줄 알았다고 한다.

별일은 없었지만 그때 세간에는 "진대제 대표이사가 미국인 협상자의 이마를 돌재떨이로 내려쳤다"는 '잔인무도'한 소문이 떠돌았다.

나는 협상이 끝난 후로 그들을 더 이상 만나주지 않았다. 내가 후에 삼성전자 디지털미디어사업총괄 사장으로 영전해 페어차일드사의 중요 고객이 되었을 때, 그들이 여러 번 만남을 요청해 왔지만 끝내 거절했다. 그때의 불쾌감이 머릿속에 각인되었기 때문이다.

그렇게 어려운 과정을 거쳐 우리는 약간의 양보를 해주는 선에서 협상을 마무리지었다. 그때 선수금으로 받은 3천억 원이 이익으로 처리되어, 삼성전자는 그해 가까스로 적자기록을 면하게 되었다고 한다.

그런데 몇 년 후 이건희 회장을 미국 오스틴공장에서 만났을 때, 이 회장이 부천공장 매각에 대해 상당히 섭섭한 감정을 갖고 있다는 것을 알게 되었다. 사실 이건희 회장이 부천공장에 가지고 있는 애정은 남다를 수밖에 없었다. '한국반도체'라는 이름으로 설립된 부천공장이 삼성반도체에 합병된 것은 반도체사업의 필요성을 주장해 온 이건희 회장의 뜻이었다. 오늘날 삼성반도체의 모체와도 같은 부천공장을 넘겼으니 그 아쉬움이 오죽했으랴.

그러나 시스템LSI사업부는 부천공장 매각으로 구닥다리 저부가가치 제품들을 떨쳐버리고 이름에 걸맞은 시스템 대형 집적회로 반도체 회사로 재탄생하는 전환점을 맞게 되었다.

비메모리의 꽃, 마이크로프로세서 사업에 뛰어들다

삼성으로 봐서는 지금까지 전혀 해보지 않은 이 새로운 사업에 뛰어든다는 것 자체가 엄청난 도박이었다. 이건희 회장은 "한 3천억 원 까먹어도 좋으니, 진 박사가 하자고 하면 한번 해보라고 하지"라고 말했다고 한다.

컴퓨터를 구성하고 동작시키는 가치사슬을 보면 MS사의 윈도우 같은 운영체계(OS)가 가장 상위에 있고, 그 아래에 지능을 담당하는 '마이크로프로세서(uP)'라고 불리는 중앙연산장치(CPU)가 있다. 그 다음에 주변기기를 제대로 동작시키는 제어용 칩이 있고, 이 제어칩의 데이터저장 명령을 충실히 이행하는 메모리반도체가 있다. 즉, 메모리반도체는 가치사슬 측면에서 가장 하부에 있다고 보면 된다.

현재 전세계적으로 컴퓨터의 운영체계는 MS의 윈도우가, 마이크로프로세서는 인텔이 거의 독점하고 있는데, 이 둘을 합쳐서 '윈텔진영'이라 부른다. 반면 메모리업체는 여러 개가 있어서 서로 치열하게 경쟁하고 있을 뿐만 아니라, 기술적·시장적 측면에서 여러 가지로 상위사슬에 예속당하는 어려움을 겪고 있다.

나는 메모리사업을 독자적으로 영위하기 위해서는 마이크로프로세서 시장이 다변화되거나 우리 스스로도 시장규모가 큰 이 사업에 뛰어들어야 한다고 생각했다. 이는 곧 인텔의 영향력에서 독립하자는 독립선언과도 같은 의미였다.

그러나 삼성으로 봐서는 지금까지 전혀 해보지 않은 이 새로운 사업에 뛰어든다는 것 자체가 엄청난 도박이었다. 그런데도 이 얘기를 전해들은 이건희 회장은 "한 3천억 원 까먹어도 좋으니, 진 박사가 하자고 하면 한번 해보라고 하지"라고 말했다고 한다. 회장의 허락이 떨어지자 나는 본격적으로 마이크로프로세서 사업을 위한 준비에 착수했다.

제일 먼저 마이크로프로세서 사업을 하기 위한 파트너를 찾기 시작했다. 마침 미국 보스턴에 있는 DEC사의 '알파칩'이 인텔의 펜티엄보다 성능이 우수하고, 그 회사도 협력파트너를 찾고 있다는 것을 알게되어 바로 협상을 시작했다. 그리고 1997년 5월 DEC사 CEO 팔머가 서울에 와서 윤종용 당시 사장과 알파칩의 기술도입 및 생산판매 협상에 관해 사인했다.

당시 알파칩은 인텔의 펜티엄보다 두 배 이상 빠른 동작주파수인 500MHz 칩이 나와 있었으나, DEC사의 제조능력이 부족해서 원가가 너무 비싸다는 문제가 있었다. 때문에 DEC사의 고성능컴퓨터에만 사용되는 정도였고 세계시장 점유율은 1~2% 정도밖에 안 되었다.

나는 팔머 사장을 만나 DEC사가 설계를 하고 세계적인 반도체회사인 삼성이 생산을 하면 원가를 낮추는 등 상당한 시너지효과가 있을 것이라고 설득했다. 결국 협상이 성사되어 DEC사는 생산라인을 폐쇄하고 전량을 삼성에서 생산하기로 합의를 보았다.

양사의 기술진이 수차례 오가며 논의한 후 드디어 알파칩의 설계도면이 왔다. 그러나 알파칩을 생산하는 과정은 쉽지 않았다. 솔직히 삼성은 그때까지 그런 복잡한 최첨단 비메모리반도체를 생산해 본 적이없었다. 마치 살얼음판을 걷는 듯 숨죽인 연구가 계속되었고, 몇 달이지나서야 그 어려운 제조공정을 만들어내는 데 성공했다. 이 과정에서삼성에서는 한 번도 적용해 본 적이 없는 다섯 층의 금속배선 기술을적용했다.

이 프로젝트는 수많은 시스템LSI기술자들을 마음 설레게 했다. 모두

가 열심히 했지만 특히 인텔로 돌아갔다가 다시 삼성으로 옮겨온 서광
벽 박사의 공이 컸다. 결과는 대성공이었다. 처음 나온 칩이 다 동작했
고, DEC사에서 생산한 것보다 성능이 더 좋은 칩이 나온 것이다. 당연
히 DEC사는 깜짝 놀랐다.

영화 〈타이타닉〉에서 빙하와 충돌한 배가 침몰해 많은 사람이 희생
되는 그 엄청난 장면들은 바로 이 500MHz 알파칩을 수백 개 사용한 그
래픽 애니메이션으로 만들어진 것이다. 알파칩은 당시 세계에서 가장
빠른 마이크로프로세서였다. 우리는 칩 하나에 500달러, 속도가 1GHz
정도 되는 것은 심지어 1천 달러를 받고 DEC사에 팔기 시작했다. 이를
위해 약 300만 달러나 되는 비싼 검사장비를 도입하고, 금속배선 등 우
리가 처음 해보는 공정을 위해 수천만 달러의 투자도 감행했다.

시스템LSI사업부의 전임직원은 이 개가에 흥분했다. 사실 일이 이렇
게까지 진척된 것은 모두 이건희 회장의 보이지 않는 지원이 있었기에
가능했다. 비메모리는 돈만 까먹을 뿐, 될 일이 아니라며 비판적인 시
각을 가진 사람들이 대다수였던 회사 분위기에서, 비메모리사업의 중
요성을 인식하고 과감한 투자를 결정해 준 것이다.

나는 이 알파칩과 대형D램이 탑재된 그래픽칩의 사진과 샘플을 들고
다니면서 열심히 마케팅했다. 학회나 언론에서도 이를 대서특필해 주
었고, ASIC를 수주해 가는 고객들도 서서히 늘어나기 시작했다.

"시스템칩에 대형메모리를 넣고 싶거나 알파칩만큼 대단한 성능을
가진 비메모리칩이 필요하면 삼성 시스템LSI사업부로 오십시오!"

이 실증적 마케팅구호는 많은 사람에게 신뢰를 주었다.

실패로부터 배운다

어떠한 실패라도 거기서 다음의 도전에 쓸 만한 것을 조금이라도 건졌다면, 그 실패는 해볼 만한 가치가 있다.

드디어 알파칩의 생산이 개시되어 DEC사에 공급하기 시작했다. 그러나 DEC사의 알파칩 수요는 기껏해야 몇십만 개밖에 안 되었기 때문에 사업상 수지가 맞지 않았다. 그래서 생산량을 대폭 늘려 원가를 내려야 한다는 필요성이 제기되었지만, 그러려면 DEC사 이외의 판로를 개척해야 했다. 문제는 알파칩이 MS 윈도우와 다른 운영체계를 사용하고 있다는 것과, 알파칩을 DEC사 이외의 회사에 판매할 경우 DEC사 입장에서는 경쟁사가 만들어지니 우리에게 난색을 표할 거라는 점이었다.

나는 위기의식을 느끼지 않을 수 없었다. 막상 알파칩의 생산에는 성공하고 공정을 개선해 속도가 500MHz 이상 되는 세계 최고속 칩을 만들어냈으나, 시장이 커질 전망이 보이지 않았던 것이다.

1997년 11월, 나는 DEC사에 알파칩의 판매 확대를 위해 4천만 달러를 빌려달라고 과감하게 제안했다. 지분비율을 삼성 75대 DEC 25로 하기로 하고, 미국에 알파칩 판매전담 회사 API를 설립했다. 마이크로프로세서 사업을 확장하기 위한 전략이었지만, 국내외 어디서도 벤처사업을 해보지 않은 나로서는 사실 무모한 실험이었다.

나는 삼성의 이용각 고문과 서병훈 박사를 포함해 뛰어난 인재 몇 사람을 직접 선발해서 회사 설립을 준비하고, DEC사가 있는 보스턴 근교의 조그마한 건물에 입주해 회사 간판을 달았다. 98년 3월의 일이다. 처음에는 사원 몇 명뿐인 껍데기 회사로 시작했다. 그리고 현지에서 알파칩을 사용해 컴퓨터 서버를 만들 수 있는 작은 회사를 인수하기 위해 수소문을 시작했다.

마침 DEC사 가까운 곳에 한창 구조조정을 하고 있는 컴퓨터 벤처회사가 있다는 것을 파악하고 인수를 위한 접촉을 시작했다. 그 회사의 CEO 게리 탤벗(Gerry Talbot)은 고속컴퓨터 분야에서 유명한 고급기술자였다. 며칠을 두고 설득에 설득을 계속했다. 그는 처음에 알파칩의 운명에 회의적인 반응을 보였으나, 삼고초려를 능가하는 나의 집요한 설득에 결국 손을 들었다.

삼성에서는 미국 현지인을 사장으로 앉히는 데 대해 의구심을 표해, 내가 API사의 사장을 겸임하기로 했다. 이로써 나는 삼성전자 대표이사와 미국 벤처회사의 CEO를 겸하게 되었다.

회사는 제법 괜찮은 모양새를 갖춰가고 있었다. 삼성에서 파견나온 인력까지 포함해 고성능서버 개발과 마케팅에 상당한 경험을 가진 70여 명 규모의 고급인력을 단숨에 모아 의기양양하게 출발했다.

우리는 마침 뉴욕에서 매년 6월에 개최되는 PC엑스포에서 세계에서 가장 빠른 최초의 1GHz 알파칩과 관련제품을 전시하고 회사 창업식을 갖기로 했다. 1GHz 알파칩은 언론의 관심을 끌기에 충분했다. 이는 삼성이 최고속 마이크로프로세서를 만든다는 사실이 세상에 널리 알려지는 계기가 되었고, 삼성의 시스템LSI사업이 갑자기 세계 일류급으로 자리매김하게 되었음을 의미했다. 나는 가슴이 뿌듯했다. 95년부터 하고 싶었던 마이크로프로세서 사업을 드디어 해보게 된 것이다.

우리는 창업식에서 알파칩 위에서 작동하는 윈도우NT가 출시될 것임을 알리기로 했는데, 이는 그야말로 이 신생회사를 위해 가장 좋은

PR이 될 것이 명약관화했다. 우리는 MS사의 윈도우사업담당 올친 수석부사장을 창업식에 초청했다. 그러나 컴퓨터세계를 주무르는 빌 게이츠 바로 아래의 최고실력자는 콧방귀도 안 뀌었다. 나는 직접 전화도 걸고 마케팅 부사장을 보내 설득하기도 했지만 헛수고였다. 계속 접촉을 하던 중 바로 그때가 올친 부사장의 안식주간이라는 사실을 알고는 묘안을 내어 참석하도록 만들었다.

"올친 수석부사장, 만약 내가 시애틀에서 뉴욕까지 오로지 당신만을 위한 전용기를 내주면 오시겠소? 어차피 안식기간 동안 혼자서 지낼 텐데 혼자 비행기 타고 오면서 책도 보고 사색도 하면 마찬가지 아니오? 좀 와주시오."

"진 박사, 하여간 자네는 지독해. 알았소, 내가 가지. 그리고 윈도우 NT에 대한 얘기도 발표해 주지."

우리는 거금 5만 달러를 들여 전세기를 보냈고, 올친 수석부사장은 혼자 전용항공기를 타고 호젓하게 날아왔다. API의 창업식은 그렇게 98년 6월 16일 뉴욕 맨해튼호텔에서 성황리에 열렸다. 감개무량한 순간이었다. 그리고 다음날 마이크로프로세서 사업을 하지 않는 한 만나보기조차 어려운 소프트웨어업계 CEO들을 하루종일 만나 얘기해 볼 기회를 가졌다. 이들과의 교감은 나로 하여금 또다른 세상에 대해 눈을 뜨게 만들었다.

API는 신규회사라서 신경써야 할 일이 한두 가지가 아니었다. 게다가 국내도 아니고 미국 동부에 위치하고 있으니 얼굴을 맞대고 회의를 하려면 적어도 20시간의 시간을 내 그곳까지 날아가야만 했다. 당시 삼성은 아침 7시에 업무를 시작했는데, 출근을 위해 집을 나서는 6시면 미국 동부는 오후 5시였다. 나는 출근하는 한 시간 내내 미국으로 국제전화를 걸어 업무를 챙기는 것으로 하루를 시작했다. 또 밤늦게 집에 들어갈 때도 가끔 전화를 해서 업무를 챙겼다.

우리는 알파칩을 사용한 고성능서버를 만들기로 했고, 그 기술개발은 착착 진행되어 마침내 500MHz 이상 1GHz에 이르는 초고속서버를 세상에서 처음으로 만들어 선을 보였다.

당시 API는 연간 1억 2천만 달러의 매출을 올리고 있었지만, 영업상황이 그렇게 좋은 것만은 아니었다. 마케팅비용은 엄청나게 늘어나고 판매된 제품의 품질불량도 상당해 반품되는 게 많았다. 보드를 제조해 주는 보스턴 교외의 작은 외주업체도 어려운 기술 때문에 출시시기를 맞추기 어려워했고, 특히 규모가 작기 때문에 부품을 비싼 값에 구매할 수밖에 없었다.

설상가상으로 DEC사가 알파칩용 윈도우-NT 개발지원을 포기한다고 선언했다. 그리고 얼마 지나지 않은 2000년에는 경영난에 허덕이던 DEC사가 컴팩(Compaq)이라는 PC업체에 인수합병되기에 이르렀다. 10년 전만 해도 세계 2위의 컴퓨터회사로 엄청난 기술력을 자랑하던 DEC가 주로 PC나 파는 컴팩에 팔려가는 것을 보고 세계는 깜짝 놀랐다. 그것은 곧 알파칩을 기본으로 사업을 영위하던 DEC사가 윈텔진영에 패배했음을 의미했다.

이러한 상황은 알파칩의 개발과 판매에 주로 의존해 왔던 API에게는 큰 타격이었다. 진퇴양난의 난국이 아닐 수 없었다. 삼성에서도 API사업에 의문을 제기하기 시작했다. 알파칩이 한동안 팔리기는 하겠지만, 컴팩에서 적자나는 알파칩관련 컴퓨터사업을 계속 하리라는 보장은 없었다.

나 역시 알파칩이 언젠가는 수명을 다할 것이라는 생각이 들었다. 사실 삼성으로서는 DEC사에서 알파칩을 비싼 값으로 사주었고, 또 고속 마이크로프로세서를 설계하고 테스트하는 첨단기술을 상당히 이전받았으니 '손해 본 장사'는 아니라는 생각이 들었다.

나는 내가 데리고 있던 미국인들을 위해 결단을 내리지 않을 수 없었다. API 현지고용인들은 한결같이 당시의 벤처붐을 타고 나스닥에 상장해 한몫 단단히 챙겨보려 했지만, 이제 그런 기회가 사라졌음을 이미 눈치채고 있었다. 다행히 API에서 개발한 초고속 디지털 데이터전송방식(LDT)은 AMD사에서 탐내고 있었다.

나는 투자회사들을 찾아다니면서 투자를 유치하기 위해 노력했다. 그러나 인터넷거품이 꺼져서 투자환경이 얼어붙어버린 2001년 이후 미국에서 거품의 중심에 있던 컴퓨터서버나 리눅스OS에 기반을 둔 벤처회사가 투자를 유치하기란 '하늘의 별 따기'와 같았다.

여러 회사와 접촉한 끝에 API사를 AMD사에 매각하기로 결정했지만, 우리는 좀더 높은 가격을 받기 위해, AMD사는 고급기술자들을 빼내가기 위해 한동안 지루한 협상이 계속되었다. 결국 API사는 인력과 지적자산을 AMD사에 넘겼다. 수많은 반도체기술자들의 마음을 설레게 하면서 한 시대를 풍미했던 세계 최고속 알파칩의 소멸과 함께 내가 창업한 API도 역사의 뒤안길로 사라지고 말았다.

메모리사업을 상위 가치사슬 업체의 횡포로부터 독립시키자는 생각에서 시작한 삼성의 마이크로프로세서 사업은 컴팩이 알파칩의 사용을 중단하면서 끝을 보고 말았다. 지금도 윈텔이 컴퓨터시장을 장악하고 있지만, 삼성의 메모리사업이 세계를 제패해 나가면서 건재한 것을 보면 나의 그런 편집증환자 같은 우려는 한낱 기우에 불과했던 것 같다.

그러나 이 알파칩은 삼성의 비메모리사업 활성화와 기술개발에 많은 도움을 주었다. 고속CPU는 비메모리 전반의 설계와 공정기술의 견인차 역할을 톡톡히 해냈고, 새로운 혁신적 기술을 개발하고 싶어하는 많은 기술자들을 설레게 했다. 또 시스템LSI사업의 위상을 단번에 끌어올리는 계기가 되었다.

나는 이 일을 통해 많은 것을 얻고 또 잃었다. 우선 미국의 벤처가 어떤 식으로 운영되며 투자는 어떻게 받는지, 미국의 벤처생태계는 어떻게 작동하는지를 몸으로 배울 수 있었다. 미국인들의 벤처정신과 소프트웨어사업에 종사하는 사람들의 가치관과 경영방식 등을 접해본 것도 소중한 경험이었다.

반면, 사업을 너무 무모하게 펼쳐 실패를 자초했다는 점은 내 인생에 큰 오점으로 남았다. 또한 두 가지 역할을 겸하는 몇 년 동안 심신이 많이 지쳤다는 점도 손실이라면 손실일 것이다.

그러나 이 '실패한 사업'으로부터 나는 아주 중요한 깨달음과 교훈을 얻었다. 어떠한 실패라도 거기서 다음의 도전에 쓸 만한 것을 조금이라도 건졌다면, 그 실패는 해볼 만한 가치가 있다는 것. 그래야만 또다른 꿈을 꿀 수 있고 다시 도전할 의욕이 생길 것이며, 그러다 보면 더 큰 성공을 거둘 수도 있지 않겠는가?

카우보이모자를 쓴 사장

나는 다른 사업을 일궈보고 싶었다. '성공한 곳에 오래 머물지 않는다'는 나의 인생철학도 새로운 도전을 갈구하고 있었다.

메모리반도체 사업은 이미 수년째 세계 1위로 자리를 공고히 잡았으며, 내가 직접 담당하던 비메모리 시스템LSI사업도 1999년에는 이익을 내고 신제품이 많이 나오면서 자리를 잡아가기 시작했다. 나는 다른 사업을 일궈보고 싶었다. '성공한 곳에 오래 머물지 않는다'는 나의 인생철학도 새로운 도전을 갈구하고 있었다.

나는 21세기의 화두는 분명 디지털기술에 있다고 확신했다. 디지털영역을 누가 선점하는가에 따라 전자업계의 명암이 갈릴 것이라는 생각이었다. 메모리반도체나 시스템LSI반도체 모두 관련 디지털기기산업의 표준이 결정되어야 그 뒤를 받치는 부품으로 개발이 시작된다. 말하자면 가치사슬의 상위층을 디지털기기나 소프트웨어가 차지하고 있다는 의미다.

나는 99년 말이 가까워질 때 디지털TV와 컴퓨터 및 관련기기들을 만들어 사업하는 정보가전본부장으로 옮겨가기를 희망했다. 그때까지 나는 주로 반도체에만 관여했지 시스템이나 세트 사업을 해보지 않았기 때문에 본사에서는 좀 망설이는 듯했다. 어쨌든 99년 말 인사이동에서 나는 대표이사 사장으로 승진되는 동시에 정보가전사업총괄로 전보발령을 받았다.

정보가전사업총괄로 자리를 옮기고 보니 여러 가지 문제가 눈에 들어왔다. 사실 그 직책은 윤종용 사장이 겸직해 와서, 회사의 조직도에는 '총괄'이라는 공식명칭도, 지원조직도 없었다. 총괄조직이 분명하게 가동되고 있던 반도체나 정보통신과는 달리, 수원에 위치한 영상·모니터·컴퓨터·프린터 등 여러 개의 사업부는 제각기 별개의 회사처럼 업무를 진행하고 있었다. 각 사업부장의 말에 따르면, 모여서 술 한잔 같이할 기회도 없었다고 할 정도였다.

게다가 정보가전 수원사업장은, 이건희 회장이 '신경영'을 선언하던 93년에는 '암 3기에 걸린 사업장'이라는 말을 들었고, 98년 IMF 경제위기 때는 많은 직원이 퇴출되고 구조조정당함으로써 상당히 침체된 분위기였다. 또 다른 사업부에 비해 이익도 잘 내지 못해 열등의식에 사로잡혀 있었다. 실제로 내세울 만한 제품도 별로 없었고 일본 회사보다 경쟁력 있는 제품을 개발해 보자는 의욕도 크게 떨어진 상태였다.

비메모리사업을 맡았을 때도 그랬듯이, 나는 수원사업장에 오자마자 우선 '정보가전'이라는 구식명칭을 21세기에 맞는 '디지털미디어사업총괄'로 갈아치우고 2000년 1월에 출범식 행사를 가졌다. 출범식의 초점은 전임직원에게 자신감을 심어주고 신바람나며 희망찬 조직으로 만들자는 공감을 불러일으키는 데 있었다.

나는 성격상 남 앞에 나서서 튀는 행동 하는 걸 즐기는 스타일은 아니지만, 그 출범식에서는 뭔가 색다른 방식으로 관심을 모으고 나의 의중을 전달할 필요가 있다고 생각했다. 그래서 개척자정신을 상징하는 카우보이모자에 콤비양복을 입고, 1천여 명의 직원들로 꽉 찬 강당에 들어섰다.

의례적이고 뻣뻣한 출범식을 예상했던 직원들은 처음 보는 광경에 눈이 휘둥그레졌다. 그리고 직접 파워포인트로 작성한 '디지털미디어사업총괄의 비전'을 설명하는 내 모습을 보고는 관심을 보이기 시작했다. 나는 그 자리에서 직원들의 의견도 직접 물어보고 좋은 건의를 한

카우보이모자를 쓰고 등장해 21세기 디지털시대를 선도하자고 주창하던 2000년 1월의 디지털 미디어사업총괄 사장 취임식 장면.

직원에게는 즉석에서 작은 선물도 주었다.

출범식이 끝나자마자 나는 6개나 되는 사업부를 횡적으로 묶어 6개 사업부장이 다함께 모이는 회의체를 만들었다. 공동체라는 인식을 심어주기 위한 것이었다. 그리고 공통의 기술적인 문제를 연결해 주는 연구소도 새로 설립했다. 그러자 하나의 사업총괄이라는 소속감이 생기기 시작했고, 같이 모여서 서로간의 공동관심사를 논의하는 기회도 많아졌다. PC에 프린터를 묶어 판매하고 이익은 나중에 나누자는 식의 얘기도 자연스럽게 오갔고, 따로 하던 구매도 가격을 비교해 공동구매로 돌렸다. 게다가 물류나 공장시설도 공유하니 상당한 실익을 도모할 수 있었다.

사실 나는 반도체에는 전문가지만 세트에 대해서는 잘 알지 못했다. 그래서 당기 손익문제나 기존 제품의 제조 및 판매는 각 사업부장이 주력하게 하고, 나는 이에 대한 지원과 차세대 신제품, 그리고 미래에 대비한 인프라를 구축하는 일에 역점을 두기로 했다.

디지털미디어사업총괄은 국내 사원 7천여 명에 해외 현지고용인 7천여 명을 거느린 거대한 사업부였다. 46개의 국내외 생산공장과 전세계에 걸친 판매법인을 거느린, 매출 9조 원이 넘는 거대한 기업이기도 했다. 무엇보다 전세계적으로 경쟁이 치열한 가전제품 분야였다. 어깨가 무거울 수밖에 없었다.

그러나 내가 원한 새로운 도전이었고, 21세기에 밀어닥칠 디지털혁명을 앞장서서 진두지휘한다는 것은 정말 스릴 만점일 거라는 예감이 들었다. 그야말로 신나게 일해볼 기회가 주어진 것이다.

소니를 잡아라

시장에서의 열세를 만회하기 위해 해야 할 일은 명백했다. 우리가 가지고 있는 모든 기술역량을 총동원하여 확실하게 차별되는 제품을 만드는 것.

지금은 휴대폰이나 디지털TV 등 세계적인 제품을 상당히 많이 보유한 삼성전자지만, 1999년까지만 해도 이렇다 하게 내세울 만한 제품이 많지 않았고 제품모델(Line-up)도 미흡했으며 그나마 중저가 위주였다. 미국에 수출하는 TV의 예를 들면, 소니는 30여 모델이 있고 3천 달러 이상의 고가품도 있는 데 비해, 삼성은 10여 모델에 1천 달러 이하의 제품들만 팔고 있었다.

이러한 시장에서의 열세를 만회하기 위해 해야 할 일은 명백했다. 우리가 가지고 있는 모든 기술역량을 총동원하여 확실하게 차별되는 제품을 만드는 것. 우리는 세상 사람들이 깜짝 놀랄 정도로 성능이 우수하고 디자인도 탁월한 제품을 만들어 소니의 아성에 도전하자는 슬로건을 내세웠다.

우선 컴퓨터분야부터 시작했다. 당시 얇고 가벼우면서 멀티미디어 기능이 보강된 소니의 VAIO노트북이 미국 시장에서 선풍적인 인기를 끌고 있었다. 나는 소니보다 더 얇고 가벼운 노트북을 만들어보자고 제안했다. 당시만 해도 대부분의 사람들이 '과연 소니보다 더 나은 것을 만들 수 있을까?' '설사 만든다고 해도 과연 얼마나 팔 수 있을까?' 등 자조적인 생각에 사로잡혀 있었다.

2002년 1월, 삼성전자 디지털미디어사업총괄 사장으로 있던 나는 앞으로 3년 내에 소니를 추격하겠다는 다짐을 밝혔다. 그리고 삼성의 브랜드파워는 2005년에 세계 100대 기업 중 20위를 차지함으로써 28위의 소니를 앞섰다.

나는 '두께 20mm 이하, 무게 3파운드(약 1.35kg) 이하의 노트북 생산'을 목표로 내걸고 강하게 밀어붙였다. 물론 VAIO를 능가하는 사양이었다. 내가 여러 가지 제품군 중에서도 노트북을 시발점으로 삼은 데는 개인적인 경험도 어느 정도 작용했다.

반도체부문에 근무하던 시절 나는 해외출장을 자주 다녔는데, 그때마다 소니의 VAIO를 가지고 다녔다. 화면이 10인치밖에 안 되지만 들고 다니기에 가볍고 간편하기 때문이었다.

당시 일본 같은 데 출장을 가서 강연이라도 할라치면 소니 노트북을 사용한다는 것이 좀 창피하고 민망했다. 그때마다 우리도 좋은 노트북을 만들면 좋겠다는 생각을 하곤 했다. 더구나 이제 PC사업부를 관장하는 입장인데, 계속 경쟁사의 제품을 들고 다닐 수는 없는 노릇 아닌가. 나는 컴퓨터사업부장을 불렀다.

"내가 계속 소니 VAIO를 들고 다니게 할 거요? 아니면 더 나은 것을 만들어줄 거요? 나같이 출장이 잦은 CEO급이 갖고 싶어할 고급노트북을 만들어보시오."

소니를 능가하며 세계시장에서 각광받을 고급노트북을 개발한다는 것, 그것은 결코 쉬운 일이 아니었다. 우리는 당시 막 가전제품의 외곽 재료로 사용되기 시작한 마그네슘강판을 사용하기로 했다. 마그네슘강판은 가볍고 튼튼하며 은은한 은빛으로 고급스러운 디자인을 내는 데 적격이었다. 하지만 이를 만들어 공급하는 국내 중소기업 기술력의 한계 때문에, 제품에 적용하는 데는 상당한 어려움이 있었다. 강판이 휘기도 하고 잘 깨지는 등 문제가 많았던 것이다. 하지만 우리는 끝까지 국산 토종기술을 고집, 마침내 완성해 냈다.

우리는 노트북의 두께를 줄이기 위해 당시 갓 나온 최신소재 박막 LCD패널을 과감하게 채택했다. 얇으면서도 손가락에 닿는 터치감각을 유지하기 위해 여러 종류의 키보드도 만들어보았다. 연한 것에서 딱딱한 것까지 수종을 늘어놓고 눈을 감은 채 직접 타자를 쳐보면서 제대로 된 느낌이 들 때까지 실험에 실험을 거듭했다.

얇은 노트북PC를 만드는 데 가장 어려운 문제는 CPU에서 나오는 열을 어떻게 잘 식히는가에 있었다. 일반적으로 CPU에서는 열이 많이 나기 때문에 동작중에 건드리면 손을 델 정도인데, 그 위에 작은 팬이 있어 바람으로 열을 식혀주게 된다. 그러나 워낙 얇게 하다 보니 그 팬을 CPU 위에 올려놓을 수가 없었다. 우리는 PC의 한쪽 가장자리에 대형팬을 설치하고 열역학적인 연구를 거듭해 열을 식히는 데 성공했다. 그러나 팬의 크기가 커지면서 소리도 커져 시끄럽다는 단점이 발생했다. 다시 조용한 밤에도 팬이 도는 소리를 못 느낄 정도로 소음이 적도록 설계를 변경했다.

디자인도 검은색이나 기껏해야 회색의 우중충한 외관 대신 최신 비디오기기처럼 세련된 모양과 색상을 채택했다. 그리하여 드디어 소니보다 더 얇고 가벼우며 디자인 면에서도 훨씬 세련된 노트북 개발에 성공했다. 우리는 이 노트북을 '센스Q'라고 명명했다. 센스는 'Samsung Electronics Notebook System'의 약어다.

백문이 불여일견이었다. 새로운 노트북 개발을 '과연 잘 될까' 하며 걱정스런 눈으로 지켜보던 다른 사업부에서도 '센스Q'의 시제품을 보고는, '야, 진짜 되는구나!'라며 자신감을 갖기 시작했다. 전체적으로 '우리도 한번 해보자'는 분위기가 형성된 것이다. 나는 각 사업부를 돌면서 소위 '와우(WOW) 제품'을 개발하라고 독려했으며, 각 사업부는 이에 호응해 경쟁적으로 새로운 제품을 만들어내기 시작했다.

'와우제품'이란 말 그대로 '와우!' 하는 감탄사가 절로 나올 정도로 출중한 제품을 의미한다. 나는 전체 매출 3억 달러에 이익률 10%를 낼 수 있고, 특히 다른 회사에는 없는 새로운 제품들에만 이 이름을 붙여주기로 했다. 최근에 유행하는 블루오션(Blue Ocean) 전략을 그때 실천에 옮긴 것이라고 할까.

남은 문제는 마케팅을 잘해서 손익분기점 이상은 물론, 목표로 하는 일품 3억 달러의 매출을 올릴 수 있느냐 하는 것이었다. 이 부분에 대해서는 모두 걱정이 태산이었다. 그런데 센스Q가 국내에 출시되면서 이런 걱정은 불식되기 시작했다.

우리가 센스Q를 시장에 내놓은 것은, 소니가 국내에 VAIO를 출시하려고 했던 2000년 12월보다 한 달 앞선 2000년 11월이었다. 당시 주로 팔리던 노트북PC는 화면 크기 12인치에 가격은 200만 원대였다. 센스Q는 화면 크기가 10인치밖에 안 되었지만, 우리는 가격을 300만 원대로 책정했다. 센스Q는 출장 등 특수한 목적으로 가격을 불문하고 노트북을 구입하는 사람들을 대상으로 만들어진 것이었기 때문이다. 따라서 판매수량이 아주 많을 것이라고 기대하지는 않았다.

우리는 당시 기준으로 상식을 뛰어넘는 엄청난 비용을 들여 공격적으로 마케팅을 해나갔다. 국내 반응은 매우 좋았다. 나중에 알고 보니, 기업 CEO뿐만 아니라 대학생들에게도 많이 팔렸는데, 여유있는 부모가 자녀들에게 사주는 경우였다. 우리는 한 달에만 수천 대 이상의 판매고를 올렸다. 이에 당황한 소니는 결국 VAIO의 한국 출시를 미뤄, 약 1년 뒤에나 신모델로 일부 출시했으나 센스Q와는 아예 경쟁이 되지 않았다.

그러나 국내판매만으로는 목표로 잡았던 수십만 대의 판매는 요원한 일이었다. 국내시장에서의 성공으로 자신감을 얻은 우리는 해외로 눈을 돌렸다.

나는 델컴퓨터의 창업자이자 CEO인 마이클 델(Michael Dell)을 만나러 미국 텍사스 오스틴으로 날아갔다. 나는 델 회장에게 센스Q를 하나 선물하면서 사용해 보라고 권했다. 당시 미국에서는 'PC란 현대적 디자인과는 관련이 없는 기능성 기계'라는 인식이 강했다. 이런 통념과는 상반되는 날렵한 디자인에 밝은 색상의 센스Q를 본 델 회장은 매우 놀라워했다. 센스Q를 들었다 놓았다 하던 그는, 마침 일본에 출장가 있던 구매담당 부사장에게 연락해서 한국의 삼성전자를 방문하고 센스Q의 품질과 성능을 알아보라고 지시했다.

그러나 센스Q가 '델'이라는 브랜드로 미국과 일본 시장에서 판매되기까지는 그후 1년 정도의 시간이 더 걸렸다. 품질 면에서 세계 1위기업이 요구하는 수준에 다소 부족하기도 했지만, 특히 애프터서비스 면에서 좋은 평가를 받지 못한 까닭이었다. 그들이 유독 까다롭게 챙기는 것이 판매 후의 원활한 부품 공급과 제품 불량시의 신속한 시장대응 능력이었다. 델사는 전화나 인터넷으로 주문을 받으면 72시간 내에 조립해 주문자에게 인도해 줌으로써 판매비용을 최소화하는 독특한 유통전략으로 성공한 회사였기에 그 기준이 까다로울 수밖에 없었다.

우리는 델사에 센스Q를 납품하면서 컴퓨터의 개발, 제조, 판매 및 유통 관리를 어떻게 하면 성공할 수 있는지에 대해 많은 것을 배웠다. 한 분야에서 일가를 이룬 세계 정상의 기업은 역시 다르다는 것을 다시 한 번 뼈저리게 느꼈다.

결과적으로, 센스Q의 초기모델은 전세계적으로 7만 대 정도가 팔리는 데 그쳤다. 초기목표에 미달되는 실적이었다. 그러나 독일과 중국 등지에서는 명품 노트북으로 취급되어 정가 3천 500달러로, 노트북 중 최고가를 기록하며 삼성의 컴퓨터 이미지를 엄청나게 높이는 계기가 되었다. 나는 아직도 이 센스Q의 후속모델을 자랑스럽게 사용하고 있다. 해외출장길에 센스Q를 가지고 다니면 외국인들이 '와우!' 하면서 들여다본다. 정말 가슴 뿌듯한 일이다.

나는 우리나라의 기능 인간문화재 한 분에게 의뢰해 첫 출하분 몇 대에 까맣게 옻칠을 해서 기념품으로 제작했다. 그중 한 대는 당시 회의차 오키나와에서 만난 이건희 회장께 드렸다. 이 회장도 이 새로운 노트북PC를 보고는 매우 놀라는 눈치였다. 실패한 PC사업에 대한 감회가 새로웠던 모양이다. 나도 이 기념비적인 옻칠 센스Q 한 대를 보관하고 있는데, 나중에 무덤에 가지고 갈 생각이다.

디지털TV로
세상을
제패하자

'이유 있는 반항'이며 도전이었
다. 새로운 세상에서 살아남으려
면 어차피 한 번은 세계 일등과
진검승부를 해야 한다.

노트북으로 자신감을 얻은 우리는 이번에는
TV부문에서 다시 한 번 소니와 경쟁하기로 했
다. 모든 사람이 다 아는 얘기지만, 소니는 가
전업계의 절대적인 존재였다. 오랜 세월에 걸
쳐 사람들의 사랑을 한 몸에 받아온 TV, 캠코
더, 워크맨 등 '소니다움'으로 표현되는 확실
한 차별화전략으로 혁신적인 제품을 잇달아 선
보였고, 2000년경에는 그 브랜드가치가 세계
20위권인 120억 달러에 이르렀다. 40억 달러로
40위권에 위치한 삼성과는 큰 차이가 있었다.

소니가 이처럼 세계시장을 석권할 수 있었던
데에는 '트리니트론(Trinitron)'이라는 음극선브
라운관(CRT) 기술의 힘이 컸다. 다른 회사가
빨강·초록·파랑(RGB) 색을 하나의 전자총으
로 쏘는 방식을 채택하고 있었다면, 소니는 이
를 각각의 전자총으로 쏘는 트리니트론기술을
보유하고 있었던 것이다. 따라서 화질이 다른
회사에 비해 훨씬 선명하고 천연색에 가까웠
다. 소니의 TV는 거의 20년 가까이 소니가 가
전제품의 최강자로 군림할 수 있도록 한 효자
상품 중의 효자상품이었다.

그런데 디지털시대가 도래하면서 TV시장의
판도도 바뀌기 시작했다. 90년대 후반부터 시
작된 디지털TV 방송으로, 소비자의 선호도가
점점 대형TV로 옮겨가면서 트리니트론의 소니
신화에도 틈새가 생기기 시작한 것이다.

브라운관은 그 원리상 화면이 클수록 전체 크기도 커진다는 맹점이 있다. 예를 들어 30인치 이상의 화면을 만들면 뒤쪽으로 전자총을 60cm 정도로 길게 달아야 하는데, 이렇게 되면 덩치가 너무 커져서 거추장스러운 물건이 되고 만다. 때문에 브라운관은 대형TV에는 적합하지 않다는 결론이 나게 된 것이다.

그래도 아직은 컬러TV부문에서 소니에 도전장을 던진다는 것은 자살행위로 여겨졌다. 그러나 우리는 디지털이라는 시대적 변화에 착안해 대형디지털TV 시장을 한번 제패해 보자는 꿈을 꾸기 시작했다. '이유 있는 반항'이며 도전이었다. 새로운 세상에서 살아남으려면 어차피한 번은 세계 일등과 진검승부를 해야 한다. '그러면 좋다, 한번 해보자'는 배짱이었다.

당시 50인치 디지털 프로젝션TV의 경우 가격이 약 4천 달러를 웃돌고 있었는데, 우리는 3천 달러 이하로 깨뜨려보자는 목표를 세웠다. 프로젝트명도 이런 목표에 걸맞게 B3K(Break 3000, 3천 달러를 깨라)였다. 가격이 저렴하면서도 전체적으로 부피가 작아서 집 안에 두어도 부담이 없어야 한다는 것을 기본전제로 깔았다. 이를 위해서 7인치 브라운관 대신 밝은 수은램프에서 나오는 빛을 사용하고, 이 빛의 투과나 반사를 제어하는 여러 가지 형태의 소형 화상소자를 쓰기로 했다.

판가를 3천 달러 이하로 낮추려면 재료비가 1천 500달러 이하라야 한다. 그러나 우리는 부품의 전체 명세서를 분석해 보고 의기소침해질 수밖에 없었다. 회의용 컴퓨터 프로젝터나 영화관의 영사기로 사용하는 수은램프는 필립스사가 독점 생산하고 있었는데, 그 가격만 250달러나 되었던 것이다. 이 가격을 내리지 않고는 B3K는 절대로 불가능하다는 결론이 나왔다.

나는 필립스사를 전격 방문했다. 2003년쯤에 100~150달러 이하의

램프를 만들어달라고 설득하기 위한 방문이었다. 필립스사 임원들은 자신들이 독점을 하고 있는데 왜 가격을 내려야 하느냐고 물었다. 나는 50인치 프로젝션TV의 가격이 3천 달러 이하로 내려가면 수요가 크게 늘어날 수 있다는 시장예측 자료를 보여주면서 끈질기게 설득했다.

나는 유사제품을 만드는 도시바라이팅이라는 회사를 이용하기로 하고 비슷한 제안을 했다. 말하자면 경쟁을 시키자는 것이었다. 그후 정말 믿기지 않게도, 내가 필립스사를 방문한 2001년 뒤 몇 해가 지나지 않아 램프의 가격은 100달러대로 떨어졌다.

램프뿐 아니라 소형 화상소자의 가격도 내리기 위해 설득작업에 들어갔다. 그중 TI사의 DLP는 손톱만한 반도체칩 위에 약 2백만 개의 반사경을 이용하는 우수한 제품이었다. 나는 TI사의 CEO 엔지버스를 만나, 삼성이 수량으로는 TV 판매 1, 2위를 다투는데, 우리한테 DLP 가격을 싸게 해주면 판매량을 더 많이 늘려주겠다고 제안했다. 그는 상호간의 협력이 더 큰 이익을 가져올 거라며 내 제안에 동의해 주었다.

이런 일련의 설득작업을 통해 B3K과제에 가장 중요한 두 개의 부품을 적절한 가격에 확보하게 되었다. 그러나 이것만으로는 충분하지 않았다. 우리 나름의 전략적 핵심역량을 몇 가지 더 갖춰야 했다. 우리는 광학시스템과 회로기술의 개발 및 확보에 집중하기로 했다. 램프의 효율이 아무리 높아도 빛을 내는 데 많은 전력이 소비되므로, 광학계에서 빛을 낭비하지 않도록 광학시스템에 혼신의 정성을 기울였다.

회로기술 면에서는 화면에 나오는 사과가 진짜 같아서 침이 꿀꺽 넘어가도록 하는 것을 목표로 삼았다. 우리는 가장 자연스러운 색감을 내는 회로기술을 DNIe(Digital Natural Image engine)라고 하고 여러 가지 특허를 출원했다. 또한 TV의 외관디자인도 우중충한 검정과 회색에서 과감하게 탈피하여 밝은 색상을 두루 채택했다.

그 과정에서 우리는 여러 가지 기술적인 문제에 부딪히는 등 수많은 어려움을 겪었다. 그러나 최지성 사업부장, 유병율 개발팀장, 박노병 연구소장 등 무수한 고급인력이 총력을 기울여 마침내 역사적인 '와우 과제'를 달성했다.

결과적으로 이 B3K과제는 공전의 히트를 기록했다. 삼성의 DLP 프로젝션TV가 베스트바이(Best Buy) 같은 미국 대형전자판매점에서 소니보다 더 비싼 값으로 팔리기 시작한 것이다. 브랜드인지도에서는 아직 소니에게 밀렸지만, 디지털TV의 성능과 품질, 디자인 등 모든 면에서 소니의 동급 제품보다 나았기 때문이다. 전세계가 난공불락이라고 여겼던 TV부문에서 마침내 소니의 아성을 깨뜨린 것이다. 그것은 정말 잊을 수 없는 감격이었다.

최근 소니는 최고경영진인 이데이 회장, 안도 사장, 구다라기 사장이 모두 동시 퇴진하고 미국인 CEO 하워드 스트링거를 영입했다. 또한 직원 1만 명을 퇴직시키는 등 과감한 구조조정에 돌입했다고 한다. 이는 우리가 소니를 잡기 위한 전략을 펼친 것과 무관하지 않을 것이다.

For your eyes **only**

우리는 2001년 말 베스트바이의 최우량 납품업체로 선정되었다. 그것은 우리 제품이 세계 최대이자 가장 치열한 전자제품시장인 미국에서 확실하게 뿌리내리고 있다는 의미였다.

선진국에는 전자제품만 파는 대형유통점이 많이 있고 그 영향력도 절대적이다. 특히 잘 알려지지 않은 회사의 신제품인 경우에는 유통업체 직원이 열심히 설명하고 권해주는 행위가 최종소비자의 구매에 절대적인 영향을 미칠 수 있다. 판매원이 설명을 잘 해주지 않으면 최종소비자는 잘 알려진 브랜드를 사기 마련이다. 따라서 제값을 받고 많이 팔기 위해서는 유통업체와의 유대관계가 결정적으로 중요하다. 말하자면 그들, 즉 유통업체의 경영진과 매장의 직원이 일차적인 고객이 되는 것이다.

나는 유통업체를 고객으로 생각하고 그들의 마음을 사로잡는 방법을 강구해 보기로 했다. 그것은 의외로 단순한 마케팅전략이었다. 첫째로는 아주 당연하게도 시장에서 잘 팔리는 히트상품을 만들어 돈을 많이 벌게 해주는 것이고, 둘째는 우리 제품을 판매하는 사람들이 우리의 제품개발에 동참하도록 만드는 것이다. 자신이 개발에 참여한 제품에 대해 좀더 깊은 애정을 갖는 것은 인지상정일 것이다.

나는 중요한 유통업체의 CEO나 최고 구매담당자 또는 기술총괄을 자주 국내로 초청해, 곧 시장에 내놓을 신제품을 보여주고 비평을 부탁했다. 그러고는 한발 더 나아가 아직 개발중이거나 심지어는 개념설계중인 것들도 일목요연하게 정성들여 전시하고 보여주었다. 그 전시실 문에는 영화 〈007시리즈〉의 제목을 본떠 '당신의 눈만을 위해(For your eyes only)'라는 팻말을 큼직하게 달아두었다. 말하자면 당신은 특별한 손님이라서 설계중인 것까지 보여준다는 의미였다.

보통 디자인개념은 공개되는 경우 다른 업체가 금방 유사품을 만들어낼 위험이 따르기 때문에 안 보여주는 것이 불문율이다. 하지만 나는 이런 파격적인 방법을 사용해서라도 해외에서 과소평가되는 우리의 실력과 잠재력을 확실하게 보여줘 브랜드이미지를 높이는 게 훨씬 낫다고 생각했다.

2000년 5월경, 미국 베스트바이사의 슐츠 회장을 한국에 초청하는 데 성공했다. 2001년에는 고가품 위주로 판매하는 얼티밋일렉트로닉스(Ultimate Electronics) 사장을 초청했고, 호주에서 두 번째로 큰 하디스의 CEO 부부도 초청했다.

특히 하디스의 사장과 나는 약 두 시간에 걸쳐 현대 디자인에 대해 집중적인 토론을 했다. 그 부부는 "좀더 밝은 색상과 더불어 코너가 둥글고 부드러운 디자인이 대세가 되어야 한다"는 논리를 폈다. 우리는 당시 유행하던 포드자동차와 같은 유려한 디자인이 새로운 트렌드가 될 것이라는 데 동의했고, 그런 디자인을 더 많이 내놓기로 약속했다. 자신들의 의견에 열심히 귀기울여주는 나의 태도에 그들은 정말 흡족한 마음으로 돌아갔고, 우리는 실제로 그들의 아이디어를 디자인에 반영했다. 이후 하디스는 우리의 새로운 디자인에 크게 만족했고 호주에서의 시장점유율 역시 눈에 띄게 올라갔다. 이 디자인 덕분에 유럽 등 다른 선진국에서도 만족스러운 매출성과를 낼 수 있었다.

베스트바이는 미국 내 매장이 무려 450여 개에 연간매출이 약 120억 달러로, 미국 내에서 1, 2위를 다투는 중요한 가전전문유통점이다. 우리 입장에서는 99년 한 해에만 1억 2천만 달러의 물량을 구입해 준 최대고객이기도 했다.

슐츠 회장에게 삼성전자 수원사업장과 그 특별한 전시실을 보여주면서 우리의 신제품개발 계획을 입이 닳도록 설명했다. 그는 삼성전자의 규모와 생산력, 무엇보다 기술력에 놀란 모양이었다. 나는 기회를 노리다가 그가 깜짝 놀랄 만한 간단한 셈을 하나 보여주었다.

"작년에 베스트바이가 1억 2천만 달러어치의 삼성 제품을 구매해 주었습니다. 정말 감사합니다. 그런데 이게 겉보기에는 상당히 큰 액수 같지만, 450개의 베스트바이 판매장 수로 나누면 매장당 연간 30만 달러가 채 안 됩니다. 어떻게 미국에서 가장 큰 유통업체인 베스트바이가 한국 최대 전자업체인 삼성전자의 물건을 그 정도만 취급할 수 있습니까? 이건 삼성전자뿐만 아니라 당신에게도 창피한 일 아닌가요?"

슐츠 회장이 눈을 번쩍 뜨며 나를 똑바로 응시했다.

"어, 그런 식으로 계산해 본 적은 없는데…… 매장당 계산하면 30만 달러도 안 된다 이거지요?"

나는 그의 눈을 똑바로 바라보며 말했다.

"그렇습니다. 적어도 100만 달러는 되어야 하는 것 아닙니까? 품질 좋고 경쟁력 있는 제품을 만들어드릴 테니, 빠른 시간 내에 매장당 100만 달러 매상을 올릴 수 있도록 협조해 주시면 감사하겠습니다. 분명 베스트바이에도 이익이 될 것입니다."

"좋아요, 좋아. 그렇게 되도록 같이 노력해 봅시다."

저녁에는 용인에버랜드로 그를 초대했다. 고 이병철 회장이 별장으로 사용했던 한옥에서 한식으로 저녁식사를 대접하고, 우리 전통 음악과 춤도 보여주었다. 일본을 들러 온 영향도 있었겠지만 나이가 60 가까이 된 슐츠 회장은 전통춤 공연중에 꾸벅꾸벅 졸았다. 그러나 돌아가면서 "자네처럼 공격적인 사람은 처음 보네. 앞으로 잘해봅시다"라는 의미심장한 말을 남겼다.

고객의 마음을 사로잡기 위한 이런 노력은 생각보다 빨리 그 성과를 보여주었다. 신바람이 난 우리는 품질과 성능 어느 면에서도 경쟁력이 있는 '와우제품'들을 계속 쏟아냈다. 예를 들어, 2001년에는 비디오사업부의 신만용 부사장이 VCR과 DVD가 동시에 탑재되는 독창적인 'DVD 콤보'를 내놔 세계적으로 선풍적인 인기를 끌었다. 이런 와우제품과 각종 마케팅활동에 의해, 우리는 2001년 말 베스트바이의 최우량 납품업체로 선정되었다. 그것은 우리 제품이 세계 최대이자 가장 치열한 전자제품시장인 미국에서 확실하게 뿌리내리고 있다는 의미였다.

그후 베스트바이는 슐츠 회장의 약속대로 우리 제품을 더 많이 사주었고, 2002년에는 매장당 연간매출이 99년의 3배에 가까운 80만 달러에 달하게 되었다. 가장 인기있는 제품을 전시하는 매장 입구에 삼성 제품이 소니를 밀어내고 당당하게 올라서는 기염을 토하기도 했다. 그리고 내가 삼성을 떠난 2003년, 드디어 대망의 목표였던 매장당 100만 달러 매출을 돌파했다.

고객이 누구인지 파악하고 그 마음을 사로잡으면 사업은 절로 된다.

동양인 최초의 국제가전쇼 개막기조연설

소니 등 일본의 내로라하는 기업의 CEO들도 꿈꾸지 못했고, 동양인으로서는 최초로 하는 기조연설이기에 대단히 영광스런 기회였지만, 잘못하면 회사와 나 자신 모두 국제적으로 망신을 당할지도 모르는 자리였다. 그러나 이 한 가지는 분명했다. 평생 두 번 다시 오지 않을 기회라는 것.

빌 게이츠 대신 내가 한번 해보겠소

사람들에게는 저마다 생애 최고의 순간이 있다. 16M D램 개발이 내 반도체사업 최고의 순간이었다면, 디지털미디어사업 최고의 순간은 단연코 국제가전쇼(ICES)에서의 개막기조연설이었다.

매년 1월 초 미국 라스베이거스에서 열리는 ICES는 전세계의 동종기업들이 정기적으로 한데 모여, 신제품을 전시·홍보하고 굵직굵직한 계약도 하는, 세계적으로 수십만 명이 방문하는 초대형 행사다. 자동차에 모터쇼, 비행기에 에어쇼가 있다면 디지털전자산업의 최대 비즈니스쇼는 단연 ICES다.

2001년 이 행사에 참석했을 때의 일이다. ICES의 개막기조연설은 세계 전자산업계에서 초미의 관심을 끄는 ICES의 꽃으로 MS, 인텔, HP, 델 등 세계 최고 경영자가 하는 것이 관례다. 그중에서도 단골연사는 MS사의 빌 게이츠 회장. 그해도 역시 그가 연사로 나와 새로운 윈도우에 대해 열심히 설명했다.

기조연설 다음날 나는 ICES에 참석하는 국제적인 대기업 CEO들의 만찬자리에 초대받았다. 식사중에 ICES를 주관하는 회사의 샤피로 사장이 그 자리에 처음 참석한 나를 좌중에 소개하면서 일어나 인사말을 하라고 했다. 나는 얼떨결에 일어나 간단한 자기소개를 하고는 살짝 농담을 곁들었다.

"그런데 이 ICES라는 것이 소위 가전제품전시회인데 왜 컴퓨터회사의 CEO인 빌 게이츠가 매년 기조연설을 도맡아 합니까? 가전 하는 사람들로서 좀 창피한 일 아닙니까? 여기 계신 분들이 기조연설을 하는 게 맞는 것 같습니다."

순간 박수갈채가 터져나왔고 "옳소, 옳소" 하는 소리도 들렸다. 사실 그 자리에 앉아 있던 사람들도 꼭 하고 싶었던 얘기였을 터인데, 내가 총대를 메고 가려운 곳을 슬쩍 긁어준 것이다. 나는 내친 김에 한발 더 나섰다.

"언젠가는 가전제품을 많이 만들고 있는 우리 삼성전자에서 개막기조연설을 한번 하고 싶습니다. 기회를 주시기 바랍니다."

나의 뜬금없는 말에 샤피로 사장은 약간 당황하는 듯했지만 가벼운 웃음으로 넘겼다. '설마 그런 일이' 하면서 농담으로 받아들이는 눈치였다. 사실 나조차도 '만약 그런 기적적인 기회가 주어진다 해도 특별히 뭔가를 보여줄 준비가 되어 있지 않으니 한 2, 3년 뒤에나 시켜주면 좋을 텐데' 하는 생각을 하고 있었다.

그래도 한번 뱉은 말이었다. 나는 주최측과 여러 번 접촉했다. 어차피 신청을 해도 적어도 몇 년은 걸릴 테니까 천천히 준비하자는 생각이었다. 그런데 아주 뜻밖의 회신이 왔다. 삼성전자에서 내년, 즉 2002년에 ICES 기조연설을 할 수도 있으니, '삼성전자도 할 수 있다'는 사실을 공증할 수 있는 몇 가지 자료를 제출하라는 것이었다. 믿을 수 없는 소식이었다. 한국 기업의 CEO에게 기조연설을 맡긴다는 것은 ICES측으로서도 엄청난 부담이요, 도박이었다. 만약 기조연설이 시원치 않다면 참석자들로부터 엄청난 비난을 면치 못할 것이기 때문이다.

샤피로 사장은 두 가지 조건을 달았다. 첫째, 삼성 제품이나 광고하고 끝내는 것이 아니라 적어도 향후 수년간의 디지털전자산업의 비전을 제시할 것. 둘째, 연설자는 기조연설을 적절한 영어로 잘 발표할 수 있는 사장급 인물일 것.

우리는 열과 성을 다해 검증자료를 만들어 보냈다. 우리의 신제품개발 현황 및 계획서, 각종 전시회에서 선보인 제품들의 사진과 설명자료, 또 내가 전세계를 다니면서 학회나 투자설명회에서 발표하는 장면을 담은 비디오테이프 등.

그리고 그해 6월, 우리는 회사가 들썩일 정도로 놀라운 소식을 들었다. 삼성전자가 2002년 ICES 개막기조연설 기업으로 결정됐으니 확답을 해달라는 것이었다. 막상 그 소식을 접한 나는 기쁨에 앞서 겁에 질려버렸다. 영어야 그렇다 치더라도, '전세계의 디지털전자 엘리트들에게 무슨 제품이나 기술로 깊은 인상을 남길 것인가?' 하는 고민이 구름처럼 몰려들었다. '이거 괜히 객기를 부렸나?' 하는 생각도 들었다.

소니 등 일본의 내로라하는 기업의 CEO들도 꿈꾸지 못했고, 동양인으로서는 최초로 하는 기조연설이기에 대단히 영광스런 기회였지만, 잘못하면 회사와 나 자신 모두 국제적으로 망신을 당할지도 모르는 자리였다. 청중을 완전히 휘어잡을 정도로 잘해내지 못한다면 '잘해야 본전'인 게임이기도 했다.

우선 해보겠다고 연락을 하면서도 초조한 마음을 지울 수가 없었다. 이전에 빌 게이츠 회장이 기조연설에서 새로 출시되는 윈도우를 소개했다가 윈도우에 버그가 생기는 바람에 망신을 당했던 일이 기억났다.

같은 실수를 해도 그와 나는 처지가 달랐다. 그 양반이야 그런 자리에서 실수를 해도 MS사에서 쫓겨날 걱정은 하지 않겠지만, 나는 사장자리를 걸고 나서야 하는 일이었다. '진 사장 혼자 튀는 짓거리 하더니 결국 망했군!' 하는 비난을 받을지도 모른다. 무엇보다 조금이라도 잘못하면 개인의 차원을 떠나 한창 선전하고 있던 삼성전자의 위신이 크게 떨어질 수도 있는 일이었다. 나아가 삼성전자는 한국을 대표하는 기업이니 국가적인 위신이 걸린 일이기도 했다. 그러나 이 한 가지는 분명했다. 평생 두 번 다시 오지 않을 기회라는 것!

'까짓 거 내친 김에 한번 근사하게 해보자. 삼성전자가 어떤 회사인지 전세계에 아주 확실하게 알려주지!'

피말리는 기조연설 준비

회사를 탈탈 털어서 미래기술과 관련된 업무를 담당하는 기술자들을 모아 숙의를 했다. '2002년 세계가 주목할 수 있는 테마가 무엇일까'에 초점을 맞추기로 했다. 벽걸이디지털TV(PDP) 등의 대형 디스플레이제품, 집 안의 가전기기를 손쉽게 중앙통제하는 홈네트워크, 앞으로 다가올 유비쿼터스 등 차세대기술과 그 신제품을 선보이기로 한 것이다. 아직까지 개발중인 제품들이었지만, 2002년 1월 초까지는 6개월이 남아있으니 부리나케 개발한다면 승산이 있었다.

우리는 기조연설 준비를 위해 박차를 가했다. 새로 선보일 미디어PC는 MS사와 공동으로 개발하고 있었는데, 집 안의 디지털TV나 비디오 등 모든 기기를 묶어서 홈네트워크를 만들고 집 안의 모든 정보서비스 기능을 지원하고 제어해 주는 새로운 개념의 PC였다. 디자인도 보통의 PC와는 확연히 다른 홀쭉한 키의 직육면체 형태를 띨 예정이었다.

또 연설중 맨 처음 직접 시연하게 될 세계 최초의 휴대용 멀티미디어 기기는, 손바닥만한 크기에 PC의 거의 모든 기능과 CDMA휴대폰과 디지털TV 기능까지도 갖춘, 그야말로 유비쿼터스 '팔방미인'인 셈이었다. 우리는 이를 '넥시오(Nexio, Next IO)'로 명명하기로 했다.

기조연설이라는 전장에 들고 나갈 무기들을 죽 늘어놓고 나니, 이번에는 어떻게 공격할 것인지가 고민되었다. '디지털혁신과 이로 인해 창조되는 무한한 자유.' 누가 뭐래도 21세기의 화두는 디지털이었다. 이에 발맞추어 다양한 무선통신기술이 등장하고 있었는데, 나는 '디지털 자유(Digital Freedom)'라는 주제로 이를 설명하고 미래의 비전을 제시하기로 했다. 마침 미국에서 9·11사태가 일어나 사람들이 여행을 자제하고 집 안에만 틀어박혀 비디오나 영화만 보고 있었기 때문에, 그 어느 때보다도 '자유'의 의미가 가슴에 와닿는 시기였다.

기조연설에는 한 시간이 배정되어 있었고, 현장에는 1천 500여 명의 청중이 있지만 인터넷으로 전세계에 생중계되기 때문에 얼마나 많은 사람이 동시에 보게 될지는 예측할 수도 없었다.

우리는 시애틀의 한 광고기획사에 전반적인 기획을 의뢰했는데, 그들은 지금까지의 기조연설과는 차별화된 방식을 시도해 보자는 제안을 해왔다.

우선, 관객들의 이해와 흥미를 극대화하기 위해 연설무대 뒤에 15m 크기의 초대형스크린을 설치해서 연설의 내용을 실시간 화면으로 보여주자고 했다. 또 미국 ABC방송의 인기 프로그램인 〈홈리페어 Home Repair〉에 출연하는 유명배우와 2명의 조연급 배우를 고용, 드라마를 연출하면서 삼성의 신제품을 자연스럽게 소개하자고 했다. 내가 30분 정도 연설을 한 후, 3명의 배우가 무대에 등장하기로 했다. 드라마는 디지털에는 문외한인 아버지 게리가 신기한 디지털기기를 사용하는 아내 린다와 딸에게 농담을 던지는 코믹한 내용으로 짜여졌다.

참신한 아이디어였기에 동의는 했지만, 나까지 드라마에 출연해야 한다는 사실은 꽤나 부담스러웠다. 나는 드라마에서 디지털을 잘 아는 디지털박사(Dr. Digital) 역할을 맡게 되어 있었다. 어릴 때도 연극이라는 것은 한 번도 본 적이 없는데, 이 나이에 미국인들과 연기를 하라니, 정말 골치아픈 일이었다. 하지만 선택의 여지가 없었다.

1차연습을 위해 LA에서 3명의 배우와 연설코치를 만났다. 연설문은 메모리반도체가 세계 제일이라는 등 무미건조한 내용으로 작성되어 있었다. 코치는 처음 보는 이 연설문을 감정을 실어 큰 소리로 읽어보라고 했으나, 나는 전혀 신이 나지 않았다. 연설코치는 클린턴 대통령의 연설을 지도하는 유명한 사람이었지만, 나같이 영어를 모국어로 하지 않는 사람을 지도하기는 이번이 처음인 듯했다. 내 영어실력은 사업상 의사소통을 하는 데는 어려움이 없었지만, 목소리에 감정을 싣고 몸동작까지 곁들여야 하는 연극무대에서는 부자연스럽기 짝이 없었다.

본격적인 드라마연습이 시작되었다. 나는 도무지 정신을 차릴 수가 없었다. 프롬프터에 흘러내리는 문장을 순간적으로 읽으면서 3명이나 되는 배우와 손발을 맞추며 연기한다는 것은 정말 예삿일이 아니었다.

직업연기자인 세 사람은 금세 내용을 이해하고 척척 연기를 해냈으나, 나는 완전히 미국 사람이 왼손으로 젓가락질하는 식이었다. 내가 말해야 하는 부분을 그냥 지나치기 일쑤였다. 그래도 다른 배우들까지 계속 기다릴 수 없으니 다음 연기로 넘어가고 있었다. 몇 번이나 연습해도 계속 틀리자 배우들은 나를 한심하다는 눈빛으로 쳐다봤다. 나는 정말 어색하기도 하고 창피하기도 해서 쥐구멍이라도 찾고 싶은 심정이었다.

연습을 마치고 곰곰이 생각을 정리해 보았다. 내가 그렇게 실수를 연발한 것은 연설문이나 드라마가 내가 경험한 것을 직접 작성한 것이 아니라서 실감이 나지 않았기 때문이라는 생각이 들었다. 이래서는 죽도 밥도 안 되겠다는 생각에, 나는 모든 스크립트를 내가 직접 다시 써보기로 했다.

나는 청중들이 한 시간 동안 숨을 쉬지 못할 정도로 긴박하게 돌아가는 멋진 연설문과 드라마 시나리오를 작성해야 했다. 또 이왕 하는 것이니 지금까지의 기조연설 중 최고의 것을 만들어야 했다. 그러려면 무미건조한 내용이 아닌, 내가 직접 체험한 자랑스러운 내용을 암묵적으로 표현해야 했다.

첫 5분에 기조연설 전체의 성패가 달려 있으니, 처음 시작부분에 재미있고도 깜짝 놀랄 만한 것을 먼저 보여주기로 했다. 무엇보다 연설을 하는 한 시간 내내, 일순간이라도 청중이 다른 생각을 할 수 없을 정도로, 박진감 있게 진행하는 것이 관건이라는 생각이 들었다. 그래서 연설문과 드라마 전체를 내가 그동안 삼성에서 직접 경험한 생생한 에피소드들로 채웠다.

물론 대형화면에 비치는 내용과 드라마도 모조리 바꿔야 했다. 내가 내용을 바꿀 때마다 대형화면에 비치는 그림이나 사진을 바꿔야 했던 미국인 직원들이 모두 죽는소리를 했다.

다시 연습에 연습이 계속됐다. 집에서 연습을 할 때는 아내와 두 딸이 세 배우 대역을 해주었다. 시도 때도 없이 계속 연습을 해대니까 나중에는 가족들도 모두 대본을 줄줄 욀 정도가 되었다. 화장실에 갈 때도 연설문을 가져갔고 심지어 연설문으로 잠꼬대를 하고 꿈도 꿀 정도였다.

연설코치 앞에서 중간 리허설을 했더니 많이 좋아졌다고 칭찬해 주었다. 연기를 할 때 나는 코치가 시킨 대로 오른손은 이리저리 움직이면서 얘기했지만 왼손은 어디다 둘지 난감해서 허리띠 앞쪽을 붙잡고 있었다. 그랬더니 코치가 손을 허리춤에 찔러넣는 것은 미국에서는 성희롱에 해당하니 양손을 모두 자연스럽게 사용하라고 충고해 주었다. 또 한 위치에만 계속 가만히 서 있지 말고 이리저리 걸어다니면서 청중을 쳐다보라고 했다. 처음 무대에 서는 나로서는 도무지 정신이 없는 노릇이었다.

그 무렵 나는 자다가도 깜짝깜짝 깨어날 정도로 극심한 스트레스에 시달리고 있었다. 'D데이'가 다가올수록 나의 긴장수위는 점점 높아졌고 신경은 날카로워졌다. 내가 집에서 연습을 하면 식구들은 숨소리까지 죽일 정도였다.

12월 중순, 30여 명의 기술진이 무대와 기기 작동 및 각종 컴퓨터화면 처리를 위해 미국으로 떠났다. 나도 12월 말에 최종연습 및 다른 준비를 하기 위해 비행기에 올랐다.

배우들과 함께 몇 번이나 예행연습을 했으나, 개막 전날까지도 기기를 싣고 들락날락하는 카트와 부딪치는 등 영 손발이 맞지 않았다. 나나 무대 앞뒤에서 준비하는 수십 명의 기술진 모두 초조하고 불안한 가운데 밤을 새워가며 준비했다.

드디어 개막일, 이른 새벽 최후의 리허설을 위해 당일 새벽에야 겨우 설치를 마친 무대에 올라가보았다. 그런데 아내 역할을 맡은 린다가 얼굴이 벌게져서 드라마에 소개될 우리 제품의 작동에 문제가 있다고 말했다. 머리털이 다 쭈볏 섰다. 그럴 리가…… 얼마나 철두철미하게 준비해 왔는데……. 린다는 리모컨으로 삼성의 세계 최초·최대 PDP TV(60인치 벽걸이TV)를 켜는 연기를 해야 했는데, 이게 도무지 켜지지를 않는다고 했다.

알고 보니 제품에 문제가 있는 것이 아니라 그녀가 리모컨 조작에 익숙하지 못한 것이 문제였다. PDP TV가 켜지는 데는 예열시간이 필요하기 때문에 약 2~3초 정도 시간이 걸리는데, 이걸 모르는 린다가 리모컨의 전원버튼을 다시 누르는 바람에 계속 켜지지 않았던 것이다. 몹시 당황해하는 린다에게 차분히 그 이유를 설명해 주었더니 금방 이해했지만, 아무래도 불안해서 무대 앞좌석에 따로 리모컨을 든 기술자를 한 명 앉혀서 불의의 사태에 대비하기로 했다. 린다도 그제야 마음을 놓았다. 너나 할 것 없이 모두 초긴장상태였다.

내 생애 최고의 순간

드디어 떨리는 순간, 나는 무대 뒤에 앉아서 호명하면 나가기로 되어 있었다. 샤피로 사장이 무대에 올라 나를 소개하는 그 5분간의 대기시간이 정말 영원처럼 느껴졌다. 가슴이 쿵쾅거리고 머리가 멍해졌다. 기획사 사장의 말에 의하면, 이런 대형연설의 성패는 무대에 등장하는 순간에 이미 결정된다고 했다. 어떤 경우 연설자가 무대에 등장할 때 시쳇말로 너무 '쫄아서' 앞이 캄캄해지는 소위 블랙아웃(Blackout)에 빠져 아무 말도 하지 못하는 일도 있다고 한다. 그러니 당황하지 말고 침착함을 유지하면서 당당하게 손을 흔들며 나오라고 했다.

"Here is Dr. Chin!"(여기 진 박사가 등장합니다!)

평소엔 듣기만 좋던 샤피로 사장의 바리톤 목소리가 그땐 왜 그렇게 저승사자 목소리처럼 들리던지. 어쨌든 나는 아랫배에 힘을 딱 주고 미소를 함빡 머금은 채 손을 흔들며 나갔다. 무대만 밝고 청중 쪽은 어두워서 처음에는 아무것도 보이지 않았다. 나는 그 어둠속에서 침착함과 용기를 찾으려고 소리없는 발버둥을 쳤다.

"Good Morning Ladies and Gentlemen……."

인사말을 하고 연설을 시작하려는데, 갑자기 내 바지 뒷주머니에 넣어둔 넥시오의 벨이 사정없이 울려댔다. 나는 당황해 급히 넥시오를 꺼냈다. 화면은 싱글벙글 웃는 샤피로 사장의 얼굴로 꽉 차 있었다. 물론 카메라는 이 모습을 실시간으로 내 뒤의 거대한 화면에 생중계하고 있었다. 청중들은 '전화라도 끄고 무대에 올라오지 그랬냐'는 안타까운 표정으로 나를 바라보다가, 장난스럽게 웃는 샤피로의 얼굴을 보고는 모두 박장대소했다. 청중들의 웃음에 나는 자신감을 얻었다.

"Hey Gary, what's happening? I am in the middle of a presentation."
(게리, 무슨 일이오? 난 지금 발표를 하고 있소.)

"Sorry, Dr. Chin. I would like to tell you that you are doing great!"
(미안하오, 진 박사. 당신이 잘하고 있다고 말해주고 싶어서요!)

"Oh, Thank you, Gary." (오, 고맙소, 게리.)

물론 '짜고 치는 고스톱'이었다. 손바닥에 쏙 들어오는 작은 휴대용 PC 넥시오의 휴대폰기능을 통해 화상전화를 할 수 있다는 걸 관객들에게 체험적으로 보여주기 위한 연출이었다. 효과 만점이었다. 관중들이 '어, 세상에 저런 기기가 다 있었나?' 하는 눈빛으로 바라보기 시작했다. 이때부터 수천 관객의 시선이 내 발걸음과 손짓을 따라 일제히 움직였다.

연설중에 나는 2001년 라스베이거스의 바로 이 장소(힐튼호텔)에서 도난당한 60인치 삼성 벽걸이TV에 관한 에피소드를 소개했다. 당시 국제방송쇼에 전시했던 삼성전자의 최첨단TV가 시가 3만 달러 이상 된다는 소문을 들은 주변 불량배들이 호텔 직원과 짜고 삼성전자 사원을 사칭해 TV를 훔쳐 달아난 사건이 있었다. 미국의 주요 신문에 이 사건이 기사화되었고 2주쯤 지난 후 범인이 잡혀 TV를 무사히 회수한 일이 있었던 것이다.

나는 청중들에게 "어떻게 경찰이 범인을 금방 잡았을까?"라는 질문을 던졌다. 그러고는 곧 해답을 들려주었다.

"Because it was one of the only two 60inch PDP TVs in the world."
(그것이 전세계에 딱 두 대 있던 60인치 PDP TV 중 하나였기 때문입니다.)

은근슬쩍 삼성전자가 세계 최초로 초대형 PDP TV를 선보였다는 사실을 과시한 것이다. 청중들이 고개를 끄덕였다. 삼성을 다시 보게 됐다는 표정이었다.

"By the way, from this accident, we got a lot of free advertisement."
(그런데 이 사고 덕분에 우리는 공짜 광고를 많이 한 셈이 되었습니다.)

동양인 최초로 개막기조연설을 한 2002년 ICES의 한 장면.

청중들은 낄낄대며 웃어댔다. 박수갈채가 이어졌다.

나는 연이어 16M D램 개발에 얽힌 일화를 소개했다. 삼성이 16M D램으로 쿠데타를 일으켰다는 〈일렉트로닉바이어스뉴스〉지의 기사를 소개함으로써 삼성이 세계 최고의 메모리반도체 회사임을 알리려는 의도였다. 나중에 기획사 대표는 이 장면에서 청중이 모두 얼어붙었다고 말했다.

메모리반도체는 가전제품과는 달리 일반 소비자들에게 잘 알려져 있지 않기 때문에, 삼성이 메모리반도체의 일인자라는 사실을 이들은 이때 처음 알게 된 것이다. 나중에 들은 얘기지만, 그 자리에 있던 〈일렉트로닉바이어스뉴스〉지의 기자가 연설이 끝난 후 곧바로 본사에 전화를 걸어 그런 기사가 정말 있었는지 확인했다고 한다.

당시 미국에서 가장 잘 팔리고 있던 CDMA휴대폰과 앞으로 나올 최첨단 PDA전화기도 은근히 소개하기 위해, 누가 뭐래도 세계 최고수준인 '문자메시지 빨리 날리기'도 소개했다. 당시 문자메시지는 한국에서는 대유행이었으나 미국 사람들은 별로 많이 사용하지 않고 있었다.

이 행사를 위해 전격 스카우트된 이른바 '엄지족' 챔피언 한국 초등학생이 무대로 올라와 게리와 영어로 '문자메시지 빨리 보내기' 시합을 했다. 내용은 미국인들에게 가장 친근하다고 하는 로버트 프로스트의 시 「가지 않은 길 *The Road not Taken*」. 시합은 싱겁게 끝났다. 한국 초등학생은 자판을 쳐다보지도 않고 손가락이 잘 보이지 않을 정도의 초고속으로 순식간에 문장을 다 쳐넣는 신기를 보여줬고, 게리는 그동안 한 단어도 제대로 치지 못했다. 아이의 '초능력'에 감탄사를 연발하던 청중들은 게리가 우스꽝스러운 몸짓으로 나가떨어지자 폭소를 터뜨렸다.

그외에도 나는 다른 인상적인 에피소드들을 소개하며 청중을 압도했다. 유머와 감동, 놀라움을 적절하게 섞어 풀어내니 좋은 반응이 이어졌다. 다행스럽게도 기기들 또한 모두 완벽하게 동작해 주었고 드라마도 자연스럽게 진행되었다. 청중들은 드라마를 통해 자연스럽게 선보여지는 삼성전자 제품들의 성능과 기능에 감탄사를 연발했다.

그 모습을 보면서 나는 한국인으로서 가슴이 뿌듯했다. 우리가 언제 이렇게 높은 수준에 다다랐단 말인가. 꿈이나 꿀 수 있었던 일인가. 나는 단 한 번의 실수도 없이, 그리고 '정신도 없이' 한 시간을 꽉 채울 수 있었다.

이제 마지막 코멘트를 할 시간이 되었다.

"Digital Freedom is for everyone in the world. Thank you." (디지털 자유는 이 세상 모든 사람을 위한 것입니다. 감사합니다.)

샤피로 사장과 그때까지 무대에 등장했던 배우 등 모두가 무대로 나와 청중들에게 다같이 인사를 했다. 우레같은 박수가 터져나왔다. 청중들이 하나둘 일어섰다. 기립박수가 파도를 치며 내 앞으로 몰려왔다. 가장 앞줄에 앉아 있던 우리 기술진과 회사 관계자들이 안도의 숨을 쉬며 엄지손가락을 치켜세워 보였다.

아내와 아이들, 미국에 사는 누이네 가족도 모두 얼굴이 벌겋게 상기된 채 눈물을 흘리고 있었다. 무대 앞뒤에서 기기들이 제대로 동작하는지 긴장을 늦추지 않고 지켜보던 수십 명의 기술진과 내 연설을 보러 온 회사 직원들도 모두 '후유' 하고 안도의 큰 숨을 쉬었다. 모두들 나만큼 긴장하고 있었던 모양이다.

사람들이 우르르 몰려들어 "정말 좋은 연설이었다"고 칭찬해 주었다. 백발이 성성한 한 미국인은 내 어깨를 지그시 잡으면서 "솔직히 삼성전자 제품은 싸구려라는 이미지가 강했는데, 이제는 아닌 것 같다"며 격려해 주었다. 샤피로 사장은 "역대 기조연설 중 최고였다"며 자기 일처럼 기뻐해 주었다.

긴장이 풀리자 앞으로 꼬꾸라질 듯이 피로가 밀려왔다. 완전히 탈진한 상태였다. 여러 날을 제대로 잠도 자지 못한 채 준비하기도 했지만, 그 한 시간 동안 나의 모든 에너지를 다 소진시켰던 것이다. 몇 개의 매체와 인터뷰를 마치고 숙소에 돌아와서는 바로 뻗어버렸다.

국내외 언론의 반응은 뜨거웠다. ICES 기조연설은 '잘해야 본전'이라고 생각했는데 해놓고 보니 그게 아니었다. 그것은 회사의 이미지를 형성하는 데 엄청난 역할을 했다. 미국 언론은 이번 기회를 통해 삼성전자가 디지털전자업계에서 세계적인 기업으로 발돋움할 단초를 마련했으며, 드디어 삼성에도 기업이미지를 대변할 세계적인 얼굴이 생겼다고 보도했다. 대체로 선진국에서는 기업의 이미지와 그 회사 CEO의 인격과 명성을 동일하게 바라보는 경향이 있다. 국내 언론도 ICES 기조연설을 통해 삼성전자가 드디어 진정한 메이저리그에 올라섰다고 평가했다.

삼성을 계속 외면하거나 무시해 왔던 미국 제일의 유통회사 서킷시티(Circuit City)사도 삼성 제품을 판매하고 싶으니 협조해 달라며 찾아왔다. 다른 유통업체도 삼성이 이 정도인 줄은 전혀 몰랐다며 먼저 손을 내밀어왔다.

이 행사를 계기로 내 별명은 두 개가 되었다. '미스터 칩'과 '미스터 디지털'. 샤피로 사장과 여러 언론이 영광스럽게 붙여준 이름이다.

3

벽촌 소년의 실리콘밸리 정복기

엄마, 내가 모래 팔아가 돈 억수로 마이 벌어주께

아버지는 내게 공부는 그 정도 했으면 됐으니 공업고등학교로 진학해 하루빨리 혼자 밥벌어 먹고살라고 하셨다. 나는 그것이 '내 운명'이려니 했고 그렇게 못할 것도 없다고 생각했다.

반도체는 나의 운명?

나는 경상남도 의령군 부림면 지리산 자락의 여배리에서 태어났다. 50여 년 전 나의 고향은 말 그대로 벽촌이었다. 어릴 적 기억에, 대청마루에서 내다보이는 것은 앞을 꽉 가로막아 숨이 막히는 높은 산뿐이었다. 마을의 논밭이라야 대부분 천수답의 손바닥만한 땅 몇 뙈기로 기억된다. 당시 많은 가정이 그랬듯이 우리 일가에도 6·25사변의 생채기가 여기저기 남아 있었다.

먹고살기가 어려웠던 친척들은 부산으로 김해로 뿔뿔이 흩어져 떠나갔고, 우리 가족도 내가 네 살 때 고향을 등지고 대구로 이사했다. 당시 트럭에 뭔가 이삿짐을 싣고 떠나는데 앞에 앉은 작은누이가 계속 졸아서 내가 뒤에서 머리채를 잡아채며 놀려주던 기억이 난다. 그렇게 시작된 우리 가족의 도시생활은 가난과 궁핍의 연속이었다.

호적을 보면 나는 1남 2녀 중 외아들이다. 그러나 내게는 핏줄이 같지만 다른 호적에 올라 있는 형님이 한 분 있다. 우리 집안의 종손이었던 큰집 아저씨가 자손 없이 세상을 떠나면서 그 여파가 우리집에까지 미쳤던 것이다. 큰집 아저씨의 일은 내 아버지의 인생에 큰 변화를 몰고왔다. 아들을 낳아 종갓집에 양자를 보내야 한다는 막중한 책임을 지고 열세 살의 어린 나이에 장가를 든 것이다.

조선시대도 아니고 한창 공부를 해야 할 나이에 자식을 낳아야 한다는 사명을 안게 된 아버지는, 그런 연유로 양반행세나 하며 일하는 것은 아주 서툰 사람이 되었다. 대신 집안일은 열일곱 살에 시집온 어머니가 꾸려나가야 했다. 어머니는 밤낮으로 삯바느질을 하고 때때로 먼 산까지 가서 땔감을 구해오곤 했다.

어머니는 시집와서 양자로 보낼 아들을 낳지 못하고 딸만 계속 서넛을 낳아 그 구박과 시집살이가 이루 말할 수 없이 고달팠다고 한다. 어릴 때 밤늦게까지 일을 하는 어머니 옆에 누우면 어머니의 한많은 얘기를 자주 들을 수 있었다. 할머니가 노망으로 정신이 오락가락해서 매도 많이 맞았지만, 외갓집 식구가 다 돌아가고 없어 아무에게도 위로받지 못한 채 그 힘든 시집살이를 혼자 외롭게 견뎌내셨다고 한다.

게다가 그렇게 기다리던 아들을 낳았지만 바로 양자로 떠나보내야 하는 슬픔도 겪었다. 그래도 모자지간의 정은 뗄 수 없었던지, 형은 양부모와 친부모 사이를 왔다갔다하며 살았다. 그러니 집안에서 갈등이 끊이지 않았다고 한다. 어머니는 모두 10명의 자식을 낳았는데, 대부분 전쟁통에 사망하고 결국 2남 2녀만 살아남았다고 한다.

나는 어머니가 마흔이 넘어서 낳은 늦둥이다. 어머니는 밤낮으로 농사일을 해야 했으므로 주로 큰누이가 나를 업어서 길렀다고 한다. 어머니 젖이 안 나오니 젖은 얻어먹어보지도 못했고, 달래주는 엄마도 없으니 하루종일 울면서 업어달라고 졸랐다고 한다. 지금도 누이들은 내가 엄마 젖도 못 얻어먹고 그후로도 가난 때문에 제대로 먹지를 못해 키가 자라지 못했다고 혀를 찬다.

막내라 그랬는지 나는 응석이 심해서 초등학교 2학년 때도 가끔 어머

초등학교 3학년 시절, 고향 뒷산에서 작은누이와 함께.

니 등에 업혀 학교에 가곤 했다. 하루는 어머니 등에 업혀 대구 방천길을 가는데, 인부들이 모래를 채취하기 위해 체질을 하고 있었다. 그걸 본 내가 어머니께 물었다.

"엄마, 저 사람들 뭐 하고 있는기고?"

"모래 팔아서 돈 벌고 있다 아이가."

그때 밤낮으로 고생하는 어머니 처지가 가여워서 그랬는지, "엄마, 내도 나중에 모래 팔아가 돈 억수로 마이 벌어주께"라고 약속했던 기억이 있다.

어린 마음에 흔하디흔한 모래를 팔면 돈을 많이 벌 수 있겠다고 생각했던 모양인데, 실제로 반도체의 주원료인 실리콘도 모래의 일종이니 그 약속은 지킨 셈이다. 아마도 반도체는 나의 운명이 아닌가 싶다.

미술과 과학을 좋아했던 유년시절

나는 어머니가 부엌 아궁이에 나뭇가지를 넣으면서 부지깽이로 이름 석 자 쓰는 법을 가르쳐준 것 외에는 아무것도 배우지 못한 채, 한 살 적은 나이에 초등학교에 들어갔다. 교과서를 받아오던 날 형이 이게 국어책, 저게 도덕책이라고 일러주었는데 곧바로 교과서도 구별하지 못한다고 신나게 종아리를 맞았다.

가족 중 누구도 내 학교생활에 관심을 가질 여유가 없었지만, 나는 그래도 열심히 학교에 다녔다. 키가 제일 작아서 항상 맨 앞줄에 앉았고, 다른 놀잇감도 없으니 학교공부만은 열심히 했던 모양이다. 변두리 학교라 그랬는지 초등학교 1학년 때부터 줄곧 우등상을 받았다. 덩치는 작았지만 절대로 남한테 지고 싶지 않아 운동회에 나가서도 죽을힘을 다해 뜀박질을 하고 상품도 받았다. 뛰어서 배가 고프면 수도꼭지에 입을 대고 물을 벌컥벌컥 들이켜 배를 채웠다.

내게 학창시절은 그리 즐거운 기억이 아니다. 가난 때문이었다. 기워 신은 양말이며 발가락이 나오는 구멍 뚫린 운동화, 점심시간마다 친구들 앞에 내놓고 싶지 않았던 보리밥도시락이 한창 감수성 예민한 시절 내게 큰 상처가 되었다. 때문에 내가 어른이 되면 이런 가난의 불편함을 절대로 자식들에게 대물림하지 않겠다고 다짐했다. 그러기 위해서는 뭐든지 열심히 하고 또 남한테 져서는 안 된다는 집념이 생겼고, 그게 유달리 남에게 지기 싫어하는 나의 승부욕을 형성했는지도 모르겠다. 가난 탓에 누이 둘은 학교도 제대로 마치지 못한 채 집을 떠나 서울 친척집에서 기식을 하는 신세가 되었다.

초등학교 6학년이 되어서는 중학교 입학시험을 치러야 했건만, 친구들이 거의 다 갖고 있던 전과도 한 권 없었다. 어느 날 꿈에서 모랫길을 가는데 동전이 여기저기 흩어져 있어 다 주워보니 상당한 돈이 되어, 그 갖고 싶던 전과를 사고는 너무 기뻐서 펄쩍펄쩍 뛰다가 잠을 깬 적도 있다.

그 꿈의 효험 때문이었는지 얼마 뒤에 나는 장학금을 받았다. 아마도 공부는 곧잘 하는데 월사금 한번 제대로 못 내는 조그마한 학생이 불쌍해서 담임선생님이 몰래 신청해 주셨던 것 같다. 그때 그 장학금이 600원 정도였는데, 그 이후로는 등록금을 낸 기억이 없을 정도로 매년 장학금을 받았다.

나는 초등학교 시절부터 미술이나 과학 같은 과목에 재주가 있었고, 앞으로 과학자가 될 것이라는 꿈에 한 치의 의문도 품지 않았다. 그림을 그리거나 조각을 하거나, 고등학교 때까지 미술점수는 항상 90점을 넘었다.

내가 유년시절을 보낸 대구의 수성들과 수성못은 그런 나에게 자연에 대한 이해를 넓혀주었다. 나는 수성들을 뛰어다니며 메뚜기, 물고기, 여치, 매미를 잡고 산토끼, 뱀, 벌과도 더불어 지냈다. 겨울에는 방천에서 얼음지치기를 했는데, 당시 유행하던 날이 하나로 된 썰매도 내가 직접 만들어서 꽤나 잘 타고 놀았다.

수성못에서는 점토를 가져다가 도자기를 만들어 연탄불에 구워보기도 했다. 그때 도자기에 장미를 큼지막하게 새기거나 하늘로 승천하는 용을 양각했던 기억이 난다. 연탄불에 구운 도자기는 깨지기 일쑤였지만, 그 위에 새긴 내 조각솜씨만큼은 많은 사람을 놀라게 할 정도로 상당히 괜찮았다.

과학기술에 대한 흥미도 끝이 없어서, 과학시간에 배운 전기모터를 만드는 데 많은 시간과 공을 들여 겨우 동작하는 것을 만들어보기도 했다. 그때만 해도 그런 것을 만들 수 있는 키트도 하나 없었고 설명서도 변변한 게 없었다. 설령 있다 해도 살 돈이 없었다. 마침 시계방을 하는 이웃집 아저씨로부터 제대로 동작하는 모터를 하나 얻었는데, 이 모터가 나에게 엄청난 상상의 세계를 펼쳐주었다. 나는 이 모터로 물위를 달리는 배도 만들어보고 하늘을 나는 비행기도 만들어보려 했다. 배는 만들 수 있었지만 비행기는 가당치도 않았다.

그래도 포기하지 않고 비행기 날개도 만들고 프로펠러도 만들어서 모터에 연결해 보며 무수하게 시도를 했다. 물론 결과는 실패의 연속이었지만 수많은 시행착오 속에서 나의 상상력은 점점 커져갔고, 나중에는 모터 하나로 생각할 수 있는 거의 모든 기기를 만들어보려고 호롱불 아래서 밤을 지새기도 했다.

당시 유행하던 『라이파이와 제비양』과 『철인 28호』 같은 공상과학만화책도 많이 봤다. 나는 늘 생각했다. 커서 반드시 에디슨 같은 과학자가 될 거라고.

중학교에 입학하고 나서는 군대를 마친 형이 결혼도 하고 취직도 하는 등 집안살림이 그나마 좀 피기 시작했다. 아버지는 비닐우산을 조립한다거나 약재를 썰어주는 일을 했고 나도 방과 후에 그런 일을 꽤나 도왔다. 나는 감초니 지황이니 하는 약재를 작두로 써는 데 재미를 느꼈다. 어떻게 하면 가장 빠른 속도로 그리고 균등한 두께로 썰 수 있는지를 여러 모로 생각해 보고 시험도 해봤다.

그 시절 나는 공부를 하든 운동을 하든 뭔가를 하면 꼭 이겨야 한다고 생각했다. 중학교 때 학교 강당에 설치돼 있는 탁구대를 처음 보고는 탁구를 쳐보았다. 유복한 친구들 중에는 아예 집에 탁구대가 있어서 꽤 잘 치는 녀석도 있었는데, 나도 탁구라켓을 하나 얻어서 밤새 집 벽에다 대고 탁구공을 이리저리 쳐보면서 기술을 익혔다. 그 친구를 이길 때까지 지독하게 연습을 한 것이다. 축구를 할 때도 마찬가지였다. 누구든 이기기 위해 밤늦게까지 혼자 이를 악물고 축구공을 찼다.

사춘기가 되어서는 왠지 모르게 울적해지는 날이면 무작정 시내버스를 타고 이유없이 종점에서 종점으로 다니기도 했다. 그때 대구의 봉덕동에서 경북대학까지 돌아서 오는 버스가 있었는데, 나는 운전사 오른쪽의 맨 앞자리에 앉아서 두어 시간 걸리는 그 노선을 한 바퀴 돌아오기도 했다.

중학교 3학년이 되면서, 그나마 좀 폈던 가세가 다시 기울었다. 사회도 어수선한데다 어린시절부터 받아들이기 어려운 환경에서 자란 형이 자리를 잡지 못한 채 방황하면서 집안이 거의 풍비박산난 것이다.

어머니가 이집 저집 다니며 빨래나 집안일을 해주고 돈을 받아왔지만 혼자서 모든 가족을 부양하기에는 역부족이었다. 내가 도시락을 못 싸가는 날이 생기면서부터 우리 가족은 모두 각자 먹고살 길을 찾아 뿔뿔이 흩어졌다.

아버지는 내게 공부는 그 정도 했으면 됐으니 공업고등학교로 진학해 하루빨리 혼자 밥벌어 먹고살라고 하셨다. 나는 그것이 '내 운명'이려니 했고 그렇게 못할 것도 없다고 생각했다.

경기고등학교 진학과 판자촌 생활

당시 우리 옆집에는 독신으로 직장생활을 하는 큰누이뻘 되는 분이 한 분 계셨는데, 내가 공부를 곧잘 한다는 얘기를 듣고는 공고에 가는 것을 한사코 말렸다. 자기가 도와주겠으니 큰누이가 있는 서울로 가서 공부를 해보는 것이 어떻겠냐는 것이었다. 어차피 아무런 대안도 없었던 부모님은 그렇게 하라고 허락했다. 나는 그 누나(나는 그분을 '대구누나'라고 부른다)가 시키는 대로, 전교 10등을 오락가락하던 내 성적에 맞춰 경기고등학교에 지원해 보기로 했다.

대구누나는 부랴부랴 경기고등학교에서 사용하는 교과서를 한 보따리 사다주었다. 고등학교 입시를 겨우 두 달여 앞둔 때였는데, 전혀 생각지도 않던 일이어서 마음은 더욱 바빴다. 경기고등학교에서 가르치는 교과서는 그동안 내가 배워온 교과서와는 상당히 달랐다. 하지만 나는 밤낮으로 열심히 공부해서 그 교과서들을 모두 독파해 버렸다.

그렇게 공고에 갈 뻔했던 '내 운명'은 서울로, 그것도 한국 최고의 명문고등학교로 유학을 떠나는 운명으로 극적으로 반전되었다.

경기고등학교 입학시험을 보기 위해 나는 10여 시간을 밤새 달리는 서울행 완행열차를, 그것도 입석을 타고 상경했다.

처음 서울에 와서는 경상도 사투리도 쓰고 해서 꽤나 주눅이 들었다. 상도동 독서실에서 며칠간 공부를 했는데, 고시공부를 하는 사람과 각종 입학시험을 준비하는 학생들로 독서실은 언제나 만원이었다. 나는 사람들 눈에 띄지 않으려고 조심조심 다녔는데, 어느 날 팔뚝과 모자에 흰 줄이 세 개나 되는 특이한 경북중학교 교복을 처음 보는 서울 학생들이 시비를 걸어왔다.

"야! 너, 쬐끄맣고 까만 너 말이야. 이리 와봐. 너, 교복이 뭐 그러냐? 뭐 하는 놈이야?"

"경북중학교에서 왔심니더."

"뭐, 경북중학교? 야, 임마. 그럼 경북고등학교 가지, 여긴 왜 왔어?"

"경기고 시험보러 왔심니더."

"그래? 어쭈, 이거 웃기는데. 너 임마, 공부 잘해? 경기고 들어가기가 얼마나 어려운지 알기나 하냐?"

그러나 나는 경기고등학교에 합격했다. 지금 생각해 보면 시험에 떨어질 경우 아무런 대안도 없는 무모한 도전이었다.

서울에서 아는 집이라곤 큰누이 집이 유일했는데, 그곳도 오래 머물 수 있는 곳이 못 되었다. 마침 대구에서도 오갈 데가 없어진 아버지까지 서울로 올라와서 둘이 자취를 하는 신세가 되었다.

아버지와 함께 허름한 사글세를 얻어 들어간 곳이 서부이촌동의 철거민촌이었다. 거기서 전차를 타기도 하고 걷기도 해서 경복궁 근처에 있는 학교까지 등하교를 했다.

생활비는 아버지가 간간이 막노동을 해서 벌어오시거나 대구에 있는 어머니가 보내주셨지만 턱없이 부족한 형편이었다. 금쪽같이 아껴써도 항상 모자라 돈이 떨어지는 날부터는 밥을 굶어야 했다. 돈이 없어 아들에게 밥을 지어주지 못하는 아버지의 그 한서린 얼굴을 나는 지금도 잊지 못한다.

당시 대구누나가 매주 편지를 보내주곤 했는데, 그때마다 꼭꼭 접은 천 원짜리 한두 장을 잊지 않고 꼭 동봉해 주었다. 그 돈이 얼마나 큰 도움이 되었던지. 나는 편지가 언제 또 오나 하고, 학교 우체통을 하루에도 몇 번씩 가보곤 했다.

한강변에 위치한 서부이촌동에는 곧 아파트가 들어서기로 되어 있었다. 우리는 그렇다는 말만 듣고 있었는데, 어느 날 학교에서 돌아와 보니 집이 온데간데없었다. 한나절 만에 집이 감쪽같이 철거되어 버린 것이다. 며칠 안에 다른 곳으로 이주해야 한다는 말이 나돌기는 했지만, 그것은 그나마 무허가 집이라도 소유하고 있던 사람들에게 해당되는 얘기였다. 거기서 사글세로 사는 사람들에게는 아무 혜택도, 아무 대책도 없었다.

아버지도 나도 무척 황당했지만 어쩔 수 없었다. 여기저기 흩어져 있던 판자들을 하나둘 주워다 오막살이 같은 임시거주지를 만들어 몇 달을 버텼다.

그러다가 이렇게는 공부는커녕 생활조차 안 되겠다 싶어, 외가쪽 친척의 도움을 받아 그 집 아이들의 입주가정교사로 들어가게 되었다. 비록 남의집살이였지만 적어도 먹고 자는 것은 걱정하지 않아도 되는 상황에 나는 감사했다. 그 친척집에 머무는 동안 나는 책도 많이 읽고 시도 쓰고 수필도 썼다. 내가 문학소년이 된 것이다. 나는 학교에서 하는 '문학의 밤' 행사에서 자작시 낭송도 하고, 교회 청년모임에서 잡지를 만들기도 했다.

1학년 겨울방학부터 2학년 여름방학까지는 그렇게 편안하고 즐겁게 보냈다. 그 집 아이들에게 수학이나 영어를 가르치는 것은 그리 힘든 일이 아니었고, 친척이 많이 배려해 주어 처음으로 자유와 풍요를 누려보았다. 물론 내게 공부하라고 종용하는 사람은 아무도 없었다.

2학년 2학기 때 어머니가 서울로 올라오셨다. 우리는 바닥이 기울어져서 자다 보면 한쪽으로 몸이 쏠리기까지 하는 허름한 단칸방을 얻었다. 드디어 오랫동안 떨어졌던 부모님과 함께 살게 된 것이다.

그런 인연으로 가깝게 지내던 대구누나하고는 내가 미국에서 유학생활을 하던 10년 동안에는 서로 못 만나다가 귀국 후 몇 번 만났다. 그런데 어느 날 갑자기 연락이 두절되어, 벌써 10년 넘게 소식이 끊긴 상태다. 그동안 여러 곳에 수소문해 찾으려고 했으나 아직까지 찾지 못하고 있다. 대구누나, 만약 이 글을 읽는다면 꼭 연락해 주시기 바라오. 보고 싶소.

오뚝이공부법과 40년 습진

만약 그때 내가 수석을 했다면 오늘날의 나는 없었을지도 모른다. 도전할 상대가 없다고 착각하고 자만하여 더 이상 노력을 기울이지 않았을지도 모르기 때문이다.

공부만은 남에게 질 수 없어

고3을 눈앞에 둔 고2 2학기, 교실에는 벌써부터 입시준비로 팽팽한 긴장감이 감돌았다. 당시 경기고등학교에는 유복한 집안의 아이들이 많았다. 대부분의 친구들은 여름방학 동안 과외도 하고 학원도 다니는 등 공부를 많이 하고 온 듯했다.

여름방학이 끝나자마자 중간고사나 기말고사보다 훨씬 어려운 형태의 실력시험을 치렀다. 국어, 수학, 영어 세 과목을 보는 시험이었는데 모르는 문제가 너무나 많았다. 성적은 전교 90등이었다.

나는 깜짝 놀랐고 실망이 이만저만이 아니었다. 그때까지 학교성적은 반에서 5등 전후였고, 전교에서는 30등 정도는 한다고 믿고 있던 것이다. 친구들은 어차피 경기고에서 한 해 120명 정도씩은 서울공대에 들어가니 걱정없겠다고 말했지만, 내게는 엄청난 충격이었다. 비록 가난한 시골 출신이지만 공부 하나만은 서울 애들한테 크게 뒤지지 않는다고 생각해온 나였다. 절대로 남한테 지면 안 된다는 승부욕이 치솟아올랐다.

뭐가 잘못되었는지 꼼꼼히 분석해 보았더니, 수학점수를 대폭 올려야 한다는 결론이 나왔다. 지난 몇 년간 경기고에서 치른 실력고사 모의고사 문제를 백방으로 구했다. 마침 월간《학원》에 부록으로 문제집이 실렸으나 해설은 없고 달랑 답만 있었다. 나는 그때부터 하루에 20문제씩 풀겠다는 공격적인 계획을 세웠다. 그러나 그건 만만치 않은 일이었다. 당시 여섯 문제가 나오던 수학실력고사 시험시간이 세 시간이었다. 한 문제에 대강 30분씩 배정했던 것이다. 그러니 하루에 20문제를 푼다는 것은 무모한 도전이었다.

쉬는시간에도 점심시간에도 다른 수업시간에도, 나는 오직 수학문제만을 생각하고 또 풀었다. 해설이 없으니 머리를 굴려서 그 답이 나오는 방법을 생각할 수밖에 없었다. 그러다가 수업시간에 선생님이 질문하는 것을 못 알아들어서 꿀밤도 여러 번 맞았지만 나의 집념은 쉽게 꺾이지 않았다.

그러고는 12월에 다시 실력고사를 봤는데, 그때의 전교석차는 기억나지 않지만 적어도 수학만은 많이 향상되었던 것으로 기억한다. 그러나 이번에는 영어성적이 영 성에 차지 않았다.

그래서 겨울방학 동안 영어를 끝장내겠다는 계획을 세웠다. 그때 마침 『정통영어』라는 참고서가 처음 나왔는데, 총 24과로 구성되어 있었다. 나는 하루에 한 과씩 공부해서 한 달 내에 그 책을 떼기로 마음먹었다. 한 과를 끝내면 모르는 단어가 적어도 200개씩은 나왔는데, 그걸 전부 단어장에 기록하고 외워버리기로 작정했다. 아침에 시작하면 오후까지 한 과를 공부하는 것은 가능했지만, 단어를 외우는 것은 별개의 문제였다.

나는 시간을 아끼기 위해 '오뚝이공부'를 하기 시작했다. 오뚝이공부란 앉은뱅이책상에 앉아서 공부하다가 그 자리에 그대로 드러누워 자고, 다시 오뚝이처럼 발딱 일어나서 공부하는 방식이었다. 겨울방학 한 달 내내 그렇게 독하게 공부했다. 단어를 잘 외우기 위해 가끔 부모님이 일하는 곳으로 버스를 타고 가면서 달달 외우기도 했다.

그렇게 『정통영어』를 전부 독파했지만, 그 덕분에 반갑지 않은 평생의 친구도 하나 생겼으니, 바로 사타구니의 습진이다. 같은 자세로 하도 오래 앉아 있었더니 아주 지독한 습진에 걸려, 이후 40여 년을 가려움증으로 고생했다. 그간 온갖 연고를 다 발라도 잘 낫지 않더니, 얼마 전 약국을 하는 내 수행비서 이진수 사무관의 부인이 추천해 준 연고를 바르고는 감쪽같이 없어졌다.

또 앉은뱅이책상에서 공부하던 습관은 아직도 남아 있어서, 지금도 나는 집에서는 의자 딸린 책상을 쓰지 않는다. IBM을 그만두고 미국의 서부로 이사하던 1985년에 산 티테이블을 앉은뱅이책상으로 애용하는데, 20년이 넘었고 손때가 많이 묻었지만 아직도 애지중지하며 쓰고 있다.

10원짜리 우동국물

고3이 되어 처음 본 실력고사에서 나는 전교 24등을 했다. 학교에서는 상위 10등 안에 드는 학생들을 '베스트10'이라고 불렀다. 그 10명의 이름과 점수를 적은 종이가 커다랗게 나붙고, 간단한 상도 주었다. 나는 조만간 전교 10등 안에 들겠다는 목표를 세웠다. 그런데 수학과 영어는 수준급이었으나, 국어성적이 평균 정도였다. 그래서 이번에는 국어를 집중적으로 공부하기로 했다. 그때는 지금 생각하면 믿기지 않을 정도로 정말 열심히 공부했다.

당시 학교에서는 도서관의 일부를 독서실로 개조해서 방과 후부터 밤 10시까지 자습을 하도록 배려해 주었는데, 좌석이 모자라다 보니 늘 자리경쟁이 심했다. 나는 수업 끝나기가 무섭게 달려가서 자리를 차지하고는, 매일 밤 10시까지 공부를 하고 집에 돌아갔다. 그러니 저녁까지 도시락이 두 개 필요했지만, 우리집 형편에 차마 도시락을 두 개 싸달라는 말은 꺼내지 못했다. 나는 집에 도착하는 밤 11시가 되어서야 저녁밥을 먹고 잘 수 있었다. 당시 10원짜리 삼립 크림빵이 처음 나왔는데, 배가 고파오는 저녁때면 그거 하나 사먹는 게 소원이었다.

두 번째 실력고사에서는 간발의 차로 '베스트10'에 못 들었다. 11등. 엄청난 성적향상이었지만, 나는 거기에 만족할 수 없었다. 약이 많이 올랐지만 하소연하거나 도움을 청할 상대도 없었다.

그런데 내가 갑자기 성적을 잘 내자 담임선생님이 크게 놀라셨다. 선생님은 내가 어려운 형편에서 공부한다는 사실을 아시고는 장학금을 받도록 주선해 주셨다. 덕분에 외환은행으로부터 당시로는 상당한 액수의 장학금을 받을 수 있었다.

그후로는 남들처럼 도시락을 두 개씩 싸가지고 다닐 수 있었고, 추운 겨울날엔 10원짜리 우동국물을 하나 사서 찬 도시락과 함께 먹을 수 있게 되었다. 그 우동국물이 얼마나 따뜻하고 감사했던지.

그 다음 실력고사부터 나는 줄곧 '베스트10'에 들었고, 한 번도 후퇴하지 않았다. 성적은 계속 상승곡선을 그렸다. 경쟁상대였던 다른 친구들은 사회, 역사 등의 과목도 족집게과외를 하는 것 같았다. 내가 그 친구들을 이기는 길은 오직 수학과 영어에서 발군의 실력을 발휘하는 것뿐이었다. 그야말로 '선택과 집중'이었다고나 할까.

고3 한 해 동안 주말이고 휴일이고 없이 자습실에서 공부를 했으나, 자습실에 들르지 않는 날도 며칠 있었다. 그중 하루는 대성학원 등 학원가에 가서 돈을 벌어오는 날이었다. 학원마다 실력고사가 있어서 거기서 입상을 하면 적지 않은 상금을 줬다. 나는 거기에 출전해서 상금을 타다가 살림에 보태곤 했다. 또다른 날은 크리스마스 이브였다. 오랜만에 2학년 때까지 다니던 남산교회에 들러 친구들도 만나고 크리스마스 예배도 드렸다.

경기고등학교 졸업식에 참석하신 부모님과 함께.

당시 눈이 침침하게 잘 안 보이고 귀에서 소리도 나는 이명증까지 생겨서 무척 고생했는데, 아마 영양이 부족한 상태에서 눈을 혹사한 탓이었던 것 같다. 나는 기도했다. 대학에 들어갈 때까지 몸에 더 이상 문제가 생기지 않게 돌봐달라고.

나는 경기고등학교 3년을 통틀어 전교 6등의 성적으로 졸업했다. 대학 입학시험에서는 법대 수석보다도 높은 점수를 받아 공과대학 시험을 치른 경기고 친구들을 모두 물리쳤으나, 전혀 생각지도 못했던 중앙고 출신 송문섭군에게 2점 차이로 수석을 뺏겼다. 남에게 지는 것을 그토록 싫어했던 내가 수석을 놓친 것이다. 당시로서는 잠을 이루지 못할 정도로 안타깝고 분했다.

그러나 지금은 달리 생각한다. 만약 그때 내가 수석을 했다면 오늘날의 나는 없었을지도 모른다. 도전할 상대가 없다고 착각하고 자만하여 더 이상 노력을 기울이지 않았을지도 모르기 때문이다. 오늘날까지 무슨 일이든 최선을 다해 달리는 나의 삶의 태도는 이때 규범화되었는지도 모르겠다.

전자공학과가 대체 뭐 하는 곳입니까?

나는 전자공학이 뭘 하는 학문인지도 잘 모르는 채 서울대 전자공학과에 지원했다. 시험을 치르고 돌아오는 버스 안에서 나는 전자공학과에 다니는 한 선배에게 슬그머니 다가가 물었다. "전자공학과가 대체 뭐 하는 곳입니까?"

물리와 수학에 푹 빠지다

내가 전자공학과에 진학하고 반도체와 인연을 맺게 된 것은 순수한 학문적 적성과 흥미에 의한 것이었다. 1970년대 초반 당시 이과에서 가장 인기가 있던 학과는 물리학과와 전자공학과였다. 지금이야 의대가 최고 인기학과지만, 그때는 이공계에서 공부깨나 하는 학생들은 대개 이 두 학과로 몰려들었고 커트라인도 가장 높았다.

내가 진학할 학과를 두고 고민하자 담임선생님은 전자공학과에 가보라고 하셨다. 솔직히 나는 전자공학이 뭘 하는 학문인지도 잘 모르는 채 서울대 전자공학과에 지원했다.

당시에는 경기고에서 버스를 대절해 서울대로 입학시험을 보러 갔는데, 시험을 치르고 돌아오는 버스 안에는 시험 본 후배들의 사기를 북돋워주기 위해 선배들이 동승해 있었다. 나는 전자공학과에 다니는 한 선배에게 슬그머니 다가가 물었다.

"그런데 전자공학과가 대체 뭐 하는 곳입니까?"

그 선배의 대답은 지금 생각하면 좀 엉뚱한 것이었다. 물리와 수학을 잘해야 하는데, 특히 당시 세상을 풍미하던 양자역학이나 상대성이론 같은 것을 공부하는 학과라고 했다. 어려서부터 수학이나 물리에 유달리 관심과 재능이 많았던 내게 선배의 답변은 상당히 반갑고 신나는 것이었다.

입학시험을 마친 바로 다음날, 나는 청계천 헌책방으로 달려가 고등학교 교과서와 참고서를 죄다 팔아치웠다. 아직 합격여부를 알 수 없었지만, 시험을 흡족하게 봤기에 전혀 걱정이 없었고, 내가 서울공대 수석을 하느냐 못하느냐에만 관심이 쏠려 있었다.

헌책을 팔고 받은 돈으로 대학에서 배우는 고등미적분학(Advanced Calculus)과 물리학에 관한 원서를 몇 권 샀다. 그리고는 입학하기 전부터 이 책들을 들입다 파기 시작해, 학교수업이 시작될 무렵에는 거의 다 독파할 수 있었다. 상당히 어려웠지만 엄청 재미있었다. 이해되지 않는 부분도 상당히 있었는데, 그때마다 관련서적을 더 찾고 사람들을 찾아가 묻기도 해서 거의 해결할 수 있었다.

교양과정부 1학년 때는 거의 매일 아르바이트하는 시간 외에는 물리와 수학을 공부하면서 보냈다. 물리와 고등수학은 정말 흥미로웠고 역시 내 적성에 딱 맞는 학문이었다. 숙제는 물리 원서의 홀수번 연습문제를 푸는 것이었지만, 나는 짝수까지도 다 풀어보았다. 그것으로도 만족이 안 되어 버클리대학이나 캘리포니아공과대학에서 나온 물리서적들을 구해 따로 공부했다. 담당교수는 '희귀한' 학생이라며 좋아했지만, 밥맛이라고 생각한 동료 학생들도 꽤 많았을 것이다.

내가 본격적으로 반도체에 관심을 갖게 된 것은 대학교 2학년 때였다. 알고 보니 전자공학 전공 중에서도 물리·수학과 가장 관련이 많은 분야가 바로 반도체였다. 나는 자연스럽게 반도체를 공부해 보기로 결심했다.

그러나 당시 우리나라에서 반도체관련 학문은 불모지와 같아서 서울공대마저도 '반도체'라는 이름이 들어간 전공과목은 하나도 개설돼 있지 않았고, '물리전자'라는 무늬가 비슷한 과목이 하나 있을 뿐이었다.

그래서 나는 여느 전자공학 전공과목보다 반도체와 관련이 많은 응용물리나 응용수학 과목을 집중적으로 파고들었다. 한눈을 판 셈이었는데, 물리학과나 수학과 학생들은 이런 나를 달가워하지 않았다. 그 친구들의 전공과목에서 A⁺를 내가 다 가져와버렸기 때문이다. 내가 그들보다 특별히 머리가 좋았다기보다는 그 공부를 지극히 즐겼기 때문에, 또 떠밀려서 공부하는 다른 학생들과는 공부에 임하는 자세가 달랐기 때문에 그런 결과가 나온 것이리라.

D학점에 숨은 비밀

창피한 얘기지만, 물리와 수학공부에 열중한 나머지 황당한 성적을 받은 일도 있었다. 당시 필수교양으로 국민윤리과목이 있었다. 물리와 수학에 정신이 팔려 국민윤리에는 아무런 관심도 없었지만, 필수교양 과목이기 때문에 어쩔 수 없이 들어야 했다. 수업시간에 강의실에 들어가기는 했지만, 마음은 항상 물리와 수학에 가 있었다. 수업시간에 맨 뒤에 앉아서 수학문제를 풀기도 했다.

그러다가 기말고사가 닥쳤다. 국민윤리는 공부를 제대로 하지 않았지만, 당시에는 데모가 많아서 시험이라 해도 적당히 적어 내기만 하면 성적을 잘 주곤 해서 걱정도 안 하고 있었다. 교수가 강의실에 들어와서는 썰렁하게 한마디 툭 던지더니 답안을 작성하라고 했다.

"육이오가 우리 근대화에 끼친 영향에 대해 논하라."

'육이오? 국민윤리와 6·25가 무슨 상관이지?'

나는 좀 황당했지만 6·25동란이 우리 민족에 미친 부정적인 영향에 대해 아는 대로 적었다. 개인적으로 6·25 때문에 가족을 잃기도 했으니 할 말도 많았다. 써놓고 보니 제법 잘 쓴 것도 같았다.

그런데 나중에 성적을 보고 나는 깜짝 놀랐다. 국민윤리 D. 시험도 봤는데 이렇게 낮은 점수를 준 교수가 이해되지 않았다. 나는 '내가 평소 수업시간에 집중하지 않아 찍혀서 그런가 보다' 생각하고 나중에 재수강하기로 했다.

재수강으로 만족스런 성적을 얻고 나서는 이런 사실을 잊어버리고 있었는데, 대학을 졸업한 후에 우연히 친구들과 얘기를 나누다가, 나 말고도 D학점을 받은 친구가 꽤 있었다는 사실을 알게 되었다. 내가 그때 일이 아직도 이해가 되지 않는다고 말하자 한 친구가 말했다.

"야, 임마. 너도 잘못 알아들었구나. 그게 6·25가 아니고 유교였대, 유교……."

칠판에 적지 않고 말로만 내어준 시험문제. 하필 왜 그렇게 비슷한 발음이었을까? 지금 생각해도 웃음이 난다.

맨땅에 헤딩하듯 공부한 반도체

나는 인생을 반도체에 걸겠다고 결심했다. '아무나 할 수 없는 일'이라는 특징이 나의 도전정신을 자극했고, 산을 하나하나 넘으며 새로운 것을 알아낼 때마다 느끼는 보람과 쾌감이 나를 유혹했다.

1970년 초반 당시, 한국의 반도체수준은 걸음마단계였다. 이렇다 할 체계적인 이론이나 자료가 없어서 스스로 찾아 공부해야 했다. 그러다가 74년 말 미국에서 현대적인 반도체를 공부한 분이 한국에 들어오면서 사정이 많이 나아지기 시작했다. 그분이 바로 '한국 반도체의 대부'라고 불리는 과학원(KAIST)의 김충기 교수다.

뉴욕의 컬럼비아대학에서 박사학위를 받고 페어차일드사에서 근무한 교수님은 나같이 반도체를 공부하고자 하는 학생에게는 그야말로 구세주와 같은 존재였다. 내가 약 10년 후에 찾아가 반도체개발로 일본을 집어삼키겠다고 했을 때 '세상에서 목구멍이 제일 큰 놈'이라고 하셨던 분이다.

당시에는 반도체를 공부하는 학생이 거의 없다 싶을 정도로 적었으며, 과학원에 관련과목이 개설된 것도 아니고 실험실도 없었기 때문에 김 교수님이 강의를 할 수 있는 상황이 아니었다. 그래서 나와 몇몇 서울대 대학원 학생들은 '얼씨구나' 하고 교수님을 모시고 세미나도 하고 학술토론도 하는 등 교수님을 적극적으로 이용(?)했다.

과학원이 설립된 지 얼마 안 된 당시에는 서울공대와 과학원 사이에 라이벌의식이 강했다. 내가 반도체공부를 한답시고 홍릉에 있는 과학원을 들락거리자 서울대에서는 '찍힌' 학생이 되어버렸다.

어쨌든 나는 학부와 대학원 시절 내내 반도체와 함께했다. 돌아보면 그렇게 열심히 열정적으로 공부한 적이 이전에도 이후에도 없었던 것 같다. 그때의 그 공부는 후에 반도체를 개발하는 데 큰 밑거름이 됐다.

석사과정에서 반도체연구를 할 때는 두 발을 날려버릴 뻔한 적도 있다. 당시 반도체연구로 죽이 맞았던 박영준(현재 서울대 전기공학과 교수)이라는 1년 후배가 있었는데, 그 친구와 재료공학과 실험실을 빌려서 반도체장치를 설치하고 실험을 하곤 했다. 하루는 반도체설비의 청정상태를 만들기 위해 황산, 질산 같은 강한 산성재료를 넣은 청정액을 끓이고 있었다. 청정액을 유리용기에 담아 부글부글 끓이는데, 유리용기가 그만 열을 받아 깨져버렸다. 순식간에 20평 남짓한 실험실 바닥에 청정액이 좍 깔렸다.

실험실 바닥에는 수소와 산소를 보관하는 통이 여러 개 놓여 있었는데, 그것들이 청정액에 녹아버릴 경우 폭발할 위험이 있었다. 깜짝 놀란 우리는 양동이로 물을 퍼다 부으면서 청정액을 닦아내느라 정신이 없었는데, 나중에 발이 쓰려 쳐다보니 발바닥이 피로 얼룩진 듯 벌겋게 되어 있었다. 자세히 들여다보니 슬리퍼와 양말이 강한 산에 녹아 발에 붙어버린 것이었다. 하마터면 두 사람 다 발이 날아갈 뻔했다.

실험을 하려 해도 제대로 된 반도체장비도 없고 제대로 가르쳐줄 사람도 없어, 나는 늘 발로 뛰어다니며 재료를 구해다가 직접 만들어서 실험과 공부를 해야 했다. 그러다 보니 청정액사건 같은 안전사고도 여러 번 겪었다.

당시 과학원 말고 반도체를 연구하고 실질적인 제작실험도 할 수 있는 곳이 딱 두 군데 있었다. 후에 삼성반도체의 모체가 된, 경기도 부천에 공장이 있는 한국반도체라는 회사와 한국과학기술연구소(KIST)였다. 나는 이 두 곳에 가서 배우기도 하고 웨이퍼 같은 반도체재료도 얻어오곤 했다. 몰래 쓰레기통을 뒤져서 쓰다 버린 웨이퍼를 가져다가 잘라 쓰기도 했다.

그렇게 얻어온 실리콘웨이퍼를 가지고 반도체소자를 직접 만들어 석사학위 논문을 썼다. 직접 제작한 소자를 이용해 쓴 논문은 한국에서는 처음 있는 일이었으며, 국내 최초의 본격적인 반도체논문이었다. 논문의 주제는 '표면상태(Surface State)의 분석'이라는, 당시로서는 최첨단의 가장 어려운 분야였다. 김충기 교수님도 이와 관련된 분야의 연구로 박사학위를 취득하셨다.

석사과정을 마치면서 나는 인생을 반도체에 걸겠다고 결심했다. 70년대 중반 당시에는 반도체가 앞으로 중요해질 거라는 말을 흔히들 하곤 했지만, 정작 국내에서 반도체를 본격적으로 연구하는 사람은 매우 적었다.

반도체는 수학과 물리를 좋아하는 나의 적성에도 맞는 분야였지만, 매우 어려운 학문이고 고도의 전문기술이었기 때문에 더 매력적으로 느껴졌다. 수학과 물리에 도통하고 이를 응용해야 함은 물론 다차원의 공간지각 능력도 있어야 하기 때문에 가장 어려운 분야로, 다른 공대생들은 거의 기피하는 분위기였다.

'아무나 할 수 없는 일'이라는 반도체의 특징이 나의 도전정신을 자극했고, 산을 하나하나 넘으며 새로운 것을 알아낼 때마다 느끼는 보람과 쾌감이 나를 유혹했다. 어려서부터 미술과 조각, 디자인 등에 유달리 관심과 소질이 많았던 것도 반도체의 설계와 이해에 큰 도움이 되었다. 반도체의 무한한 잠재력과 성공가능성에 대해서는 그 당시에는 잘 알지 못했고, 오로지 순수한 학문으로서의 매력에 매료되어 밤잠을 설치곤 했다.

DMZ 땅굴을 찾아라!

박정희 대통령은 극비리에 총동원령을 내렸다. 나도 당연히 거들어야 했다. 반도체를 연구하다가 졸지에 땅속을 뒤지고 다니게 된 것이다.

1974년 최초로 땅굴이 발견됐다. 휴가를 마치고 복귀하던 한 장병이 우연히 발견한 이 땅굴은 국가적으로 큰 충격을 안긴 일대사건이었다. 곧 땅굴을 수색하기 위해 군인들이 투입되었는데, 이들이 북측에서 설치해 둔 부비트랩에 의해 대거 희생되는 사건이 일어났다. 이는 국민들의 경각심을 불러일으켰고, 박정희 대통령은 극비리에 총동원령을 내렸다. 서울대도 예외가 아니었다. 교수들에게 땅굴탐지와 관련한 프로젝트가 내려왔다.

전자공학과에서 유일한 유급조교였던 나도 당연히 거들어야 했다. 반도체를 연구하다가 졸지에 땅속을 뒤지고 다니게 된 것이다. 내 지도교수는 아니었지만, 땅굴프로젝트를 담당하게 된 전자공학과 최계근 교수님 밑에서 약 1년여를 땅굴을 찾으면서 보냈다.

북한에서 땅굴을 파는 과정은, 땅속에 에어컴프레서로 구멍을 파고 그 속에 다이너마이트를 넣어 차례로 폭파시킨 후, 가스가 빠져나가기를 기다렸다가 곡괭이로 잔해를 긁어내 객차에 담아 치우는 작업의 연속이었다.

총동원령에 따라 여러 기관이 땅굴탐지 방식을 하나씩 들고 과학원 강당에 모였다. 방식은 기관마다 가지각색이었다. 원자력연구소에서는 방사선을 쏘여 땅굴을 탐지하는 방법을 제안했고, 과학원은 전파를 이용해야 한다고 주장했다. 지진계를 가져온 사람도 있었다. 목사까지 동원되어 수맥 찾는 막대 같은 걸 양손에 들고 다니기도 했다.

땅굴을 뚫는 중에 발생하는 소리는 암반을 타고 지표면으로 전달되는데, 이 소리를 잡는 데 당시 가장 보편적으로 사용되던 장비는 일명 '발톱'이라고 불리는 것이었다. 발톱은 철막대에 코일을 감은 후 자석을 놓아 발전기로 사용하는 소리탐지기였는데, 월남전에서 미군이 가까운 거리에서 베트콩이 지나가는 소리를 잡는 데 사용하던 것이다.

당시 육군에는 라디오수리점을 하다가 입대해 땅굴을 찾는 데 상당한 공헌을 한 권동렬 병장이 있었다. 그는 땅굴을 뚫을 때 발생하는 땅의 흔들림을 발톱으로 잡고, 이 소리를 수백만 배 증폭하여 크게 들리도록 했다. 전방에는 발톱이 널리 깔려 있었지만, 잡음이 많이 발생하여 땅굴 파는 소리를 탐지하는 군인들은 신경과민에 걸릴 정도였다. 발톱을 다른 말로 '권동렬 탐지기'라고 부르기도 했다.

그러나 우리나라는 지하수가 많은 탓에 수맥에 의해 모래 무너지는 소리 등 온갖 종류의 잡음이 심해, 지하에서 나는 복잡한 소리가 땅굴 뚫는 소리라고 판정하기는 쉬운 일이 아니었다.

'땅굴탐지기 개발' 출범식을 하던 날이었다. 그날 권동렬 병장은 직접 그 자리에 와서 그때까지의 온갖 경험담을 들려주었다. 어느 날 밤, 달빛은 괴괴하고 풀벌레소리도 은은한데, 구덩이를 파고 들어가서는 위에 싸리나무로 뚜껑을 만들어 덮고 고성능마이크가 붙어 있는 큼직한 나팔관에 열심히 귀를 대고 있었단다. 온갖 쿵쾅거리는 소리가 들리는 와중에 땅굴을 찾아야 한다는 강박관념으로 정신을 집중해 듣던 권 병장. 진짜 수상한 소리가 들리다가 안 들리기를 규칙적으로 반복해, 이게 무슨 소리인가 하고 밖으로 뛰쳐나왔단다. 그런데 그 소리는 멀리 대성산에서 들려오는 뻐꾸기 우는 소리였단다.

우리 팀은 발톱의 문제점을 보완하기로 했는데, 과제에 참여한 어떤 교수님이 전자라이터 원리를 이용하자는 아이디어를 냈다. 당시 유행하던 전자라이터에는 특수한 크리스털이 들어 있고, 금속으로 강하게 치면 전압이 높게 나와서 가스에 불이 붙게 되어 있었다. 이를 전문용어로는 '압전효과'라 하는데, 우리는 이 전자라이터를 분해해서 크리스털을 꺼내고 그 바로 위에 1그램쯤 되는 조그마한 추를 매달았다. 그 추가 어떤 원인에 의해 흔들리면 크리스털을 탁탁 치게 되는데 그때 발생하는 소리를 듣기로 한 것이다.

내 임무는 그 당시로는 최첨단 반도체 집적소자를 이용해 미세한 소리를 들을 수 있게 하는 전자장치를 만드는 것이었다. 땅속 깊은 곳에서 땅굴을 뚫으면 그 소리가 암반을 타고 올라오는데, 보통은 우리가 들을 수 있는 주파수의 소리가 아니다. 이를 들을 수 있도록 만드는 것은 상당히 어려운 기술에 해당하는데, 이를 연구하느라 많은 시행착오를 겪었다.

이 장치는 발톱보다 신호가 훨씬 크고 소리를 증폭시키는 정도도 민감해서, 육중한 3층짜리 공과대학 건물의 지하실에서 연필 끝으로 '톡톡' 벽을 치는 소리가 3층의 내 사무실에서는 '쿵쿵' 크게 들릴 정도였다. 우리는 이 정도면 지하 100m 정도에서 땅굴 뚫는 소리도 잡을 수 있을 거라고 확신했다.

총동원된 각 기관이 부평의 한 폐광에 모여 성능을 비교하는 테스트를 했다. 담당군인이 땅속에 들어가 땅굴 파는 것 같은 소리를 내면 어느 탐지기가 그 소리를 잡을 수 있는지 시험하는 것이었다.

"자, 괭이로 세 번 때리겠습니다."

"쿵! 쿵! 쿵!"

소리를 잡아내지 못한 팀들이 하나둘 탈락되었다. 예선 탈락인 셈이었다. 결국 가장 우수한 성능을 보여준 우리 장비를 포함해 몇 개가 선택됐다. 고생한 결과가 인정을 받으니 좋긴 했는데, 한편으로 그것은 실제로 땅굴 찾는 일에 차출되어 최전방에 가야 한다는 의미였다. 어쨌든 우리 장비가 선택되었으므로 부랴부랴 10여 대의 압전탐지기를 만들었다.

마침내 DMZ로 들어가는 날이 밝았다. 온몸에 잔뜩 긴장감이 밀려들었다. DMZ 안에 들어갈 때 북측에서 눈치채지 못하게 우리도 모두 군인처럼 군복을 입고 관측이 되지 않는 산 뒤로 돌아서 갔다. 땅굴소리가 가장 잘 들린다는 현장에 도착해 보니, 혹시나 북한군이 땅을 파고 튀어나오면 포격을 하려고 주변의 나무와 풀을 다 베어버려 산이 깨끗했다. 그것만으로도 무시무시한데, 발목지뢰가 많으니 조심하라는 말까지 이어졌다. 우리는 잔뜩 긴장해서 앞선 군인들의 발자국만 쳐다보며 그대로 밟고 다녔다.

DMZ에 가서 장치를 작동시켜 보니, 남북한 선전방송 전파가 워낙 세서 라디오방송이 다 잡히는 것 아닌가. 라디오 프로그램 진행자가 시골에서 보내온 애청자의 엽서를 읽어주는 소리까지 다 들렸다. 우리는 급히 안테나효과를 줄이는 조치를 취했다.

그리고 우리 장비 10여 대를 소리가 많이 난다고 하는 특정 지역에 바둑판처럼 설치했다. 땅을 약 1m가량 파서 그 속에 묻고는 풀벌레가 들어가지 못하도록 꼼꼼하게 울타리를 만들어 세웠다. 그리고 전원스위치를 넣고 헤드폰을 머리에 쓴 다음 소리를 듣기 시작했다. 순간, 모든 사람이 흥분했다. 발톱으로 듣는 것과는 판이하게 분명한 소리가 들리고 수많은 소리형태 중에서도 우리가 찾는 다이너마이트 터지는 소리, 곡괭이소리, 객차소리 등이 제대로 들렸기 때문이다.

그러나 그 흥분은 오래가지 못했다. 진짜 땅굴을 파는 소리라면 소리의 형태가 스케줄에 따라 다이너마이트 터지는 소리, 그 다음 곡괭이소리 등으로 차례차례 들려야 했다. 그러나 우리가 들은 소리는 비슷한 형태가 있긴 해도 형식이 없는 무질서한 소리의 연속이었다. 뭔가 잘못되었다는 결론을 내리고 밤이 늦었으니 눈을 좀 붙이기로 했다.

8월 초인데도 전방은 왜 그리도 추운지, 덜덜 떨면서 잠을 잤다. 그러나 대학의 같은 과를 같이 졸업하고 ROTC 장교로 입대했다가 땅굴전담 장교로 차출된 한종훈 중위 등 담당군인들은 밤을 꼬박 새면서 소리를 들었다.

아침에 일어나니 공기는 차갑지만 상쾌했다. 공해가 전혀 없는 청정지역의 물과 공기는 참으로 좋았다. 강릉에서 헬기로 공수해 온 따끈한 커피를 마시면서 군인들에게 밤새 들은 소리에 대해 물었다. 그들은 계속 똑같은 소리만 들렸다고 했다. 그러나 뭔가 심상치 않은 소리의 패턴이 있기도 했다. 꼭 다이너마이트가 몇 초 간격으로 터지는 듯한, 상당히 크고 명확한 소리가 들렸다는 것이다. 우리는 그게 무엇인지 알아보기로 했다.

나는 같이 간 동료에게 헤드폰에서 뭔가 큰 소리가 들리면 손을 들으라고 부탁하고 탐지기가 묻힌 곳으로 갔다. 청취지점에서 20~30미터 떨어진 곳에 쪼그리고 앉아 지표면에 흐르는 물로 양치질을 하면서 주위를 살펴보기 시작했다. 그런데 그때 아주 조그마한 청개구리 한 마리가 앞으로 톡 튀어나오더니 탐지기가 묻혀 있는 지역으로 들어왔다. 그러자 저쪽에서 동료의 팔이 번쩍 올라갔다.

"어?"

나는 양치하던 물을 입안에 머금은 채 숨을 죽이고 들여다봤다. 무슨 이유인지는 모르지만 그 개구리는 약 2~3초 간격으로 팔짝 뛰어오르기를 반복했다. 그렇게 청개구리가 튀어오르면 저쪽에서도 어김없이 팔이 번쩍 올라가는 것 아닌가. 얄궂게도 요놈의 개구리가 일정한 시차를 두고 뛰어오르는 바람에, 그 소리가 민감한 음향증폭기에 간헐적이고 주기적인 폭발음으로 들렸던 것이다. 개구리를 콱 밟아버리고 싶었지만 그냥 보내주었다.

우리는 더 의심이 가는 지역으로 이동했다. 마침내 그곳에서 우리는 정확한 땅굴작업 소리를 포착할 수 있었다. 다이너마이트 터지는 소리가 나고, 가스가 빠질 때까지 기다리다가 곡괭이질하는 소리가 나고, 다시 에어컴프레서 돌아가는 소리가 선명하게 들렸다. 작업장은 순식간에 흥분의 도가니가 되었다. 땅굴이 발견된 것 같다고 즉시 보고를 했는데, 이것이 문제였다. 소문이 돌아서 북측에도 들어갔는지, 하루만에 모든 땅굴작업 소리가 거짓말처럼 뚝 그쳐버린 것이다.

어쨌든 우리가 만든 기기는 그 성능의 우수성을 인정받아 수백 대를 만들어 전방에 설치하게 됐다. 삼성전자에서 생산을 맡게 되었는데, 나는 삼성전자 수원공장에 다니면서 관련기술을 전수해 주었다.

한창 석사논문을 쓰고 유학준비도 해야 했던 대학원 2학년 시절은 그렇게 정신없이 지나갔다. 당시 저잡음고성능 증폭기를 만드느라 복잡한 전자회로를 하도 들여다봐서 심한 난시가 생겨 안경을 끼기 시작했다. 그때 생긴 난시와 그후에 심해진 근시, 최근의 노안이 겹쳐 내 안경알은 복잡한 굴곡면을 자랑한다. 최첨단컴퓨터로 계산해서 안경알을 만들어야 하니 가격 또한 만만치 않다.

팔목 잡혀 한 결혼

'김씨 아가씨'는 내 '헝그리 인생'에 찾아든 가장 큰 축복이자 선물이었다.

1976년, 애타게 바라던 미국 유학이 좌절됐다. 다른 건 몰라도 공부로는 지금까지 단 한 번도 '쓴맛'을 본 적이 없었던 나의 상심은 이만저만이 아니었다. 지금 생각하면 좋은 인생경험으로 여겨지지만, 당시에는 '내 인생이 여기서 주저앉는구나' 하는 생각이 들 정도였다.

사실 입학허가를 받은 곳은 10여 군데나 되었다. 하지만 장학금을 주겠다는 학교가 하나도 없었다. 집안형편상 장학금을 받지 않으면 유학이란 한낱 꿈에 지나지 않았다. 장학금수혜 대기자명단에 오른 학교도 대여섯 군데 있었지만, 끝내 장학금이 오지 않아 결국 '유학 재수'를 하게 됐다.

'우리집 형편이 한 학기 등록금이라도 대줄 수 있다면, 그래서 일단 유학을 갈 수만 있다면, 가서는 어떻게든 장학금을 받을 자신이 있는데……. 한 학기 등록금만, 한 학기 등록금만…….'

미국 명문대학에 유학가 있는 친구들 얼굴이 떠오를 때면 안타깝고 억울한 마음을 가눌 길이 없었다. 그들이 그렇게 부러울 수가 없었다. 그때까지 가난 때문에 받았던 상처와는 또다른 아픔이 가슴을 쳤다.

그러던 어느 날, 대학원에서 알게 된 김도현 형(현재 국민대학교 교수)이 '소개팅'을 한번 해보라고 권했다. 형은 나와 같이 서울대 대학원을 다녔지만 나이는 나보다 아홉 살이나 많은 노총각이었는데, 같은 대구 출신이라 친형처럼 생각하고 지냈다. 형은 샘터사에서 편집기자로 일하는 '김씨 아가씨'인데, 둘이 잘 어울릴 것 같으니 한번 만나보라고 했다.

아가씨면 아가씨지 '김씨 아가씨'는 또 뭐냐며 이름을 물었더니, 일본어학원에서 알게 된 사이인데 학원에서는 일본식으로 '김상' '이상' '진상'이라고만 부르기 때문에 이름은 모른다고 했다. 나는 '내가 지금 여자나 만날 처진가' 하는 생각에 처음에는 그냥 흘려들었다.

그런데 하루는 학교에서 버스를 타고 시내로 들어오다가 불현듯 '김씨 아가씨'가 일한다는 샘터사에 한번 들러나 봐야겠다는 생각이 들었다. 스스로 처량하기도 하고 답답하기도 해서 누군가 만나 이야기나 좀 하면 기분이 나아질까 싶었다.

당시 샘터사는 을지로 5가에 있었는데, 그 건물 지하다방에서 전화를 걸었더니 '김씨 아가씨'는 무척 당혹스러워하는 눈치였다. 속으로는 '이거, 괜한 짓을 했나' 싶었지만, "김도현씨를 아시지요? 소개를 해주겠다고 하던데 지금 지하다방에 와 있으니 좀 내려오실 수 있습니까?" 라고 말했다. 그녀는 곧 내려갈 테니 조금만 기다리라고 했다.

대면을 하고 나니 무슨 말을 해야 할지 몰라 서로 어색해하다가, 썰렁한 분위기를 극복해 보려고 스무고개로 이름 알아맞히기를 하자고 했다. 때로는 이름을 모르는 것이 도움이 되기도 한다. 스무고개를 넘기기 전에 '혜경'이라는, 드물지 않은 그녀의 이름을 쉽게 알아맞힐 수 있었다.

그녀는 서울대 가정학과를 졸업한 차분하고 조용한 성격의 아가씨였다. 이야기를 나누다 보니, 그녀도 나처럼 가난한 집안에서 장녀로 어렵게 자란 것 같았다. 스무고개 이후 별다른 화젯거리를 찾지 못한 우리는 한 시간가량 어색하게 대화를 나누다 헤어졌다.

그후로는 내 처지가 그래서였는지 그녀와의 만남도 지지부진했는데, 무릇 세상의 모든 인연이 그러하듯 갑자기 그녀와 부쩍 가까워지는 계기가 생겼다.

그때는 지금처럼 휴대폰이나 컴퓨터가 있는 것도 아니어서 전화나 편지가 유일한 통신수단이었는데, 전화조차도 귀한 시절이라 우리집에 전화가 있을 턱이 없었다. 그래서 만나고 헤어지면서 다음에 만날 날을 미리 '예약'해서 만나야 했다. 그런데 8월 어느 날 만나기로 약속한 그녀가 나타나질 않았다. 나의 귀한 시간을 축낼 수 없다며 약속시간 한번 어기지 않던 사람인데…….

갑자기 가슴에 스산한 바람이 일면서 걱정이 되기 시작했다. 혹시 무슨 일이 있는 건 아닐까? 그녀의 집으로 전화를 걸었더니, 갑자기 서해안 비인에 있는 회사 별장에서 편집회의를 하게 되어 2박3일 일정으로 떠났다고 했다. 혹시 연락이 오면 그렇게 전해달라고 했단다. 연락할 방법이 없어서 그냥 떠났다는 것이다. 안도감과 함께 어느새 그녀가 내 마음에 성큼 들어와 있음을 느낄 수 있었다.

그후로는 만남이 잦아졌다. 그런데 어쩌다 보니 데이트방식이 좀 이상해졌다. 실험실에 같이 가면 그녀는 내 조수가 되어 있었고, 도서관에 가면 참고서적을 찾거나 사전으로 단어를 찾아주는 '도우미'가 되어 있었다. 테니스를 치거나 수영장에 갈 때도 함께 갔는데, 테니스는 칠 줄 몰라서 같이 못 치고 수영은 부끄러워 같이 못하겠다고 하면서, 짐을 지키면서 기다려주곤 했다. 운동이 끝나면 시원한 물수건이나 음료를 준비했다가 건네주곤 했으니, 이건 여자친구가 아니라 완전히 비서였다.

남들이 봤다면 말도 안 되는 '데이트를 가장한 부려먹기'라고 욕했을지도 모른다. 하지만 내가 시킨 일은 절대로 아니었다. 그녀는 자신이 나에게 도움되는 일을 하는 게 가장 행복하다고 말했다. 어디 놀러 가는 것보다 실험실이나 도서관에 가서 나를 돕는 게 더 좋다는 것이었다. 이런 천사표가 또 있을까. 나는 그녀에게서 치열한 경쟁과 가난 속에서는 느낄 수 없었던 따스함을 느꼈다.

당시에는 서울공대가 태릉 근처에 있었다. 청계천에서 버스를 타고 학교까지 가려면 콩나물시루 같은 버스 안에서 이리저리 흔들리며 가야 했다. 키 작은 그녀가 힘들게 손잡이에 매달려 있는 것이 애처로워 내 팔을 대신 잡으라고 했다. 그녀는 몇 번이고 싫다고 하더니, 힘이 많이 들었는지 못 이기는 척 팔짱을 끼었다.

나중에 하는 말이, 자기는 팔짱을 낄 정도면 상당히 가까운 사이라고 생각했는데, 우리가 그런 사이인가 하고 엄청 망설였단다. 내가 자꾸 팔짱을 끼라고 하니까 '저이는 나를 아주 가깝게 생각하나 보다' 하고 팔짱을 꼈는데, 나중에는 팔목까지 잡혔으니 이 사람과 '진짜' 가까이 지내는 수밖에 딴 도리가 없다고 생각했다는 것이다. 그래서 집사람은 지금도 누가 "어떻게 결혼하셨어요?"라고 물으면 "발목이 아니라 팔목을 잡혀서 결혼했어요"라고 웃으며 말하곤 한다.

우리의 단골 데이트메뉴는 종로3가에 있던 파고다극장에 가서 영화를 보는 것이었다. 낡은 화면에 오래된 필름이라 영화마다 비가 주룩주룩 내리는 것 같았지만, 동시상영으로 영화를 두 편씩 볼 수 있어서 우리같이 주머니가 얄팍한 사람들에겐 더할 나위 없이 좋았다. 그때 〈지붕 위의 바이올린〉이란 영화를 참 감명깊게 봤다. 하긴 무슨 영화인들 좋지 않았을까. 같이 있는 것만으로도 행복한 때였으니.

그녀와 사귀면서 나는 많은 위안을 받고 마음의 평정도 되찾았다. 누군가가 나만큼, 아니 나보다 더 나를 걱정하고 나를 위해 기도한다는 사실은, 실망과 좌절의 늪을 헤쳐나올 큰 힘을 안겨주었다. 그런 그녀의 마음씨와 지극한 정성은 평생을 통해 단 한 번도 변함이 없었고, 언제 어디서나 무엇을 하든 든든한 버팀목이 되어주었다.

나중에 그녀에게 나의 어떤 점이 마음에 들었느냐고 물었더니, 다짜고짜 회사로 찾아온 배짱과 자신감이 멋져 보였다고 했다.

그렇게 인연을 만들어가던 76년 그해, 처음으로 국비유학제도가 생겼다. 그것은 형용하기 어려울 정도로 기쁜 희망이자 기회였다. '인생지사 새옹지마'라 했던가! 당당하게 국비유학생 1호로 선발된 나는 벅찬 가슴으로 내 삶의 새로운 장을 열게 되었다. 불행이 혼자 찾아오지 않듯 행운 또한 그런 것인지, 이듬해에는 미국의 여러 대학에서 장학금도 받게 되어 장학금을 두 가지나 받고 여유있는 마음으로 유학길에 오를 수 있었다.

나는 안다. 나의 아내가 아니었다면 내가 오늘 이 자리에 서 있지 못했을 것임을. '김씨 아가씨'는 내 '헝그리 인생'에 찾아든 가장 큰 축복이자 선물이었다. 유학재수를 하지 않았다면 아내를 못 만났을 테니, 하마터면 큰일날 뻔했다. 진짜 재수가 좋아서 나는 유학재수를 한 것이다. 이 정도면 재수도 한번 해볼 만하지 않은가.

최초의 빵점과 최초의 A학점

내 풀이방식이 정답이라는 확신이 있었다. 나는 불에라도 덴 것처럼 번쩍 손을 들었다. 순간 스톤 교수의 표정이 알싸해졌다. '쟤가 공부하다 아예 미쳤나?' 아니면 '너, 웬 객기냐?' 둘 중 하나였다.

국비장학생으로 유학길에 오르다

1977년 7월 10일 나는 '김씨 아가씨'를 아내로 맞았고, 8월 10일에는 아내의 손을 잡고 유학길에 올랐다. 국비장학금과 함께 매사추세츠 주립대학의 장학금을 받고 떠나는 유학이었지만, 유학길에 오르는 내 발걸음은 희망과 기대로만 가득 차 있지 못했다.

연로하신데다 병중에 계신 아버지, 평생을 고생으로 살아오신 어머니를 떠나면서 혹시 이것이 두 분을 마지막으로 보는 게 아닐까, 내가 분에 넘치는 욕심을 부리는 것은 아닐까, 온갖 생각으로 마음이 복잡했던 것이다. 게다가 이국에서의 삶에 대한 두려움도 커서 내 머릿속은 그야말로 뒤죽박죽이었다.

미국에 도착해서 제일 먼저 샌프란시스코에 있는 작은누이를 보러 갔다. 이국땅에서 작은누이를 만나니 그 반가움은 이루 다 표현할 수가 없었다.

누이 집에 잠시 머물면서 샌프란시스코 근처에 있는 버클리대학, 스탠퍼드대학 등에 이미 유학와 있는 친구들을 만났다. 당시 버클리에는 현재 서울대 임지순 교수, 아남반도체 김정일 사장 등이 있었고, 스탠퍼드에는 이희국 LG전자 사장, 안경수 후지쓰 사장 등이 있었다.

두 명문대학에서 공부하는 친구들 얘기를 들으니, 그 연구과제나 학과목 등이 내게는 매우 새롭고 흥미있는 분야여서 나도 더 좋은 학교에서 공부하고 싶다는 욕심이 생기기도 했다. 그렇게 며칠을 보내고 매사추세츠 주립대학으로 떠났다.

다행히 수업이 시작되면서 새로운 것, 더 깊이있는 학문을 접한 기쁨이 커서 서울을 떠날 때의 섭섭함, 부모님에 대한 걱정 등을 많이 덜 수 있었다.

매사추세츠 주립대학 전자공학 박사과정에서는 반도체와 관련된 물리, 수학, 플라즈마, 양자역학 등을 공부했다. 나는 전자공학과 반도체 관련 기본과목의 기초가 꽤 탄탄했기 때문에 어렵지 않게 학교생활에 적응해 나갈 수 있었다.

나는 처음부터 내가 한국에서 번역했던 반도체관련 책의 저자인 네이번(Navon) 교수의 유급조교로 일했다. 당시 네이번 교수는 반도체의 동작원리를 컴퓨터로 수치해석하는 연구를 하고 있었다. 이걸 좀 공부해 보려고 했더니, 하필 네이번 교수의 제자는 모두 박사학위를 끝내고 떠나버린 직후라 도와줄 사람도 보조교재도 변변하게 남아 있지 않다. 또다시 혼자 공부해야 하는 상황이었다.

이 수치해석에 관한 교재와 반도체를 사려고 보스턴의 MIT까지 90마일을 자동차로 달려간 적도 있다. 길을 잘 모르니 도시락까지 싸가지고 갔다. 내친 김에 MIT에 지원하기 위해 원서를 사려고 했더니, 학교 입학담당자가 "괜히 25달러 날리지 마라. 대만, 중국, 한국 등 각 나라에서 딱 한 명씩 받는다"며 만류했다. 나는 자존심이 상했지만, 궁색한 형편에 25달러는 거금이었기에 가능성이 그렇게 낮다면 다시 생각해 보기로 했다. 사실 나는 실리콘밸리 지역에 위치한 스탠퍼드대학을 더 마음에 두고 있었다.

어쨌든 그렇게 수치해석에 관한 교재를 사가지고 돌아와서는 겨울방학 2개월 동안 그 책을 완전히 마스터해 버렸다. 대학시절부터, 아니 어려서부터 독학에는 이력이 난 나였다. 방학이 끝나고 담당교수가 플로리다로 놀러 갔다가 돌아왔을 때, 내가 수치해석에 대한 이론과 컴퓨터 프로그램에 대해 완벽하게 설명하는 것을 보고 아주 놀라는 눈치였다. 그때부터 나는 교수의 호감을 사게 됐다.

깨지지 않는 전설을 깨다

그런데 필기시험으로 치러지는 박사자격시험을 통과하려면 반도체 외에 다른 과목도 공부해야 했다. 그중 통신 등 다른 분야는 걱정이 없었지만, 컴퓨터관련 과목은 아주 어렵게 생각됐다. 그때까지 한국에서는 컴퓨터를 가르치지 않았기 때문에 나는 컴퓨터와 관련해서는 문외한이나 다름없었다. 그렇다고 "나는 컴퓨터에 대해 개뿔도 모르오" 하고 모르쇠로 나간다고 통할 리도 없는 노릇이니, 기초부터 공부할 수밖에 없었다.

엎친 데 덮친 격으로, 내가 들어야 하는 컴퓨터과목은 어렵다고 소문이 난 고급컴퓨터설계학이었다. 고급과정 말고 일반과정도 있었는데, 내가 컴퓨터과목을 들어야 하는 2학기에는 고급과정만 개설되어 있었다. 이 과정의 전단계인 일반컴퓨터 과정은 1학기 과목이어서 수강할 기회가 없었다.

첫 번째 숙제가 나와 나름대로 열심히 답안을 작성해서 냈는데, 결과를 받아보니 거의 '빵점'에 가까운 점수였다. 나는 큰 충격을 받았다. 공부깨나 한다고 자부하던 나로서는 상상할 수도 없는 일이었다. '야, 이거 큰일났다' 싶어 그 길로 교수를 찾아가, 혹시 내 영어에 문제가 있느냐고 물었다. 스톤 교수가 파란 눈을 크게 뜨며 무미건조한 톤으로 말했다.

"You have no problem with your English. Your answer is wrong."
(자네 영어에는 아무 문제가 없네. 다만 자네 답이 틀렸네.)

스톤 교수는 이름 그대로 돌처럼 딱딱하고 퉁명스러운 사람이었다.
스탠퍼드대학에서 스카우트되어 왔다고 하는데, 보스턴 근처에 있는
컴퓨터회사 DEC사에 컨설팅도 하는 등 꽤나 유명한 교수였다. 나는 이
과목이 어렵긴 해도 박사자격시험을 위해 꼭 공부해 보고 싶다고 말했
다. 그러나 교수의 대답은 냉정했다.

"Why don't you drop it? If not, you will flunk." (그럼 수강을 취소하
게. 아니면 낙제할 거야.)

이 소리를 듣는 순간 뱃속에서 확 끓어오르는 것이 있었다. 오기였
다. 박사자격시험을 통과하려면 무조건 이 과목을 들어야 했으니 물러
설 수도 없었다. 어디 한번 끝장을 내보자. 나는 곧장 컴퓨터설계에 관
한 기초서적 세 권을 샀다. UCLA, USC 등의 대학에서 교재로 쓰이는
책들이었는데 이걸로 기초부터 닦으려는 심산이었다. 밤을 새가며 새
로 산 책과 기존의 고급강의 교재를 병행해서 공부해 나가기 시작했다.

처음에는 무슨 귀신 씻나락 까먹는 소리 같던 고급컴퓨터설계학도
조금씩 눈에 들어오기 시작했다. 그 다음 숙제는 20점을 받았고, 점점
점수가 오르기 시작했다. 다른 두 과목은 기말 리포트만 제출하면 되었
기에 미리 잽싸게 써버리고, 마지막 두세 달을 컴퓨터과목에 말 그대로
올인했다.

스톤 교수는 엄청 어려운 숙제를 내주는 것으로 악명이 높았다. 그는
자신의 연구과제 중에서 뽑아 숙제로 내곤 했다.

"컴퓨터는 0과 1의 이분법구조로 되어 있다. 만약 -1이 추가된 삼분
법으로 되어 있다면 어떻게 되겠는가?"

당시 가장 친한 미국인 친구 중에 MIT에서 학부를 졸업했는데 매사

추세츠 주립대학에서 특별히 스카우트해 온 톰이라는 우수한 친구가 있었다. 원래 숙제는 상의해서 하면 안 되는 것이었는데, 야밤에 나와 이 친구는 가끔 '불법집회'를 하곤 했다. 숙제를 같이 하면서 내가 자신 있는 수학을 그 친구에게 가르쳐주고 그 친구는 내게 컴퓨터를 가르쳐 줬다.

이렇게 열과 성을 다해 준비한 중간고사는 꽤 잘 본 것 같았다.

당시 매사추세츠 주립대 공과대학에는 깨지지 않는 전설 같은 게 하나 있었다.

"1층 학생이 2층에 올라와서 A학점을 받는 것은 불가능하다."

공과대 건물의 1층에는 반도체·통신 등의 학과가, 2층에는 컴퓨터학과가 있는데 1층 학과 학생들 중 컴퓨터공학 과목을 수강해서 A학점을 받은 적이 학과 개설 이래 단 한 번도 없었다는 것이다. 물론 A학점은 학교에서 수업을 직접 듣는 학생들과, TV로 연결되어 미국 전역에서 원격수업을 듣는 전체 수강생 100여 명 중 두세 명만이 받을 수 있었다.

'뭐, 까짓 거 한번 받아보자.'

드디어 기말이 가까워졌고 이제는 컴퓨터에 관해 제법 잘 이해하고 있었다. 기말고사를 치렀다. 상당히 잘 본 것 같았는데, 알고 보니 안타깝게도 A학점을 받기에는 간당간당한 점수였다. 얼굴이 붉게 달아올랐다. 미국에 온 이래 모든 과목에서 A만 받았던 나의 학점역사에 유일한 오점을 남기는 순간이었다.

마지막 강의시간. 교수가 지난시간에 내준 숙제 중 가장 어려운 문제를 뽑아 학생들에게 앞에 나와서 풀어보라고 했다. 학생들이 직접 TV 카메라 앞에 나가 난제를 풀도록 하는 것이 스톤 교수의 수업방식이었다.

이건 상당한 용기를 요하는 것이었다. 학교 주변의 직장인들을 위해 강의를 녹화하는 카메라 앞에 서야 하기 때문이다. 수많은 사람들의 시선뿐 아니라 카메라렌즈마저 비추고 있으니, 익숙하지 않은 대부분의 사람들은 바짝 얼게 마련이었다. 또한 강의 녹화테이프에 영원히 남기 때문에, 정말 자신이 있지 않은 한 나서기가 어려웠다. 문제를 푸는 학생들은 주로 유대인 학생들이었다. 이들은 항상 맨 앞자리를 지키고 있었다.

그날도 어느 유대인 학생이 나가 문제를 풀기 시작했다. 칠판에 분필로 쓱쓱 써나가는데 어, 뭔가 잘못된 것 같았다. '나는 저 문제를 다르게 풀었는데.'

나는 내 풀이방식이 정답이라는 확신이 있었다. 마침 교수가 문제를 푸는 학생을 저지했다. 틀렸다는 의미였다. 나는 용기를 얻었다. 불에라도 덴 것처럼 번쩍 손을 들었다. 순간 스톤 교수의 표정이 알쏴해졌다. 나는 그 표정을 아직도 잊지 못한다. '쟤가 공부하다 아예 미쳤나?' 아니면 '너, 웬 객기냐?' 둘 중 하나였다.

"Mr. Chin."

교수가 힘주어 호명했다. 나는 성큼성큼 걸어나가 문제를 풀기 시작했다. 3분의 2 정도 풀었을까? 교수가 됐으니 그만 하라는 신호를 보냈다. 나머지는 안 봐도 정답이라는 의미였다. 학생들의 박수를 받으며 머쓱하게 자리로 돌아왔다. 유대인 학생들이 뒤돌아보며 엄지손가락을 치켜세웠다.

그 학기 성적표를 받아들던 날, 나는 기대 반 우려 반의 심정으로 성적표를 열었다. 그런데 이게 웬일인가? 고급컴퓨터설계학 과목 옆에 큼지막하게 A가 박혀 있는 게 아닌가. 마지막 시간에 난제를 풀었던 것이 보너스 점수를 받은 모양이었다.

그날 내 몸은 도체(Conductor)였다. 온몸에 전기가 좌악 흘렀다. 밤새며 고군분투하던 날들이 머리를 스쳤다. 그렇게 '1층 학생'으로는 최초로 '2층 고지'를 탈환함과 동시에 매사추세츠 주립대학에서 2년간 수강한 모든 과목에서 올A를 받을 수 있었다. 당시 〈동아일보〉의 '휴지통'이라는 소식란에 다음과 같은 제목으로 작은 기사가 하나 났다.

'국비유학생 제1호 진대제, 전과목 A 받아.'

전화 한 통이
바꾼 운명

나는 당연히 그 제안을 받아들였고, 남들보다 3개월 앞선 6월부터 스탠퍼드에서 공부하게 되었다. 그 이후로 나는 '무엇이든 간절히 소망하면 이루어진다'는 믿음을 갖게 되었다.

실리콘밸리의 품에 안기다

매사추세츠 주립대학으로 가기 전 잠깐 들렀던 스탠퍼드대학, 그 명성과 규모, 교수와 연구과제, 실리콘밸리라는 주위환경이 너무 부러워 발길이 떨어지지 않았던 곳. 내가 이 학교 학생이 되어 다시 이곳에 서는 것은 한갓 꿈이려니 했는데, 2년 후 나는 연구조교(RA) 장학금을 받아 당당히 그곳에 서 있었다. 그것도 남들보다 석 달이나 빠른 여름방학부터 더튼 교수 지도하에 연구를 시작할 수 있었다. 이런저런 계획으로 머릿속은 팽팽 돌아가고 가슴은 터질 듯이 기뻤다.

매사추세츠대학에서 우수한 성적으로 박사자격시험에 합격한 나는, 1979년 초 비슷한 반도체분야의 더튼 교수에게 연락해, 전학하고 싶다는 의사를 전달했다. 더튼 교수는 전과목 A를 받은 내 성적과 논문을 보고는, 입학허가는 물론 장학금도 검토해 본 후 연락을 주겠다고 말했지만, 2월이 훌쩍 지나가도록 아무 연락이 없었다.

나는 초조하게 기다리다가 어느 날 용기를 내어 더튼 교수의 사무실로 전화를 걸었다. 벨이 길게 울린 후 더튼 교수가 직접 전화를 받았다. 교수님은 어디 출장을 갔다가 방금 사무실에 들어왔고 15분 정도 있다가 또 해외출장을 가야 한다면서 "마침 그 짧은 순간에 전화를 했구먼" 하며 반가워했다. 나는 얘기 끝에 장학금에 대해 물었다.

"아니, 그게 아직 해결이 안 되었단 말인가? 내가 두 달 전에 얘기를 해두었는데…… 대제, 잠깐만 기다리게, 내가 알아보고 전화해 주지."

한 30분쯤 기다렸을까, 더튼 교수로부터 전화가 왔다.

"아, 이제 되었네. 장학금을 주는 것으로 결정해 두었으니 금방 연락이 있을 거야. 그런데 졸업하면 바로 올 수 없을까? 여름방학부터 연구를 시작하면 좋겠는데."

나는 이게 웬 떡이냐 싶었다. 잘못하면 여름에 오갈 데 없이 놀아야 할 판인데, 이 얼마나 큰 행운인가! 나는 당연히 그 제안을 받아들였고, 남들보다 3개월 앞선 6월부터 스탠퍼드에서 공부하게 되었다. 그이후로 나는 '무엇이든 간절히 소망하면 이루어진다'는 믿음을 갖게 되었다.

그림같은 시절

겨울이면 무척 추운 매사추세츠와는 달리, 캘리포니아는 겨울에 두어 달 우기가 있기는 하지만 미국에서도 날씨가 좋기로 정평이 나 있는 곳이어서, 운동을 좋아하는 나에게는 더할 나위 없이 좋았다.

한국 학생도 많아서 한국학생회가 조직되어 있었고, 매주 금요일이면 일주일간의 고된 공부에서 벗어나 함께 모여 테니스도 치고, 집집마다 돌아가면서 맥주파티도 열었다. 의기가 투합된 몇몇은 팀을 짜서 버클리대 유학생들과 테니스 원정경기도 벌이곤 했다.

나는 전형적인 경상도 남자로서 방청소 한번 제대로 해본 적이 없었지만, 비가 온 후에는 걸레를 가지고 나가 테니스코트를 손수 닦아내고 경기를 치르기도 했다. 그때 함께 테니스를 쳤던 현재 포항공대 서의호 교수는 지금도 테니스 꿈나무를 키우면서 스포츠채널에서 테니스경기 해설을 하기도 한다.

스탠퍼드대학으로 옮겨온 첫 학기 말에 박사진입자격시험(Qual)에 합격한 나는 승승장구 거칠 것이 없었다.

다만 한 가지 어려운 점은, 가족이 셋이다 보니 살림규모도 커지고 매사추세츠에 있을 때보다는 아파트 임대료와 생활비 등이 모두 많이 든다는 것이었다. 의료보험도 비싸서 집사람과 아들애 보험을 미처 들기 전에 그만 둘째가 생겼다. 스탠퍼드대학병원은 세계적으로 유명한 좋은 병원이지만 비용이 너무 비싸서, 우리는 산호세에 있는 가톨릭계 오코너병원에서 아기를 낳았다. 다행히 우리 사정을 들은 사회복지사가 출산비용을 600달러로 산정하고, 그것도 한 달에 50달러씩 1년에 걸쳐 갚게 해주었다. 보험료보다 싸게 아기를 낳은 것이다.

집사람은 그때도 남의 아기를 두셋 돌봐주고 받은 돈으로 서울 부모님께 조금씩 송금도 하고 살림에도 보태고 있었다. 예정일을 3주 앞두고 일을 쉬면서 출산준비를 한다고 했는데, 둘째가 그만 3주 빨리 태어나는 바람에 출산하기 전날까지 하루도 쉬지 못하고 말았다. 그때를 생각하면 지금도 미안한 생각이 든다.

나는 1981년 7월부터 스탠퍼드대학 한국학생회 회장을 맡아 금요 테니스경기, 가족캠핑, 한국식품점에서 식품 공동구매하기, 여름에 새로 오는 신입생들 자리잡는 것 도와주기 등 그동안 한국학생회에서 해오던 활동을 좀더 체계화하고 적극적으로 펼쳤다.

또 국제센터(외국인 학생들을 도와주기 위한 학내기관)와 샌프란시스코

주재 한국영사관의 협찬을 받아 '한국의 날' 행사를 치르기도 했다. 이 행사에는 주변에 사는 한국인들을 많이 초대했는데, 그중에는 어릴 때 입양되어 이곳에서 고등학교를 다니는데 한국에 대해서는 잘 모르고 살아왔다며 감격의 눈물을 흘리는 이도 있었다. 한국무용 하는 분도 모셔오고 윷놀이도 했는데, 부인들은 한복을 입고 우리나라를 소개하는 일을 거들었다.

학생회가 커지자 모임 음식을 준비하는 것도 보통 일이 아니었다. 그래서 부녀회장을 뽑았는데, 현재 대전과학원의 황규영 교수 부인인 송정혜 여사가 두 발 벗고 힘써주었다. 우리는 회칙을 새로 만드는 등 주먹구구식으로 운영되던 학생회를 체계화하고, 매달 회보를 발행하기도 했다.

지금 돌이켜봐도 에너지가 충만해 무엇이든 열심히 즐거운 마음으로 해내던 시절이었다.

새 부리 문제를
해결하라

정말 '아무것도 모르는' 상황이었다. 그러나 나는 그 누구보다도 잘 아는 게 있었다. 도전과 끈기, 그리고 무엇이든 '할 수 있다'는 스스로에 대한 믿음만 있으면 못해낼 게 없다는 사실 말이다.

IBM의 수석연구원을 이기다

스탠퍼드에 온 지 1년쯤 지나 논문을 하나 썼다. 그리고 1980년 겨울 워싱턴에서 열린 IEDM(International Electronic Device Meeting)이라는 반도체학회에 가서 그 논문을 발표했다. IEDM은 반도체전자공학 분야에서 가장 권위있는 학회인데, 학생 신분으로 이곳에서 논문을 발표한다는 것은 대단한 영광이 아닐 수 없었다.

학회에 간 길에 IBM 연구소를 둘러봤다. 당시 나는 '박사논문으로 무엇을 쓸 것인가?'를 결정해야 하는 중요한 시기였다. 79년은 반도체가 1미크론(100만 분의 1미터로, 사람 머리카락 두께의 50분의 1) 시대를 돌파한 해였다. 전성기를 구가하고 있던 IBM은 이 기술에 대해 대대적으로 특집을 발표했다.

그렇다면 이 '1미크론시대'란 과연 무엇을 말하는가? 손톱만한 크기의 반도체칩에는 트랜지스터라고 하는 수많은 소자들로 구성된 여러 개의 회로가 들어 있어서 집적회로(IC)라고 부른다. 집적도란 얼마나 많은 트랜지스터를 칩 안에 탑재시키느냐를 나타낸다.

개인용 컴퓨터나 휴대폰을 성능은 다양하고 더 좋게 하면서도 더 작게 만들 수 있는 것은 바로 이 집적화기술 덕분이다. 그런데 이 트랜지스터를 설계할 때는 칩 표면에 미세한 선으로 미로 같은 설계를 해야 한다. 이 선폭의 크기와 간격이 작아질수록 전체 소자의 크기도 작아져 일정한 면적에 더 많은 트랜지스터가 들어갈 수 있게 된다.

당시 IBM이 발표한 '1미크론시대'란 반도체소자의 최소 선폭이 1미크론까지 도달했다는 얘기였다. 최근 반도체기술은 이 최소 선폭이 0.06미크론까지 내려갔다고 하니 엔지니어 입장에서도 기술의 발전이 그저 놀라울 뿐이다.

그런데 반도체 집적회로에서는 트랜지스터를 서로 분리해 전기적으로 독립된 상태로 만들어야 한다. 이를 '소자분리'라고 한다. 이는 집과 집 사이의 담과 같은 것인데, 이 담의 폭이 크면 집의 대지면적을 그만큼 깎아먹기 때문에 분리구간의 폭을 좁게 만들어야 한다.

그런데 소자분리의 크기를 줄이는 것과 관련해 큰 기술적 어려움이 하나 있었다. 그것은 '새의 부리(Bird's Beak)'라고 부르는 현상인데, 소자분리 부분을 수직으로 잘라 보면 꼭 새의 부리처럼 생겼다 하여 붙여진 이름이다. 소자분리의 폭을 줄여야 하지만 이와 같은 결함이 유발되어 무조건 작게 만들 수가 없었던 것이다. 이 현상은 실리콘 표면을 부분적으로 산화시키면 산화된 부분만 부피가 늘어나기 때문에 발생하는 것으로 알려졌다. 따라서 이 새 부리의 성장현상과 결함 발생의 메커니즘을 이해하는 것이 중요한 과제로 떠오르고 있었다.

이 현상은 2차원이나 3차원적으로 만들어지기 때문에 반도체기술자들에게는 골치깨나 아픈 문제였다. 당시 반도체계의 '공공의 적'이었다고 할까. 바로 이 새 부리 때문에 반도체회로의 선폭을 1미크론 이하로는 만들지 못하는 상황이었다. 때문에 새 부리 현상은 반도체의 고집적화와 소형화를 위해 반드시 넘어야 할 산이었다.

"새 부리를 내가 한번 줄이거나 없애봐야겠다."

IBM의 특집 발표를 보고, 또 IBM을 방문한 후 내가 세운 목표였다. 새 부리 현상을 물리학적으로 설명해 내는 것. 그것은 반도체 공정기술의 새로운 차원을 여는, 연구가치가 충분한 일이라고 생각했다. 나는 아예 이것을 박사논문 주제로 잡았다.

당시 1차원 분리소자의 산화공정에 대해서는 인텔 설립자인 그로브 박사와 페어차일드사 딜 박사의 연구결과가 있었다. 두 사람의 이름을 딴 '딜 그로브 모델'이 실리콘 산화현상을 물리적으로 해석한 정설로 받아들여지고 있었다. 그러나 2차원 산화공정과 새 부리 현상에 대해서는 전자현미경으로 찍은 사진들은 있었지만 이를 이론적으로나 수치적으로 연구한 결과가 없었다.

나는 딜 박사를 찾아가 2차원 산화공정을 연구해 박사논문으로 쓰려고 한다고 말했다. 그는 코웃음을 치며 말했다.

"이 친구야, 1차원도 아직 모르는 게 많아!"

그때 나는 중국계 미국인으로 IBM의 반도체학자인 후 박사를 만날 기회가 있었다. 그도 2차원 새 부리 현상을 연구하고 있었는데, 자신이 만든 논문이 하나 있다고 했다. 제발 한 번만 보여달라고 졸랐더니, 표지만 보여주고는 책상 속에 다시 쏙 집어넣으면서 IBM 비밀사항이라며 아주 감질나게 굴었다. 나는 바짝 약이 올랐다.

스탠퍼드에 돌아와 연구를 계속하면서도 나는 논문을 좀 보내달라고 끈질기게 전화를 해댔다. 그러나 결국 몇 개월 후, IBM의 비밀규제가 풀린 다음에야 그 논문을 받아볼 수 있었다. 그때는 나도 새 부리에 대한 연구를 꽤 한 상태였는데, 논문을 들여다보니까 공식이 무지하게 복잡했다. 아니 풀리지 않는 공식이었다. 또한 그 이론적 배경도 시원하게 설명되어 있지 않았다.

'이거 말도 안 되는 소리잖아. 그냥 이론만 써두고 해석할 생각은 없나 보지.'

후 박사는 새 부리가 딱딱한 산화막이 휘어 있는 것처럼 보이니까 고체역학적으로 접근한 모양이었다. 그러나 내 생각은 정반대였다. 나는 반도체의 재료인 실리콘, 즉 규소는 딱딱한 돌이긴 하지만 산화공정이 일어날 때는 온도가 1천 도쯤 되고 그 온도에서는 산화규소(옥사이드)가 물렁물렁해질 것이라고 생각했다. 또 그런 현상을 증명하는 보고서도 있었다. 같은 규소로 만든 유리도 600도 정도면 녹아내린다. 고체가 아니라 흐를 수 있는 것, 즉 유체역학적인 접근이 타당하다는 확신이 들었다.

그러나 불행히도 전자공학도인 내가 유체역학 및 그 해석에 대해 아는 것은 '제로'에 가까웠다. 정말 '아무것도 모르는' 상황이었다. 그러나 나는 그 누구보다 잘 아는 게 있었다. 도전과 끈기, 그리고 무엇이든 '할 수 있다'는 스스로에 대한 믿음만 있으면 못해낼 게 없다는 사실!

세계 최고의 공과대학이 좋은 이유가 무엇이겠는가? 그것은 바로 자기 연구분야에서 날고 기는 사람들이 득실댄다는 점이다. 이 바닥의 전문가들을 찾아다니다 보면 어디선가 단서를 찾을 수 있을 것 같았다.

내가 가장 먼저 찾아간 곳은 항공공학과였다. 유체에 대해서라면 비행기를 연구하는 사람들이 최고전문가일 거라는 생각에서였다. 그러나 실망스럽게도 박사과정중의 항공과 대학원생들은 도대체 무슨 소린지 모르겠다고 했다. 그러면서 바로 옆의 기계과에 가보라고 했다. 기계과 학생들이 댐을 다루니 '흐르는 물의 역학(Hydrodynamics)'을 잘 알 것이라는 얘기였다. 그런데 기계과 대학원생들 또한 한참 얘기를 듣고 나서는 "우리는 그런 거 못한다"면서 화공과에 가보라고 했다.

그렇게 여기저기 왔다갔다하느라 며칠을 보낸 뒤, 무거운 발걸음을 화공과로 옮겼다. 내가 설명을 하자 이번에는 제법 희망적인 대답이 들려왔다.

"비슷한 게 있기는 있소."

가슴이 쿵쿵 뛰었다. 그들은 반도체의 새 부리 성장현상은 유리 녹인 액체를 바람으로 불어서 유리병을 만들 때 생기는 현상과 비슷한 것 같다면서, 그런 것을 점성유체(Viscous Flow)라 부른다고 했다. 나는 그날부터 화공과에 주저앉아버렸다. 나는 아예 화공과 대학원의 유체역학 과목을 청강하기로 하고, 그때부터 집중적으로 공부를 시작했다. 그러나 전자공학에서 주로 사용하는 전자파해석(Maxwell공식)보다 변수가 훨씬 많아서 이해하는 데 무진 애를 먹었다.

그렇게 여러 달 발품을 팔고 다니면서 나는 '내 접근방식이 맞다'는 확신을 갖게 되었다. 동시에 고체역학적으로 접근하고 있는 후 박사의 방식에 근본적인 문제가 있을지도 모른다는 생각이 들었다. 예를 들면, 산화규소는 물렁물렁하긴 하지만 압축이 될 정도는 아니라는 가정을 할 수 있는데, 그 가정을 후 박사의 공식에 넣어봤더니 그 복잡했던 공식이 아주 이상하게 변해버렸다. 수식의 오른쪽이 갑자기 '0'으로 변해버린 것이다. 물론 그렇게 '0'이 되면 안 된다.

'0'이 나오는 경우는 유체역학에서 아주 특별한 경우로, 물이 일정하게 흐르는 상태를 의미한다. 나는 당장 후 박사에게 전화를 걸어 내 이론을 설명했다. 그는 사뭇 진지하게 경청했다. 수화기 저편에서 조심스러운 한마디가 들려왔다.

"Mr. Chin, your theory is right. I think mine is wrong." (미스터 진, 당신 이론이 맞아요. 내 것이 잘못된 것 같소.)

실로 짜릿한 순간이었다. 반도체의 불모지 한국에서 온 대학원생이 세계 최고의 반도체회사인 IBM의 수석연구원을 이긴 일대사건이었다. 그는 1년간 안식년을 얻어 스탠퍼드로 올 테니 같이 연구해 보자고 제안했다. 나는 선뜻 그러자고 했지만, 그가 도착했을 무렵에는 이론적인 부분의 연구가 이미 거의 끝나가고 있었다.

'진대제 이론'의 탄생

남은 일은 새 부리 현상을 수학적으로 해석하는 것이었다. 새 부리 성장현상을 유체역학적인 모델로 다룬다는 것은 올바른 방향이었지만 성장중에 그 표면이 움직여나가는, 즉 동적 경계조건(Moving Boundary Condition)이 발생한다는 문제가 있었다. 이는 수학에서도 가장 어려운 문제로, 제대로 풀릴 가능성이 적은 문제로 알려져 있었다. 내게는 너무나 높은 벽이었다. 나는 앞이 캄캄해지는 느낌이었지만, 나에게 주어진 커다란 학문적인 도전으로 생각하고 받아들이기로 작정했다.

동적 경계조건을 함축적으로 풀 수 있는 이론(Green's Theorem)을 적용하고, 대다수의 문제를 해석적(Analytic)으로 풀어보기로 했다. 정말 천우신조로 다행스런 일이었다. 실리콘 산화현상인 새 부리 성장현상은 묘하게도 '풀리는' 몇 개 안 되는 동적 경계조건 문제 중의 하나로 귀결된 것이다.

그러나 해석적으로 푸는 것은 일부분이고, 시간에 따라 변하는 산화규소 경계면의 변화와 그때 주어지는 스트레스의 양은 컴퓨터로 엄청난 계산을 요구하는 일이었다. 이번에는 매사추세츠대학에서 갈고닦은 수치해석 실력을 다 동원했다. 그래도 도저히 모르겠는 부분은 세계 최고의 수치해석 권위자인 버클리대학의 교수를 찾아가 사사받았다. 교수와 얘기를 할 때마다 시간가는 줄 모르고 빠져 있다가, 자동차 주차 시간을 넘기는 바람에 여러 번 딱지를 떼이기도 했다.

당시 스탠퍼드대학에서는 HP에서 기증한 최신컴퓨터를 사용했지만 요즘 PC보다는 여러 모로 부실했다. 그런 조건에서도 초대형 수치해석 컴퓨터 프로그램을 만들어나갔다. 수많은 시행착오와 싸우면서 수없이 많은 밤을 지새웠다. 그러나 얼마나 즐겁고 재미있었는지, 지금도 그때로 돌아가고 싶은 생각이 문득문득 든다.

스탠퍼드에서 박사학위를 받던 날 아내, 아이들과 함께. 고생스러웠지만 가장 행복한 시절이기
도 했다.

프로그램이 완성되면서, 새 부리가 시간에 따라 성장하는 게 컴퓨터
그래픽에 의해 눈에 보이기 시작했다. 나는 그것을 실제의 전자현미경
사진과 비교하면서 변수를 조정해 주고 있었다. 그런데 더 어려운 문제
가 발견되었다.

실리콘 표면 위에서 산화작용을 막는 질화규소라는 판막이 있는데,
이것은 그 두께가 얇을 때는 새 부리에 영향을 미치지 않는다. 하지만
두꺼운 경우에는 잘 휘지 않는 그 성질 때문에 새 부리의 모양이 병아
리 주둥이처럼 찌그러졌다. 이 경우 새 부리의 길이는 짧아지지만 실리
콘 표면에 결함이 발생하고 결국 전체 칩의 동작을 저해하게 된다.

이번에는 이 질화규소 판막에 의한 스트레스를 어떻게 줄일 수 있는

가가 관건이었다. 나는 내친 김에 이 문제까지도 해결해 보자고 나섰다. 유체역학에 판막의 고체역학까지 더해져 엄청 복잡한 문제였지만, 결국 모두 다 해석해 냈다.

마침내 불가능하게만 보이던 새 부리 성장현상에 대한 물리적 설명이 가능한 점성유체모형이 만들어졌다. 나의 이 연구는 전세계 반도체 연구계로부터 상당히 좋은 평가를 받았다. 이 분야로 박사논문을 쓰겠다고 작정한 후 1년 반 정도 지난 82년 여름이었다.

나는 본격적으로 논문 발표를 위한 준비를 시작해 82년 말과 83년 초 여러 차례에 걸쳐 반도체 국제학회에서 논문을 발표했다. 논문을 쓸 때에는 근처에 있는 HP 반도체연구소에서 파트타임으로 일하면서 내 박사논문 이론을 전해주기도 했다.

'박사논문과 아이는 달이 차야 나온다'는 말이 무색하게, 나는 졸업을 5개월이나 남겨두고 예정일보다 훨씬 이른 1982년 12월 23일에 박사논문을 발표했고 무사히 심사를 통과했다. IBM의 공식초청으로 2천여 명의 과학자가 운집한 강당에서 공식발표회를 하기도 했다. 여기저기서 입사제안이 들어왔다.

후에 나의 논문은 '진대제 이론'이라는 이름으로 반도체참고서에 정식으로 소개되는 영광을 누렸다. 돌아보면 학창시절에 남들보다 수학과 물리 같은 과목을 열심히 공부한 덕을 톡톡히 본 것 같다. 누가 나더러 "대학 때 무엇을 열심히 공부해야 하느냐?"고 물으면, 나는 무조건 기초공부를 열심히 하라고 대답한다.

생각해 보면 이때가 내 인생 중 가장 즐거운 시절이었던 것 같다. 과거의 어느 때로 돌아갈 수 있다면 나는 분명히 스탠퍼드 시절을 택할 것이다.

4
정보통신부 주식회사

10년 뒤 한국이 먹고살 거리를 만들어보시오

"앞으로 10년, 15년 뒤에 우리나라 국민이 먹고살 거리를 정부에 와서 만들어보면 어떻겠습니까?"

참여정부가 들어서고 내각이 구성되면서 정말 희한한 일이 벌어졌다. 정보통신부 장관 후보자명단에 내 이름 석 자가 오르내리고 있었던 것이다. 처음에는 후보자명단의 맨 꼴찌를 차지하고 있더니, 그 순위가 점점 올라가서는 급기야 두 명 중 한 명이라는 얘기가 세간에 떠돌았다. 그러나 정작 누구 하나 공식적으로 내게 연락해 준 사람은 없었다.

장관이 된다는 것은 솔직히 나에게는 전혀 현실성 없는 얘기였다. 공직으로 진출한다는 것은, 지금까지 살아왔던 것과는 전혀 다른 세상에 몸담아야 한다는 의미였다. 또한 지금 누리고 있고 앞으로도 누릴 것이 확실시되는 많은 것들을 포기해야 한다는 의미였다. 삼성전자 대표이사 사장으로서의 연봉 수십억 원, 세계 전자업계의 초일류라는 전도양양함, 전세계를 누비며 국제적 인물들과 어깨를 나란히 하는 흥미진진한 삶 등 그 모두를 포기해야 하는 것이었다. 게다가 아무것도 모르는 미지의 세계로 뛰어든다는 것 또한 상상도 하지 못한 일이었다.

사실 내게 공무원의 이미지는 소위 '해고위험이 없는 철밥통'이라든가, '국민생활과는 괴리된 비효율적인 규제만 만들어내고 권력을 이용해 부정을 저지르는 개혁의 대상'이라는 일반인들의 견해와 크게 다를 바 없었다.

그런데 내각 발표 바로 전날 밤, 몇몇 일간지 기자가 어떻게 집 전화 번호를 알아냈는지 집으로 전화를 걸어왔다.

"뭐, 들은 얘기 없습니까? 오늘쯤은 정식으로 입각제의가 있어야 하는데……. 정통부 장관 하마평에 대해 어떻게 생각합니까?"

"글쎄요, 저는 전혀 들은 바가 없어요. 아마 제가 아닐 겁니다. 오히려 뭐 아는 게 있으면 얘기 좀 해주시지요."

사실이 그랬다. 그때까지 어느 누구도 나에게 뭐가 어떻게 돌아가고 있는지 얘기해 주지 않은 것이다. 몇 주 전부터 언론에 후보로 거론되자 회사에서 나에게 물어왔다.

"혹시 정부에서 일하라고 하면 어떻게 할 겁니까? 뭐 생각해 둔 게 있습니까?"

"글쎄요. 에이, 뭐 그럴 리가 있겠습니까? 또 그런 제안이 오더라도, 지금이나 앞으로나 할 일도 많은데 제가 그쪽으로 갈 이유가 있습니까? 그럴 생각이 전혀 없습니다. 그런데 회사는 어떤 입장입니까?"

"그런 일이야 본인이 결정할 사항이지, 회사가 뭐라고 하기 어렵지요. 회사야 당연히 진 사장이 계속 있어주기를 바라지만……."

나중에 들은 얘기지만, 회사에서는 정부에서 차출하면 잡을 수 없다는 결론을 내려놓고 있었단다.

2003년 2월 27일, 그 운명의 날. 뭔가 찜찜한 채로 출근을 했는데, 오전 11시경 비서가 깜짝 놀란 표정으로 말했다.

"청와대에서 전화가 왔습니다."

나 또한 깜짝 놀라 잠시 숨을 고르고 수화기를 들었다.

"예, 전화 바꿨습니다. 진대제입니다."

"여기는 청와대인데요. 2~3분 있다가 대통령께서 전화를 하실 겁니다. 기다려주시기 바랍니다."

너무 뜻밖인지라 말문이 턱 막혔다. 심장이 갑자기 거칠게 뛰기 시작했다. 이윽고 전화벨이 울렸다.

"아, 진대제 사장이십니까? 노무현 대통령입니다."

"네, 안녕하십니까?"

"여러 사람이 진대제 사장이 정보통신부 장관으로 가장 적임이라고 추천합니다. 앞으로 10년, 15년 뒤에 우리나라 국민이 먹고살 거리를 정부에 와서 만들어보면 어떻겠습니까?"

나는 순간적으로 당황했다. 수초간 많은 생각이 스쳐 지나갔다. 몇 년 전부터 이건희 회장으로부터 삼성전자가 10년, 15년 뒤 무엇으로 먹고살아야 할지 마스터플랜을 만들어보라는 지시를 받아 여러 가지 고민과 연구를 하고 있던 터라 대통령의 이 말이 가슴에 와닿았다.

'세계 초일류기업으로 발전한 삼성전자지만 세계적인 기업들과의 끝없는 경쟁은 불가피하다. 따라서 확실한 경쟁우위를 점할 수 있는 분야를 미리 확보하여 불확실한 미래에 대비하라.' 이런 의미로 내게 맡겨진 임무와 방금 대통령이 하신 이야기는 사실상 같은 맥락이었다. 다만 차이가 있다면 일개 기업이 아니라 우리 국민 전부가 10~15년 후의 미래를 의존할 수 있는 그런 산업을 육성해 보라는 말씀이었다.

만약 그때 대통령이 "장관자리가 대단하니 한번 해보면 어떠냐?"라고 하셨다면, 나는 단호히 거절했을 것이다. 그러나 "경험과 능력을 다해서 이 나라를 위해 한번 봉사해 보면 어떻겠는가?"라는 말씀은 어떤 이유로도 거절하기 어려운 것이었다.

더구나 나는 초등학교 6학년 때부터 나라에서 지급한 장학금으로 공부한 사람이다. 오늘날의 내가 만들어진 것도 내 조국 '한국'이라는 배경을 떠나서는 있을 수 없었던 일이기에, '아, 이런 것이 운명인가 보다' 하는 생각이 들었다. 아마도 한국 사람으로 태어나 그런 임무가 주어졌을 때 "아니오"라는 대답을 서슴없이 할 수 있는 사람은 그다지 많지 않을 것이다.

동시에 '성공한 곳에 오래 머물지 않는다'는 내 인생의 좌우명도 고개를 들었다. 나는 망설임 없이, 거의 무의식적으로 대답하고 말았다.

"알겠습니다, 국가를 위해 봉사하겠습니다."

"고맙습니다, 앞으로 열심히 해주시길 바라고요. 오늘 3시에 임명장 수여식이 있으니 청와대로 오시기 바랍니다."

나는 얼떨떨했다. 뭐가 어떻게 돌아가는지 도무지 알 수 없었다. 도대체 뭘 어떻게 해야 할지 아무것도 손에 잡히지 않았고, 도움을 청할 사람도 생각나지 않았다. 만사를 제쳐두고 '에라, 점심이나 먹자' 하는 생각에 비서진과 함께 식당으로 향했다. 조금 있으니 전화벨이 불똥 터지듯 울렸다.

"청와대 인사수석 정찬용입니다. 대통령 전화 받으셨지요이?"

"네, 조금 전에 받았습니다."

"그럼 이따가 임명식 때 청와대에서 뵙지요이!"

"그런데 제가 개인적인 문제가 하나 있는데…… 의논을 좀 했으면 합니다."

"문제요? 물론 우리도 다 체크해 봤지요이, 집이 여러 채 있고 재산이 좀 많다면서요? 아무 문제 없던데요, 괜찮습니다."

"아니, 그거 말고 또 문제가 있는데……."

"아 그거, 아들 이중국적 문제 말이지요이? 우리가 그것도 다 점검을 해봤는데 전혀 문제가 안 되더라구요이."

"그거 말고 다른 문제입니다……."

"그래요이? 그럼 청와대 들어오시면 뵙고 얘기하기로 하지요이."

정 수석은 억센 호남지방 사투리로 바쁜 듯 얘기를 마치고 전화를 끊었다. 이것저것 더 물어볼 것이 많았지만, 더 이상 붙잡고 물어볼 수도 없었다. 나는 그렇게 청와대 어디로 가야 하는지도 모른 채 공직으로 차출되었다.

그 운명의 날 오후 3시에 나는 청와대에서 대통령으로부터 임명장을 받았다. 나오는 길에 문희상 비서실장과 정찬용 인사수석을 찾았지만, 어디로 가면 만날 수 있는지 알 수도 없었고 물어볼 사람도 찾을 수 없었다.

내가 묻고 싶었던 것은 금전에 관한 문제였다. 어쩌면 그것은 '나랏일을 하려면 멸사봉공해야 한다'는 유교적인 사고방식으로는 거론해서는 안 되는 일인지도 모른다. 그러나 개인적으로는 엄청난 손실이었기에 그냥 넘어가기가 쉽지 않았다.

나는 2001년 3월 5일경 회사로부터 받은 7만 주의 삼성전자 스톡옵션을 보유하고 있었다. 그리고 일주일만 더 근무하면 그 주식은 온전히 내 소유가 되게끔 되어 있었다. 그러나 정보통신부 장관 임명장을 받는다는 것은 동시에 삼성전자에 사직서를 내야 한다는 의미였다. 하필 딱 일주일 차이로 그 엄청난 주식이 휴지조각이 되어버리는 상황이 발생한 것이다.

그 주식은 옵션가격이 19만 원이었고 당시 삼성전자의 주가가 29만 원 정도였으니 당시 가치로 70억 원이었고, 70만 원이 넘는 지금의 가치로 따지면 300억 원이 넘는 엄청난 액수였다.

바로 두 시간 뒤인 오후 5시, 나는 광화문에 있는 정보통신부에서 누가 작성했는지도 모르는 취임사를 낭독함으로써 공직자로서의 업무를 시작했다. 나는 취임사까지 낭독한 마당에 스톡옵션은 잊어버리기로 했다. 자자손손 먹고살 수 있는 금액이었지만 '그 돈은 내 것이 아닌가 보다'라고 생각하기로 했다. 국가를 위해 봉사하라는 하늘의 뜻으로 받아들인 것이다.

졸지에 공직사회에 차출된 내게 변화는 의외로 빨리 찾아들었다. '고관대작'이라더니, 처우는 오히려 나빠졌다. 회사에서 타고 다니던 에쿠스450은 다이너스티250으로 내려갔고, 사무실 규모도 반이나 줄었다. 매년 회사에서 제공하던 건강검진도 없어졌다. 뭐니뭐니해도 장관 급여라고는 하지만 모든 수당을 다 합쳐도 회사 월급의 보름치도 안 되는 '쥐꼬리만한(?)' 연봉이 가장 큰 변화였다.

내가 늘 반농담으로 말하는 이른바 '공익요원'으로서의 생활은 그렇게 시작되었다. 그래도 매달 받는 급여는 '국민이 주는 녹'이라는 생각에 더 귀하게 여겨져 늘 감사하게 받았다. 그밖에도 일일이 열거할 수 없는 많은 변화가 있었다. 과학기술자로서, CEO로서 그동안 몸담았던 세계와는 너무나 다른 세계였기에, 그 많은 변화에 적응하기가 수월치만은 않았다. 물론 취임 다음날부터 시작된 난생 처음 당해보는 엄청난 시련에 비하면 아무것도 아니었지만.

최단명
장관에서
최장수
장관으로

"장관 하느라고 200억 원 포기했으니, 앞으로 IT 발전시켜서 200조 원 만들기 전에는 장관직 고만둘 생각일랑 하지도 마쇼이."

생애 최대의 시련

취임 다음날인 2월 28일 금요일 아침 8시, 광화문에 있는 정보통신부건물 14층의 사무실로 첫 출근을 했다. 하루종일 두툼한 자료를 읽으면서 업무보고를 받았는데 처음 듣는 정보통신부 업무가 제대로 이해될 리 만무했다. 그림도 별로 없는 텍스트 위주의 재미없는 얘기를 읽고 들었더니 머리가 띵할 정도였다.

저녁 6시쯤 되었을까, 류필계 공보관이 헐레벌떡 들어오더니 좀 곤란한 듯한 표정을 지으면서 "지금 기자들이 장관님 자제분들의 국적에 대해 묻는데, 뭐라고 답변을 하면 됩니까?"라고 물었다.

"장관님이나 사모님의 국적은 어디인지, 아직도 영주권을 가지고 계신지 그런 것도 물어보는데 뭐라고 대답할까요?"

"글쎄, 나는 몇 년 전에 영주권을 포기했고, 우리 애들 모두 내가 미국에서 유학중일 때 태어나 한국에도 출생신고를 했으니 아마 지금은 이중국적자일 것 같은데……."

공보관은 13층에 있는 기자실로 내려가 내 얘기대로 기자들에게 설명을 한 모양이다. 그런데 조금 있다가 그가 다시 올라왔다.

"저어, 죄송하지만, 지금 사시는 곳은 어딘지? 혹시 아파트 특혜분양 받은 건 아닌지 물어보는데……."

"글쎄, 특혜분양이란 게 무슨 소리요?"

사실 좀 창피한 일이지만 나는 집안일에 대해서는 아는 게 거의 없었다. 때문에 기자들이 질문을 해오면 일일이 집사람에게 전화를 걸어 물어보고는 답변을 해주었다. 우리가 정확히 어디서 살았는지, 애들은 언제 어느 학교에 다녔는지 등등 기자들의 질문은 끝이 없었다.

기자들이 워낙 꼬치꼬치 물어봐서 나나 집사람이나 기억나는 대로 대답을 해주었는데, 그게 또 화근이 되었다. 기억나는 대로 성심성의껏 대답을 해주면 될 줄 알았는데, 나중에 서류를 준비해 대조해 보니 조금씩 차이가 있었다. 언론은 이런 작은 차이도 그냥 지나치지 않고, 고의로 말을 바꾼다든가 거짓말을 한다는 식으로 보도했다. 참 안타깝고 억울한 일이었다.

3월 3일 월요일 오후부터는 인터넷언론과 일부 방송에 우리 아이들의 이중국적을 문제삼는 기사가 나오기 시작했다. 그러다가 3월 4일 화요일 아침에는 모든 일간지의 일면에 관련기사가 실렸다.

'도덕적 결함 있는 진 장관 사퇴해야.'

뭔가 설명해 볼 기회조차 없이 나는 언론으로부터 난도질을 당하고 있었다. 나보다는 덜 시끄러웠지만 다른 국무위원들도 어느 정도 언론의 비난대상이 되어 있었다. 누구누구는 코드인사니 자격이 되니 안 되니 말들이 많았다.

화요일에는 첫 국무회의가 있었다. 청와대 세종홀에는 참여정부의 첫 국무회의 모습을 취재하기 위해 수많은 기자가 몰려들었다. 나는 그들의 집중적인 카메라세례를 받으며 쉴새없이 쏟아지는 질문공세에 시달렸다. 생전 처음 당하는 일이라 하도 당황스러워서 제대로 정신을 차릴 수가 없었다.

드디어 노 대통령이 등장하고 애국가 제창에 이어 국무회의가 시작되었다. 대통령은 간단한 인사말을 마치자마자 바로 나를 쳐다보며 말씀하셨다.

"진 장관에 대해 언론에서 이런저런 얘기가 나오고 있는 것 같은데, 우리가 다 검증한 부분들이니 걱정하지 마십시오. 절대로 사퇴를 한다든가 하는 일은 없을 겁니다. 그런데 그 스톡옵션은 꼭 포기해야 하는 겁니까?"

"예, 감사합니다. 스톡옵션은 근무일수가 며칠 모자라 포기해야 할 것 같습니다."

"거 참, 아깝구먼. 그런 줄 알았으면 일주일 정도 있다가 임명장을 드리는 건데……."

사퇴는 없을 거라는 대통령의 말씀은 내게 큰 힘이 되었다. 언론은 대통령이 도덕적인 문제가 있는 진 장관을 감싼다고 야단이었다.

그날 오후에 나는 기자실을 찾아가 이중국적 문제에 대해 해명했다. 그러나 기자들의 질문은 보통 까다로운 것이 아니었다. 기자들의 질문은 다양했지만 요약하자면 다음과 같은 것들이었다.

'내가 왜 그렇게 오랫동안 영주권을 갖고 있었는가?'

'그동안 납세 등 국민의 의무는 잘 이행했는가?'

솔직히 나는 이런 문제들에 대해 일부는 기억하고 있었지만 정확한 날짜나 상황은 기억나지 않아 제대로 답변할 수가 없었다. 정확히 알지 못하는 채 아는 대로 답했다가는 다시 '거짓말한다'는 논리에 얻어맞을 것이 뻔했기 때문에 더욱 조심스러울 수밖에 없었다. 그동안 공직에 있어본 적도 없고, 공직에 진출하기 위해 이런저런 준비를 하지도 못한 나는 말 그대로 무방비상태였다.

당시에는 언론이 노 대통령과 참여정부를 대상으로 집요하게 공격을 하고 있었다. 언론은 생각보다 잔인하고 무책임했다. 나는 그들에게 최고로 좋은 먹잇감이 되었다. 그들에게는 성공한 기업인으로 세인의 관심을 끌면서 임명된 발탁인사가 도덕성이 결여되어 낙마한다면 그만큼 좋은 화젯거리도 없는 듯했다.

나는 나름대로 해명을 하느라 진땀을 흘렸다. 영주권은 미국에서 일할 당시 고급인력 유치 차원에서 IBM이 만들어준 것이었다. 삼성으로 스카우트되어 한국에 왔을 때는 5년간 계약직으로 온 것이었기 때문에, 계약이 만료되면 미국으로 돌아가야 할지도 모르는 신세였다. 더욱이 텃세가 심한 삼성에서 제대로 적응할 수 있을지도 모르는 상황이었다. 때문에 알 수 없는 미래를 대비해 영주권을 계속 가지고 있는 것이 좋다는 주변 사람들의 강력한 충고를 받아들여 5년 계약이 끝난 뒤에도 계속 영주권을 가지고 있던 터였다.

또한 반도체시장 개척이라는 내 일은 해외와 관련이 많아서 1년에 스무 번 가까이 외국출장을 다녀야 했다. 그중 거의 절반은 미국출장이었으니 미국 영주권을 갖고 있는 게 출입국과 활동에 여러 가지로 편리하기도 했다.

그러나 2000년, 국내에서 디지털TV를 판매하는 등 국내활동이 많은 디지털미디어사업총괄 대표이사 사장이 된 뒤에는 영주권을 말소하고 주민등록을 회복했다. 그러니 서류상으로만 말하면, 나는 85년 미국으로 이민을 갔다가 15년 뒤에 영구귀국한 셈이었다. 이렇게 설명하면 이해가 되는 문제였지만, 언론은 자초지종을 빼고 나를 '15년간의 주거가 모호한 사람'이라고 몰아붙였다.

그동안 세금은 회사에서 근로소득세를 원천징수했고, 금융소득 등 기타 소득은 전부 종합소득세로 신고했다. 집사람이 그런 부분은 꼼꼼히 챙겨서 매년 낸 주민세를 포함한 납세관련 서류 일체는 모두 잘 보관되어 있었다. 연봉이 많다 보니 연간 10억 원 이상의 소득세를 낸 적도 있었다.

민방위훈련도 직장예비군에 배치되어 의무를 다했다. 다만 내가 영주권을 가지고 있는 동안에는 투표를 할 수 없어 못했고, 주민등록이 회복된 2002년 초 지방자치제 선거는 솔직히 관심이 없어 기권했다. 하지만 2002년 대통령선거에서는 오랜만에 국민으로서의 권리와 의무를 행사했다.

국적법에 의하면 이중국적자는 만 22세가 되면 적극적으로 외국의 국적을 포기하고 한국국적을 선택하지 않으면 한국국적이 자동으로 소멸되도록 되어 있다. 이에 따라 내 아들과 딸은 우리도 모르는 사이에 한국국적이 소멸되어, 이중국적이 아니라 미국국적만 갖고 있었다. 하도 바빠서 애들이 무슨 학교 몇 학년인지도 잘 모르던 와중에, 통지를 해주는 것도 아니고 전국민적 관심사도 아닌 국적법을 알고 있을 리 만무했다.

게다가 딸이 만 22세가 지난 2003년 초에, 행정착오였는지 한국여권을 받아 멀쩡하게 외국여행을 다녀온 적도 있으니 우리 부부는 당연히 아이들이 이중국적자라고 굳게 믿고 있었다.

나중에 문제가 되어 국적법을 뒤져본 후에야 이런 사실을 알게 된 나는 본의아니게 말을 바꾸거나 거짓말을 일삼는 부도덕한 사람으로 언론에 보도되고 말았다. 야당은 나를 포함한 몇 명의 각료를 거명하면서 사퇴압력을 넣었고, 급기야는 여당의 중진들도 도덕성에 문제가 있다고 판단되는 내가 용퇴해야 한다고 쓴소리를 하고 있었다.

일주일만 버텨보자

아이들의 이중국적 문제가 불거져나온 그날 오후 또다른 문제가 언론에 거론됐다. 내가 재직했던 삼성전자를 상대로 참여연대가 낸 대표이사 소송에 관한 것으로, 경영자가 경영상의 판단착오로 인해 회사에 손해를 끼쳤다는 내용이었다. 관련사항은 IMF위기를 전후해 발생한 것으로 다섯 건이 있었는데, 네 건은 이미 법원에서 무혐의판결이 난 상태였고 한 건만이 아직 판결이 나지 않은 상태였다.

그 건은 내가 반도체 전무로 있던 95년 당시 삼성전자에서 삼성정밀화학의 주식을 고의로 비싸게 사서 회사에 손실을 끼쳤다는 내용으로 당시 항소심에 가 있었다. 아마 이 내용은 청와대의 검증시스템에서도 간과됐던 모양이다.

저녁 늦게 다음날 아침 청와대로 들어와 대통령과 조찬을 하라는 연락을 받았다. 나는 몸둘 바를 몰랐다. 뭔가 큰 죄를 지은 것 같기도 하고 억울하다는 생각도 들었다. 어쩌다 이런 지경에 빠진 건지 갈피를 잡을 수가 없었다. 나는 이참에 내가 의혹을 받고 있는 여러 사항에 대해 대통령께 해명하고 대통령의 반응에 따라 퇴임할 각오를 했다.

회사에는 이미 사표를 낸 상태였기에 장관직에서 물러나면 졸지에 실업자가 될지도 모르는 상황이었다. 하지만 그건 아무래도 상관없었다. 다만 '최단명 각료'라는 기록만은 만들고 싶지 않았다. 이미 신문지상에는 나를 둘러싸고 지금까지 최단명 장관이 누구였고, 그 기간이 며칠 몇 시간이었다는 불명예스러운 기사들이 난무하고 있었다.

저녁 늦게 퇴근을 했더니, 하루종일 욕지거리가 난무하는 인터넷 댓글을 읽으면서 가슴 졸인 집사람이 눈물을 쏟아냈다.

"거 봐요. 이런 험한 세상에 뭐 하러 거길 들어갔어요? 지금이라도 사퇴하면 안 돼요?"

"그래, 내일 아침 대통령 만나뵙고 사퇴하든가 하자."

수요일 아침신문의 일면 톱기사 역시 나에 관한 것이었다. 도덕성을 가장 중요시한다는 참여정부이니 진 장관은 사퇴해야 한다는 주장이 대다수였고, 나를 두둔하는 기사는 거의 없었다. 아무도 내가 선의로 해명하고 있다는 걸 인정해 주지 않는 것 같았다.

나는 사퇴서를 작성해 청와대로 들어갔다. 간밤에 거의 잠을 자지 못한 탓에 정신이 멍했지만 내 생애 그렇게 비장한 마음으로 누군가를 만나러 간 적은 없었다.

조찬은 영부인과 문재인 수석이 참석하는 네 사람만의 오붓한 자리였다. 대통령이 좀 심각한 표정으로 내게 물으셨다.

"거, 삼성전자 재직시에 있었다는 대표 소송의 내용이 뭡니까?"

"예, 저는 95년 당시 수십 명의 임원 중 한 사람으로 임원회의에 참석했는데, 기획을 담당하는 본사의 관리담당 임원이 아마 다른 회사의 주식을 사자고 제안했던 것 같습니다. 그 사안은 제가 맡은 반도체부문과는 관계도 없었고 복잡한 주식관련 내용도 이해가 잘 안 돼 적극적으로 반대하지 않았던 것으로 기억합니다."

당시 나는 반도체사업이 승승장구하면서 초특급 승진으로 반도체부문 사업부장 전무가 되어 있었다. 임원이라고는 하지만, 내가 하는 일은 반도체전문가로서 반도체제품 개발 등 기술적인 사항과 관련된 것들이 대부분이었다. 때문에 다른 회사 주식을 산다든가, 다른 회사를 인수한다든가 하는 본사 차원의 관리업무는 일절 관여하지 않았다. 다만 내가 그 이후 국내외적으로 점점 유명해졌고 이듬해 대표이사로 발탁되면서, 98년 소송에서 수십 명의 임원 중 지명도가 높은 다섯 명에 포함되었던 것이다.

어쨌든 나로서는 억울할 수밖에 없는 일이고, 단지 유명세를 치르고 있는 중이라고 말씀드렸다.

"그게 그런 것이었구먼. 별 문제가 아닌 것 같군. 그래, 그건 그렇고 요새 어떻습니까? 언론에 시달리니 좀 괴롭지요? 하지만 너무 걱정 마세요. 좀 지나면 괜찮아질 테니. 내가 오늘 기자실에 들러 절대로 사퇴할 이유가 없다고 선언을 할까요? 아니면, 문 수석이 기자브리핑을 하겠소?"

"아, 제가 하지요. 이따 춘추관에서 하겠습니다."

"제가 국가에 너무 부담이 되면 사퇴하도록 하겠습니다."

"아니, 무슨 소리? 먹거리 장만하는 일은 아직 시작도 안 했는데!"

눈물이 왈칵 솟았다. 오십 평생 살아오면서 누구에게 손해를 끼치거나 법을 어기려고 한 적은 한 번도 없었다. 계속 기업에 있었다면 이런 고초를 겪었을까 하는 생각도 들었다.

기업에 있을 때는 문제가 안 되던 것이 공직자가 되면서 크게 부각되어 진대제라는 개인의 장점과 역할은 상대적으로 가려지고 있다는 아쉬움도 있었다.

'국가가 진정 내게 필요로 하는 것은 이 땅의 미래를 위해 IT산업을 한층 더 끌어올릴 수 있는 리더십과 능력이 아니었던가?'

물론 공인이라면 평생에 걸쳐 도덕성에 의문을 달 만한 행위를 하지 말았어야 하겠지만, 내가 도덕적 평가에서 그렇게 미달인 사람인가 하는 생각이 한동안 머릿속을 떠나지 않았다.

당시 집사람 역시 나만큼이나 스트레스를 받아 고생이 이만저만이 아니었다. 기자들이 밤 12시가 넘은 시간에도 수시로 찾아와 질문공세를 퍼붓는가 하면, 이런저런 유도질문을 하면서 혹시 대답을 잘못하기라도 하면 또 말을 바꾼다고 대서특필할 기세였다. 천성이 착한 집사람은 기자들이 동정적이고 공감하는 태도로 접근하자 기대고픈 마음에 대면을 했는데, 정작 기사화된 글을 보고는 자기가 말려든 것을 알고 몹시 속상해했다.

고질적인 고혈압증세로 몇 년째 약을 먹고 있던 집사람은 결국 자리에 눕고 말았다. 우리 애들도 기자들한테 인터뷰당할까 봐 학교 가기조차 두려워했다. '우리가 무엇을 그렇게 잘못했기에 이런 시련을 당해야 하나?' 수도 없이 자문해 봤지만 도무지 답을 찾을 수 없었다.

지친 우리는 거의 자포자기하는 심정이었다. 이제 취임한 지 일주일이 지났으니 '최단명 각료'라는 오명은 벗어나게 되었다는 사실에 차라리 마음이 놓일 정도였다. 이제 여기서 그만두게 되더라도 너무 억울해하지 않겠다고 스스로 다짐했다. 가족이 모두 모여 기도를 했다. 무슨 일이 일어나도 아무도 원망하지 않겠다고.

진대제를 살려라

그때 마침 한 주간지에 나에 대한 표지기사가 게재됐다. 그동안 반도체신화를 일구었고 앞으로 정보통신 발전에 적격인 인물이라는 내용이었다. 언론의 집중포화를 맞고 있던 나와 집사람에게 이 기사는 큰 위로가 되었다.

다행히 며칠간 집요하게 추궁만 해대던 언론의 태도도 조금씩 달라지고 있었다. 수요일 오후부터는 인터넷에도 나를 옹호하는 글들이 올라오기 시작했다.

'진대제는 그렇게 비난받을 사람이 아니다. 한국의 반도체신화를 창조한 일등공신으로 양심 바른 사람이다.'

'능력을 활용하는 데 역점을 두어야지, 공직자가 아닌 기업가일 때의 과거사를 왜 지금 집중적으로 거론하는가? 진 장관에게 돌을 던지는

이들은 정녕 깨끗하고 떳떳한가?'

'삼성전자 같은 초일류기업 CEO를 장관에 발탁한 것은 이번 인사 가운데 가장 잘된 것으로 평가한다.'

시간이 흐르고 밤이 되면서는 나를 옹호하는 글이 점점 더 많아졌다. 그리고 목요일 아침신문에는 미국에서 태어나 이중국적을 가진 아이가 전국적으로 2만 명이나 되고, 우리와 비슷한 문제에 부딪혀 각종 사회 이슈가 된다는 기사가 났다. 원정출산같이 질이 나쁜 경우도 있지만, 유학이나 직장 때문에 외국에 장기 체류하는 중에 자녀가 태어나면 불가피하게 갖게 되는 이중국적에 대한 공정한 평가가 이루어져야 한다는 의견도 대두되기 시작했다.

도올 김용옥 교수는 나와는 일면식도 없는 분이었지만 〈문화일보〉에 다음과 같은 기사를 게재해 많은 독자들로부터 공감을 이끌어내기도 했다.

나는 진대제를 만나본 적도 없고, 그에게 개인적인 관심을 가져본 적도 없다. 그러나 진대제가 정보통신부 장관으로서는 매우 적임의 유능한 인물이라는 것은 객관적인 자료를 통해 확고히 판단할 수 있다.

그는 미국에서도 크게 기용될 수 있었지만 삼성에 와서 소위 반도체 메모리셀의 메가시대를 연 한국 반도체업계의 파이오니어적 인물이다. 그가 반도체강국으로서의 한국의 기초를 다진 인물이라는 것은 국제적 상식에 속하는 것이다. 그는 순수 엔지니어로서 경영진에 가담한 인물이며, 오로지 자기가 맡은 분야의 기술적 성취에만 전념하는, 담박하고 다양한 취미를 가진 전형적인 이과적 인물로 평가되고 있다.

진대제라는 독립된 개체의 축적된 성실한 역량이 그 부수된 관계상황에 의하여 말살되는 것은 그 개인의 손실이기에 앞서 국가적 상실이다. 사람을 야단칠 수 있는 것은 건강한 사회의 징표다. 그런데 일을 잘

시키기 위해서 혹독한 기준을 세워 독려하는 것과, 그냥 한 사람을 죽이려고만 하는 것은 그 본질이 전혀 다르다. 후자의 야단은 매우 불건강한 사회의 징표일 뿐이다.

그주 금요일과 토요일에는 대통령을 위시한 전각료와 청와대 직원들이 과천에 있는 공무원연수원에서 워크숍을 했다. 많은 기자가 몰려와서 내 표정이나 눈을 감고 있는 모습 등을 찍어갔다. 나중에 보니 일간지에 커다랗게 내가 기지개를 켜는 사진이 나왔고 '피곤해하는 진 정통'이라는 제목의 동정적인 기사가 실려 있었다.

청와대 정찬용 인사수석은 네티즌들의 여론이 점차 좋아지고 있으니 걱정하지 말라고 했다. 특유의 억센 호남사투리로 농담도 던졌다.

"거 머신가, 진 장관님은 순진지수가 엄청 높으시군요이. 우리는 음흉지수가 높은디. 장관 하느라고 200억 원이나 포기했으니, 앞으로 IT 발전시켜서 200조 원 만들기 전에는 장관직 고만둘 생각일랑 하지도 마쇼이."

언론은 더 이상 나를 괴롭히는 일에 흥미를 잃었는지, 아니면 때마침 불거져나온 미국의 이라크 공격설을 대서특필하느라 바빴는지, 나에 대한 기사를 조금씩 거두기 시작했다. 야당과 언론의 집중포화를 맞고도 살아난 나를 보며 한 친구는 "이라크전쟁이 진 장관을 살렸다"며 놀리기도 했다.

정말 그 친구의 말대로 이라크전쟁이 나를 살렸는지, 나의 기도가 통한 건지는 모르지만, 그 엄청난 시련은 그렇게 지나갔다. 일주일만 견뎌서 '최단명 각료'라는 오명만은 남기지 말자고 했는데, 지금은 참여정부 '최장수 장관'이라는 기록을 세웠고 역대 정보통신부 장관으로도 이미 최장수 기록을 경신했다.

워크숍이 끝난 토요일 저녁에는 대통령이 모든 국무위원과 중요 국회의원을 초대하는 청와대 만찬회를 주재하셨다. 심신이 탈진하고 몰골이 형편없어 차라리 병원으로 실려가야지, 죽어도 그런 모임에는 못 가겠다는 집사람을 달래고 달래서 데려갔다. 둘이 하도 스트레스에 시달려 공직에 온 지 꼭 열흘 만에 몸무게가 둘 다 5kg 이상 줄어 있었다. 쓰러지지 않은 것이 그나마 다행이었다. 그렇게 아프게 나와 우리 가족은 죽다가 살아났다.

삼성 대표 소송은 그 이후 대법원 판결에 의해 민사적 배상판결이 났는데, 나를 포함한 모든 피고인이 분담해서 사건이 완결되었다.

정통부 때문에 못살겠다

아무리 뒤져봐도 정부에는 ROI, 즉 투자의 결과로 발생하는 수익이나 혜택에 대한 자료가 없었다. 어떤어떤 일을 하는 데 500억 원의 예산을 썼다고 하면서도, "그걸로 어떤 효과가 있었느냐?"라고 물으면 아무런 대답이 없었다. 회사라면 당장 모가지가 날아갈 일이었다.

공직에 와서 내가 제일 먼저 손댄 혁신 중 하나는 업무보고 형식이었다. 당시에는 정통부를 비롯한 모든 부처가 워드프로세서로 작성된 보고서양식을 사용하고 있었다. 처음 올라온 보고서를 읽어봤다. 소설 쓰듯이 온갖 미사여구를 다 동원해 길게 써내려간 보고서는 술술 잘 읽혔다. 이렇게 저렇게 해서 잘되었고 신중히 검토한다는 둥 말은 참 잘 써놨는데, 문제는 읽고 나서도 도대체 무슨 말인지 알 수 없다는 것이었다.

이게 하자는 건지 하지 말자는 건지 당최 알아들을 수가 없었다. 어떤 걸 하자는 건 알겠는데 언제 어떻게 하자는 말이 없거나 있어도 매우 모호했다. 필요 이상으로 구구절절이 길고 핵심도 한눈에 들어오지 않아 이해가 쉽지 않았다. 내용도 내용이었지만 그래프나 그림도 거의 없이 텍스트로만 수십 수백여 페이지에 달해 보기만 해도 답답했다.

보고서 작성자를 불러 이게 무슨 소리냐고 직접 물어봤다. 황당하게도 본인 또한 잘 모르고 있었다. 텍스트문서라는 것이 내용을 잘 몰라도 그럴싸하게 서술식으로 수사를 달아 만들어놓으면 근사하게는 보이는 법. 그러니 '니도 잘 모르고 내도 잘 모르는' 보고서가 올라오고, 양쪽에서 다 완전히 소화하지 못한 채 넘어가는 경우가 상당히 많았다. 나중에 정책을 집행

할 때 문제가 발생해도 책임소재가 불분명할 것이 뻔했다. 시급한 변화가 필요했다.

나는 즉시 정통부의 보고서양식을 워드프로세서에서 파워포인트로 교체했다. 그것은 단순한 프로그램의 변화가 아닌, 보고 자체의 변화를 의미하는 것이었다. 서술식 문서로 2~3페이지에 해당하는 내용을 간단한 핵심문장 몇 개로 된 파워포인트 한 장(슬라이드)에 담아내려면, 반드시 내용을 근본적으로 이해해야 한다. 내용을 함축하는 키워드를 뽑아내는 것 자체가 내용의 이해 없이는 불가능하기 때문이다.

무엇보다 파워포인트는 프레젠테이션을 위한 프로그램이므로, 발표자 입장에서는 발표시 질문으로 나올 만한 세부사항까지도 완벽하게 이해하고 있어야 한다. 핵심만 한눈에 들어오니 보고받는 입장에서도 이해하기가 훨씬 수월함은 물론이다. 파워포인트에 익숙하거나 사용해 본 사람들이라면 대부분 공감할 것이다.

국내에서 파워포인트를 가장 잘 활용한다는 삼성전자 안에서도 나는 '고수' 축에 속했다. 어디서 특별히 배운 것은 아니고, 내가 할 일은 스스로 완벽하게 챙겨야 직성이 풀리는 성격 때문에 직접 수많은 파워포인트를 작성하다 보니 이런저런 활용기술을 익힐 수 있었던 것이다.

내가 파워포인트에 능숙하게 된 또다른 이유는, 파워포인트를 이용한 전문적인 프레젠테이션이야말로 가장 효과적인 설득방식 중의 하나라는 사실을 경험으로 깨달았기 때문이다. 삼성전자 시절 반도체의 개발뿐 아니라 전세계를 누비며 판매까지 해야 했던 나는 각종 멀티미디어를 총동원한 파워포인트 프레젠테이션으로 세계적인 기업들의 수뇌부를 설득시키곤 했다. 회사의 고위간부가 해당 제품에 대한 완벽한 이해로 무장하고 직접 핵심을 짚어주며 궁금증을 해소시켜 주니 그 회사에 대해 더 큰 신뢰를 갖는 것은 당연한 일이었다.

"정통부는 이제 파워포인트로 간다"라고 선언하자 공무원들의 발등에 불이 떨어졌다. 일명 '파워포인트 시련'이 시작된 것이다. 소수의 젊은 층을 빼고는 대부분의 공무원이 파워포인트를 써본 적도 없고 쓸 줄도 모르는 상태였다. 나는 한술 더 떠 한 달여 남은 대통령 업무보고를 파워포인트로 하겠다고 공언했다. 한 달 사이 기초부터 시작해 대통령께 보고할 문서까지 만들어야 하니, 국장과 과장들이 '뺑뺑이'깨나 돌았다. 부처 내에 원성이 자자했다. 지금은 파워포인트를 수준급으로 다루는 우리 직원들이지만 '정말 죽을 맛이었다'고 당시를 회상하곤 한다. 뒤에서 원망도 많이 했단다.

우여곡절 끝에 완성된 대통령 보고용 파워포인트가 올라왔다. 하지만 파워포인트로 보고서를 만드는 것이 끝이 아니었다. 더 중요한 것은 '파워포인트에 집어넣은 에센스(정수)와 세부사항을 직원들이 완벽하게 이해하고 있는가'였다. 나는 파워포인트 자료를 화면에 띄워놓고 직원들에게 질문공세를 퍼붓기 시작했다. 직원들을 시험한다는 차원보다 반드시 알아야 할 것을 서로 묻고 배우기 위함이었다. 굵직한 사항부터 시시콜콜한 사항까지 일일이 물어대니 직원들이 쩔쩔맸다.

"2003년까지 인터넷 기반시설(Infrastructure)을 까는 데 예산이 얼마나 들었소?"

"예…… 그게 아마도……."

묵묵부답이었다. 그러고는 잠시 알아보고 온다며 나가더니 한참만에 헐레벌떡 계산을 해가지고 돌아왔다. 23조 원이 들었다는 것이었다.

"23조 원씩이나 투자를 했으면 ROI(Return Of Investment, 투자수익)는 얼맙니까?"

"예? ROI……? 투자효과 말씀이십니까?"

그게 뭐냐는 표정이었다. 아무리 뒤져봐도 정부에는 ROI, 즉 투자의 결과로 발생하는 수익이나 혜택에 대한 자료가 없었다. 아니 아예 그런 개념 자체가 없었다. 어떤어떤 일을 하는 데 500억 원의 예산을 썼다고 하면서도, "그걸로 어떤 효과가 있었느냐?"라고 물으면 아무런 대답이 없었다. 회사라면 당장 모가지가 날아갈 일이었다. 기업에만 몸담아온 나로서는 황당한 노릇이었다. 나는 불같이 화를 냈다. 그러자 기업과는 달리 정부에는 그런 계산을 적용할 수 없는 사정이 있다는 답변이 돌아왔다.

사실 공공정책의 그러한 특성을 모르는 바는 아니었다. 공공정책은 그 특성상 돈을 쓰고도 결과를 예측하기 어려우며, 이는 다른 나라의 사정도 비슷하다는 것을 충분히 이해하고 있었다. 일례로 국방 같은 공공재도 천문학적인 돈을 쏟아붓지만 국가안보가 얼마만큼 증대되었다고 측량하기는 매우 어렵고 애매한 일이다. 그러나 원래 이 바닥의 성격이 그렇다고 해서 간과할 수는 없는 일이었다.

모든 일이 어렵지만 불가능한 것은 없는 법. 적어도 개선할 수는 있지 않은가. 게다가 정통부 같은 부처는 예산투입 결과를 평가하기가 다른 부처에 비해 용이한 편에 속했다. 어차피 시간이 지나면 다시 국고에 쌓일 예산이니 효과는 어떻든 써버리면 그만이라는 방식은 고칠 필요가 있었다. 피같은 국민의 세금이 아니던가.

2003년 3월, 청와대에 들어가 노무현 대통령께 정책보고를 했다. 모든 부처가 차례로 준비해 온 자료를 발표했는데, 파워포인트로 보고자료를 준비한 곳은 우리뿐이었다.

정통부의 발표순서는 네 번째. 대통령과 외부전문가들에게 준비해 간 자료를 보고하고 나서 질의시간을 갖는 방식이었다. 앞에 발표한 부처를 보니 보고 자체에도 적잖은 시간이 걸리고, 질문을 받으면 답을 찾아헤매느라 배당된 시간 안에 끝내지 못하고 있었다. 텍스트문서를 사용하면 흔히 있는 일이었다.

파워포인트를 이용한 정보통신부의 대통령 정책보고 장면. 미리 예상문제와 답을 준비해 질문이 나오면 바로 답이 뜨도록 했다.

우리 차례가 되어, 30여 장 정도로 간결하게 준비한 파워포인트문서를 투영했다. 간략하게 핵심만 요약해 짚고 넘어가니 시간이 오래 걸릴 이유가 없었다. 대통령이 아주 흐뭇한 얼굴로 경청하셨다.

"보고내용에 대한 질문을 받겠습니다."

회의에 참석한 외부전문가와 청와대 보좌진에서 질문을 하는 중에 벌써 답변이 제시된 백업 슬라이드가 떴다. 모든 질문에 대비해 메인슬라이드의 핵심내용과 관련한 세부사항을 약 100여 장의 슬라이드에 담아 따로 준비해 두었던 것이다. '출제'가 예상되는 질문을 미리 만들고 그에 대한 모범답안을 이 백업 슬라이드에 담아두었으니 답변은 훨씬 수월했다.

길게 말로 풀어서 설명할 필요 없이 보충설명과 그림, 그래프가 깨끗하게 나열된 슬라이드를 보여주는 것으로 충분했던 것이다. 질문에 대한 정확한 대답이 신속하게 나갔고, 많은 경우 질문이 끝나기도 전에 파워포인트에 답이 떴다. 질문의 상당수가 우리가 미리 준비한 출제 예상문제와 일치했기 때문이다. 어떤 질문을 해도 모범답안이 다 준비되어 있었다. 질문을 하던 대통령이 "어? 답이 벌써 나와 있네!"라며 놀라워했다.

이렇게 하니 질문과 답변의 사이클이 매우 빨랐다. 다른 부처의 경우 보통 10개 정도의 질문을 하면 끝나는데 우리는 수십 개의 질문을 받는 식이었다. 대통령은 만면에 미소를 띠며 정말 드러나게 좋아하셨다. 또한 정통부의 정책에 상당한 신뢰를 보여주셨다. 외부전문가들의 얼굴에도 만족스러운 표정이 역력했다. 나중에는 대통령이 "타 부처도 정책보고를 할 때 정통부만큼만 하라"고 하셨다. 대통령의 이 말에 정통부 직원들의 얼굴에 성취감과 자신감의 미소가 가득 번졌다.

그로부터 2년이 흐른 2005년. 세 번째 대통령 업무보고를 하다가 재미있는 현상을 발견했다. 다른 부처도 모두 보고형식을 하나같이 파워포인트로 바꾼 것이다. 단시간 내에 파워포인트로 바꾸려다 보니 무지 고생을 했고, 파워포인트 발표자료를 외주로 처리하느라 돈도 수천만 원 깨졌다는 후담이 흘러나왔다.

우리 정통부는 작년이나 재작년과는 또 다르게 파워포인트 형식을 바꿔 발표했다. 기존의 것을 업그레이드한 버전이었다. 그러자 다른 부처에서 또 난리가 났다. 파워포인트로 교체를 했는데도 다시 정통부 것과 차이가 났으니 말이다. 어느 부처의 사무관이 정통부의 동료 사무관에게 "야, 고마(그만) 해라. 정통부 때문에 죽겠다"라며 손사래를 쳤다고 한다.

공무원들 좀 그만 못살게 구소

99점을 써가지고 오는 사람들이 있는데 잘 관찰해 보면 대부분 일을 못하는 사람들이다. 보통 자기 관리가 철저한 사람일수록 점수를 짜게 쓰는 경향이 있다.

내가 정부에 들어와서 보니 또 한 가지 답답한 게 있었다. 정책을 만들고 시행한 후 끝까지 책임지는 개념이 없다는 것이었다. 무슨무슨 정책을 시행하겠다고 대대적으로 발표하고 신문에 도배를 하는 등 애드벌룬(Ad Balloon)을 높이 띄워놓고는, 곧 잊어버리는 경우가 적지 않았다.

기업에서 그랬다가는 당장 '짤릴' 일이었다. 기업에서는 무엇을 하겠다고 계획을 공표하면 무슨 일이 있어도 해내야 한다. 말이 앞서고 실천이 없는 것을 가장 나쁜 것으로 치기 때문에 '계획과 실천은 별개'라는 생각은 절대로 있을 수 없다.

그러나 정부는 의욕을 갖고 이런저런 일을 하겠다고 발표는 하지만 막상 시민단체, 언론, 국회와 부딪치면서 그 일을 해내지 못하는 경우가 많이 생긴다. 발표를 하기 전에 갈등요소를 충분히 점검해야 하는데, 발표한 후에 잠복되어 있던 갈등이 일시에 표출되는 일이 다반사인 것이다.

그러나 국민의 신뢰를 받기 위해서는 정부가 발표한 정책을 끝까지 챙겨서 실천에 옮기는 것이 옳다고 믿는다. 이를 위해 내가 기업에서 가져다 과감하게 정부에 심은 것 중의 하나가 바로 MBO(Management By Object, 목표에 의한 관리)와 CEO미션제다.

MBO가 정통부 각 조직의 구체적인 목표를 세우고 이를 달성하기 위해 종합적인 관리를 시행하는 것이라면, CEO미션제는 기업처럼 CEO가 부하직원에게 책임량을 할당하여 점수를 매기고 인센티브를 제공하는 제도라고 할 수 있다.

2003년 말, 나는 정통부 전략회의를 열어 이와 같은 제도를 소개하고 2004년 초에 과장에서 차관까지 각자 업무목표를 기록하게 했다. '인터넷 기반시설을 깔아 인터넷 보급을 늘리겠다'는 기존의 애매한 목표가 아닌, CEO미션을 적용한 아주 구체적인 목표를 부여했다. MBO가 전체의 70~80점, CEO미션제가 20~30점의 비중을 갖도록 했다.

나는 이 제도들을 통해 불가능을 가능하게 만들어보고 싶었다. 이른바 '미션 임파서블(Mission Impossible)'. 정통부 공무원들로 하여금 초일류기업에서 하는 것처럼 '하면 된다'는 자신감과 성취감을 맛보도록 하기 위한 것이었다. 이를 위해 이전까지 듣도 보도 못한 목표가 실·국장들에게 내려졌다.

그중 하나가 '스팸메일 줄이기'였다. 스팸메일이라는 말은 미국 식품업체 호멜푸드(Hormel Foods)사의 돼지고기햄 통조림인 '스팸'에서 온 것이다. 호멜푸드는 스팸을 홍보하기 위해 대대적으로 광고를 했는데, 이런 쏟아내기식 '스팸' 광고전략은 부정적인 의미로 인식됐다. 그것이 인터넷시대에 와서 '더 이상 보고 싶지도 듣고 싶지도 않은 짜증나는 광고' 혹은 '원하지 않는 사람에게도 무차별적으로 뿌리는 어떤 것'이라는 뜻을 갖게 된 것이다.

다른 나라도 스팸메일로 골머리를 썩고 있었지만, 우리나라의 스팸메일 수는 상당히 심각했다. 2003년 공직에 와보니 국민 1인당 하루에 받는 평균 스팸메일 수가 50통쯤 됐다. 정통부에서는 그 수를 줄이는 데 전력을 기울여 2003년 말쯤에는 29통으로 줄일 수 있었다. 그러나 여전히 많은 수였다. 정보화기획실장에게 2004년 말까지 스팸메일의 수를 다시 딱 반으로 줄이라는 CEO미션을 줬다.

사실 그것은 대단히 어려운 일이었다. 정보화기획실에서 스팸메일을 줄일 수 있는 수단은 거의 없다시피 했으니 말이다. 우리가 보는 스팸메일은 그나마 KT 등에서 원래 양의 85~90% 정도 거른 것을 각 회사의 전산실에서 또 거른 것이다. 그 이상을 줄이려면 원천적인 것, 즉 스팸메일을 보내는 사람을 단속해야 하는데 그 수가 천문학적으로 많은 데다 추적하기도 어렵다는 맹점이 있었다.

그러니 정보화기획실장에게 이걸 줄이라고 명령한들 줄어들 리가 없는 일이었다. 내가 생각해도 다소 황당한 임무였다. 그런데도 정보화기획실장은 본인이 직접 KT에도 가보고 자기 조직도 일부 활용하면서 열심히 뛰기 시작했다. 통신사업자들을 불러모아 스팸을 줄여야 된다고 아우성치고 협력을 얻으러 이리저리 다니는 것 같았다. 그러더니 연말이 되니까 거짓말처럼 스팸메일이 13.8개로 줄어들어 있었다. CEO미션을 부여한 나마저도 깜짝 놀랐다. 그랬다. 아무리 어려워 보여도 하면 되는 것이었다.

차관한테는 IMD(국제경영개발원) 등에서 발표하는 대한민국 정보화 관련 지수 랭킹을 모두 세계 10위권 안에 진입시키라는 CEO미션을 줬다. IMD나 ITU(국제전기통신연합), OECD(경제협력개발기구)에서는 교육, 경제 등 각 부문별로 국가들의 경쟁력을 비교하는 랭킹을 매긴다. 이중 정보통신부문에서 우리나라의 경쟁력은 전반적으로는 톱클래스 수준으로 1등을 하는 것도 있고 2,3등 하는 것도 있었는데, 일부 평가에서는 몇십 등에 머무는 것도 있었다.

알아보니 등수가 낮은 경우는 대부분 제대로 된 최신자료를 제공하지 않기 때문이었다. 최근자료랍시고 2000년 것이 나가 있는 경우도 있었고, 해당 기관에 설명을 잘못해서 실제보다 등수가 하향조정되어 있는 경우도 많았다.

사실 랭킹이라는 것은 담당자의 평가기준에 달린 것인데, 그걸 무조건 전부 10위 안에 진입시키라는 것은 황당한 목표라고 볼 수도 있었다. 삼성전자 시절 나도 어려운 CEO미션을 많이 수행해 봤다. 9조 원의 매출을 일정기간 안에 15조로 늘리라는 미션을 달성하려고 이리저리 뛰어다녀 결국 이루어낸 적도 있었다.

우리 차관도 기업의 부사장처럼 동에 번쩍, 서에 번쩍 뛰어다니기 시작했다. 통계청에도 가고 OECD에도 달려갔다. 마침내 IMD에서 정보화관련 지수를 발표했다. 결과는 거의 모든 부문에서 10위 내 진입. 아무도 신경쓰지 않던 일에 집중적으로 신경을 쓰니까 안 될 것 같던 일도 다 되었다.

나는 종이 한 장에다 진행중인 모든 실·국장의 업무를 정리해 넣었다. 앞면에는 MBO를, 뒷면에는 CEO미션을 전부 기록해 비닐코팅을 해서 항상 들고 다니며 들여다봤다. 누구한테 무슨 미션을 줬는지 정확하게 기억하고 감독하기 위한 것이었다.

2004년 여름에는 대통령의 부름을 받고 청와대에 들어갔는데, 약 세 시간 정도 대담을 하면서 그 비닐코팅을 보여드렸다.

"이야, 이거 나도 하자고 한 건데…… 드디어 이렇게 했구먼! 다른 사람들은 왜 안 하는 거야? 그거 샘플로 여러 개 줘보세요."

대통령이 다른 부처에 비닐코팅을 나눠주면서 내년부터는 모든 부처가 이런 업무추진 방식을 도입하라는 지시를 내렸다. 그 결과 2005년부터는 모든 부처가 정통부와 비슷한 시스템을 도입한 것으로 알고 있다. 다시 한 번 공무원들을 고통스럽게 한 셈이다. 대신 다른 부처들은 정통부처럼 황당한 CEO미션을 부여하지는 않고, 각 조직 차원에서 업무

목표를 설정하고 그 결과에 따라 보너스나 승진을 연결시키는 MBO형
식을 취했다.

　MBO와 CEO미션을 1년간 시행한 2004년 말, 나는 직원들에게 자신
의 업무목표 성취도를 스스로 평가해 오라고 했다. 이것도 민간기업 방
식으로, 자기평가를 바탕으로 윗사람들이 다시 평가해서 보너스를 결
정하는 식이다. 차이가 있다면 정부의 보너스 액수가 적다는 것 정도.
　결과를 보니 평균점수가 94점이었다. 자기가 잘 못했다고 점수를 제
일 짜게 준 사람이 80 몇 점이었고, 85점도 몇 사람 있었다. 본인이 잘
했다고 하는 사람은 98점 정도도 써가지고 왔다.
　회사에서 휘하의 임원과 부장들을 평가해 본 경험에 의하면, 자기 점
수를 써내는 성향도 가지가지다. 자신이 점수를 낮게 쓴다고 최종평가
점수를 낮게 받을 리도 없는데 굳이 높게 쓰는 사람이 있는가 하면, 솔
직하게 낮게 쓰는 사람도 있다. 나는 보통 실적이 아주 좋은 해라도 자
기평가를 85점 정도로 매겼다.
　99점을 써가지고 오는 사람들도 있는데, 잘 관찰해 보면 대부분 일을
못하는 사람들이다. 보통 자기관리가 철저한 사람일수록 점수를 짜게
쓰는 경향이 있다. 자기가 더 하고 싶었는데 그만큼 못했다는 표현인
데, 점수를 90점 밑으로 쓰는 사람들이 일을 훨씬 잘하는 경우가 많다.
　정통부의 평균점수 94점의 정체를 알아보려고, 그 점수대에 걸친 우
리 공무원들을 불러다가 물어봤다. 직원들은 아주 곤란한 표정을 지으
면서 90점 밑으로 쓰면 잘릴 것 같고, 97·98점 쯤을 쓰면 괘씸죄에 걸
릴 것 같아 94점 정도를 적었다고 했다. 내가 직접 정통부 직원들의 최
종점수를 매겼더니 96점이 나왔다. 그 말인즉, 정부부처로서 하고자 하
는 일의 96% 정도를 달성했다는 뜻이다.
　예전 같았으면 이런 사안은 챙기지도 않았을 것이므로 한 해 동안 얼

마나 업무를 달성했는지 알 수도 없었을 것이다. 목표의 96% 정도를 달성할 정도면 선진국에 비해도 나무랄 데 없는 일급정부에 속한다. 그리고 정부가 하겠다고 공고한 정책들을 정말 실행했는지, 얼마나 잘했는지를 되돌아보고 평가할 수 있다.

내가 지금 정말 잘하고 있는지는 알 수 없는 일이지만, 나는 정부가 기업시스템의 장점을 꾸준히 벤치마킹해 나간다면 국민과의 약속을 잘 지키는 신뢰받는 조직으로 거듭날 것이라고 믿는다. 대통령께 같은 내용을 보고했더니 웃으며 말씀하셨다.

"진 장관, 이제 공무원들 좀 그만 못살게 구소."

진 장관이
기획예산처
장관 하세요

나는 예산 항목을 정확하게 10% 줄이라는 CEO미션을 부여했다. 나중에 알아보니, 대한민국 정부 수립 이래로 부처에서 자체적으로 예산을 줄인 것은 처음 있는 일이었다.

나는 정통부에 들어온 이후 업무의 효율성을 높이기 위해 파워포인트와 MBO, CEO미션제 등 기업경영을 정부정책에 꽤 많이 접목했다. 내가 이렇게 여러 가지 정부혁신을 시도하자 정보통신부 내부는 물론 다른 정부부처에서도 "정통부 때문에 못살겠다"는 앓는소리가 들려왔다. 대통령이 정통부의 혁신을 접할 때마다 "다른 정부기관들도 정통부만큼 해보시오"라고 주문하는 바람에 상당한 중압감으로 작용한 모양이다.

그런데 본의아니게 다른 부처를 괴롭힌 사건이 또 있었다. 그것도 민감하기로 치면 둘째가라면 서러울 '예산' 문제로.

처음에 정통부 예산을 들여다보니 항목이 엄청나게 많은데 그 항목들이 다 비슷비슷했다. 이유를 알아보니 기획예산처에 가서 예산을 많이 받아내기 위한 일종의 '꼼수'였다. 어차피 기획예산처에서는 유사한 항목을 구분하기 어려울 테니 고의로 세분화시켜 그 수를 늘리는 방법을 사용해 온 것이다. 그러나 내 눈을 속일 수는 없었다.

나는 항목을 줄이기로 했다. 그러면 자연히 소요되는 국가예산이 줄어들 것이었다. 나는 당장 내년 예산계획서를 퇴짜놓았다. 정통부에서 가장 중요한 사업인 'IT839'의 3에 해당하는 광대역통합망 예산보고도 세 번이나 돌려보냈다. 광대역통합망을 담당하는 과장은 이게 핵심 중의 핵심사업인지라 자기는 절대로 예산이 안 깎일 거라고 자신했다고 한다. 가장 중요한 프로젝트마저 이러니 다른 항목들은 모두 설설 길 수밖에 없었다.

정통부 예산을 관리하는 노준형 기획관리실장에게 2005년 예산의 항목을 정확하게 10% 줄이라는 CEO미션을 부여했다. 그러자 그는 한술 더 떠 항목을 15%나 줄이는 데 성공했다. 자연히 예산도 6%나 감소되는 결과를 가져왔다. 나중에 알아보니 대한민국 정부 수립 이래로 부처에서 자체적으로 예산을 줄인 것은 처음 있는 일이었다.

2004년 6월 어느 토요일, 대통령이 국무위원들을 다 불러놓고 예산회의를 주재하셨다.

"톱다운(Top-down) 제도로 예산을 배분할 예정이니 주어진 전체 예산을 서로들 많이 가져가려고 하겠지요? 주말에 2박3일 정도는 회의를 해야 뭔가 해결이 되지 않을까 싶은데, 시간도 별로 없고 하니 오늘 하루종일 토론을 해서 결론을 만들어보도록 하지요."

먼저 기획예산처가 보고를 하고 이어서 각 부처별로 소견을 얘기하는 순서가 되었다. 예산을 가장 많이 필요로 하는 보건복지부·국방부·교육부 장관이 먼저 이런저런 이유로 예산이 더 많이 필요하긴 하지만, 올해 예산보다 물가상승률 정도만 올리겠다고 발표했다. 이어서 몇몇 장관은 연속사업은 괜찮으나 신규사업이 늘어나 상당한 예산이 더 필요하다고 보고했다.

대통령은 기획예산처 장관으로부터 사전에 보고를 받아 정통부는 예산을 오히려 삭감했다는 사실을 이미 알고 계셨다. 비밀에 부친 일이었지만, 이 사실을 전해들은 기획예산처나 일부 청와대 인사들도 믿기지 않는 일이라고 평했다.

나는 그때까지 일부러 침묵을 지키며 앉아 있었다. 다른 부처에서 서로 예산을 더 타내려고 안간힘을 쓰는데, 우린 줄였다고 얘기하면 찬물을 끼얹는 격이 될 것이기 때문이었다.

잠깐 휴식시간이 있고 회의가 재개되었을 때 대통령이 운을 떼셨다.

"다른 사람들은 예산 짤 때 있었던 얘기 좀 안 합니까? 휴식시간도 끝났는데 좀 다른 얘기들은 없나요?"

눈치를 보니까 나더러 이제 슬슬 발표를 시작하라는 일종의 사인 같았다. 얼마 후 정통부 차례가 되었다.

"저희는 자발적으로 예산을 줄였습니다. 항목을 15% 정도 줄였고 전체 예산도 약 6% 정도 감소시킬 수 있었지만, 선택과 집중을 통해 일을 하는 데는 지장이 없도록 했습니다."

다들 깜짝 놀랐다. 기획예산처 장관이 예산을 어떻게 줄일 수 있었는지 말해달라고 요청했다. 내가 유사항목을 줄이고 불필요한 예산을 삭감했다고 하자 기획예산처 장관이 빙그레 웃으며 말했다.

"앞으로 정통부 장관이 기획예산처 장관 하세요."

엄숙한 회의장에 웃음이 번져나갔다. 내가 받아쳤다.

"사실 정통부에서 기획예산처 장관을 헷갈리게 해 예산을 더 타낼 수는 있어도 우리 직원들이 저를 상대로 그럴 방법은 없지 않겠습니까? 우리 정통부에서 제가 기획예산처 장관 역할을 하고, 제 밑에 있는 기획관리실장이 예산실장 역할을 했으니 돈을 더 따낼 방법이 없었을 것입니다."

대통령이 그 얘기를 듣고는 시원하게 웃으셨다. 이어서 몇몇 장관이 더 발표를 했지만 누구도 예산을 더 달라고 주장하기가 어려워졌다. 원래 회의가 오후 5시까지로 예정되어 있었는데, 정오쯤 되니까 거의 모든 회의가 끝나 있었다. 대통령이 말씀하셨다.

"분위기를 보니 예산이 거의 판가름난 것 같습니다. 할 얘기도 다들 한 것 같으니 점심이나 먹고 집에 가도 되겠네요."

어리둥절해하면서도 토요일이라 다들 좋아했다. 그러나 점심을 먹고 나와보니 문제가 생겨 있었다. 운전기사들이 하나도 보이지 않는 것이었다. 회의가 적어도 5시는 돼야 끝날 걸로 알고 기사들이 다같이 등산을 가거나 개인적인 일을 보러 가버린 것이다. 토요일이라 길도 막히고 해서 기사들이 돌아오는 데 꽤 긴 시간이 걸렸다. 다들 점심을 먹고 약한 시간씩은 기다린 후에야 집으로 돌아갈 수 있었다.

디지털TV 전송방식 협상의 고통과 교훈

이 기나긴 진통을 경험하면서 나는 소중한 교훈을 얻었다. '이 중차대한 문제의 해결도 결국은 사람과 사람 사이의 일이지, 결코 기술이나 논리만으로 해결되는 것이 아니구나.'

뜨거운 감자를 손에 쥐다

참여정부가 출범하자마자 그동안 잠복되어 있던 각종 사회갈등이 터져나왔다. 2002년 월드컵 축구에서 보여준 우리 국민의 결집된 에너지는 미선이·효순이 추모 촛불시위로 이어졌고, 노조와 환경단체 및 NGO 등도 각계의 권익을 대변하면서 제각각 목소리를 내기 시작했다. 교육부의 NEIS, 농림부의 새만금 물막이 공사, 산업자원부의 방폐장 건설, 건설교통부의 화물연대 파업 등 거의 모든 부처가 커다란 사회갈등에 직면해 있었다.

이런 와중에 정보통신부도 국민의 목소리로부터 자유롭지 못했다. 디지털TV 전송방식과 관련된 갈등이 있었기 때문이다. 디지털TV를 지상파로 송출하는 방식에는 크게 두 가지가 있다. 하나는 미국을 중심으로 만든 ATSC방식이고, 다른 하나는 유럽에서 만든 DVB방식인데 편의상 미국식, 유럽식이라고 불린다.

미국식의 경우 가장 큰 특징은 선명한 화질을 보장한다는 것인데, 이동성은 떨어진다는 결점이 있었다. 반면 유럽식은 주로 이동성에 초점을 맞추고 있었는데, 사양 선택에 따라 이동성이 좀 약화되더라도 고선명 화질을 선택할 수 있게 하는 등 보다 유연한 방식을 채택하고 있었다.

문제는 우리나라가 1997년에 이미 미국식으로 표준을 결정했다는 점이었다. 당시에는 미국식과 유럽식 모두 기술개발이 완벽하지 않은 상태인데다 특히 유럽식은 표준이 제대로 잡혀 있지도 않았기 때문에, 우리로서는 철저한 비교실험을 못해본 상태에서 미국방식을 채택한 것이었다. 그때로서는 그럴 수밖에 없었던 것이, 하루라도 빨리 디지털TV 시장을 따라잡기 위해서라도 먼저 표준을 정한 미국식을 선택해야 했던 것이다.

그러다가 유럽의 표준이 확정되면서 영국, 독일 등 유럽식을 채택한 나라들은 이동중에도 디지털TV를 볼 수 있다는 얘기가 나왔고, 일부 국내 방송사의 기술진이 유럽식을 옹호하면서 미국식 전송방식에 결함이 있다고 지적하기 시작했다. 그러면서 어떤 방식이 더 좋은지 테스트해 보자는 주장이 강하게 제기되었다.

그러나 정부당국자는 "97년에 정부, 방송사, 전문가들이 모여 이미 결정한 것을 가지고 이제 와서 왜 그러느냐?"는 식으로 적극적인 대응을 하지 않았던 것 같다. 그러자 방송노조는 2000년부터 본격적으로 이의를 제기하면서 유럽식이 이동중에 수신이 양호하다는 실험결과가 있으니 유럽식으로 디지털TV 전송방식을 변경해야 한다고 주장하기 시작했다. 그후 9월에 정기국회가 열리고 국정감사가 있을 때면 단골메뉴로 이 디지털TV 전송방식 변경에 대한 국회 질의가 있었고 언론노조의 성명서도 잇달아 발표되곤 했다.

노 대통령도 선거공약으로 디지털TV 전송방식을 재검토하겠다고 했는데, 참여정부가 시작되자 언론노조는 다시금 디지털TV 전송방식 변경을 강력하게 요구했다. 처음에는 MBC 정도만 주장하는 것 같더니, 나중에는 비교적 중립적인 자세를 취하던 KBS마저도 디지털TV 전송방식에 대해 전면적으로 재검토해야 한다는 의견을 내기 시작했다. 급기야 언론노조는 연일 방송주권과 시청자의 권익을 내세우면서, 미국식을 주장하는 정보통신부는 해체되어야 한다는 성명을 냈고, 이에 호응하는 많은 시민단체도 정보통신부를 비난하기 시작했다.

이런 와중에 정보통신부 장관으로 취임한 나는 난감하지 않을 수 없었다. 삼성에서 디지털TV사업을 수년간 해보았지만, 전송방식을 변경하는 것에 대해서는 관심을 가져본 적이 없었다. 아무리 생각해 봐도 간단한 문제 같지가 않았다.

우선 국내에는 이미 거의 150만 대 정도의 대형디지털TV가 팔려나갔는데, 만약 유럽식으로 변경하면 고화질을 보기 위해 TV를 산 사람들에게 손실이 발생하니 정부에 변경에 따른 책임을 묻는 소송이 제기될 수도 있었다.

그렇다 보니 정통부 내부에서는 97년에 합법적으로 확정되어 이미 주 13시간 이상 고화질방송을 하고 있는 미국식 전송방식을 절대로 바꿀 수 없다는 의견이 지배적이었다. 여러 차례 공청회도 하고 토론회도 했지만 양쪽의 의견은 팽팽하게 평행선을 달릴 뿐이었다.

아무리 노력을 해도 도무지 해결의 기미가 보이지 않았다. 이래서는 안 되겠다는 생각이 들기 시작했다. 우선은 나부터 고정관념을 버리고 유럽식이 미국식보다 더 나을 수도 있다는 언론노조의 주장에 마음을 열기로 했다. 그래서 기술적인 측면에서 검토도 해보고 전문가들을 불러 여러 차례 자문도 받았다.

그렇게 하다 보니 실제 이론적인 면에서는 유럽식이 우월하다는 생각도 들었다. 그래서 정통부 직원들에게 미국식을 버려야 하는 최악의 상황까지도 검토해 보라고 지시를 내렸다. 또한 언론노조에 동조하여 전송방식을 변경해야 한다고 주장하는 소비자연맹 등의 시민단체들도 만나보았다.

어쨌든 중요한 것은 모두가 수용할 수 있는 합의점을 찾는 일이었는데, 그런 의미에서 나는 언론노조와 방송위원회에서 요구하는 비교실험을 수용하기로 마음먹었다. 이왕이면 확실하게 비교실험을 하기 위해, 이미 유럽식과 미국식으로 방송하는 나라에 직접 가서 직접 보고 측정하기로 했다. 그래서 미국·캐나다·멕시코 등 미국식 방송환경을 둘러보고, 영국·독일·싱가포르·대만을 거쳐 호주를 방문하는 약 한 달간의 실사가 추진되었다.

하지만 비교실험이라는 것이 그리 만만치 않았다. 실사팀은 물리적으로 같이 다니기는 했지만, 사사건건 마찰을 일으키고 같은 사안을 보고도 너무나 판이하게 해석하는 등 서로 자신에게 유리한 쪽으로만 결과를 도출하려고 했다.

따라서 실사팀이 돌아온 후에도 공통된 결론에 도달하지 못하고, 급기야는 어느 쪽의 주장도 완벽하게 맞지 않는 상황이 연출되고 말았다. 그런데도 MBC에서는 실사결과를 종합적으로 정리한 시사프로그램을 방영했는데, 그 내용은 물론 유럽식이 훨씬 좋다는 방송노조의 주장이 주였다. 누구라도 이 프로그램을 보면 정통부가 이유없이 미국식을 주장한다고 생각할 수밖에 없었는데, 이 프로그램을 본 대통령은 아마 화가 단단히 나신 듯했다.

이튿날 아침 대통령이 전화를 걸어 국무회의에서 자초지종을 보고하라고 하셨다. 또 청와대 수석회의에서는 정통부에서 디지털 전송방식을 해결하지 못하는 것 같으니 청와대에서 특별위원회를 구성해 중립적이고 새로운 관점에서 검토하라고 지시하셨다고 한다. 이는 정보통신부와 나에 대한 불신임이나 마찬가지였다. 그야말로 위기일발의 순간이었다.

귀한 옥동자 DMB

나는 마음을 가다듬고, 진정으로 시청자와 국민을 위한 길이 어느 쪽일지 고민했다. 유럽식으로 하려면 환경문제가 발생할 수도 있는 송신탑을 산 위에 대거 세워야 하는데, 이렇게 해서 과연 몇 사람이나 이동중에 TV방송을 보겠는가 하는 의문이 생겼다. 운전중에는 당연히 볼수 없는데, 그 일부의 시청자를 위해 방송사에서 이미 일주일에 10시간 이상 방영하고 있는 고화질방송을 포기해야 하나 싶었다.

또 150만 대 이상 팔린 수상기는 어떻게 할 것인가? 만약 전송방식이 바뀌면 기업에서 부담해야 하는 수리비용이나 기회손실이 적어도 10조 원은 넘는다는데 이는 어떻게 처리할 것인가?

도무지 정리가 되지 않았다. 나는 양쪽의 전문가를 각각 세 명씩 모아 토론해 보도록 했다. 다행스럽게도 그 와중에 해결의 실마리를 찾을 수 있었는데, 그것은 미국식을 포기하더라도 특별한 대안이 없다는 점이었다.

모든 것을 양보해 유럽식으로 바꾼다고 하더라도, 유럽방식은 영국 다르고 독일 달라서 대체로 이동이면 이동, 고화질이면 고화질 둘 중하나에 초점을 맞춰야 할 뿐 그 둘을 동시에 만족시키는 방식은 아직 없다는 것이었다. 이 때문에 일본도 어느 하나를 선택하지 못하고 결국 일본식을 새로 개발하고 있는데, 그 와중에 5년이나 시간이 흘렀고 급기야는 우리나라보다도 늦어지게 되는 등 어려움을 겪고 있다는 사실도 알게 되었다.

그런데 정말 다행스럽게도, 이 와중에 이런 모든 고민을 말끔히 해결해 줄 하나의 대안이 탄생했다. 궁하면 통한다고 했던가! 정통부는 유럽식의 주장을 일부 받아들여 2003년부터 이동수신에 약한 미국식 수신의 단점을 보완할 새로운 방식을 연구하고 있었는데, 그 결과물이 그 즈음에 나왔던 것이다.

우리가 착안한 것은, 이동중에는 대형TV를 탑재하지 않는다는 점이었다. 그래서 작은 화면에 딱 맞는 데이터 양만 보내면 되는 방식을 개발했는데, 그게 놀랍게도 수신이 아주 잘되는 것이었다. 이 기술은 유럽에서 개발한 라디오방송용 규격에 비디오 압축기술을 개발해 접목한 것으로, 오늘날 DMB(Digital Multimedia Broadcasting)로 불리는 바로 그 기술이다.

DMB를 개발한 후 시험주행을 해봤는데, 정보통신부 광화문 사무실에서 여의도 국회까지 가는데 한 번도 끊기지 않았다. 송출기는 관악산에 있는 송신탑에 매달려 있었는데, 멀리는 천안까지도 잘 보였다고 했다. 큰 건물이나 산 뒤뿐 아니라 짧은 터널에서도 잘 보일 정도였다.

나는 이 DMB를 이용해 디지털 전송방식을 일거에 해결하는 논리를 만들어냈다. 우선 디지털TV의 수요자를 예측해 보았다. 수요자 중에는 집 안에 앉아 고화질TV를 보기 원하는 사람이 있을 것이고, 이동중에 수신이 잘되는 디지털TV를 보고자 하는 이들도 있을 것이다. 하지만 운전중에 TV를 보려는 사람은 방 안에서 TV를 보는 사람보다는 많지 않을 것이고, 오히려 휴대용TV를 보고자 하는 수요가 많을 것 같았다. 우리나라는 이동통신 가입자가 3천 500만 명이나 되는데, 이들이 휴대폰으로 TV를 보게 된다면 그 수요는 틀림없이 엄청날 것이었다.

그렇다면 집 안에서 편안하게 TV를 볼 사람은 고화질방송이 가능한 미국식으로 보고, 이동용이나 휴대용으로 볼 사람은 DMB방식으로 보면 문제는 간단히 해결될 것 아닌가. 즉, 디지털TV 전송방식을 한 가지로만 고집하지 말고 각자의 장점을 활용해서 이용한다면, 그야말로 누이 좋고 매부 좋은 일이 되는 것이다. 감사기도가 절로 나왔다.

드디어 국무회의가 열리던 날, 대통령의 표정은 상당히 굳어 있었다.

"디지털TV 전송방식에 문제가 많은 모양이지요? 어떻게 되고 있는지 설명 좀 해보세요."

나는 극도로 긴장된 상태에서 보고를 시작했다.

나는 여러 나라에 실사팀을 파견해 파악한 내용과 미국식과 유럽식의 장단점, 또 만약 방식을 전환하거나 혹은 안 했을 때 생기는 국민부담을 최대한 중립적인 입장에서 설명하기 위해 노력했다. 그러고 나서마지막으로 내가 생각하는 최선의 방안을 말씀드렸다. 이미 방송하고 있는 미국식에 DMB라는 방식을 접목하면 될 것 같다고. 또 이제 남은 일은 언론노조와 방송사 경영진을 설득하는 것이라고.

대통령은 약간 마음을 놓으시는 것 같았다.

"그거 참. 이 말 들으면 이런 것 같고 저 말 들으면 저런 것 같은데, 그래도 우리 정통부 장관 말을 들어야겠지요? 정통부에서 맡아서 해결하는 것으로 하겠소. 언론노조와 방송사와 대화를 많이 해서 해결을 보도록 하고, 한 달 뒤인 연말에 다시 보고하도록 하세요."

나는 안도의 숨을 내쉬었다. 일단 정통부가 폐업되고 나 자신도 불신임당하는 위기에서는 벗어난 것이다.

그러나 일이 다 끝난 것은 아니었다. 방송노조는 디지털TV 전송방식을 변경하라고 연일 농성을 하고 있었고, 연말까지 시 · 도별 디지털 전환시기를 연기하지 않으면 파업을 불사하겠다고 선언하고 나섰다. 상상을 해보시라. 방송국이 파업을 해서 3천만 국민이 애청하는 TV가 안나오고, 그것이 다름아닌 무대포 정보통신부 탓이라면? 등골에 식은땀이 줄줄 흘러내렸다.

해결책은 사람과 사람 사이에 있다

나는 언론노조 등 유럽식을 주장하는 이들을 어떻게 설득할지 고민했다. 우선은 파업을 불사하겠다는 방송노조의 의견을 받아들여 디지털 전환시기를 연기하겠다고 발표했다. 그리고 오히려 시간을 벌었으니 보다 차근차근 협상하며 대안을 찾아가기로 했다.

일단 우리가 대안을 마련했으니 상대편에서 마음을 열고 우리 의견을 들어주기만 하면 일이 풀릴 것 같았다. 그래서 그동안 상대편과 계속 신경전을 벌여온 정통부의 실무자를 대다수 바꿔 언론노조와 대화가 잘되고 협상을 잘하는 인원으로 교체했다. 심지어 전파방송국장의 책상 배치도 바꿨다.

내가 기업에 있을 때 내 사무실은 세종로에 접해 있는 건물에 있었는데, 그 건물에 있는 모든 사장급의 책상은 예외없이 남쪽을 향하고 있었다. 그게 풍수지리적으로 좋다는 것이었다.

장관인 내 책상도 남쪽을 향하고 있었는데, 어느 날 우연히 전파방송국장의 방에 들러 보니 책상이 북쪽을 향하고 있지 않은가. 누가 이렇게 배치했느냐고 물었더니, 바로 전임국장이 온 이후에 그렇게 바꿨다고 했다. 좀 미신적인 얘기지만, 전임국장이 보임된 이후로 디지털TV 전송방식에 대한 논란이 심해진 것은 사실이었다. 나는 바로 책상 방향을 남쪽으로 바꾸라고 지시했다. 지금 생각하면 좀 우스운 일이지만, 그 당시에는 정말 그만큼 상황이 절박했다.

어쨌든, 다행스럽게도, 풍수지리설 때문인지 협상팀을 바꿔서 그랬는지, 그후로는 언론노조와의 대화가 상당히 잘 진행되었다. 우리는 유럽식이 좋다는 언론노조의 주장이 일부 맞기도 하지만, 현재 유럽식으로 바꾸는 것은 엄청난 부담이 되고 무엇보다 DMB라는 새로운 대안이 개발되었으니 한번 더 머리를 맞대고 고민해 보자고 제안했다.

특히 DMB가 유럽방식의 일환이며 언론노조가 지속적으로 주장해 온 유럽방식의 이동성을 최대한 이용해 만든 우리만의 기술이라는 사실을 강조했다. 사실 어떻게 생각하면, 오늘날 DMB가 탄생할 수 있었던 데는 언론노조의 힘이 컸다. 언론노조에서 지속적으로 이동수신이 좋은 유럽방식을 고집한 덕분에 DMB가 발명되었으니 말이다.

다행히 KBS 정연주 사장이 DMB를 포함해 모든 가능성을 점검해서 국민과 시청자를 위한 최선의 방안을 찾자는 의견을 피력했고, 서로가 조금씩 양보하면서 의견차이가 상당히 좁혀졌다. 이렇게 서로가 서로에 대한 믿음을 갖고 대화를 해나가자 해결의 실마리가 풀리기 시작했다. 이 진통을 경험하면서 나는 소중한 교훈을 얻었다. '이 중차대한 문제의 해결도 결국은 사람과 사람 사이의 일이지, 결코 기술이나 논리만으로 해결되는 것이 아니구나.'

우리는 서로가 윈-윈(Win-Win)할 수 있는 방안을 빠른 시일 내에 결정하기로 했고, 그 와중에 발생할 수 있는 모든 가능성을 열어놓기로 했다. 계속된 협의과정 속에서, 일단 고정식은 미국식으로 정하는 데 합의를 볼 수 있었고, 대신 이동식은 좀더 연구해 보기로 했다. 언론노조에서는 당시 DMB와 비슷한 시기에 개발되고 있던 노키아의 DVB-H라는 이동수신기술에 대해서도 문의해 왔는데, 우리는 그 기술이 실제 어떤지, 언제 상용화될 수 있는지 알아보고 DMB와의 비교를 통해 더 나은 방법을 선택하기로 했다.

결국 우리는 여러 가지 실험을 통해 DMB기술의 탁월성을 증명할 수 있었고, 그렇게 해서 7년여를 끌어오던 디지털TV 전송방식에 대한 논쟁은 막을 내리게 되었다.

그후 지금까지도 디지털TV 전송방식에 대한 논란은 다시 일어나지 않았으니 서로에게 만족스러운 결론에 도달한 것이 틀림없다. 게다가 그 와중에 우리는 DMB라는 옥동자를 얻게 되었는데, 현재 DMB는 우리나라뿐만이 아니라 세계의 표준으로 우뚝 서는 영광을 차지하고 있다. 참으로 자랑스러운 일이 아닐 수 없다.

사실 당시만 해도 우리는 그런 결과까지는 예측하지 못하고, 다만 서로가 만족할 만한 결과를 도출할 수 있었다는 데 대해 흐뭇해했다. 지금 생각해도 참으로 지난한 과정이었지만, 정말 소중한 의사결정 과정이었다.

내가 경험한 공무원, 그들을 변호한다

나는 어떤 일이든 사람이, 인재가 가장 중요하다고 생각한다. 일이 란 결국 사람이 하는 것이기 때문 이다.

"장관님, 좌우명이 뭐예요?"

"일일학 일일신(日日學日日新). 매일매일 배 우고 매일매일 새로워져야 한다는 뜻이지. 한 살이라도 젊었을 때 스스로 경쟁력을 키워야 한다는 말도 되고."

'호프앤드호프데이(Hof & Hope Day)'에서 어 떤 직원이 물은 말이다. 호프앤드호프데이란 정통부에서 매달 마지막주 금요일 저녁, 실 · 국별로 모든 공무원이 호프집에 모여 희망 (Hope)을 이야기하는, 장관과 평직원 간의 '대 화의 장'이다. 평직원들이 장관을 아주 가까이 에서 만나 평소에 할 수 없던 이야기를 허심탄 회하게 할 수 있는 자리를 만들자는 취지로 시 작했는데, 사실은 내가 더 즐기고 있다.

나는 무엇보다 젊은이들과의 대화를 즐긴다. 젊은이들과 어울려 사사로운 이야기부터 그들 의 희망까지 듣고 말할 수 있다는 것은 얼마나 재미있고 신나는 일인가. 이 테이블 저 테이블 옮겨다니며 젊은 직원들과 호프잔을 기울이고 허물없는 대화를 나누면서, 나는 위에서 내려 다봐서는 절대 알 수 없는 많은 깨달음과 정보 를 얻는다. 이를 정책결정이나 부처운영에 적 극 반영함은 물론이다. 상호 공감대를 형성하 고 상하간 일체감을 조성하기에는 정말 좋은 이벤트가 아닌가 싶다.

공무원사회의 큰 특징 중 하나가, 상하 위주

의 조직으로 자기 부서에서는 일이 잘되는데 다른 부처와는 일이 잘되지 않는다는 것이다. 호프앤드호프데이는 직급별, 비고시(非考試), 여직원, 총괄 주사 같은 직원들을 수평적 네트워크로 재조직해 서로 의사소통할 기회를 마련하는 데 적잖이 기여했다. 이후 이 행사가 조직에 많은 기여를 한다는 평가를 받으면서 중앙인사위원회 등 2~3개 중앙부처에서 벤치마킹해 가기도 했다.

나는 호프앤드호프데이 행사 때마다 해당 부서의 우수직원 2~3명을 뽑아 창의력과 도전정신을 상징하는 '카우보이모자'를 선물로 준다. 때로는 카우보이모자를 직접 써 보이며 직원들과 건배를 한다. 분위기가 무르익으면 직원들과 어깨동무를 하고 〈사랑으로〉라는 노래를 부르며 행사를 마무리한다. 이 행사에 소요되는 비용은 직원 1인당 1만 5천 원 정도인데, 가끔 내가 '쏠' 때도 있지만 해당 실이나 국이 부담하도록 되어 있다.

직원들과 어울리면서 나는 공무원들이 과중한 업무에 시달리다 보니 가정을 잘 챙기지 못한다는 사실을 알게 되었다. '공무원＝칼근칼퇴'로 알고 있던 나는 깜짝 놀랐다. 그래서 매주 수요일을 '정보통신부 가정의 날'로 지정해 직원들의 정시퇴근을 독려했다. 그래도 타성에 젖어 혹은 상사 눈치를 보느라 수요일에도 늦은 시간까지 책상에 앉아 있는 직원들도 있는데, 그들이 내 눈에 띄면 내가 직접 집으로 쫓아버렸다.

그러나 늦게까지 밀린 일을 다 처리한 후 귀가하는 습성은 여간해서는 없어지지 않는 것 같다. 또 우리만 그래봐야 별 소용도 없었다. 다른 부처나 국회 등에서 긴급하게 자료를 요청하는 등 업무협조를 구하면 어쩔 수 없이 야근을 할 수밖에 없기 때문이다.

나는 어떤 일이든 사람이, 인재가 가장 중요하다고 생각한다. 일이란 결국 사람이 하는 것이기 때문이다. 정부에 와서 일을 해보니 공무원들

정통부 '호프앤드호프데이'의 한 장면. 매달 마지막주 금요일 저녁에 열리는 이 행사는 장관과
평직원이 격의없이 호프잔을 기울이며 대화를 나누는 장이다.

이 아주 유능했다. 어디 내놔도 모자랄 것 없는 엘리트들도 수두룩했
다. 조직에 대한 충성도와 소명의식은 민간기업을 상회하는 수준이었
다. 하지만 공무원들은 대체로 업무경험이 일천하다는 인상을 받았다.
기업에 비해 세일즈나 마케팅, 투자유치나 연구개발 같은 실제적인 경
험이 비교적 적은 편이었다.

　나는 기업과 공직사회의 차이도 조금씩 이해하게 되었다. 우선 기업
은 기업경영을 통한 결과가 매출이라든가 이익으로 명확하게 표현된

다. 또한 기업의 CEO는 시장정보나 경쟁사 동향 등 향후 일어날 일에 대한 정확한 정보를 확보하거나, 또는 미래를 내다보는 통찰력을 갖고 의사결정을 하고 일을 추진한다. 그만큼 추구하는 가치가 단순해, 어떤 때는 100% 확신이 설 때까지 기다리다가 기회손실을 발생시키기보다 70% 정도만 맞아도 나머지는 리스크를 안고 추진하기도 한다.

그러나 공직사회는 95%가 동의하더라도, 나머지 5%의 주장에 무시하지 못할 가치가 내재되어 있다면 이해당사자가 공감할 때까지 인내심을 갖고 대화와 협상을 해야 한다. 이를 잘못 취급하는 경우 그 5%가 전체의 문제로 부각되는 경우가 왕왕 있기 때문이다. 그 대표적인 예가 고속전철이 부산까지 한 번에 건설되지 못하고 대구에서 중단된 일이다. 천성산 도롱뇽서식지가 손상된다며 고속전철 건설을 반대하는 일부 국민의 목소리를 함부로 무시할 수 없었던 것이다.

공직사회의 어려움은 바로 이런 데 있다. 이해당사자가 너무 많고 또 너무나 다르며 상반된 가치판단이 얽혀 있는 것이다. 국민 전부를 대상으로 하니 여러 상반된 부분집합이 있을 수밖에 없다. 가난한 사람과 부자, 어른과 아이, 도시와 농어촌, 개발과 환경보존, 대기업과 중소기업, 기업과 소비자, 여당과 야당, 고용인과 피고용자, 심지어 정부 내에서도 부처에 따라 입장이 다른 사안들이 있다.

게다가 정부에서 추진하는 일들은 데이터를 만들기조차 어려울 때가 많다. 부동산가격을 잡기 위한 정책이 오히려 아파트가격을 올리는 일이 발생하기도 하는데, 이는 소비자들의 행동양식에 대한 예측데이터가 없기 때문이다. 그런 데이터는 앙케트조사를 해야 하는데, 조사데이터를 만들기도 어렵고 정확하다고 확신하기도 어렵다.

중소기업정책의 경우도 중소기업의 현황에 대한 데이터가 부족하고, 부분적으로 가지고 있더라도 그 정책에 대해 어떤 반응을 보일지 예측하기가 아주 어렵다.

이런 상황에서 많은 상반된 이해당사자들을 대상으로 정책을 수행하기란 무척 어려운 일이다. 게다가 정부의 정책을 비판하는 기능을 본업으로 하는 국회, 언론, 시민단체들이 특정 이해당사자의 문제점을 부각시키면 아무것도 할 수 없는 경우가 발생하게 된다. 또 일이 잘못될 경우 발생할 수 있는 감사원의 감사도 두렵다.

나 또한 공직에 있으면서 국회의 국정감사 등 감사를 여러 번 당했고, 심지어는 검찰에 가서 심문을 받고 오는 경우도 목격했다. 감사를 받는다는 것 자체도 힘든 일이지만 감사를 받고 나면 누군가는 꼭 징계를 받게 되니 몸을 사리지 않을 수 없다. 그러니 공무원이 복지부동(伏地不動)하게 되는 것이다. 많은 경우 공무원들이 현장은 등한시하고 탁상행정을 한다고 비난하는데, 맞는 말이기도 하지만 그렇게 될 수밖에 없는 이유가 이런 데 있다.

또 별다른 인센티브가 없으니 역시 승진이 가장 큰 관심거리인데, 승진을 위해서는 일을 잘하는 것도 중요하지만 그보다는 과오나 실수가 없어야 한다. 따라서 무슨 일이든 색다르게 또는 창의적으로 과감하게 추진하는 것을 주저할 수밖에 없는 것이다. 위험(Risk)은 있는데 보상(Reward)이 충분하지 않다고 할까.

일을 잘하더라도 연봉이 차이나는 것도 아니고 따로 보너스가 있는 것도 아니다. 그래도 그저 순수하게 국가를 위해 묵묵히 공직을 수행하는 공무원들도 많다. 나는 많은 공무원이 밤늦게까지, 또 주말을 반납하면서까지 열심히 일하는 것을 자주 보아왔다. 그때마다 정말 고맙고도 안타깝다는 생각을 하게 된다.

이런 마당에 공직사회에 기업과 같은 과감하고 재빠른 정책수행을 기대하는 것은 애당초 기대치가 너무 큰 것 같다. 나 또한 공직사회에 발을 들여놓기 전에는 몰랐지만, 몇 년간 공직생활을 함께하면서 그들의 어려움을 깊이 이해할 수 있었다.

국민들이여, 공무원들을 욕하고 야단치지만 말고 어려운 일 하고 있다고 이해해 줍시다. 또 그들도 같은 국민의 한 사람이니 아껴주고 존중해 줍시다.

나는 **작명의 전문가**

나는 여러 가지 기술이나 시설, 정책 등에 이름붙이기를 즐겨 한다. 그렇게 함으로써 사업의 관심과 흥미를 일깨우고 또 핵심내용을 쉽게 전달하기 위한 것이다.

'작명의 전문가.' 나는 내가 공직에 있으면서 새롭게 추진한 일들에 대해 독특한 이름을 지어 붙이곤 했는데, 이를 정통부 출입기자들이 알고 나에게 붙여준 별명이다. 실제로 나는 여러 가지 기술이나 시설, 정책 등에 이름붙이기를 즐겨 하는데, 이는 그렇게 함으로써 사업의 관심과 흥미를 일깨우고 또 핵심내용을 쉽게 전달하기 위한 것이다.

정통부의 가장 굵직한 사업인 'IT839'의 작명에 얽힌 일화가 하나 있다. 2004년 2월, 대통령 연두 업무보고를 할 때였다. 나는 한국의 IT 관련산업을 유기적으로 발전시키기 위해 통신방송서비스를 다른 나라보다 먼저 실행해야 한다는 필요성을 제기했다. 이렇게 하면 기업들은 필요한 인프라에 투자를 하게 되고 이는 곧 단말기나 콘텐츠 산업 등을 발전시키게 되므로, 정통부에서 이러한 가치사슬에 기반을 둔 전략을 추진하겠다는 보고였다.

보고가 끝나자 대통령이 지시를 내리셨다.

"그래, 좋은 계획 같은데 너무 복잡해서 일반 국민은 이해하기가 너무 어려울 것 같소. 그러니 홍보를 잘하는 방안을 수립하시오."

그런데 홍보를 위한 아이디어를 짜는 일은 여간 어려운 일이 아니었다. IT용어 자체가 원래 어려운데다가, 우리가 짠 전략에는 듣도 보도 못한 새로운 기술과 서비스가 워낙 많았기 때문이다. IT전문가들조차 이해하기 어려울 것 같은 이 전략을 어떻게 국민들이 쉽게 이해할 수 있도록 만들 것인가? 머리를 싸매고 고민하지 않을 수 없었다.

그날도 나는 그 새로운 서비스와 인프라 및 후방 신성장산업을 모두 칠판에 써놓고 잠시 생각에 잠겨 있었다. 그러다가 문득 고개를 들어 칠판을 쳐다보니 그것이 각각 8개와 3개와 9개로 구성되어 있다는 사실에 생각이 미쳤다.

나는 당장 그 사업을 'IT839전략'이라고 부르기로 했다. 부르기에는 단순하지만 정통부가 하려고 하는 바를 적절하게 표현하는 것 같아 마음이 놓였다. 또 8, 3, 9를 합치면 20이 되는데 이는 국민소득 2만 달러를 조기에 달성하자는 의미로도 해석할 수 있을 것 같았다.

이렇게 이름을 정하고 나니 언론에서도 당장 관심을 보였다. 단순히 '9대 신성장동력사업'이라고 하는 것보다 숫자가 여러 개 들어 있으니 제법 '있어 보인다'고 생각하는 모양이었다.

몇 달 뒤 정통부에서 'IT839전략 보고대회'를 주최했다. 그때 대통령이 재미있는 말씀을 하셨다.

"8, 3, 9를 합치면 20인데, 이거 '짓고 뭐' 하자는 거 아닙니까?"

참석한 사람들이 모두 박장대소했다. 요즘 젊은 사람들은 잘 모르지만, 고스톱세대들은 다 한때 인기를 끌었던 '짓고땡'이라는 화투놀이를 기억하고 있어, 대통령의 조크를 굉장히 재미있어했다. 이 장면은 YTN의 〈돌발영상〉으로도 만들어져 눈길을 끌었는데, 내가 간혹 강연을 할 때 이 영상을 보여주면 청중들이 몹시 재미있어한다.

요즘 신문지상에 오르내리며 화제가 되고 있는 '와이브로(WiBro)' 역시 내가 만든 이름이다. 와이브로의 정식명칭은 '2.3기가 무선초고속 휴대용인터넷(2.3GHz Wireless Broadband Portable Internet)'이다. 보다시피 아주 길다. 때문에 강연이나 회의를 할 때마다 불편을 느꼈고 뭔가 좀더 쉬운 이름을 붙여주고 싶다는 생각을 하곤 했다.

어떤 이름을 붙여주면 좋을까? 곰곰이 생각하던 나는, 무선랜은 와이파이(WiFi, Wireless Fidelity)라 불리고, 미국의 무선 정지용인터넷은 와이맥스(WiMAX, Wireless Maximum)라는 호칭으로 불린다는 점에 착안했다. 그리고 무선(Wireless)이나 휴대(Portable)는 어차피 동일한 의미이니 둘 중 하나만 붙이면 된다고 생각했다. 또한 우리의 무선 휴대용인터넷 기술은 와이맥스에 비해 훨씬 성능이 뛰어나니 '초고속'이라는 의미의 '광대역(Broadband)'을 꼭 단어조합에 넣어야겠다고 생각했다.

그래서 자연스럽게 나온 이름이 바로 '와이브로'다. 일반인들에게는 아직 낯설게 들리겠지만 사실 이 분야에 종사하는 사람이라면 누구나 설명을 안 듣고도 바로 그 의미를 이해할 수 있다. 현재 와이브로는 IEEE802.16e라는 세계표준으로 결정되어 우리나라뿐 아니라 세계에서 통용되는 이름이 되었다.

'IT스머프(SMERP)'라는 정보통신부가 추진하는 중소기업정책이 있다. IT분야 2만여 개의 중소기업을 업종에 따라 50여 개의 전문분야로 분류하고, 각 분야의 문제를 정확하게 파악하여 문제를 해결해 주는 정부정책이다. 특히 중소기업 및 벤처업계의 생태계를 재조성하기 위해 경영자와 투자자가 모두 모이는 자리를 만들어 자연스럽게 중소기업을 중견기업으로 육성하자는 정책이다.

내가 중소기업정책을 'IT스머프'라고 이름지은 것은, 인기리에 방영되었던 만화영화 〈스머프〉를 떠올렸기 때문이다. 몸집은 작지만 머리가 뛰어나서 대인국을 이기는 스머프. 나는 스머프야말로 우리 중소기업을 대변할 수 있는 가장 좋은 캐릭터라고 생각했다. 그래서 '중소기업 재도약 과제(Small to Medium sized Enterprise Revitalization Program)'라는 단어의 머리글자를 따서 SMERP라고 부르게 했다.

'U-DREAM전시관' 역시 빼놓을 수 없는 이름이다. 이 전시관은 정보통신부가 있는 광화문 15층건물 1층에 있는 정보통신분야 신기술전시관이다. 나는 우리나라가 세계적인 IT강국이라고 하지만 그것을 가시화해 보여줄 수 있는 것이 없어 늘 안타까웠다. 그래서 정통부건물 1층에 U-DREAM전시관을 만들었는데, 하루에 400~500명씩 1년에 약 10만 명의 방문객이 다녀갈 정도로 호응이 좋다.

2004년 3월에 개관했는데, 이후 대통령과 총리를 포함한 정부 고위인사는 물론 MS사의 발머 사장, HP사의 피오리나 사장 등 IT분야의 세계적인 최고경영자들과 여러 나라의 정상 및 장관들이 방문했다.

전시관의 이름을 'U-DREAM'이라고 지은 것은 단순히 새로운 기술이나 제품만을 보여주는 것이 아니라 유비쿼터스세상의 꿈을 보여준다는 의미에서 비롯된 것이다. 즉, Ubiquitous Dream 전시관을 줄여서 만든 이름이 바로 'U-DREAM전시관'이다.

'누리꿈스퀘어' 역시 비슷한 의미로 만들어졌다. 현재 상암동에는 디지털시대를 선도할 대규모시설이 지어지고 있는데, 바로 이 시설을 통틀어 부르는 이름이 '누리꿈스퀘어'다.

누리꿈스퀘어는 우리나라 IT를 짊어지고 나갈 소프트웨어와 콘텐츠분야의 국내외 기업들을 유치하기 위한 공간이다. 또 각종 연구소와 비즈니스센터, 스튜디오, 전시장, 도서관 등도 갖춰질 것이다. 무려 4천300억 원이 투자된 연건평 4만 6천 평의 대형건축물이다.

이렇게 멋진 시설에 어울리는 이름을 짓기 위해 공모까지 했는데, 안타깝게도 뭔가 산뜻한 이름이 나오지 않았다. 멋진 우리말이면서 외국인들이 발음하기 쉽고 그러면서도 소프트웨어와 디지털콘텐츠라는 의미가 들어가는 이름을 짓기란 쉬운 노릇이 아니었다.

우리말로 세상을 '누리'라고 하고 네티즌은 '누리꾼'이라고 표현한다. 나는 여기에 착안해 '네티즌, 즉 소프트웨어와 디지털콘텐츠를 많이 이용하는 사람들의 꿈이 있는 곳'이라는 의미를 담기로 했다. 그리고 센터가 상암동 DMC(디지털미디어시티)의 한가운데에 자리잡았다는 의미로 스퀘어(Square)라는 단어를 연결시켜 '누리꿈스퀘어'라고 이름을 지었다. 여기다 영어 스펠링에는 T자를 하나 삽입해 외국인이라도 우리말을 쉽게 발음할 수 있도록 배려했고, IT라는 의미와 멋도 가미할 겸 누리꿈(Nuritkum)이라고 했다.

자식이 태어나면 부모는 자식이 훌륭하게 자라길 바라는 마음으로 성심성의껏 이름을 짓는다. 돌아보면 내가 이 이름들을 지을 때 그런 마음이 아니었나 싶다. IT839, 와이브로, IT스머프, U-DREAM전시관, 누리꿈스퀘어. 이 모두는 우리나라 IT산업을 짊어지고 나갈 소중한 자산들이다. 이들이 국민 모두에게 사랑받고 또 국민 모두를 먹여살리는 소중한 산업으로 그 이름을 빛낼 날을 손꼽아 기다린다.

5

그래, 대제야! 실컷 울어라

아내의 섭섭시리즈를 공개합니다

유학생활 첫 1년 동안은 돈 쓰는 것이 무서워 그 흔한 햄버거 한 번 사먹은 적이 없으니, 아내는 여자에게 최고의 프리미엄인 입덧 기간에도 먹고 싶은 것을 전혀 못 얻어먹었다.

1977년 나는 아내 '김씨 아가씨'와 결혼하고 바로 유학길에 올랐다. 형편도 넉넉하지 않은 데다 곧 유학을 떠날 예정이었기 때문에, 결혼 준비는 최대한 간소하게 하고 신혼여행은 원주 구룡사로 갔다.

신혼여행이라고 해서 큰돈을 쓰며 즐길 수 있는 형편도 아니었지만, 번역하고 있던 반도체 관련 책을 출국 전에 마무리해야 했기 때문에, 나는 원고지를 한 보따리 싸가지고 갔다. 조용한 절간에 앉아서 일을 할 생각이었던 것이다.

신혼여행을 와서도 아내는 내가 번역해 갈겨 써놓은 원고를 정리하고 정서하며 바쁘게 지냈다. 여자들에게 신혼여행은 평생의 추억이라는데, 아내는 지금까지도 미안해하는 나에게 "우리는 10년 동안 신혼여행을 한걸요"라고 말하곤 한다. 자기는 구룡사 신혼여행은 신혼여행으로 치지 않고 77년 유학을 떠나서 87년 삼성에 취직해 귀국할 때까지의 10년간을 신혼여행 기간으로 생각한단다. 그 10년 동안 정말 돈이 없어서 한국에 단 한 번도 나와보지 못했지만 추억거리도 아주 많고 행복한 시간이었다나.

말은 그렇게 하지만, 나는 아내가 내 유학 뒷바라지를 하면서 얼마나 많이 고생했는지 정말 잘 알고 있다. 유학을 떠난 후에도 우리는 연로하신 부모님 걱정에서 벗어나지 못해, 한국의 부모님께 매달 돈을 부쳐드렸다. 안 그래도 부족한 생활비를 보태기 위해 아내는 남의 집 아이들을 돌봐 푼돈을 벌며 아끼고 아껴서 살림을 꾸려나갔다. 그런 아내에게 나는 지금까지도 용서받지 못하는 섭섭한 행동을 몇 차례 한 적이 있다.

미국에 갓 도착했을 때의 일이다. 고등학교 때부터 절친한 친구인 현재 브라운대학 김경석 교수 부부가 우리를 위해 미국 부호들의 별장이 모여 있는 뉴포트(New Port)라는 관광지를 구경시켜 줬다. 뉴포트는 위도로는 우리나라 평양 정도 되는 곳인데 늦여름의 바닷가 정경이 꽤나 쓸쓸했다.

그 탓이었을까? 즐비한 대저택을 다 구경하고 대서양을 바라보던 아내가 갑자기 눈물을 글썽이기 시작했다. 그러자 친구 부인이 지금 한창 집생각이 날 때라며 조금 지나면 괜찮아진다고 아내를 위로했다.

남자인 나는 여자가 결혼해서 집을 떠나온다는 것이 어떤 상실감을 가져다주는지 전혀 알지 못했기에 당황할 수밖에 없었다. 나는 계속 우는 아내를 지켜보다가 친구 부부 보기도 겸연쩍고 해서 생각없이 한마디 툭 던졌다.

"따뜻한 밥이나 얻어먹으려고 데려왔더니 저렇게 울고 있네. 당장 서울로 쫓아버려야지."

남편 하나 믿고 그 먼 타국까지 갔는데 위로는커녕 타박만 들은 아내는 서러워서 어쩔 줄을 몰라했다. 흐느낌은 급기야 울음으로 변했고 나는 사태를 수습하지 못해 쩔쩔맸다.

경상도 남자들 무뚝뚝한 것은 대한민국이 다 아는 사실이지만, 신혼 초의 새신랑이 새색시에게 한 말치고는 내가 생각해도 지나쳤다 싶었다. 결혼하자마자 아는 사람이라고는 남편 하나밖에 없는 미국으로 홀쩍 떠나왔으니, 가족에 대한 그리움과 막연한 앞날에 대한 불안감이 얼마나 컸겠는가. 지금도 나는 이 이야기만 나오면 슬그머니 꼬리를 내리고 딴청을 피운다.

아내가 첫아이를 임신했을 때도 나는 아내를 섭섭하게 했다. 유학온 지 한 달 반 정도 지난 어느 날, 아내가 심각한 표정으로 "아무래도 아기가 생긴 것 같다"고 말했다. 겁에 질린 아내는 공부하기도 힘들 텐데 자기까지 신경쓰게 해서 어떻게 하느냐며 걱정이 태산이었다.

스물다섯, 스물일곱의 신혼부부가 아직 마음의 준비도 없이 하늘의 큰 선물을 턱 받았으니 기쁨보다는 두려움과 걱정이 앞섰던 것이 사실이다. 여자가 임신을 하면 심리적으로 우울증이 온다거나, 입덧을 하면 특별한 것이 먹고 싶다거나 한다는데, 그런 걸 알 리 없었던 나는 아내에게 신경을 써주지 못한 채 공부에만 열중했다.

유학생활 첫 1년 동안은 돈 쓰는 것이 무서워 그 흔한 햄버거 한 번 사먹은 적이 없으니, 아내는 여자에게 최고의 프리미엄인 입덧기간에도 먹고 싶은 것을 전혀 못 얻어먹었다. 그때 서울에서부터 좋아하던 냉면이 먹고 싶다는 말을 못 들은 체했는데, 그래서인지 우리 첫애는 눈이 짝짝이로 태어났다. 지금도 아내는 "서울로 쫓겨갈까 봐 울지도 못하고 먹고 싶은 것도 못 먹어서 아들 눈이 짝짝이"라고 시위 아닌 시위를 한다.

아기가 태어나자 우리 생활은 상당부분 아기 중심으로 돌아갔다. 학교에서 집으로 돌아오면 어김없이 대령되어 있던 저녁상도 내가 아기를 봐줘야 준비되곤 했는데, 나는 아기를 예뻐만 했지 돌봐주는 것은 귀찮아하는 남편이었다. 아내가 저녁을 준비하는 동안 아기를 좀 봐달라고 하면 "지금은 배가 안 고프니 조금 있다가 먹자"고 미루고, 정 배가 고프면 아기를 업고 저녁을 준비하라고 해서 아내를 섭섭하게 했다.

이 에피소드는 서울로 쫓아버리겠다고 한 것, 입덧할 때 먹고 싶은 것 안 사준 것(사실은 못 사주었다는 것이 더 적절한 표현이다)과 함께 아내의 '섭섭시리즈' 중 하나다.

'섭섭시리즈'는 이외에도 몇 가지가 더 있는데, 그중 백미는 아들의 돌날 있었던 일이다. 학교공부는 아주 잘했지만 집안일 돕기에는 문외한인 경상도 사나이에게 아내는 더 이상 어떤 기대도 하지 않았지만, 이날 있었던 일만큼은 지금까지도 섭섭해한다. 지금도 나는 이 얘기가 시작되면 아예 자리를 피해버린다.

우리 아들녀석은 순한 편이 아니었다. 낮잠도 거의 안 자서 하루종일 돌보려면 집안일 하기가 거의 불가능했다. 이 녀석이 태어난 지 1년 되던 날, 아기 돌이기도 하고 스탠퍼드로의 전학도 정해진 상황이어서 주변의 한국 유학생들을 초대해 파티를 열기로 했다.

아기를 데리고 손님상을 준비하느라 며칠 전부터 바빴던 아내는 당일만큼은 아기를 꼭 좀 봐달라고 부탁했다. 그렇게 하마고 약속은 했지만 막상 그날이 되니 아기에게 시달릴 일이 걱정이었다. 아침에 일어난 나는 아내에게 학교에 가서 꼭 해야 할 일이 생각났다며 집을 나섰다. 아내는 학교에서 할 일이 있다니까 붙잡지는 못하고, 아직 장 볼 것도 남아 있고 할 일도 많으니 일찍 오면 좋겠다고 간곡하게 말했다.

특별히 할 일은 없었지만 아내에게 한 말도 있고 해서, 나는 연구실로 가서 이것저것 할 일을 조금 하고 후배의 연구실을 찾아갔다. 안 바쁘면 볼링이나 한 게임 치자고 했더니 선뜻 그러자고 했다. 한두 명을 더 모아 오전 내내 볼링을 쳤는데 그 후배녀석에게 계속 지기만 했다. 약이 오른 나는 악착같이 내가 이길 때까지 하자고 우겼고, 시간이 얼마나 흘렀는지 모르는 채 계속 볼링을 쳤다.

그러다가 문득 시계를 보고는 부리나케 연구실에 들러 가방을 챙겨 가지고 집으로 돌아갔더니 아내의 표정이 예사롭지 않았다. 아뿔싸! 함께 볼링을 친 후배가 나보다 먼저 와 떡하니 앉아 있는 게 아닌가. 그 후배가 들어오면서 "대제 형 때문에 오늘 내내 볼링 치느라고 할 일도 못했다"고 떠들어댔단다. 깜짝 놀란 아내가 "연구할 게 많아서 늦게 오는 줄 알았는데 그게 무슨 소리냐?"고 묻자 후배는 그제야 감을 잡았지만 이미 엎질러진 물이었다.

손님들이 돌아간 후 나는 우는 집사람을 달래느라 무진 애를 먹었다. 그땐 왜 그리 철이 없었는지.

아내를 그렇게 섭섭하게 만들고 보니, 나도 양심이 있는지라 아내에게 뭔가 보답을 하고 싶다는 생각이 들었다. 하지만 우리 형편상 딱히 해줄 수 있는 것이 없었다. 그러다가 스탠퍼드에서 내 공부의 끝이 보일 때쯤 아내에게 한 가지 제안을 했다. 가족들과 떨어져서 혼자 유학 오는 여자들도 있는데, 이왕 유학와서 살고 있으니 조금 힘이야 들겠지만 공부를 해보면 어떻겠느냐고.

나의 뜬금없는 제안에 처음에는 "박사 남편을 두게 된 것만으로 만족한다"던 집사람이, 며칠 생각해 보더니 한번 시도해 보겠다고 했다. 엄마도 도전하는 모습을 보여주는 것이 다음에 애들에게도 좋을 것 같다며 되든 안 되든 한번 해보겠다는 것이었다.

남들은 대학 다닐 때부터 토플이다. GRE다 준비해도 미국 대학에서 입학허가 받기가 쉽지 않은데 졸업한 지 5년이나 된 사람이, 그것도 두 아이의 엄마가 새삼 머리를 싸매고 토플과 GRE를 공부하기 시작했다. 그나마 낮에는 다른 집 아이 돌보는 일을 계속 해야 했기 때문에 주로 밤을 이용해 공부에 매달렸다. 문법이나 독해는 틈틈이 할 수 있었지만 듣기는 테이프를 집중해서 들어야 하니, 우리 아이 기르랴 남의 아이 봐주랴, 공부하기 무척 힘들어하는 것 같았다.

그런데 아내 말대로 '운이 좋았는지', 그 어려운 환경에서 공부한 아내가 그야말로 '덜컥' 합격을 해버렸다. 사실 말이 도전이었지, 따로 준비해 둔 돈도 없었기 때문에 막상 합격을 하니 둘 다 놀라서 어쩔 줄을 몰라했다.

지금까지도 고생이었지만 진짜 고생은 그때부터 시작되었다. 학기가 시작되자 아내는 엄청난 학업스트레스에 시달렸다. 문과공부라 책 읽고 페이퍼 쓰고 조별로 모여서 토론하고 발표하는 일이 많은데, 모두 말로 해야 하니 영어스트레스가 이만저만이 아닌 모양이었다. 어떤 숙제를 제출하기도 전에 새로운 숙제가 떡 버티고 있으니…….

아내도 아내지만 우리 가족도 모두 죽어났다. 늘 집에 있던 집사람이 학교에 다니기 시작하니 집안이 제대로 돌아갈 리 없었다. 애들은 아직 손이 많이 가는 네 살과 두 살, 더구나 첫애는 스탠퍼드의 한국 학생들 사이에서 '개구쟁이 챔피언'으로 소문날 정도로 극성스러워 돌보기가 쉽지 않았다.

집사람에게 공부를 권유할 때는 시간적으로 좀 여유로워진 내가 애들을 돌보겠다고 약속했지만, 그게 말처럼 되질 않았다. 애들 돌보는 일이 어찌나 힘든지, 나는 차라리 내가 일을 해서 그 돈을 벌어오는 게 낫겠다는 생각이 들었다.

그러다 보니 집사람은 몇 번인가 중도에 포기하고 싶어했는데 다행히 잘 참고 견뎌서 최소한도의 이수과정을 마치고 나와 함께 졸업식장에 서게 되었다. 한 가지 아쉬운 점은, 그렇게 힘들게 딴 스탠퍼드대 석사학위를 지금껏 사장시키고 있다는 점이다. 애들 기르고 남편 뒷바라지하느라 그 능력과 지식이 집안에서만 활용되고 있으니 좀 미안한 생각이 든다.

호텔에서 만난 하느님

항상 뼈를 깎는 노력을 기울이긴 했지만, 늘 그 이상의 대가를 받을 수 있었다는 사실에 정말 감사할 따름이다. 세상에 노력만으로는 안 되는 일이 얼마나 많은가. 한 가지 답하기 어려운 것은 '감사긴 한데 누구한테 감사해야 하는가?' 하는 의문이었다.

스탠퍼드에서 '새 부리 성장' 문제를 해결하는 박사논문이 거의 마무리될 즈음이던 1982년 11월, 보스턴에서 열리는 국제학회의 초청으로 논문을 발표하러 갔다. 집을 떠나 호텔방에 혼자 누워 있으려니 가족 생각도 나고 쓸쓸해지더니 문득 지난날들이 스쳐 지나갔다.

그 벽촌에서 서울로, 서울에서 다시 미국으로 건너온 시간들. 가난을 헤치며 꿈꾸고 도전하며 치열하게 살아온 순간들. 오로지 앞만 보고 달려오다 잠시 멈추어서서 뒤돌아보니 가슴 밑바닥으로부터 뭔가 뭉클하게 솟구쳐오르는 뜨거움이 있었다. 감사의 마음이었다.

'오늘날 내가 여기 서 있는 것은 나의 노력만으로 이루어진 게 아니다.'

그랬다. 순간순간 나를 일으켜준 도움이 없었다면 나는 지금껏 이토록 열심히 살아오지 못했을 것이다. 초등학교 6학년 때 600원의 첫 장학금을 받은 이후 지금까지 단 한 번도 등록금을 낸 기억이 없었다. 이렇게 세계적인 대학에서 박사과정을 밟고 좋은 논문을 쓰게 된 것도 나 혼자의 힘으로 된 게 아니라는 생각이 들었다.

중학교 때 집안이 풍비박산났는데도 공고가 아닌 경기고등학교로 진학할 수 있었던 일, 대학에 가서 당시 가장 각광받던 반도체를 전공으로 선택할 수 있었던 일, 더튼 교수가 출장

사이에 잠시 사무실에 들렀을 때 기적적으로 전화통화가 이루어진 일 등이 모두 단순한 우연이었을까?

돈이 없어서 유학의 꿈이 좌절되었을 때 국비유학제도가 생겨 유학 올 수 있었던 일, 비록 양자를 갔지만 고맙게도 형님 내외분이 친부모 님을 계속 모셔주어 맘 편히 유학생활을 할 수 있었던 일, 박사학위를 무사히 마치고 이미 IBM 취직이 확정된 일이 모두 우연만은 아닌 것 같 았다. 물론 항상 뼈를 깎는 노력을 기울이긴 했지만, 늘 그 이상의 대가 를 받을 수 있었다는 사실에 정말 감사할 따름이었다. 세상에 노력만으 로는 안 되는 일이 얼마나 많은가.

한 가지 답하기 어려운 것은 '감사하긴 한데 누구한테 감사해야 하는 가?' 하는 의문이었다. 내가 여기까지 올 수 있도록, 도전의 갈래마다 나를 도와준 누군가가 있다면 진심으로 감사를 드리고 싶었다.

이런 상념에 잠겨 있을 때 문득 나의 시선을 강하게 잡아끄는 것이 있었다. 바로 침대 머리맡에 놓여 있는 성경이었다. 불현듯 혹시 신, 혹 은 하느님이 존재한다면 내게 길을 만들어준 장본인도 바로 그분이 아 닐까 하는 생각이 들었다. 나는 성경을 꺼내 읽기 시작했다.

우리 집안은 대대로 불교를 열심히 믿었지만, 서울에 혼자 떨어져 있 던 나는 주말이면 친구를 따라 교회에 가곤 했다. 일요일에 특별히 할 일도 없었고 찬양대에 들어가면 점심을 잘 먹여주니 일요일 예배와 토 요일 학생예배에 가끔 나가곤 했다. 그러나 특별한 신앙심이 있는 것은 아니었고, 그곳의 친구들과 어울려 교회 월간지도 만들고 어울려 노는 것에 더 집중했었다.

그러다 보니 기독교 자체에 대해서는 별 관심이 없었다. 스탠퍼드대 학에서는 '담배 피는 사람과 예수 믿는 사람을 싫어하는 사람'으로 소 문이 나 있을 정도였다. 그러나 그날 보스턴의 밤을 밝히며 읽은 성경

말씀은 내게 무언가 다르게 다가왔다. 표현하기 어려운 어떤 영적인 감동이랄까. 나는 종교에 대해 깊이 생각하기 시작했다.

내 주변에 오수영 박사라고 독실한 천주교신자가 있었다. 고교 및 대학 선배이기도 한 그는 스탠퍼드에서도 같은 교수 밑에서 공부할 정도로 나와는 인연이 깊었다. 언젠가 그 선배 가족과 보름 정도 미국 서부를 여행한 적이 있는데, 그때 그를 보면서 '어쩌면 인품이 저렇게 훌륭할까' 하고 부러워했었다. 한마디로 법 없이도 살 수 있는 인격의 소유자였다. 갈수록 선배의 성품과 인생을 대하는 자세를 본받고 싶다는 마음이 강해졌다. 그런데 알고 보니 그 선배의 삶의 구심점이 바로 종교였다.

보스턴에서 돌아와 오 선배에게 전화를 걸어 따졌다. "왜 우리더러 교회에 같이 가자고 안 하느냐?"고. 그랬더니 껄껄 웃으면서 "이제 너도 성당 다닐 때가 됐나?"라며 흐뭇해했다.

그리고 몇 달이 지나 나는 성당에 한번 가보기로 했다. 수요일에 마침 미사가 있다고 해서 성당을 찾았는데, 그날이 바로 '애시웬즈디(Ash Wednesday)'라고 불리는 '재의 수요일'이었다. 나로서는 생애 처음으로 가보는 성당이었는데, 그날의 미사는 특별히 장엄하게 치러졌다.

신부님이 내 이마에 재를 발라주는 순간, 가슴에 뭔가 뭉클하게 솟아나는 듯한 느낌을 받았다. 시쳇말로 '필이 팍 꽂혔다'고 할까. 그때부터 교리공부를 시작했고 주일마다 미사에 참석하면서 나는 내가 감사할 대상이 하느님이라는 확신을 조금씩 굳혀갈 수 있었다. 나는 감사하고 또 감사했다.

83년 부활절에 나는 그동안 교리공부를 같이 해온 예비자들과 함께 영세를 받기로 되어 있었다. 그래서 부활축일 전 토요일은 온종일 교리공부를 마무리하는 피정을 하기로 했는데, 큰 문제가 하나 발생했다.

내가 학수고대하던 실리콘밸리 고교동문 골프대회와 날짜가 겹친 것이다. 나는 매년 이 시합에서 항상 내 기록을 깨며 우승을 거머쥐곤 했는데, 이번에도 피나는 훈련을 다져온 터였다.

골프광으로서 이런 중요한 시합에 불참한다는 것은 참새가 방앗간을 그냥 지나치는 것과 다름없는 일이었다. 성당에 나가자니 허연 골프공이 눈앞에서 자전과 공전을 하고, 시합에 나가자니 십자가를 등에 진양 마음이 무거웠다. 결국 나는 그 좋아하는 골프를 뿌리치고 피정에 참석했는데, 내가 골프를 얼마나 좋아하는지 아는 친구들은 모두 몹시 놀라워했다.

피정을 마치고 신부님이 세례명을 무엇으로 하겠느냐고 물으셨다. 보통 세례명은 본인의 생일 근처의 성인 이름을 따는 것이 관례다. 나는 내가 그동안 예수 믿는 사람들을 핍박했으니 회개하는 뜻에서 '바오로'를 세례명으로 삼고 싶다고 했다. 바오로는 예수를 핍박했다가 후에 개종하여 예수님의 말씀을 전파한 제자 중 한 사람이다. 신부님이 환하게 웃으며 고개를 끄덕이셨다.

이렇게 온갖 사탄(?)의 유혹을 물리치고 우리 부부는 83년 부활절에 영세를 받았다. 그런데 왠지 모를 서러움이랄까, 감격이랄까, 그런 감정이 북받쳐올라 우리 두 사람은 누가 먼저랄 것도 없이 눈물을 펑펑 쏟고 말았다.

그동안 살아온 세월 속에 녹아 있던 회한이 눈물이 되어 흐르는 것 같았다. 동시에 감사의 마음도 억누를 길 없었다. 그렇게 우리 두 사람은 하염없이 눈물을 흘렸는데 그때 심연 어디선가 하느님의 목소리가 들려오는 듯했다.

"그래, 대제야! 실컷 울어라."

고부간의
종교전쟁

어머니와 아내 사이가 좋아지면서 나는 '이제 걱정거리를 덜었구나' 생각했는데, 이번에는 더 큰 문제가 생겼다. 종교전쟁이 일어난 것이다.

미국에서 어느 정도 자리를 잡은 우리는 서울에 계신 어머니를 미국으로 모셔오기로 했다. 그 시절의 어머니들이 다 그랬지만, 우리 어머니는 특히 고생을 많이 하며 사셨다. 어린 나이에 시집와 집안일을 도맡아 하시고 생계도 책임져야 했으니, 그 고생이야 어찌 말로 다 할 수 있으랴. 게다가 노년에는 오랫동안 아버지를 병구완하셨는데 그때도 싫은 소리 싫은 표정 한번 안 하셨다.

내가 보기에 어머니는 아버지를 남편으로서 의지하기보다는 장성해서 함부로 대하지 못하는 맏아들 대하듯 하시는 것 같았다. 하긴 아버지가 장가드신 나이가 열세 살이었으니, 열일곱 살 어머니 눈에 아버지가 의지할 사람으로 보였겠는가.

나는 이제 아버지도 돌아가셨으니 함께 모시고 살 때가 되었다고 생각했다. 작은누이가 미국 시민권을 얻어 부모초청으로 수속을 하니 비자는 쉽게 나왔다.

세상의 모든 아들에게 어머니가 특별하듯 나에게도 우리 어머니는 특별하여, 나는 '이제부터 정말 효도해야지, 우리 어머니의 평생고생을 내가 다 씻겨드려야지' 하고 다짐했다. 집사람에게도 "우리 엄마는 보통 사람과는 다르다. 남들은 고부갈등이다 뭐다 하지만 두고 봐라, 우리 엄마는 도움이 되면 되었지 힘든 일은 절대로 없을 거다" 하고 자신했다.

그러나 고부갈등은 동서고금을 통하여 뛰어넘지 못할 벽이던가! 내 생각과는 다르게 어머니와 아내 사이가 쉽지만은 않았다. 마흔하나에 나를 낳으신 어머니는 그때 연세가 일흔다섯이었고, 아내는 서른셋이었다. 나이로만 보면 고부간이 아니라 시할머니와 손자며느리 같았다. 그만큼 세대차이가 큰데다 어머니는 미국생활도 잘 모르시니 집사람이 하는 일마다 사사건건 마음에 안 들어하셨다.

미국에서는 집이고 자동차고 다 은행에서 돈을 꾸어 사고, 그래야 세금혜택도 있다. 그래서 취직을 하면 무리를 해서라도 모기지론을 얻어 집을 사는데, 어머니는 그 말을 듣고 펄쩍 뛰셨다. 한푼이라도 모아서 집도 사고 차도 사야지, 젊은것이 어떻게 돈 꾸는 것부터 배웠느냐고 야단을 치셨다. 나름대로는 열심히 아끼며 살았다고 생각하는 아내로서는 섭섭할 수밖에 없는 일이었다.

어머니는 맥도날드 같은 곳에 갔다가도 일회용 식기 버리는 것을 보시면 아까운 것을 버린다고 야단이셨다. 아내 역시 처음 미국에 와서는 일회용 식기가 아깝다고 모아두곤 했기에 자신의 알뜰함을 몰라주는 어머니께 섭섭하고 속상해 혼자 울곤 했다.

나는 내심 누구 한 사람 편을 들었다가는 큰일나겠구나 싶어 무관심으로 일관하기로 작정했다. 어차피 어머니도 아내도 나에겐 소중한 사람으로 같이 살아야 하는데, 본인들끼리 해결하도록 하는 것이 제일 좋은 방법일 거라는 생각이 들었다.

내가 어머니 편도 안 들고 아내 편도 들지 않으니, 어머니는 '그러면 그렇지, 내 아들이 처 치마폭에 싸여 지 마누라 편만 드는 못난이는 아니야. 역시 내 아들이야 하고 생각하셨다. 아내는 아내대로 '그이가 어머님 편만 드는 건 아니구나' 싶었다고 한다.

결국 두 사람은 집안이 편안해야 아들이, 또는 남편이 직장생활을 잘

할 수 있을 테니 잘 지내자고 합의했고, 어머니도 시간이 지남에 따라 주위 사람들 이야기도 듣고 하여 미국에서는 다 은행빚을 얻어 집을 산다는 것 등을 이해하시게 되었다.

　어머니와 아내 사이가 좋아지면서 나는 '이제 걱정거리를 덜었구나' 생각했는데, 이번에는 더 큰 문제가 생겼다. 종교전쟁이 일어난 것이다. 세계평화에 금이 가는 것도 다 종교에 그 원인이 있지 않은가? 가정도 마찬가지였다. 우리 부부는 졸업 전에 영세를 받았다. 그런데 불교신자인 어머니는 이를 탐탁지 않게 생각하며 아내를 나무라셨다.

　사실 교리공부를 먼저 시작한 것도 나고 영세를 받기로 마음먹은 것도 나였다. 뒤늦게 공부한다고 바빴던 집사람은 교리공부도 못한 채 내 권유로 영세만 같이 받았던 것이다. 나는 고등학교 때 교회라도 다닌 적이 있지만 집사람은 평소 불교가 더 마음에 와닿았다고 했다. 절에 다니거나 하지는 않았지만 종교를 갖게 된다면 불교가 좋겠다고 생각했고 처가에서도 불교를 믿어, 영세를 받으면서 오히려 갈등을 겪기도 했다. 그렇지만 어차피 남편 가는 길을 같이 가는 것이 정답이다 싶어 영세를 받은 것인데, 이런저런 사정을 모르는 어머니는 모든 것을 집사람 탓으로 돌리셨다.

　"너, 불교집안으로 시집와서 어쩌자고 성당을 다니느냐?"

　집안에서 십자가상과 성모상을 발견한 어머니는 아내를 붙잡고 야단을 치기 시작하셨다. 안 그래도 어머니가 오시기 전에 집사람이 걱정을 하기에, 우리 엄마는 아들이 하는 일이면 그것이 무슨 일이든 다 이해하실 분이니 걱정일랑 붙들어매라고 큰소리를 쳤었다. 하지만 종교만큼은 그게 안 되는지 어머니는 몹시 역정을 내셨다.

　집사람이 "아범이 제가 가자고 해서 성당 갈 사람인가요? 아범이 가자고 해서 제가 따라간 거예요" 하니까 "그건 그렇지. 내 아들이 그런 일을 너 따라 할 사람이 아니지" 하며 넘기셨는데, 며칠 후 아무리 생각해도 그냥 넘기기가 속상하셨는지 또 성당 얘기를 꺼내셨다.

"그럼, 너 왜 나에게 미리 일러주지 않았니? 내가 알았으면 영세를 못 받게 말렸을 것 아니냐?"

아무래도 어머니는 모든 걸 며느리 탓으로 돌리고 싶으셨던 모양이다. 아내와 나는 당분간 성당에 나가지 않기로 했다. 마음이 약한 집사람은 어머니와 갈등을 빚어가면서까지 성당에 다닐 자신이 없다고 했고, 우리에게 영세를 주신 최 신부님도 우리 사정을 이해하고 오히려마음을 편하게 해주셨다.

"가정의 평화가 먼접니다. 어머님 연세가 많으신데 너무 맘 상하게하지 마세요. 그 대신 하느님을 마음속에 늘 간직하고 있어야 합니다."

지금도 아내는 그때 신부님이 그렇게 말씀해 주신 것에 대해 매우 감사해한다. 신부님이 "어떻게든 어머님을 설득해 어머님까지 모시고 성당에 나오십시오" 했다면 자기는 아마 하느님을 아예 멀리했을 것 같다고 한다.

아, 어머니!

어린시절 이 막내를 업고 다니시며 마냥 어린애처럼 귀히 여기셨던 나의 어머니. 아무리 흔들고 불러봐도 전혀 반응이 없던 병상의 어머니.

한국으로 돌아와서 정착한 지 석 달쯤 지난 1987년 겨울, 정신없이 반도체회로를 들여다보고 있는데 샌프란시스코에 이민가 살고 있는 작은누이한테서 급한 연락이 왔다. 어머니가 위독하다는 소식이었다.

내가 귀국할 당시 어머니는 누이 집에서 좀 더 지내다 오고 싶다고 하셔서 잠시 떨어져 있었는데, 청천벽력 같은 소식이 날아든 것이다. 며칠 전 통화할 때 드디어 한국으로 오는 비행기를 예약했다고 신나하셨는데 도무지 믿기지가 않았다.

어머니는 연세는 일흔일곱이었지만 비교적 건강하셔서, 곧잘 청소도 하고 애들도 잘 돌봐주곤 하셨다. 그래서 가족 모두 어머니의 건강에 대해서는 크게 걱정하지 않고 있었다.

누이 말에 따르면, 어머니가 어디가 좀 안 좋은 것 같다고 하셔서 귀국 전에 종합검진이라도 한번 받아보자고 병원에 갔다고 한다. 그때까지는 별 문제가 없었는데, 병원에서 이것저것 검진을 하고는 정밀검사를 해보자며 입원하라고 권했다고 한다. 그러고는 담낭에 암이 있는 것 같다며 조직검사를 해야 한다고 했다는 것이다.

어머니는 평소 병원에 가본 적도 별로 없거니와 병원에 가는 것을 아주 싫어하셨으니, 얼마나 두려웠을지 짐작이 가고도 남았다. 그것도 말 한마디 통하지 않는 미국 병원에서 이것저것 검사한다고 못살게 굴었을 테니……. 어머니는 누이에게 "이놈들이 내 장기를 빼내서 뭘 하려는 것 아니냐?"라고 할 정도로 극도의 불안상태에 빠져 있었다고 한다. 그런 식으로 며칠을 병원에서 보내다 보니 그동안에 건강이 극도로 나빠진 모양이었다.

나는 정신없이 돌아가는 회사일을 팽개치고, 어렵사리 비행기표를 구해서 바로 미국으로 날아갔다. 하지만 내가 도착했을 때 어머니는 이미 무의식상태에 빠져 있었고, 의사소통도 전혀 되지 않았다. "아, 머리야" 하면서 머리가 몹시 아프다는 외마디 소리만 하고 계셨다. 나는 큰 충격을 받았다. 내가 어머니 손을 잡고 "엄마, 내가 왔어. 내 소리 알아들으면 손 좀 꼭 잡아봐"라고 말했지만 돌아오는 느낌은 거의 없었다.

마음이 저리고 눈물이 쏟아졌다. 나는 의사와 누이에게 도대체 무슨 일이 일어났는지, 어떻게 이런 일이 일어날 수 있는지 다그쳐물었다. 의사는 머리에 물이 많이 차서 갑자기 무의식상태가 된 건지, 아니면 다른 원인이 있는지 전혀 알 수 없다고 했다. 오히려 나한테 혹시 어머니가 무슨 특별한 약을 먹고 있었던 것은 아닌지, 또는 스스로 정신을 놓아버릴 가정생활의 무슨 특별한 원인이라도 있는지 물었다.

나는 몹시 후회스러웠다. 어머니가 평소에 무슨 약을 드시는지, 최근에 어떤 심리상태였는지 아는 바가 없었던 것이다. 누이와 한참을 고민하다가, 어머니가 한국에서 가져다가 복용하던 관절염 약이 있었는데 최근 곧 귀국하신다고 복용을 중단했다는 사실을 알게 되었다. 의사에게 그 얘기를 했더니 의사는 그제야 원인을 알겠다고 했다.

관절염 약에 들어 있는 스테로이드의 공급이 갑자기 끊어지면 여러 가지 부작용이 생기는데, 그게 원인이 되어 무의식상태에 빠졌을지도 모른다는 것이었다. 그러니 스테로이드를 한번 처방해 보자고 했다. 하지만 무의식상태로 들어간 지 이미 일주일이나 지나 아무런 반응이 없으니 효과가 있을지는 의문이라고 했다. 실제로 한순간 차도를 보이긴 했지만 무의식상태에서 깨어나지는 못하셨다.

나는 이리저리 이 분야의 전문의를 만나러 다녔고, 그 뒤에도 여러 가지 처방을 해봤으나 효과는 없었다. 그렇게 초조하고 정신없는 상태로 며칠을 보냈다. 병원에서는 어머니가 무의식상태에 있긴 하지만 안정적인 편이니 일단 귀국해서 기다리라고 했다. 위급해지면 바로 연락을 주겠다고 했다. 어쩔 수 없이 떨어지지 않는 발걸음을 한국으로 향했다.

그게 어머니를 뵌 마지막 순간이다. 한국에 도착한 다음날 어머니가 운명하셨다는 연락이 왔다. 하늘이 무너지는 느낌이었다. 급히 비행기를 예약하느라 정신이 없는데, 병원에서는 시신을 어떻게 하겠느냐고 닦달이었다. 형제들과 논의한 끝에 화장하기로 결정했다. 그렇게 허겁지겁 달려가 보니 어머니는 이미 한줌의 재가 되어 있었다.

평소에 정답게 얘기 나눌 시간도 별로 없었지만 보기만 해도 언제나 마음이 편해졌던 어머니. 어린시절 이 막내를 업고 다니시며 마냥 어린 애처럼 귀히 여기셨던 나의 어머니. 아무리 흔들고 불러봐도 전혀 반응이 없던 병상의 어머니. 아, 미칠 것 같던 그때의 순간들⋯⋯.

한국에 돌아와 아들, 딸, 손자, 손녀 모두 모아놓고 오순도순 살고 싶다고 하시더니, 자식 출세하는 것 한번 보겠다고 하시더니, 한많은 인생 마지막 가시는 길도 함께하지 못한 이 못난 막둥이가 얼마나 그리우셨을까. 어머니의 영정을 부둥켜안고 나는 오열했다. 내 인생에서 가장 한스럽고 비통한 순간이었다.

내가 **백두산 천지로** 달려간 까닭은

"하느님, 백두산 지신님, 우리나라를 보우하사 과학기술을 꽃피우고 어서 빨리 통일을 이루어 온 민족이 다함께 잘사는 나라로 만들어 주시기를 간절히 바라나이다."

1999년 여름, 중국 연변대학교 초청으로 한국 공학원 회원들과 함께 중국을 방문했다. 연변대학은 김진경 총장이 소망교회의 모금을 받아 중국 길림성에 살고 있는 조선족들을 위해 세운 대학이었고, 교수들은 대부분 미국 시민이거나 영주권을 갖고 있는 한국인이었다. 연변대학은 유연탄을 때는 곳이라 매캐한 연기로 하얀 건물이 거뭇거뭇하게 그을려 우리의 70년대를 연상시켰다.

내 임무는 연변대학의 조선족들에게 우리의 반도체신화를 얘기해 주고 같은 민족으로서 긍지를 세워주는 일이었다. 내가 중국말을 할 줄 모르니 영어로 강의하겠다고 말했더니 그럴 필요가 없단다. 한국말로 하라는 것이다.

'아, 그렇구나!'

그들과 우리는 결국 한 민족 한 뿌리라는 사실이 몸에 와닿았다.

강연에 참석한 학생들은 눈을 반짝거리며 내 얘기를 들었다. 우리가 어떻게 미국과 일본을 물리치고 메모리반도체 사업에서 최고가 되었는지 이야기할 때는 눈물을 흘리는 학생도 있었다.

나는 중국여행중에 백두산을 가보기로 하고 내 나름으로는 특별한 의식도 준비했다. 세계에서 우리만 가지고 있는 자랑스런 1G D램과

1GHz 알파칩을 투명 플라스틱에 넣어 봉인한 기념패를 민족의 영산인 백두산 천지에 던져넣는 민족적 제사를 치르고자 한 것이다.

과거 찬란한 과학기술을 꽃피운 선배 과학자들에게 우리 기술로 세계를 제패한 신화를 자랑하고, 앞으로도 우리 민족이 과학기술을 통해 선진국으로 거듭나게 해주십사 하는 염원을 담은 의식이었다.

연변에서 출발한 버스는 나의 애창곡 〈선구자〉에 나오는 일송정, 해란강, 용주사를 차례로 지나 백두산으로 향했다. 나는 달리는 버스 안에서 〈선구자〉를 열창했다. 감개무량했다.

중국에서 들어가는 백두산은 경사가 너무 완만해서 우리나라의 높은 산을 오르는 것과는 달리 산을 오르는 느낌이 별로 들지 않았다.

백두산 중턱에 좀 엉성하긴 하지만 호텔이 하나 있어 우리 일행은 그곳에서 숙박을 하고, 다음날 지프차로 백두산을 올랐다. 해발 2천 미터 정도부터는 키 작은 나무들만 있었고, 그 이상에는 잡풀들 이외에는 나무가 거의 없어 무척 신기했다.

우리가 탄 지프차는 정상 200미터 아래까지 들어갔다. 거기서부터 정상까지는 걸어서 올라가야 했다. 그런데 그때부터 비가 부슬부슬 내리기 시작해 모두 비옷을 입고 숨을 헐떡이며 정상을 향했다.

나는 사진으로 보았던 천지의 아름답고 장엄한 모습을 떠올렸다. 그러나 웬걸, 산 정상은 영 '아니올시다'였다.

푸른 물이 가득한 천지가 눈앞에 펼쳐질 거라고 예상했건만, 운이 없게도 날씨가 협조를 해주지 않았다. 7월 말인데도 진눈깨비가 휘날려서 앞을 볼 수 없었고, 바람은 어찌나 센지 천지 근처로는 접근도 할 수 없었다.

참 난감했다. 천지를 굽어보며 기념패를 던져넣으려던 내 계획이 수포로 돌아간 것이다. 그냥 멀리 던져볼까도 생각했지만, 중국 쪽 정상에서 천지의 물까지는 약 500미터의 낭떠러지라고 하니 그럴 수도 없

백두산 천지에 제사를 지내려고 가져갔던 반도체 기념패. 날씨 때문에 결국 천지에 던져넣는 것은 포기했다.

었다. 극비에 해당하는 첨단기술이 담긴 물건인데 나중에 중국인들이 집어가기라도 하면 큰일이었다. 아쉽기는 했지만 기념패를 던지는 것은 포기하고 대신 마음에서 우러나는 기도로 제사를 대신했다.

"하느님, 백두산 지신님, 우리나라를 보우하사 과학기술을 꽃피우고어서 빨리 통일을 이루어 온 민족이 다함께 잘사는 나라로 만들어주시기를 간절히 바라나이다."

백두산에서 돌아오는 길에 북경에 있는 중국의 신식산업부에 들렀다. 우리나라로 치면 정보통신부에 해당하는 곳이다. 이곳에 들러 여러 가지 협력방안을 검토하고 내가 가져간 기념패를 보여주었더니, 중국 사람들이 두 개 다 무척 갖고 싶다며 하나씩만 달라고 했다. 반도체기술은 기업비밀이라 그럴 수 없다고 했는데도 끈질기게 부탁했다.

원칙상으로도 줄 수 없는 것이지만, 중국의 반도체기술이 언젠가 우리에게 위협이 되리라는 것을 누구보다 잘 알고 있었기에 더더욱 내어줄 수 없었다. 그래서 공정은 우리가 했지만 미국의 디지털사가 설계한 물건이라 내게는 권한이 없다고 해명하며 도망치듯 귀국했다. 우리의 혈맥, 백두산 천지에 바치려고 했던 소중한 칩을 하마터면 중국에 넘길 뻔한 아찔한 위기의 순간을 벗어난 나는 가슴을 쓸어내렸다.

그로부터 5개월쯤 지난 겨울, 중국에서 한중 경제협력과 관련해 신식산업부 차관이 방한했다. 이 사람들이 또 정부와 삼성전자를 통해 나와의 만남을 요청하며 칩기술을 전수해 달라고 졸랐다. 나는 콧방귀도 뀌지 않았다. 아예 만나주지도 않았다.

그런데 문제가 하나 있었다. 당시 삼성은 중국에다 CDMA전화기와 설비를 팔려고 노력하고 있었는데, 내가 중국 관리들에게 비협조적으로 나오니까 회사로서는 이러지도 저러지도 못하고 무척 곤란해했다. 특히 윤종용 부회장이 상당히 애를 먹었다. CDMA장비를 팔아야 하는 삼성전기의 강호문 사장과 무선전화담당 이기태 사장도 어떻게 안 되겠느냐고 야단이었다.

그래도 내가 끄떡도 안 하자 중국 차관은 심기가 거슬렸는지, 고의적으로 삼성은 방문하지 않고 현대에만 가보겠다고 버텼다. 삼성 측에서는 이걸 무마해 보려고 이리저리 뛰어다녔고, 결국 윤종용 부회장이 내게 와서 사과하라고 지시했다. 나는 절대 줄 수 없다고 버텼다.

그런데 당시에는 공산국가에 대한 무역장벽이 있었다. 내가 미국 무역협회에 전화를 걸어 물어보니 중국에 이 칩을 팔거나 할 수 없다고 했다. 내가 이런 상황을 설명하니 중국 측에서도 더 이상 문제삼지 않는 눈치였다.

중국과의 큰 사업을 앞에 두고 있던 삼성은 이 일로 관계가 틀어질까 봐 상당히 긴장했고, 회사 내부적으로 꽤 큰 문제가 되었었다. 그러나 어떤 일이 있어도 우리의 반도체기술을 중국에 넘겨줄 수는 없는 일이었다. 중국의 반도체기술이 우리를 바짝 추격하고 있는 작금의 현실을 볼 때 그때 참 잘했다는 생각이 든다.

나중에 들은 여담인데, 그 일이 있은 후 윤종용 부회장이 중국을 방문했더니 그 차관이 "그 진대제 부사장은 어떻게 지내느냐?"고 넌지시 묻더란다. 당시 나는 사장으로 승진해서 디지털미디어사업총괄로 옮겼는데, 윤종용 부회장은 "진대제가 하도 말을 안 들어서 다른 부서로 좌천시켜 버렸다"고 답했단다.

나에 대한
세 가지 오해

6·25 직후 가난한 시골에서 태어난 나는 당시의 많은 사람들처럼 어려운 학창시절을 보냈고, 군대도 다녀왔다. 그리고 또 알고 보면 커피 한잔 같이 하고 싶은 따뜻한 남자다.

나를 만나본 적이 없는 사람들이 나의 지나온 이력이나 언론에 소개된 기사를 보고 흔히 갖게 되는 선입견이 있다. 그중에서도 가장 대표적인 오해 세 가지가 있다.

첫째, 진대제는 아주 차갑고 냉정한 사람일 것이다.

둘째, 진대제는 부잣집 아들일 것이다.

셋째, 진대제는 군대를 다녀오지 않았을 것이다.

우선 내 성격이 차갑고 냉정할 것 같다는 사람에게 '왜 그렇게 생각하느냐?'고 이유를 물어보면, 공과 사를 엄격하게 구분하고 일을 할 때는 앞뒤를 가리지 않고 무섭게 몰아붙인다고 하니 당연히 그렇지 않겠느냐고 반문한다. 하긴 업무에 관해서는 목표를 설정하거나 실천하는 데 양보가 없고, 잘못된 일에 대해서는 지위고하를 가리지 않고 가차없이 야단을 치니 그런 얘기를 들을 만한 것도 같다.

그러나 나를 어느 정도 아는 사람들은 한결같이 "뜻밖이다. 의외로 소탈하고 부담없는 성격이다"라고 입을 모은다. 사석에서 부하직원들과 허물없이 어울리고 가족들과 문자메시지를 주고받으며 정답게 통화하는 모습도 아주 뜻밖이란다.

나는 천성적으로 권위적인 것하고는 거리가

멀다. 그렇다고 사람들과 처음부터 쉽게 어울려 웃고 떠들고 하는 성격은 못 되는데, 이는 아마도 젊은시절에 10년이나 외국생활을 했기 때문인 것 같다.

내가 부잣집 아들일 것이라는 생각은 전적으로 오해다. 공직자 재산공개에서 참여정부 각료들 가운데 수위를 차지하면서 형성된 '돈 많은 장관' 이미지 때문에, 이런 오해가 광범위하게 퍼진 게 아닐까 싶다. 또 모 라디오 프로그램에 나갔을 때 진행자가 나의 학력과 이력을 보고는, "유복한 가정에서 어려움 없이 공부한 모범생일 것"이라는 멘트를 했는데 이것도 이 오해의 한 근원지가 된 것 같다.

재산은 회사에서 받은 연봉이나 보너스, 퇴직금 등을 잘 모은 것이다. 다만 회사가 글로벌 경쟁을 하고 수익도 많이 났으니 사장급 연봉을 선진국 초일류기업의 CEO 수준으로 준 덕분에 제법 큰 재산을 모을 수 있었을 뿐이다.

그러나 실제로는 부잣집 아들은커녕 초등학교 때부터 오직 장학금과 아르바이트로 학교를 다녔으니, 오해도 무지막지한 오해다. 어릴 때 가난을 뼈저리게 느껴봤으니 근검절약이 생활화되어 있다. 그래서 주변 사람들과 아이들에게 "짜다"는 소리를 꽤 많이 듣는 편이다.

또 기업에서 일할 때에도 우리 제품을 사주는 고객의 1달러가 얼마나 중요하고 의미 있는지를 사업경험을 통해서 너무나 잘 알고 있기 때문에 적은 돈이라도 함부로 대하지 못하게 되었다.

그런데 왜 그런 선입견이 생겼을까? 어떤 사람은 내 얼굴을 보면 가난에 찌든 티가 나지 않아서 어린시절에 그런 어려움을 겪었을 것이라고 상상하기 어렵다고 하는데, 무슨 뜻인지는 잘 모르겠지만 듣기는 나쁘지 않았다.

마지막으로, 오랫동안 외국생활을 했다는 사실이 결합되어 만들어진 또 하나의 엉뚱한 오해가 있는데, 바로 "진대제는 군대를 안 갔을 것 같다"는 것이다. 미국에서 서른 중반까지 거의 10년 가까이 살면서, 박사학위 따고 수많은 특허를 내고 IBM 등의 기업에서 근무하면서 어느 짬에 군대를 다녀왔겠냐는 말이다. 게다가 부잣집 출신인 것 같으니 소위 '빽'으로 군대를 면제받지 않았겠냐는 것이다.

그런데 이건 정말 억울한 일이다. 해군에 자원입대한 나는 당시 군기 세기로 소문났던 고사포부대에 배치되었다. 기합이 빳빳하게 들어서는 그 추운 겨울에도 고사포와 탄약고를 지켰고 취침시에는 해병대 내무반에서 야간점호도 하는 등 시쳇말로 '뺑이'도 돌았다.

하루는 한 동료의 실수로 우리 부대 전체가 분뇨가 뿌려진 배추밭을 '낮은 포복' 하는 기합을 종일 받았다. 그날 군복에 냄새가 배어 나중에 빨아 입었는데도 밖에 나가면 사람들이 코를 막고 도망을 쳤던 기억이 생생하다. 예비군훈련에도 빠지지 않았는데 총을 잘 쏴서 일찍 귀가하곤 했다.

6·25 직후 가난한 시골에서 태어난 나는 당시의 많은 사람들처럼 어려운 학창시절을 보냈고, 군대도 다녀왔다. 그리고 또 알고 보면 커피 한잔 같이 하고 싶은 따뜻한 남자다.

강하고 따뜻한 IT코리아를 향하여

한국의 장래가 왜 어둡다는 거요?

남들은 우리를 상당히 낙관적으로 평가해 주는데 우리 스스로는 언제나 비관적이다. 나는 우리나라 사람들이 이렇듯 비관적인 성향을 보이는 이면에는 뭔가 더 많은 것, 더 높은 것을 갈구하는 마음이 숨어 있기 때문이라고 믿고 싶다.

언젠가 한 방송사가 주관하는 토론회에 나간 적이 있다. 회사 CEO, 교수, 경제전문가 들이 나와 우리나라 경제의 현황과 미래에 대해 토론하는 자리였다.

토론에서는 우리나라가 지금까지는 비교적 잘해왔으나 앞으로는 그다지 낙관적이지 않다는 의견이 지배적이었다. 심지어는 상당히 비관적인 견해를 펼치는 참가자도 있었다. 나는 비교적 낙관적인 의견을 내놓았지만, 장관의 신분이다 보니 내가 하는 발언이 정부의 홍보성 발언으로 치부되는 것 같아 다소 언짢은 감이 없지 않았다.

우리나라는 다른 나라가 수백 년 걸려 완성한 민주주의나 산업화를 60여 년의 단기간에 달성해 냈다. 특히 1960년대만 해도 우리보다 잘살던 인도네시아·필리핀·태국 등 아세안(ASEAN) 10국의 국내총생산(GDP)을 모두 합쳐도 우리나라보다 적은 것을 감안해 보면, 우리가 그동안 얼마나 눈부시게 발전해 왔는지를 알 수 있다. 우리나라 국민총생산은 2004년 기준으로 7천억 달러를 넘어서 이미 세계 11위의 규모를 자랑하고 있고, 무역 수출입 순위도 그와 비슷하다.

한국의 장래가 밝은 또 하나의 이유가 있다. 우리나라가 자동차나 조선처럼 세계적으로 알아주는 사업도 잘하고 있지만, 반도체·휴대폰 및 컴퓨터관련 산업도 수출 200억 달러를 넘을 정도로 실적을 올리고 있다는 사실이다. 특히 인터넷과 이동통신에 관한 한 우리나라만큼 편리한 나라가 없다고 자신있게 말할 수 있다.

그런데 그 토론회에서 내가 이런 식으로 우리나라 IT에 대해 자랑하자 "그게 뭐 그리 대단하냐?"면서 금방이라도 대들듯이 말하는 사람들이 있었다.

"그래서요? 국민들이 게임이나 해서 인터넷중독에 빠지고 애들 숙제나 하는 소비적인 것에 사용되는데 뭐가 대단하다고 그럽니까?"

"그렇지요. 이런 발달된 인터넷기반을 훨씬 생산적인 일에 활용해서 국가의 전반적인 경쟁력을 향상시키는 것이 앞으로 우리가 해내야 할 일이지요."

나는 그런 식으로 일부 동의해 주긴 했지만 좀 억울한 게 사실이었다. 이어지는 토론회에서 비관론은 더욱 기승을 부렸다.

"지난 20년 정도 잘해왔다고 해서 앞으로도 그렇게 잘되리라고 장담할 수 있나요? 빈익빈 부익부, 대기업과 중소기업, 수출과 국내시황 등 양극화현상은 날이 갈수록 심해지고 비효율적인 정부에 끊임없는 노사분규, 게다가 중국은 따라오고 일본이나 미국 같은 선진국은 저만치 달아나고……. 우리에게 무슨 희망이 있습니까? 도대체 잘될 게 없는 것 같아요."

솔직히 나는 이런 얘기를 들으면 피가 거꾸로 솟는 것 같다. 물론 뭔가 경각심을 돋우자고 하는 소리라는 건 알지만, 그렇게 비관적으로 얘기해서 뭘 어쩌자는 건지 의구심이 든다.

"나는 아무것도 없던 시대에 반도체를 시작해서 세계 일등이 되도록 했고, 21세기에 들어와 난공불락이라고 여겨졌던 '소니'의 아성을 깨뜨리고 우리나라 디지털TV를 세계에서 최고의 제품으로 만들어보기도 했습니다. 그런데 왜 그렇게 안 된다고만 말합니까? 지금 우리가 가진 것이 얼마나 많은데, 앞으로는 그 위에 만들어가기만 하면 되는데, 못할 일이 뭐가 있습니까? 왜 해본 적도 없는 사람들이 자꾸 안 된다는 소리를 합니까?"

실제로 나는 우리 한국이 동북아의 중심국가로서 머지않은 미래에 국민소득 2만 달러를 달성하고, 10년 뒤인 2015년경에는 3만 달러 근처의 선진국이 되어 있을 것을 믿어 의심치 않는다. IT부분만 봐도 그렇다. 세계 어느 나라를 봐도 우리나라만큼 21세기의 변화를 다잡아 끌고 갈 수 있는 나라는 드물다.

디지털시대의 큰 흐름으로 두 가지를 꼽으라면, 융복합(Convergence)과 광대역(Broadband)을 들 수 있다. 융복합이란 기기나 산업 등 여러 가지의 다른 요소가 합종연횡하면서 점점 복잡하고 다양해지는 것을 말하며, 광대역이란 초고속인터넷처럼 그 속도가 증가됨에 따라 많은 디지털정보가 전송되는 것을 의미한다. 이런 흐름을 실현하기 위해서는 그 현상에 필요한 모든 요소를 골고루 잘 갖추고 있어야 한다. 말하자면 건강을 유지하기 위해 몸에 필요한 모든 영양소를 골고루 섭취해야 하는 것과 같은 이치다.

그런데 우리나라가 바로 이 모든 요소를 골고루 잘 갖추고 있는 나라다. 어떤 요소들을 가지고 있는지 하나씩 살펴보자.

IT분야의 융복합제품과 소비자들의 기호는 빠르게 변화하고 있는데, 중요한 것은 이 변화에 맞춰 적절한 시기에 적절한 제품을 시장에 내놓는 타이밍이다. 이를 원활하게 해내기 위해서는 반도체나 LCD 같은 부품(Component), 컴퓨터(Computer), 통신(Communication) 및 가전제품(Consumer Electronics)의 4C를 골고루 잘 갖추고 있어야 한다. 그런데 전 세계를 돌아봐도 이 4C를 잘 갖추고 있는 나라는 미국과 일본, 우리나라 등 몇 나라밖에 없다. 유럽 어디를 가도 가전제품을 만드는 나라가 반도체산업을 동시에 갖고 있는 경우는 거의 없다.

게다가 이런 4C를 이용해 재빨리 상용화(Commercialize)할 수 있는 능력이 필수적인데, 우리나라는 신제품의 상용화를 특별히 잘하는 것으로 유명하다. 이미 세계시장 점유율 30%에 이르면서도 고가에 팔리고 있는 휴대폰이 그 대표적인 예라고 할 수 있다.

또 우리나라는 최근 '한류'라고 하여 아시아를 휩쓸고 있는 TV드라마와 영화 및 온라인게임 등의 콘텐츠(Contents)를 잘 만드는 창의적(Creative)인 인재도 잘 갖추고 있다. 여기다 이런 기기나 콘텐츠를 사주는 상당한 크기의 내수시장(Community)이 있어서 기업들의 활동을 뒷받침해 주고 있다. 이런 무형의 4C까지 골고루 갖추고 있는 나라가 바로 우리나라다.

그러니 앞으로 우리나라가 IT산업을 주도하고 선진국으로 진입하는 것은 시간문제 아니겠는가?

이런 견해는 결코 나만의 것이 아니다. 한국의 특성을 활용하기 위해 2004년부터 인텔, MS 및 IBM 같은 글로벌기업들은 우리나라에 연구소를 설립하고 있다. 또한 골드만삭스는 2005년 11월 보고서를 통해 미래의 세계경제지도에서 한국의 경제규모(GDP)가 2025년 세계 9위로 올라설 것이라고 예측했다. 미국, 중국, 일본, 독일, 인도, 영국, 프랑스, 러시아 다음이다.

더욱 놀라운 것은 국민 1인당 소득에 대한 전망이다. 2025년 한국의 1인당 소득은 5만 달러를 넘어서 미국, 일본에 이어 세계 3위가 된다고 전망했다. 상상만으로도 즐거운 이 보고서는 국가경제의 성장동력을 거시경제의 안정성, 환경, 기술, 인적자원, 정치환경 등 5가지 측면에서 평가해 나온 예측결과다.

이렇듯 남들은 우리를 상당히 낙관적으로 평가해 주는데 우리 스스로는 언제나 비관적이다. 나는 우리나라 사람들이 이렇듯 비관적인 성향을 보이는 이면에는 뭔가 더 많은 것, 더 높은 것을 갈구하는 마음이 숨어 있기 때문이라고 믿고 싶다. '사촌이 논을 사면 배가 아프다'는 말은 남이 잘되는 것을 못 봐주겠다는 의미도 있지만, 남한테 지기 싫다는 속마음의 다른 표현 아니겠는가?

우리는 항상 세계에서 가장 잘사는 나라와 비교해서 우리의 복지상태가 어떻다고 말하고, 민주주의를 가장 잘하고 있는 나라와 비교해서 못하다고 말한다. 심지어 축구를 가장 잘하는 브라질과 비교해서 우리나라 축구수준이 떨어진다고 말한다. 기본적으로 스스로를 평가하는 기준이 높기 때문에 그만큼 실망도 큰 것이다.

그런데 참으로 묘한 일이다. 우리나라 사람들은 이렇게 비관적인 비교를 계속 하면서도 결코 좌절하지 않고 '한번 해보자'고 덤벼든다. 이런 학습능력을 갖춘 사회가 또 어디에 있을까? 적어도 '못 먹어도 고'의 정신이 살아 있는 것이다. 우리나라 사람들은 신바람나는 여건을 만들어주면 못할 것이 없는 민족이다.

물론 나도 하나의 조건을 내세우고 싶다. 국민과 정부, 소비자와 기업, 노와 사, 언론과 공공기관 모두가 서로 신뢰하고 조금씩 양보하면서 국익을 위해 한 방향으로 같이 나아가야 한다는 것이다. 그야말로 선진한국이 되기 위해서는 빠른 시간 내에 신뢰가 기반이 되는 사회를 만들어야 할 것이다. 서로 불신하고 자신의 목소리와 이해관계만 내세우면 사회적인 갈등만 증폭될 뿐이다.

지난 몇 년간 우리는 이런 사회적 갈등을 해소하기 위해 많은 비용을 들여왔다. 이렇듯 불필요하게 낭비되는 국민적인 에너지를 한곳으로 모으고 선진한국을 만들자는 국민적인 공감대를 형성한다면 우리는 정말 못 이룰 것이 없다고 나는 굳게 믿는다.

그런 점에서 우리가 2025년 1인당 국민소득 5만 달러로 세계 3위가 된다는 골드만삭스의 예측은 너무나 당연한 사실을 보고서로 작성한 것일 뿐이다.

자, 어떤가? 이래도 한국의 장래가 어둡다고 말하겠는가?

21세기 한강의 기적은 IT839로 만들자

국민소득 1만 달러 수준에서 8년째 멈춰 있는 한국 경제를 다시 일으켜세워 2만 달러 고지로 끌어올릴 동력은 결국 IT와 과학기술에서 찾을 수밖에 없다.

2003년 초 나로 하여금 정보통신부 장관직 제의를 받아들일 수밖에 없도록 만든 것은 "앞으로 10년, 15년 뒤에 우리나라 국민이 먹고살 거리를 정부에 와서 만들어보면 어떻겠습니까?"라는 대통령의 제안이었다.

당시 나는 삼성에 있으면서 마침 똑같은 화두로 고민하고 있었기 때문에 거의 무의식적으로 "국가에 봉사하겠다"는 대답을 하고 말았다. 누군가와 대화를 할 때 내가 생각하고 있는 것을 마침 저쪽에서 먼저 얘기하면 마음이 열리고 '뭔가 통하는 것이 있구나!' 하는 생각을 하게 되는 것과 같은 맥락이었다고 할까.

어쨌든 그 덕분에 내 머릿속은 항상 '과연 무엇으로, 어떻게 국민들이 먹고살 거리를 만들 것인가?'에 대한 고민으로 꽉 차 있었다.

'새로운 먹거리, 즉 신성장동력을 만들어야 한다. 그러나 그것은 삼성에서 D램을 개발한 것처럼 단편적인 것이 아니라 보다 총체적인 것이라야 한다. 게다가 우리나라의 경제규모가 80년대에 비해 10배 정도는 성장했으니, 국민소득 2만 달러로 올라가기 위해서는 한두 가지가 아니라 적어도 스무 가지는 되어야 안심할 수 있다.'

그랬다. 그저 부품 하나 덜렁 개발해 가지고는 10~15년 뒤 국민이 먹고살 거리를 마련할 수 없을 것이었다. 부품은 물론이고 제반 기술과 제품, 서비스가 총망라되어 우리나라 경제의 견인차 역할을 해낼 무언가를 창출해 내야 했다.

그러나 그런 것이 하루아침에 하늘에서 뚝 떨어질 리 있겠는가? 고민 끝에 나는 바로 지금 우리가 잘하고 있는 것에서 앞으로 더 잘할 수 있는 것을 찾아내는 것이 가장 바람직하다는 결론에 도달했다.

'우리가 현재 잘하고 있고 앞으로도 잘할 수 있는 것을 끄집어낼 수 있는 원동력, 그것은 역시 IT산업에서 찾을 수밖에 없다.'

이러한 배경에서 탄생한 것이 바로 IT839전략이다.

정보통신부가 내건 IT839전략은 남보다 먼저 새로운 통신과 방송 서비스를 함으로써 표준을 선점하고 후방의 신성장동력을 육성함으로써 선진국으로 진입하고자 하는 전략이다. 'IT839'라는 이름은 8대 신규서비스와 3대 첨단인프라, 9대 신성장동력을 간단히 줄여서 일컫는 것이다. 우리 경제를 이끌어갈 9대 신성장동력을 정하고, 이를 키우기 위해 필요한 8대 서비스와 3대 인프라를 유기적으로 결합시킨 것이 바로 IT839전략이라고 할 수 있다.

우리나라가 전세계적으로 경쟁력을 자랑하는 디지털TV는 IT839가 선정한 9대 신성장동력 중 하나다. 즉, 디지털TV를 전세계적으로 많이 팔아서 우리나라 경제발전에 기여하도록 만들겠다는 것이다.

그렇다면 어떻게 해야 디지털TV를 많이 팔 수 있을까?

우선 기업들이 시장에서 인정받는 경쟁력 있는 제품들을 개발해야 한다. 그러면 정부는 무엇을 할까? 예전에는 기업이 이런 제품들을 개발할 수 있도록 지원해 주는 것이 정부의 역할이었다. 그러나 WTO체제하에서는 정부가 더 이상 이런 개입을 할 수 없게 되었다. 그렇다고 정부가 손 놓고 지켜보고만 있어야 하는가? 여기서 발상의 전환이 시작되었다.

<IT839전략>

8대 신규서비스	3대 인프라	9대 신성장동력
● WiBro(휴대인터넷)		● 이동통신 기기
● DMB(위성/지상파)		● 디지털TV
● 홈네트워크 서비스	● 광대역통합망 (BcN)	● 홈네트워크 기기
● 텔레매틱스 서비스		● IT SoC
● RFID활용 서비스	● u-센서 네트워크 (USN)	● 차세대PC
● W-CDMA 서비스		● 임베디드 S/W
● DTV방송 서비스	● 차세대 인터넷 주소체계(IPv6)	● 디지털콘텐츠
● 인터넷전화(VoIP)		● 텔레매틱스 기기
		● 지능형 로봇

IT839전략은 사기업이 해야 하는 산업부문에 정부가 직접 개입하지 않고도 전략적으로 산업발전을 촉진할 수 있는 방법을 그려낸 로드맵이다.

즉, 디지털TV산업을 발전시키기 위해 정부는 디지털TV방송이 제대로 서비스되도록 방송사와 힘을 합쳐 기업을 지원하는 새로운 방법을 선택한 것이다. 만약 디지털방송이 없다면 디지털TV가 아무리 우수한들 사는 사람이 있겠는가? 그러나 시청자를 사로잡는 디지털방송이 넘쳐난다면 디지털TV는 날개돋친 듯 팔려나갈 것이다. 그래서 9대 신성장동력 중의 하나로 책정된 디지털TV를 세계 일등상품으로 만들기 위해 8대 서비스 안에 DTV방송 서비스를 선정한 것이다.

또 하나의 예로 휴대폰산업을 들 수 있다. 휴대폰산업을 키우려면 새로운 이동통신 서비스가 자꾸 나와서 소비자에게 편리성과 즐거움을 주어야 한다. 그래야 구매력이 생기고 산업도 발전하게 된다.

이처럼 새로운 통신과 방송 서비스를 하면 이를 위한 통신망이나 송출안테나 같은 인프라투자가 수반되고, 이런 준비가 끝나면 바로 단말기나 그 서비스에 필요한 소프트웨어 및 부품, 콘텐츠 산업이 자동적으로 성장하게 된다.

이렇듯 거의 모든 IT산업은 수직적·수평적 가치사슬로 연결되어 있으므로, 정부에서는 이러한 산업들이 물꼬를 틀 수 있도록 도와주기만 하면 된다. 즉, 새로운 통신과 방송 서비스를 위한 주파수를 배정하고 서비스와 서비스 간, 또 기업간에 호환이 되도록 표준을 정해주는 것이다. IT839의 신규서비스 8가지는 모두 이런 식으로 착안해서 우리가 남보다 앞서서 추진할 수 있는 것들을 찾아낸 것이다.

또 이런 서비스가 원활하게 제공되기 위해서는 음성과 데이터, 유선과 무선 및 방송과 통신이 융합되는 미래에 대비해야 한다. 그래서 현재의 인터넷망보다 약 100배나 빠른 차세대 광대역통신망으로 대체하기로 하고, 이런 부류의 인프라구조를 3가지 발견하기에 이르렀다. 이러한 서비스와 인프라가 있으면 시장이 발생하여 신성장동력으로 설정한 9가지의 IT산업이 자동적으로 번창하게 되는 것이다.

이렇게 하면 정부는 산업 자체에 개입하지 않고도 촉진자(Facilitator)로서의 순기능을 다할 수 있다. WTO체제하에서 정부의 역할은 한계가 있기 마련이지만, 기반기술 연구에 투자한다든가 표준화에서 발생하기 쉬운 기업간의 갈등을 조정해 준다든가 기업이 자발적으로 투자하도록 초기시장을 만들어준다든가 하는 것은 모두 가능하다. 이런 역할이 바로 '산업의 촉진자'로서의 기능이라고 생각된다.

우리의 IT839전략은 다른 나라에도 이미 꽤 잘 알려져 있다. 나는 2005년 9월 EU 25개국 IT장관들이 모인 i2010회의에 초대되어 기조연설을 했다. 모두가 지난 10여 년 동안 한국이 어떤 일을 했기에, 특히 정부가 어떤 정책을 펼쳤기에 지금과 같은 IT강국으로 발전할 수 있었는지 궁금해했고, IT839전략에 대해서도 많은 질문을 했다.

또 2006년 1월에는 스위스에서 개최되는 다보스포럼에 초대받아 미래의 IT발전방향에 대해 기조연설을 했다. 실제 IT장관들이 모이는 회의에 가면 언제나 우리나라가 '가장 부러운 국가'로 인식되고 있다는 걸 느낄 수 있다. 그때마다 정통부 장관으로서 어깨에 힘이 들어가곤 한다.

이 IT839전략은 그 자체가 통째로 수출되기도 했는데, 말레이시아 같은 나라는 IT886전략을 만들어내기도 했다. 말레이시아는 인프라 보급이 우리나라보다 훨씬 뒤져 있고 제조업기반도 없기 때문에 항목 수에는 차이가 있지만 개념은 똑같다고 말레이시아의 IT장관이 말해주었다. 그외 몇몇 나라도 우리나라의 IT839를 벤치마킹해서 비슷한 맥락의 전략을 추진하는 것으로 알고 있다.

2005년 5월 IMD(국제경영개발원) 국가경쟁력지수 중 IT부문이 포함된 '기술인프라 부문'에서 우리나라는 미국에 이어 세계 2위를 차지했다. 2003년 27위, 2004년 8위에서 2005년 2위로 비약적인 발전을 이룩한 것이다. 또 같은 해 11월 UN기구 중 하나인 ITU(국제전기통신연합)에서는 우리나라가 디지털기회지수에서 1위를 차지했다고 보고했다.

이 두 가지 예는 우리나라가 명실공히 정보통신 일등국가임을 확연히 보여주고 있다. 이 얼마나 자랑스러운 일인가! 국민소득 1만 달러 수준에서 8년째 멈춰 있는 한국 경제를 다시 일으켜세워 2만 달러 고지로 끌어올릴 동력은 결국 IT와 과학기술에서 찾을 수밖에 없다는 것을 다시 한 번 확인할 수 있다.

2005년을 기준으로 IT산업은 우리나라 총수출액의 28%를 차지하고,

국민총생산의 15%를 차지하면서 핵심 성장동력으로 자리잡아가고 있다. 국민소득이 2만 달러를 넘기는 2010년에는 국민총생산의 약 20%를 차지할 것으로 전망된다.

이와 같은 경제적 파급효과와 함께 빼놓을 수 없는 IT839전략의 가치는 바로 지식기반사회에서 지능기반사회로의 전환을 가속화한다는 것이다. 즉, 인터넷과 이동통신을 중심으로 이룩한 지식기반사회에서 디지털홈, 디지털기업, 전자정부 등 지능화사회로 발전하는 데 IT839가 엔진이 되어줄 것이라는 얘기다.

국민소득 2만 달러 시대를 이끄는 견인차이자 세계 최고수준의 디지털복지국가 탄생을 예고하는 IT839전략을 통해, 21세기에 한강의 기적이 다시 한 번 재현되길 기대한다.

중소 · 벤처 기업이 살기 좋은 나라를 위하여

여러 종류의 화초를 기르는 화단 전체에 똑같은 비료와 물을 열심히 뿌려주면 가장 잘 자라는 것은 무엇일까? 그것은 기르고자 하는 꽃이 아니라 잡초라는 사실을 알아야 한다.

그동안 나는 죽 대기업에서만 일을 했다. 납품업체와 접촉하기는 했지만 그들도 대부분 수천억 원의 매출을 올리는 대기업군에 속하는 회사들이라서, 실제로 중소기업에 대해서는 잘 모르는 편이었다. 그런데 정통부에 와 중소기업을 방문하는 일이 잦아지면서 우리나라 중소기업의 생태에 대해 조금씩 알게 되었다.

공직에 취임한 지 한 달 정도 된 어느 날, 한 중소기업을 방문했을 때의 일이다. 그 회사의 사장이 제품을 만들어 호주에서 가장 큰 통신업체에 팔러 갔을 때 고객으로부터 들은 얘기를 해주었는데, 이는 우리 중소기업들이 처한 어려움을 잘 대변해 주었다.

"우리는 통신장비를 주로 미국이나 일본에서 사왔는데 갑자기 한국 제품으로 바꿀 이유가 없습니다. 게다가 삼성이나 LG 같은 회사라면 몰라도 당신네처럼 조그만 회사를 뭘 믿고 삽니까?"

그 회사 사장은 이 질문에 대한 해답을 정부에서도 좀 만들어달라고 요청했다. 참으로 어려운 얘기였다. 개별 기업의 마케팅을 어떻게 정부가 나서서 도와줄 수 있을지, 그게 가능한 일인지 도저히 감을 잡을 수가 없었다.

"작년에 250억 원 매출에 적자를 약 150억 원 봤습니다."

"아니, 어떻게 적자규모가 그렇게 클 수 있

나요?"

"국내의 CDMA중계기 시장이 죽었고, 이동통신사가 W-CDMA에 투자를 하지 않아서 그렇습니다. 정부에서 투자를 종용해 주지 않은 게 문제지요."

나는 아직 뭐가 뭔지 잘 모르는 상황이었지만, 그렇게 많은 적자가 설마하니 정부가 투자를 유도하지 않아서 생겼을 것 같지는 않았다. 그래서 "재고문제가 있는 것 아니냐?"고 물었더니, 사실은 적자의 대부분은 시장예측을 잘못 해서 생산과 재고 관리에 문제가 발생했기 때문에 난 것이라고 했다. 또 통신시장의 성장이 둔화되어, 초고속인터넷 단말기(ADSL)를 만들던 80여 개의 회사가 서로간의 경쟁과 대만 업체의 덤핑에 밀려서 4~5개 업체만 살아남을 정도로 국내 업체들이 고전을 면치 못하고 있다고 했다.

나는 이 회사를 둘러보면서 향후 통신시장을 다시 성장시킬 방안을 찾아야겠다고 생각했다. 그리고 그 회사 문앞에서 작별인사를 하면서 사장에게 귓속말로 얘기했다.

"오늘 회사 경영현황을 들어보니 빨리 구조조정을 해야겠더군요."

굳이 그런 쓴소리를 할 필요는 없었지만, 정말 그 회사를 위한다면 당장은 힘들어도 어떤 변화가 필요하다는 것을 일깨워주고 싶었다. 개인적으로 그 회사를 떠나오는 내내 마음이 무거웠다.

몇 달 뒤 대덕을 방문해 중소기업 및 벤처업체들과 간담회를 할 기회가 있었다. 간담회 중 어느 벤처회사의 기술자 출신 사장이 푸념을 늘어놓았다

"우리 회사는 이제 제품도 개발하고 생산도 시작했는데 마케팅이 잘 안 돼 회사가 기울어지고 있으니 어떻게 하지요?"

나는 이번에도 직언을 할 수밖에 없었다.

"듣고 보니 좀 딱하시군요. 미안하지만 당신이 기술총괄을 맡고, 마케팅을 잘 아는 사람을 사장으로 영입해야 하는 것 아닙니까?"

나의 이 도발적인 언급에 그는 말문이 막힌 모양이었다. 그러나 어쩌랴. 비즈니스의 세계는 냉정하기 짝이 없음을. 내가 보기에 그 사장이 살고 직원도 사는 길은 그 길밖에 없어 보였다.

광주에서 사업을 시작한 어떤 사장은 자신이 만든 기술이 국내시장을 석권할 것이라고 자랑했다. 그래서 내가 국내나 해외의 시장규모가 어느 정도인지 물어봤다.

"국내시장은 대략 15억 원 정도 되고, 해외시장도 그 정도 또는 그 몇 배 정도 됩니다."

나는 그 사장의 말에 뭔가 잘못된 것이 있는 것 같았다. 그 정도의 시장을 목표로 기업을 만들었다는 것 자체가 시장정보를 잘 모른다는 얘기였다. 하지만 많은 중소기업 사장들이 그 사장처럼 시장정보도 제대로 모르는 채 창업을 하고 또 경영을 하고 있었다.

그날 참석한 사람들은 대부분 '정부가 뭔가 도와주었으면' 하는 답답한 심정으로 이런저런 얘기를 펼쳐놓았다. 하지만 들어보면 모두 개별적인 기업의 마케팅이나 자금지원 등 WTO체제하에서 정부가 딱히 어떻게 지원해 주기 어려운 부탁들이었다. 나로서도 뾰족한 대안을 제시해 줄 수 없으니 답답한 심정이었다. 다만 '뭔가 방법을 찾으면 길이 있지 않을까' 하는 막연한 희망을 가져볼 뿐.

나는 실천하지도 못할 정책을 선심 쓰듯 뿌릴 수는 없다고 생각했다. 그래서 그들의 얘기를 최대한 듣고 또 그들이 가진 문제점에 대해서도 솔직하게 의견을 얘기했다.

간담회가 끝난 후 대덕밸리 홈페이지에 나에 대한 기사가 올랐다.

'막가파 장관 나타나다, 그러나 기대는 크다.'

내가 거침없이 얘기한 것에 대해 '막가파'라는 표현을 쓴 것이다. 그러나 나도 그들의 아픔을 잘 이해하고 있으며 앞으로 어떻게든 방법을 찾아보겠다는 진심이 통했는지 '기대는 크다'라는 희망의 말도 붙어 있었다.

이후에도 나는 많은 중소기업을 찾아다녔다. 해외에 진출해 있는 중소기업들과는 해외 현지에서 만났다. 만나는 회사마다 제각각 다른 문제점을 얘기했지만 어쩌면 정부가 해줄 수 있는 최대공약수를 만들어낼 수도 있겠다는 생각이 들었다.

우리나라에는 자영업자까지 다 합쳐 약 300만 개의 중소기업이 있는데, 제각각 다른 문제점을 안고 있다. 처음에 나는 중소기업의 90% 정도가 종업원 10명 이내의 기업이고, 매출도 10억 원을 넘지 못하는 실상을 보고 많이 놀랐다. 게다가 동종업계에 수십 개의 작은 기업들이 서로 비슷한 사업모델을 갖고 과도하게 경쟁하면서, 서로 협조하는 데는 인색한 특이한 분위기가 형성돼 있었다.

요즘 세계는 일등 하는 기업이 독식하고, 이등은 약간 이익을 내며, 삼등부터는 생존을 걱정해야 하는 상황으로 흘러가고 있다. 그런데도 우리 중소업계는 작은 시장에 수십 개의 업체가 몰려 비슷비슷한 기술로 출혈경쟁을 하고 있어, 과연 살아남는 기업이 있을까 걱정스러울 지경이었다.

우리나라의 중소기업정책은 10여 년 전부터 해오던 것으로, 거시경제적 관점에서 중소기업에 세제혜택을 주거나 자금을 지원하는 등의 내용으로 구성되어 있다. 그러나 이것은 여러 종류의 화초를 기르는 화단 전체에 똑같은 비료와 물을 열심히 뿌려주는 것과 같다. 이 경우 가장 잘 자라는 것은 무엇일까? 그것은 기르고자 하는 꽃이 아니라 잡초라는 사실을 알아야 한다. 장미에는 장미가 잘 자라는 비료를 줘야 하고, 선인장은 물을 자주 주면 오히려 상할 수 있다. 중소기업 현장도 이와 같아서 미세하게 전문분야를 나누고 각각에 필요한 지원을 맞춤형으로 해주어야 부작용을 최소화할 수 있다.

그동안 정부가 특정 산업을 키우기 위해 지원한 결과가 엉뚱한 부작용을 낳은 경우가 여러 번 있었다.

몇 년 전의 일이다. 기업의 각종 정보를 전산화하여 경영효율을 올리는 전자정보자원관리(ERP)라는 소프트웨어가 있었다. 정부에서는 기업의 경영효율을 제고하는 사업을 지원하기 위해 이 소프트웨어를 중소기업에서도 사용하도록 지원하기로 했다. 그래서 소프트웨어 구매경비의 반을 보조금으로 지원해 준다고 발표했고, 실제로 수백억 원을 지급했다.

그런데 이 사실이 발표되자 맞춤형ERP를 개발하던 30~40개의 중소 ASP업체들이 핵분열해서 갑자기 200개로 늘어났다고 한다. 투자자들은 정부 지원만 믿고 이들 회사에 상당한 투자를 했고, 매출에 급급한 ASP업체들은 정부의 보조금만 받고 반값에 소프트웨어를 나누어주었다. 문제는 소프트웨어를 제공받은 중소기업에 이를 제대로 사용할 능력이 없었다는 것이다. 게다가 ASP업체들은 애프터서비스를 해줄 능력이 없을 정도로 영세해서 결국 모두 공멸하는 결과를 야기했다.

나는 다시는 이런 전철을 밟는 사례가 없어야겠다고 생각했다. 그래서 중소기업정책을 펼 때 가능한 한 많은 현장을 다니며 여러 업체를 만나보고 또 전문가들의 조언에도 귀를 기울였다.

나는 휴대폰을 최종제품으로 조립하는 기업과, 부품을 만들거나 외주가공하는 기업을 다수 만나면서 안테나를 만드는 회사가 10여 개 된다는 사실을 파악했다. 그런데 안테나를 제대로 만들려면 무반향실이라는 것이 있어야 한다. 무반향실이란 전파를 벽면에서 전부 흡수하는 특수시설을 갖춰 전파를 발사해도 되돌아오지 않도록 하는 큼직한 방을 말한다. 그러나 이 방을 만드는 데는 수십억 원이 들기 때문에 이를 제대로 갖춘 중소기업이 하나도 없었다. 그러니 성능 좋은 안테나를 만들 수 없었던 것이다.

나는 이 점에 착안해, 동종 중소기업이 공동으로 사용해 투자부담을 줄이고 기술개발에만 집중할 수 있도록 공유기반 서비스를 제공하는 방안을 생각해 냈다. 그래서 정통부의 직할연구소 강당을 개조해 무반향실을 만들어주기로 했다. 약 80억 원의 비용을 들여서 1년 반 동안 공사를 진행해 드디어 무반향실이 만들어졌고, 2005년 12월에 개소식을 가졌다. 이 무반향실의 공식명칭은 '전자파측정센터'다.

사실 나는 겨우 10여 개의 안테나업체를 위해 이런 시설을 마련해 주는 것도 부담스러웠고, 또 혹시나 이 '전자파측정센터'가 제대로 가동되지 않으면 어떡하나 싶어 잔뜩 걱정을 하면서 개소식에 참석했다.

그런데 깜짝 놀랄 일이 벌어졌다. 그동안 정통부에서 전자파측정센터를 만들고 있다는 사실이 알려지면서 이 측정센터를 사용하고자 신청한 안테나업체가 150여 개나 되었던 것이다. 뿐만 아니었다. 유사한 전자파실험을 하고자 신청한 회사도 무려 1천 700여 개나 된다고 했다. 나는 뿌듯하면서도 한편으로 진작 이런 공유시설을 마련하지 못한 것이 미안했다.

이후에도 정통부에서는 중소기업이 공유해서 사용할 수 있는 여러 가지 시설을 갖추어왔다.

반도체 설계와 측정 시설이라든가, 해외에 휴대폰을 수출할 때 우리 나라와 이동통신 서비스 방식이 다른 경우를 대비해 미리 동작실험을 해볼 수 있도록 기술표준협회(TTA)에도 상당한 투자를 해서 설비를 갖추었다. 또한 소프트웨어와 콘텐츠 사업을 하는 업체들을 위한 공동시설을 상암동에 건설하도록 했는데, 사업비만 무려 4천 300억 원이 책정되었다. 앞으로 상암동에 건설될 그 누리꿈스퀘어가 소프트웨어를 개발하는 사람들의 메카가 될 것을 나는 의심치 않는다.

　이러한 중소기업정책을 정통부에서는 'IT스머프(SMERP)'라고 부른다. '중소기업 재도약 과제(Small to Medium sized Enterprise Revitalization Program)'라는 말을 영어로 풀어쓴 후 머리글자들을 따면 '스머프'라고 발음되는데, 말 그대로 우리 중소기업들이 재도약할 수 있는 생태계를 조성하는 정책이 바로 IT스머프정책이다.

　이 정책에 따라 IT관련 2만여 개의 중소 벤처기업을 50여 개의 전문영역별로 분류하고, 각 영역별로 전문협의회를 두었다. 그리고 정부에서는 이 전문협의회가 필요로 하는 각종 공유서비스 시설이나 공동구매, 마케팅에 필요한 정보를 지원하고 컨설팅을 제공할 것이다.

　특히 기업가와 투자자가 한곳에 모여 자금지원이나 시장동향에 대해 허심탄회하게 의견을 나누도록 했는데, 이는 앞으로 잘될 가능성이 있는 기업은 투자기관이 적극적으로 지원하고 그렇지 못한 기업은 빨리 현실을 깨달아 스스로 발을 빼도록 하는 데 기여했다. 각 벤처기업의 장단점은 유사한 기업을 여러 개 모아놓고 비교해 보면 쉽게 알 수 있기 때문이다.

　이런 일련의 중소기업정책을 펴는 데는 내가 미국에서 벤처회사를 창업하고 몇 년간 그 CEO를 겸임하면서 투자를 끌어오기 위해 백방으로 뛰어다녀본 경험이 많이 활용되었다.

　사실 벤처기업이 개발하고 있는 기술의 수준은 투자할 사람이 직접 엄중하게 검증해야지 제3자가 검증해 주기는 어렵다. 때문에 투자자들은 비슷한 기업을 많이 만나면서 정보도 쌓고 판단실력도 키워야 한다. 기업의 창업, 성장, 성숙, 퇴출의 사이클이 자연스럽게 이루어지는 생태계의 순환은 결국 투자자들이 담당해야 할 역할이다. 그러나 아쉽게도 우리나라의 벤처역사는 너무 짧아서 이런 분위기가 아직 정착되지 못했다.

앞으로 중소기업이 스스로 커나갈 수 있는 생태계가 조성되면, 숲은 보지 못하고 나무만 봐서 자멸하는 기업들은 자연히 줄어들 거라고 생각한다. 우리의 중소·벤처 기업들이 버섯마을의 스머프(Smurf)들처럼 다같이 어우러져 행복하게 성장해 나갈 날을 고대한다.

우리의
블루오션,
와이브로와
DMB

와이브로와 DMB는 우리나라가
세계를 상대로 쳐낸 두 방의 홈런
과 같다. 그러나 그런 홈런은 지
속적으로 나와야 한다.

프랑스 인시아드 경영대학원의 김위찬 교수와
르네 마보안 교수가 공동으로 집필하고 하버드
경영대학원이 출판한 경영전문서 『블루오션
전략 *Blue Ocean Strategy*』은 세계적인 베스트
셀러다. 내가 이 책에 대해 알게 된 것은 책이
나오기 훨씬 전인 2004년 11월, 대통령을 수행
해 프랑스를 방문했을 때다. 그때 저자인 김위
찬 교수가 출판할 예정이라면서 이 책에 대해
개념적인 설명을 해줬다.

김 교수는 초판이 나온 이듬해 1월 신박제
필립스코리아 사장을 통해 내게 영문판 한 권
을 보내왔다. 책을 받아들자마자 읽기 시작한
나는 연신 무릎을 쳤다. 공감되는 내용이 매우
많았기 때문이다. 나는 책을 읽는 내내 깊은 감
명을 받았다. 나는 곧장 이 책을 번역시켜 정통
부의 필독서로 정하고, 대통령께도 번역본을
한 부 보내드렸다.

이 사실이 언론에 알려지면서 이 책은 우리
나라에서 출판되기도 전에 유명해졌고 출판 후
단기간에 국내 베스트셀러로 등극했다. 또한
국내 정 · 재계에도 블루오션바람이 불어 공무
원과 대기업 임직원들의 필독서로 자리매김하
기도 했다.

나는 삼성전자 시절부터 김 교수와 인연을
맺고 있었다. 삼성전자는 1998년 회사 경영이
어려워지자 윤종용 당시 총괄 사장이 대대적인

구조조정을 시도했고, 그때 김위찬 교수를 초빙해 혁신자문을 받았다. 나는 이때 가치혁신을 열심히 전파하고 있던 김 교수를 알게 되었고, 회사를 어떻게 바꿔야 할지를 놓고 김 교수와 자주 토론을 벌였다. 그러면서 김 교수의 가치혁신 프로그램을 회사에 도입하는 데 주도적인 역할을 하기도 했다. 당시 김 교수는 자신이 직접 나서서 임원들에게 듣기 싫은 소리를 많이 했는데 그 때문에 그가 더욱 깊이 기억에 남은 것 같다.

블루오션전략의 핵심은 붉은(Red) 피를 흘려야 하는 경쟁시장에서 예전의 업종과 고객 개념에 얽매이지 말고 경쟁이 없는 새로운 시장, 즉 푸른 바다(Blue Ocean)와 같은 신시장을 개척해야 한다는 메시지다. 그리고 끊임없는 가치혁신 같은 전략적 행보를 보여야만 그 성공이 지속된다는 개념이다. 그러나 생각이야 그렇더라도 실제로 자신이 몸담고 있는 분야에서 그런 차별화된 전략을 만들어내기 위해서는 남다른 창의성과 각고의 노력을 기울여야만 한다.

정보통신부가 내건 IT839전략은 이 블루오션전략과 맥을 같이한다고 할 수 있다. 그중에서도 달리는 자동차 안에서도 초고속인터넷이 가능한 휴대용 무선인터넷(Wireless Broadband Portable Internet)인 와이브로(WiBro)와 들고 다니는 내 손 안의 디지털TV DMB는 내가 공직에 온 이후에 시작된 과제들의 결과이고, 단군 이래 처음으로 우리가 독자적인 기술로 통신과 방송의 세계표준을 선점한 것이니, 바로 블루오션전략의 성공을 실증적으로 보여주는 사례라고 할 수 있다.

와이브로는 국제전기전자학회에서 2005년 말 세계표준(IEEE802.16e)으로 확정되었으며, DMB도 2004년 말에 이미 유럽표준(ETSI)으로 인정됐고 국제전기통신연합에서도 전체 총회의 인준과정만 남겨놓고 있다.

와이브로는 지금 유선으로 집 안에 들어오는 초고속인터넷과 비슷한 성능을 무선으로 제공한다. 따라서 인터넷에 접속하기 위해 포트가 나와 있는 곳을 찾거나, 그 자리를 떠나 다른 곳으로 옮겨가더라도 인터넷을 다시 로그온할 필요 없이 인터넷을 사용할 수 있다. 사용자가 속해 있는 기지국과 무선으로 연결되고 위치를 바꿔도 다른 기지국에서 끊김 없이 연결시켜 준다. 휴대폰으로 이동통신을 하는 것과 같은데, 자동차에서 여러 사람이 동시에 화상회의까지도 할 수 있다.

그런데 우리나라 사람들은 이 얘기를 듣고도 크게 놀라지 않는다. 지금도 워낙 인터넷인프라가 좋아서 아무 불편이 없는데 또 무슨 인터넷망을 더 까느냐고 묻는 사람도 있다.

그러나 국토가 넓고 지금 급하게 인터넷사업을 추진하는 나라들에게는 획기적인 기술이 아닐 수 없다. 소위 광케이블 기간망을 마을까지 갖다놓고 집집마다 연결해 주는 그 마지막 1km를 구리선으로 설치하는 비용은 엄청난 액수일 수밖에 없는데, 그것을 무선으로 한다고 생각해 보라. 지금 그런 일을 해야 하는 다른 나라에서는 모두 깜짝 놀라면서 관심을 가질 수밖에 없다.

때문에 와이브로는 세계적으로 엄청난 놀라움과 관심을 받고 있다. 2005년 10월 한국을 방문한 미주개발은행(IDB) 모레노 총재는 이 와이브로의 시연을 보고는 "IT의 혁명"이라고 말했다. 그러면서 나에게 중남미지역에 와이브로 인터넷을 설치해 그 지역의 개발을 가속시키려고 하니 한국이 꼭 도와달라고 요청했다.

지상파 DMB 역시 우리 국민들의 생활을 크게 바꿔놓을 것으로 기대된다. 산 위에 서 있는 기존의 TV안테나의 송출전력은 대개 25~50kW인데 DMB는 그것의 10분의 1 전력으로 더 나은 수신상태를 보이는 디지털방송이다. 서울의 관악산에 설치한 하나의 안테나를 가지고 천안과 파주에서까지 TV가 보이고 짧은 터널 속에서도 보일 정도였다. 다만 큰 건물 내부나 지하철 등에서는 잘 안 보이는 경우가 있는데, 이때는 가격이 그다지 비싸지 않은 중계기를 하나씩 달면 난시청을 쉽게 해결할 수 있다. 어쨌든 적은 설치비용으로 모든 사람이 무료로 방송을 즐기게 되는 것이다.

와이브로와 DMB 덕분에 앞으로 우리 국민들은 어디를 가든, 언제라도 보고 싶은 인터넷과 방송을 볼 수 있게 되었다. 소위 말하는 유비쿼터스시대를 맞이하게 된 것이다. 와이브로와 DMB가 통신과 방송의 유선으로부터 우리를 자유롭게 해주었기 때문에 이와 같은 일이 가능해진 것이다.

뿐만 아니라 산업적인 효과도 대단할 것으로 확신한다. 와이브로와 DMB는 각종 단말기, 기기 및 콘텐츠 산업에도 영향을 미칠 것이다. 더 빠른 무선인터넷, 더 잘 보이고 전기소모가 적은 DMB단말기를 개발해 전세계를 상대로 수출할 생각을 해보라.

와이브로와 DMB는 우리나라가 세계를 상대로 쳐낸 두 방의 홈런과 같다. 그러나 그런 홈런은 지속적으로 나와야 한다. 한두 가지의 확실한 가치혁신과 함께 전략적 움직임(Strategic Move)을 지속적으로 펴나가야 한다는 것이 바로 블루오션전략의 요체다. 다행히 우리에게는 IT839전략의 후속과제들인 전자태그(RFID), 지능형 로봇과 내장형 소프트웨어 등이 준비되어 있다. 이들 산업이 와이브로와 DMB에 이어 우리나라를 국민소득 3만 달러 시대로 끌고 갈 신성장동력임을 나는 믿어 의심치 않는다.

IT839전략을 추진한 지 3년이 되는 2006년부터는 그동안 개발이 완성되어 정부의 역할이 줄어든 부분을 제외하고, 변화된 국내외 시장여건을 감안해 IT839전략을 재조정하는 작업이 펼쳐질 것이다. 특히 소프트웨어산업의 중요성을 대폭 강조한 U-IT839전략이 추진될 것이다.

앞으로는 소프트웨어가 자동차 원가의 30%를 상회하는 등 거의 모든 첨단산업부문에서 큰 비중을 차지할 것이다. 우리나라의 약 20만 명의 소프트웨어 기술인력과 약 6천 500개의 소프트웨어기업을 재조직하여 국민소득 3~4만 달러 시대를 대비하고자 하는 것이 U-IT839전략의 중심내용이다.

덩치 큰 이웃, 중국이라는 코끼리와의 경쟁에서 살아남으려면 치타처럼 빠르고 유연하며 영리한 스피드경영과 소프트산업이 육성되어야 한다. '최고의 기술을 선점한 기업과 국가만이 생존하는(Winner Takes All)' 현실에서 IT산업의 글로벌리더로 도약하기 위해서는 경쟁국들이 가지 않은 길을 우리가 먼저 개척해야 한다는 것이 나의 지론이다. 우리에게는 이미 확보된 블루오션과 앞으로 펼쳐질 블루오션이 많이 있다. 이제 우리 모두가 힘을 합쳐 저 넓고 푸른 바다를 헤쳐나가는 일만 남았다.

중국은
우리에게
위기인가
기회인가?

중국은 이제 더 이상 싼값으로 경쟁하는 만만한 '만만디 중국'이 아니다. 중국은 챔피언들의 싸움터다. 전세계 최고기업들이 몰려들어 피를 튀기며 싸우는 각축장이다.

'떠오르는 중국(Rising China)'이 국내·외 경제계의 화두가 된 지 이미 오래다. 중국 경제는 매년 10% 전후의 고도성장을 지속해 오면서 '용광로'처럼 주변국의 기업들을 녹여내리고 있다.

우리나라는 중국의 성장에 가장 민감하고 두려워해야 할 나라 중 하나다. 중국 기업의 경쟁력 강화는 결국 국내 한계산업들의 퇴출로 가시화될 것이다. 더 큰 문제는 중국이 고부가가치 첨단산업의 발전을 더욱 가속화하고 있다는 점이다. 이는 앞으로 해외시장에서 중국과 우리가 피하려야 피할 수 없는 경쟁상대가 될 수밖에 없음을 의미한다. 현재 우리가 독보적으로 가지고 있는 기술과 제품들조차 언젠가는 중국과의 한판경쟁에 나서야 한다는 의미다.

그렇지만 중국의 발전이 한편으로는 우리에게 호재로 작용할 수 있다는 점을 우리는 절대로 간과해서는 안 된다. 우리와 인접해 있는 중국, 인도 등 아시아 국가들의 부상으로 창출되는 시장의 확대는 곧 우리에게도 엄청난 기회가 될 수 있기 때문이다.

이는 IT산업만 보더라도 확연히 알 수 있다. 이미 중국은 세계 IT시장에서 우리를 가장 위협하는 경쟁국이다. 중국의 IT산업은 예상을 뛰어넘을 정도로 빠르게 발전하고 있다. 풍부한 인력과 매머드급의 클러스터(집적단지), 기업과 정부의 융통성과 개방성을 앞세워 우리나라를 바짝 추격해 오고 있는 것이다. 그렇지만 중국은 또한 우리나라에게 IT분야에서만 연 130억 달러의 무역수지 흑자를 안겨주는 주요 시장이다. 그야말로 '두 얼굴의 중국'이라고 해도 과언이 아니다.

최근 5년간 중국의 IT산업은 연평균 28%의 고속성장을 하고 있고, 2008년에는 아시아·태평양 시장의 37%를 차지할 것으로 전망되고 있다. 아직은 3~4년의 격차로 우리나라가 기술적인 우위를 지키고 있지만, 곧 중국이 'IT코리아'의 위상을 위협할 것이라는 데에는 의심의 여지가 없다.

대한민국의 자존심이요, 한국 경제를 뒷받침하는 효자산업인 IT부문에서 중국에게 선두를 빼앗긴다는 것은 생각만 해도 식은땀이 흐르는 일이 아닐 수 없다. 이는 우리 민족의 생존기반을 뒤흔드는 중대사라 해도 과언이 아닐 것이다.

백번 듣는 것보다 한 번 보는 게 낫고(百聞不如一見), 상대를 알고 나를 알면 백번 싸워도 위태롭지 않다(知彼知己百戰不殆)고 했던가! 2005년 7월, 나는 3박4일 동안 중국 베이징과 상하이에서 해외 IT주재관 전략회의를 주재했다. 탁상머리 행정을 타파하고 직접 현지로 날아가 중국 IT산업을 체험, 현실적인 위기의식을 갖고 대응전략을 모색하기 위한 것이었다. 정부부처 가운데 직접 중국으로 날아가 전략회의를 개최한 것은 정통부가 처음이었다.

먼저 중국의 핵심 공단현장을 방문하고 기업 및 정부의 수뇌부들을 만나 회의를 했다. 저녁식사를 마치자마자 내가 직접 전략회의를 소집해 새벽 2시까지 논스톱 철야회의를 주재하기도 했다.

직원들은 하나같이 중국의 발전에 큰 충격을 받은 듯했다. 이구동성으로 "중국의 발전은 몸으로 느낄 수 있을 만큼 빠르고 충격적"이라고 말했다. 중국이 IT기술, 인프라 등에서는 현재 한국보다 3~4년 정도 뒤져 있지만 첨단기술 노동력이나 기술개발(R&D) 능력 등은 조만간 한국을 추월하게 될 것이라는 솔직한 전망도 나왔다. 우리는 "중국의 변화에 대응할 새로운 전략을 서둘러 수립해야 한다"고 다짐했다.

삼성시절부터 공직에 이르기까지 나는 중국을 꾸준히 방문해 왔다. 왕쉬뚱 중국 신식산업부 장관과는 2003년 이후 여덟 번을 만나 통신정책 등에 대해 얘기를 나누며 친분을 쌓아왔고, 이제는 폭탄주를 제조해 러브샷을 하는 사이가 됐다.

이처럼 중국에 익숙한 나도 2005년 방문에서만큼은 적잖은 자극을 받았다. 정말이지 중국은 한 해가 다르게 그 능력이 달라지고 있었다. 특히 인상적이었던 것은 기업합병과 우수인력 영입을 통한 기업가치의 확대·재생산과 글로벌 자본시장 활용에 있어 탁월한 전략을 구사하고 있는 점이었다.

그 한 예로, 중국 기업 샨다가 우리나라의 한 IT벤처 회사를 성공적으로 인수한 것을 들 수 있다. 그후 샨다의 기업가치는 23억 달러로 올라갔으며, 샨다의 창업주는 단시간에 중국 최고의 부자로 등극했다. 자국의 기술부족 문제를 국제 자본시장을 활용해 극복한 것이다. 이 과정에서 샨다는 일본 소프트뱅크의 막강한 자금력을 끌어오는 전략에 성공하기도 했다.

결국 우리나라의 기술력, 중국의 거대한 시장, 일본 기업의 막대한 자금력을 잘 엮어서 나스닥 상장에 성공한 것이다. 이는 과거의 중국 기업들로서는 구사하기 어려운 전략이었다. 그만큼 중국 기업이 탁월하게 변화하고 있다는 얘기다.

이처럼 중국은 이제 더 이상 싼값으로 경쟁하는 만만한 '만만디 중국'이 아니다. 중국은 챔피언들의 싸움터다. 올림픽 경기장과 같다고 할까. 경쟁력 있는 중국 거대기업은 물론 전세계 최고기업들이 몰려들어 피를 튀기며 싸우는 각축장이다. 일부 대기업을 제외하고 중국에 진출한 국내 기업들은 대부분 고배를 마셨다. 지난 6월까지 중국에 진출한 우리 기업은 1만 4천여 개. 120억 달러를 투자했지만 지금 남아 있는 기업은 3천 300여 개로 약 3분의 1에 불과하다. 나머지는 모두 철수하거나 투자를 청산했다.

때문에 이제 더 이상 중국과의 가격경쟁만을 논하는 것은 무의미해졌다. 앞선 기술을 바탕으로 하는 고가전략과 지식기반의 서비스산업 외에는 독자적으로 산업현장을 지켜나갈 수 없을 것이다.

나는 중국의 IT산업을 탐방하면서, 국내 기업이 기술개발에만 치중해 자본시장에서의 가치확대 및 재생산에는 미흡했다는 걸 확인했다. 앞으로 이 부문에서 정부 차원의 많은 지원이 있어야 할 것이라고 생각한다.

중국의 IT산업 발전은 우리에게 상당히 위협적이다. 수뇌부에 이공계 출신들이 포진한 후진타오 정부는 IT기간산업화 전략을 세워 IT산업의 연평균 성장률을 20~30%대로 유지하면서, 2010년 IT산업을 중국 경제 최대의 기간산업으로 육성하겠다는 청사진을 내걸고 전력투구하고 있다. IT 같은 첨단산업 중심으로 지역 클러스터를 구축해 머리에 해당하는 연구개발단지, 몸통인 하이테크 집중화단지, 손발인 IT산업 제조기지를 확장해 나가고 있다.

그렇다면 중국은 우리에게 오로지 위협인가? 나는 중국이 우리에게 기회가 될 수도 있다고 믿는다. 물론 이것은 효과적인 대중국 경영전략이 전제될 때에만 가능한 일이다.

중국 전략회의에서 돌아온 나는 '대중국 IT산업 전략컨퍼런스'를 주최해 중국에 대응하기 위한 '스피드, 소프트, 스마트 경영'의 중요성을 역설했다.

'스피드'는 말 그대로 기민하고 재빠르게 움직여야 한다는 의미다. 중국 IT산업이 '코끼리'라면 국내 산업은 '치타'에 비유할 수 있다. 덩치 큰 코끼리를 잽싸게 요리조리 피하지 않으면 작은 치타는 밟혀 죽고 만다. 그러나 정보화시대에는 빠른 것이 느린 것을 이길 수 있다. 대규모 투자와 상대적으로 낮은 임금을 바탕으로 경쟁력을 확보할 수 있는 분야와 달리, DMB방송산업 등 신속한 의사결정과 선발의 이점이 큰 신성장산업 분야에서는 중국이 우리의 시장이 될 가능성이 높다.

나는 우리나라 DMB의 도입을 추진하고 있는 중국 인민라디오방송사를 방문한 후 그와 같은 전략이 좋은 예가 될 수 있음을 확신할 수 있었다. 또한 중국이 쫓아올 수 없는 다양한 틈새시장 개발, 차별화된 클러스터전략 등의 전략적 접근도 필요할 것으로 판단된다.

스피드는 또한 기기의 고성능을 의미하기도 한다. 중국의 것보다 훨씬 빠른 속도로 동작하고 발전하는 차별화된 제품으로 앞서나가야 한다는 얘기다.

'소프트'는 유연한 정책을 말한다. 체구가 작은 선수가 큰 선수보다 유리한 것이 있다면 유연함일 것이다. 중국의 전략은 물론 그 전술마다 가장 효과적으로 또 효율적으로 대응할 수 있는 방안을 적시에 만들어 낼 수 있다면 우리에게 충분히 승산이 있다고 본다. 소프트는 또한 IT산업같이 우리나라가 잘하는 지식기반, 디지털산업에 집중해야 한다는 의미도 담고 있다.

중국과의 경쟁에서 이기기 위해서는 스피드경영과 소프트정책을 구사하고 발전된 IT기술을 산업과 국가 전반에 파급시키는 현명함, 즉 스마트가 무엇보다 중요하다는 것이 나의 'IT부국론'이다.

발빠르게(Speedy) 달려나가고 유연하게(Soft) 몸을 놀리며 코끼리의 등을 타고 더 높이 뛰어오르는 치타의 재치(Smart)를 갖춰야 한다.

또한 블루오션전략은 대중국전략에서도 빼놓을 수 없는 가치라 할 수 있다. 우리는 과거 반도체와 휴대전화라는 블루오션에 민·관의 역량을 집중했고, 그 결과 이들 품목은 현재 우리 경제에 크게 기여하고 있다. 그러나 기술발달로 인해 이제는 이러한 제품들도 범용화되고 있어, 향후 5~10년 후의 먹거리를 고민하지 않을 수 없는 시점이다.

이 점에서 중국은 아직 기회의 땅이다. IT분야의 통합기술은 우리가 훨씬 앞서고 있으며, 현재 중국 정부가 꿈도 꾸지 못하는 와이브로나 텔레매틱스 등은 10년 후 벌써 노하우가 쌓인 우리가 중국에 제공할 수도 있다.

정통부가 IT839전략 추진에 박차를 가하고, IT839전략의 성과로 조기 상용화에 성공한 와이브로와 DMB 등의 글로벌 마케팅을 통해 독립적 수출상품화를 지원하는 것도 결국은 블루오션을 창출하려는 노력에 다름아니다.

와이브로와 DMB 같은 차별화된 분야의 시장 선점과 더불어 표준화를 통한 세계 IT의 주도권 확보 등도 중점 추진사안이다. 지난 80년대에는 TDX교환기에 1천 500억 원을 투자해 7조 원을 벌어들였고, 90년대에는 D램 개발에 4천억 원을 투자해 128조 원을 벌어들였다. 이제 2008년까지 IT839전략에 2조 5천억 원을 집중투자해 500조 원 이상의 푸른 시장을 창출하겠다는 것이 우리의 목표다. 과거 반도체신화의 전례에 비추어 나는 이것이 실현 가능한 목표라고 확신한다.

다들 중국이 우리에게 '위기'라고 외친다. 그러나 '위기(危+機)'라는 한자어의 조합에서도 알 수 있듯이, 위험과 기회는 똑같은 동전의 양면일 뿐이다. 역사 속에서 자주 발견되듯, 위기는 곧 기회가 될 수 있다. 이는 전적으로 우리의 대응 여하에 달려 있다.

우리가 지속적으로 블루오션을 창출하고, 기술격차를 유지하기 위해 노력해 나간다면 결코 못할 것이 없다. 더불어 세계 제일의 IT인프라를 바탕으로 한 테스트베드(Test Bed) 시장이라는 차별화를 통해 우리만의 경쟁력을 확보해 간다면, 대한민국은 충분히 중국과의 경쟁에서 이길 수 있다. 나는 그렇게 믿는다.

10년 뒤
유비쿼터스
라이프의 하루

팔삼구씨는 욕실에서 양치질을 하
면서 거울을 본다. 거울에는 그날
의 중요 뉴스와 중요 스케줄, 뉴
욕의 나스닥 주식시세 등이 일목
요연하게 나타난다.

2016년 어느 날 아침. 팔삼구씨는 잠에서 깨어
났다. 한 달 일정이 모두 예약돼 있는 스케줄에
따라 기상시간에 맞춰 가사로봇이 그를 깨운
것이다. 요즘 각 가정에는 웬만한 집안일을 척
척 해주는 지능형 로봇이 보급되어 있다. 신혼
부부의 혼수품 1호가 대형PDP나 LCD텔레비
전에서 지능형 로봇으로 바뀐 지 이미 오래다.

아내는 아직 곤히 잠들어 있다. 오늘 친구들
과 골프시합이 있다더니, 어제 밤늦게까지 가
상현실로 골프연습을 한 모양이다. 하긴, 주부
들이 출근하는 남편이나 등교하는 아이들 때문
에 일찍 일어나야 했던 것도 이제 옛일이 되었
다. 가사로봇은 미리 입력된 요리프로그램에
따라 매일 다른 메뉴의 음식들을 척척 만들어
내놓는다. 주부들이 하는 일이라고는, 가족의
건강과 취향에 맞춘 메뉴를 로봇에 입력하는
것뿐이다. 이마저도 귀찮으면 수십 종류의 표
준매뉴얼 중 하나를 선택하기만 하면 된다.

팔삼구씨는 욕실에서 양치질을 하면서 거울
을 본다. 거울에는 그날의 중요 뉴스와 중요 스
케줄, 뉴욕의 나스닥 주식시세 등이 일목요연
하게 나타난다. 양치질 도중 잇몸에서 피가 났
다. 칫솔에서 빨간 불이 깜박이고, 욕실 거울에
그 원인이 자막으로 나타난다. 칫솔에 장착된
컴퓨터가 의료전산망을 통해 이 증세를 이미
병원에 전달했다. 다시 거울에 병원 방문이 가

능한 요일과 시간이 나타나고, 팔삼구씨는 그중 하나를 선택한다.

강원도 춘천에 사는 그는 수소자동차를 타고 대전 연구단지로 출퇴근한다. 10년 전만 해도 3시간 이상 걸리던 춘천-대전구간이 이제 1시간 남짓이면 충분하다. 모든 도로에 교통제어용 센서가 설치돼 있어 교통체증이 일어나는 일은 거의 없다. 교통량 분배나 사고 등 모든 도로상황을 컴퓨터가 처리해 주기 때문이다. 도로에는 곳곳에 수소충전소가 들어서 있다. 매연은 이제 옛날이야기다.

팔삼구씨는 자동차운행을 자동항법으로 전환시키고, 차에 내장된 모니터를 통해 그날 회의 안건을 점검한다. 안건점검이 끝나자 이번에는 이틀 뒤의 아버지 생신선물을 고르기 시작한다. 굳이 힘들게 고를 필요도 없다. 이미 아버지 취향을 알고 있는 쇼핑몰에서 가격대에 맞춘 맞춤상품을 입체영상으로 제안해 주기 때문이다. 검색에서 결제까지 차 안에서 쇼핑이 다 끝난다.

실버타운에서 지내는 아버지는 90세가 넘었지만, 아직도 청년 같다. 두 해 전 스키장에서 보드를 타다가 무릎을 약간 다치기는 했지만, 실버로봇이 모든 수발을 다 들기 때문에 아무 불편이 없다. 아버지의 건강상태는 스마트이불을 통해 실시간으로 점검되므로, 만약의 사태를 염려할 필요도 없다. 만약 이상이 있으면 팔삼구씨에게 즉각 통보될 것이다.

오전회의를 마치고 자리에 돌아오자 모 기업의 인도공장에서 파견근무를 하고 있는 딸에게서 영상전화가 걸려왔다. 거의 매일 통화하기 때문에 새삼스러울 것도 없지만, 딸의 전화는 언제 받아도 즐겁다. 글로벌 영상전화 요금이라고 해봤자 얼마 나오지 않는다. 시내전화 요금도 안 되는 수준으로 내린 지 꽤 오래이기 때문이다.

오늘 딸의 용건은 저녁파티에 입고 나갈 이브닝드레스를 골라달라는 것이다. 남자 취향은 아버지가 더 잘 알 테니 남자 눈에 들 드레스를 골라달라며 몇 가지 드레스를 영상에 올려놓는다. 요즘 딸아이는 영국에서 온 같은 회사 직원과 한창 데이트중이다.

팔삼구씨의 귀여운 막내아들 유비는 오늘 친구들과 미술관으로 견학을 갔다. 유비는 현재 초등학교 1학년. 예전 같으면 선생님이나 부모님이 인솔해서 갔겠지만, 요즘은 아무리 먼 곳이라도 아이들 혼자 찾아갈 수 있다.

유비가 자신의 휴대폰 단말기에 '시립미술관'이라고 입력하자 액정에 시립미술관을 경유하는 버스노선이 뜬다. 유비는 친구들과 DMB폰으로 축구경기를 관람하면서 버스를 기다리기로 했다.

앗! 그런데 갑자기 옆에 있던 유치원생 꼬마가 도로로 뛰어들었다. 가지고 있던 공을 놓친 것이다. 모두가 위험하다고 소리쳤지만 어느 누구도 아이를 구하러 뛰어들지는 못했다. 가까운 거리에서 자동차가 달려오고 있었기 때문이다. 그러나 우려하던 교통사고는 일어나지 않았다. 꼬마가 신고 있는 신발에 부착되어 있던 RFID전자태그가 달려오던 자동차의 브레이크센서와 연결되어 있어 차가 급정거한 것이다.

그러고 보니 요즘 아이들이 교통사고 당했다는 뉴스를 들어본 적이 거의 없다. 모두 RFID(Radio Frequency Identification, 무선식별시스템) 덕분이다. 유비쿼터스시대의 중심 RFID는 0.3mm 정도의 초소형 칩으로, 바코드의 6천 배에 달하는 정보를 수록할 수 있는 자동인식 기술이다.

드디어 목적지인 시립미술관에 도착한 유비. 오늘 유비가 관람할 미술전은 '루브르박물관 사이버 초대전'이다.

전시실에는 유비가 책에서만 봤던 〈모나리자〉 그림이 걸려 있다. 그러나 그 옆에 그림의 제목이나 작가 등을 표시한 종이는 붙어있지 않았다. 그것 역시 옛날 일이다. 요즘은 각 미술품마다 RFID가 부착되어 있어 자세한 작품설명을 직접 들을 수 있기 때문이다.

"모나리자의 모나는 이탈리아어로 '유부녀'를 뜻하며, 리자는 모델인 엘리자베타의 약칭입니다."

유비의 단말기에서 〈모나리자〉에 대한 작품설명이 흘러나온다. 아이들을 따라온 할머니가 "정말 편리한 세상"이라며 혀를 내두른다.

팔삼구씨의 퇴근길. 차 안의 모니터에 아내의 얼굴이 뜬다. 골프시합 때문에 늦을 것 같으니 자기 대신 집 근처의 마트에서 장을 봐달라는 부탁이다. 남자들이 장보기를 할 때 가장 힘든 것은 싱싱한 생선이나 야채를 고르는 일이다. 그러나 이런 고역도 이젠 말끔히 해결되었다. 모든 상품에 RFID전자태그가 부착돼 있으므로 제품의 원산지, 제조일자, 유통경로 등은 물론 조리법, 보관방법까지 다 알 수 있다. 그래도 마음이 놓이지 않는다면 카메라가 달린 안경을 쓰고 아내와 연결되는 버튼만 누르면 된다. 아내는 똑같은 안경을 쓰고 마트의 생선 등을 실시간전송 영상으로 보면서 구입할 상품을 지적해 준다.

쇼핑을 끝낸 팔삼구씨는 예전처럼 길게 줄을 서서 계산을 기다릴 필요가 없다. 카트에 담긴 물건들이 자동으로 계산되어 쇼핑카트에 뜨기 때문에 그 금액을 휴대폰으로 결제해 주기만 하면 된다.

팔삼구씨가 집에 들어서니 가사로봇이 적당한 온도의 목욕물을 받아놓고, 건강에 좋은 허브주스를 들고 기다리고 있다. 그는 주스를 마시고 욕실의 욕탕으로 들어가 피곤한 몸을 누인다. 맞은편 모니터에는 팔삼구씨가 좋아하는 영화가 이제 막 시작하고 있다.

행복이 들어 있는 칩은 없나요?

나는 인터넷강국으로서 우리나라가 또 하나의 중요한 임무를 지고 있다고 생각한다. 정보소외 계층이 없는 '따뜻한 디지털세상'을 만들기 위해 정부와 국민 모두 발 벗고 나서야 한다는 것이다.

흔히들 따뜻한 사람을 보고 '아날로그적 인간'이라고 하고, 매사에 정확하고 냉정한 사람은 '디지털형 인간'이라고 말한다. 하지만 나는 이러한 규정에 이의를 제기하고 싶다. 자칫 '디지털'이라는 이미지가 인간미도 없고 기계중심적인 것으로 퇴색될까 두렵기 때문이다.

사실 우리 직원들 중에는 나를 아주 냉정하고 차가운 사람이라고 생각하는 이가 많다. 이는 내가 공과 사를 분명히 하고 업무규정을 정확히 지키는 것을 좋아하기 때문인 것 같은데, 사실 나는 차가운 것과는 거리가 먼 사람이다. 내가 대기업이나 공직사회 같은 큰 조직의 리더로만 있다 보니 직원들과 일일이 대면할 기회가 없어서 그렇지, 가까이에서 나와 함께 지내본 직원들은 모두 나를 무척 편하게 생각하고 '따뜻하고 솔직한 성격의 소유자'라고 인정해 준다.

내가 굳이 이런 얘기를 꺼내는 것은, 한국 IT 발전의 중심에 있었고 또 앞으로도 우리나라 IT의 미래를 짊어지고 나갈 한 사람으로서, 앞으로 도래할 디지털시대가 결코 인간을 소외시키는 시대가 아닌 인간중심의 시대가 될 것임을 분명히 밝혀두고 싶기 때문이다.

인터넷시대가 되면서 편리성이 높아진 반면 부작용도 그만큼 많아진 것이 사실이다. 아이

어른 할 것 없이 인터넷중독에 빠지는가 하면, 대입원서를 넣는 사이트가 다운되는 웃지 못할 일이 발생하기도 했다.

그렇지만 인터넷시대, 디지털시대의 도래는 이미 거스를 수 없는 대세라는 점에서, 나는 인터넷강국으로서 우리나라가 또 하나의 중요한 임무를 지고 있다고 생각한다. 현재까지 나타난 부작용들을 최소화할 수 있는 제도적 장치를 마련함은 물론, 정보소외 계층이 없는 '따뜻한 디지털세상'을 만들기 위해 정부와 국민 모두 발 벗고 나서야 한다는 것이다.

우리나라는 전세계가 알아주는 인터넷강국이다. 그런데도 우리 사회에는 정보화에 소외된 계층이 적지 않다. 정통부가 마련한 '정보격차 해소 중장기계획(2004~08)'에 의하면, 인터넷 비이용자의 약 70%가 장노년층과 장애인, 농어민, 저소득층 등 4대 취약계층이다. 이 계층은 주로 신체적 · 경제적 이유로 인터넷을 이용하지 못하고 있다.

구체적인 통계에 의하면 장애인 145만 명, 저소득층 308만 명, 장노년층 678만 명, 농어민 267만 명 등 총 1천 398만 명 가운데 인터넷 비이용자가 1천 123만 명이다. 이중 인터넷 이용의사가 없는 무관심층 620여만 명을 제외하고, 500만 명 정도가 정보격차 해소를 위한 정보화교육 대상이다.

정보통신부는 오는 2008년까지 이들에 대한 정보화교육을 완료해, 인터넷 이용의사가 없는 이들을 제외한 모든 정보화취약 계층을 디지털인구로 편입시킬 계획이다. 그래야만 국민 모두가 공평한 정보기회를 누리는 진정한 인터넷강국이 될 것이기 때문이다.

그러나 문제는 단순히 인터넷의 사용 여부에 한정되지 않는다. 앞으로 고령화사회가 펼쳐지고 빈부간의 격차가 커지면 이러한 소외계층의 고통은 이중삼중으로 심해질 것이기 때문이다. 소득감소에 따른 경제적인 기반 상실, 각종 질병에 의한 과중한 의료비부담과 간호문제, 그리고 역할 상실에 따른 심리적 고독감과 소외감 등의 문제는 쉽게 해결하기 어렵다.

나는 바로 이런 문제들을 치유하기 위한 종합적이고 다각적인 대책에 디지털의 힘이 필요하다고 생각한다. 앉아서 용변을 보기만 해도 그 사람의 혈압과 혈당 등 건강상태를 체크해서 병원에 알려주는 '인텔리전트 화장실'이나, 잠을 잘 때도 그 사람의 용태를 체크해서 알려주는 '스마트이불'처럼, '실버디지털'은 노령화사회의 상당수 문제를 해결해 줄 수 있을 것이다. 언제라도 병원의 의료진과 연락이 닿을 수 있고 로봇이 노인과 장애인들의 수발을 들어줄 수 있다면 소외받는 계층의 아픔이 그만큼 줄어들지 않을까?

이러한 점에서 앞으로 펼쳐질 유비쿼터스사회는 노인과 장애인 같은 사회적 약자에게 희망을 주는 따뜻한 세상을 지향해야 한다. 국민 모두가 디지털문화의 혜택을 고루 누리는 '따뜻한 디지털세상'이야말로 U-KOREA의 목표점이자, 우리 모두의 비전이다.

정보소외는 비단 우리나라만의 문제가 아니다. 하지만 우리가 이를 묵과할 수 없는 것은 우리나라가 세계적인 인터넷강국이기 때문이다. 그만큼 우리를 주목하고 우리에게 기대를 거는 나라들이 많다는 이야기다.

부산 APEC정상회담과 거의 비슷한 시기인 2005년 11월 16~18일, 아프리카의 튀니지에서 세계정보사회정상회의(WSIS)가 열렸다. 150여 개국 정부대표가 참석한 이 회의에서 세계전기통신연합은 한국을 '디지털기회지수(Digital Opportunity Index)' 세계 1위로 발표했다.

디지털기회지수는 인터넷 보급률(인프라 보급), 소득 대비 통신요금 비율(기회 제공), 인터넷 이용률(활용 정도) 등 세 가지 요소를 종합적으로 분석해 정보통신 발전정도를 평가하는 지표인데, 이 지수에서 우리가 1위라는 것은 한국이 IT강국이라는 것을 세계가 인정한 셈이다.

세계 여러 나라는 모두 우리나라를 부러워했다. 특히 IT장관들은 더 했다. 어떻게 하면 한국처럼 될 수 있느냐고 묻는 나라도 많았고, 제발 한국의 기술을 전수해 달라는 곳도 많았다.

사실 우리나라 사람들은 인터넷을 워낙 편하게 쓰고 있어서 잘 모르지만, 아직 인터넷인프라가 제대로 깔리지 않은 국가들에게 한국은 인터넷천국으로 불리고 있다. 실제 우리나라처럼 인터넷을 싸게 이용하는 나라도 드문데, 대부분의 나라가 인터넷요금을 종량제로 하고 있기 때문에 우리처럼 마음껏 인터넷을 이용하지 못하는 경우가 많다.

우리나라 인터넷이 얼마나 편리한지는 외국에 나가보면 쉽게 알 수 있다. 2004년 국빈자격으로 인도를 방문했을 때 인도의 최고호텔에 묵었는데, 우리 수행기자 몇십 명이 갑자기 로그온하자 인터넷이 다운되고 말았다. 그 호텔의 네트워크 용량이 너무 부족했던 것이다. 기사송고가 안 되자 기자들 사이에 일대소동이 일어났고, 청와대 대변인이 곤욕을 치르기도 했다. 그 고급호텔의 문제이긴 했지만, 기자들이 엄청나게 불평을 해서 한국의 정보통신부 장관인 나까지 나서서 수리를 하느라 법석을 떨기도 했다.

이처럼 전세계적으로 정보소외를 겪는 나라들이 많이 있는데, 우리 정부에서는 이를 해결하기 위해 국가 차원에서 개발도상국들을 지원하고 있다. 개도국의 정보책임자들을 우리나라로 초청해 IT기술을 전수해 주기도 하고, 개도국에 컴퓨터센터를 세워주기도 한다. 정통부에서 기관이나 개인들로부터 중고컴퓨터를 수거해 보수한 후 개도국에 보내는 것도 바로 이러한 사업의 일환이다. 현재까지 우리나라에 와서 기술을 배워간 사람들만 1천 700명 정도 되고, 6천 대 정도의 중고컴퓨터가 개도국에 전해졌다.

언젠가 세네갈 대통령을 만난 적이 있는데, 중고컴퓨터 좀 많이 보내달라는 얘기를 듣고 '아, 세네갈 국민들이 정보를 얼마나 갈망하기에 대통령까지 나서서 이런 부탁을 할까' 싶었다.

나라간의 정보격차를 해소하는 일에는 우리 대학생들도 나서고 있다. 2005년 여름방학에 우리 대학생 1천 400명이 자원해서 33개국으로 흩어져 개도국 국민들의 컴퓨터교육을 담당해 주었다. 이들은 주중에는 컴퓨터교육을 하고 주말에는 김치담그기나 농악 같은 우리 문화를 알렸는데, 반응이 아주 좋았다고 한다. 브라질과 코스타리카 쪽을 방문했을 때 그쪽 사람들이 한국 자원봉사단 학생들을 칭찬하는 걸 듣고 무척 흐뭇했다.

이런 흐름들은 '디지털 한류'라는 이름으로 결국 우리의 국익에도 도움이 되리라고 생각한다. 기술을 전수해 주다 보면 자연히 제반 장치들의 수출로 이어질 것이고, 또 우리 제품에 대한 선호도도 높아져 기업 이미지를 제고하는 데도 큰 도움이 될 것이다.

정보소외 계층 없는 따뜻한 디지털세상은 이처럼 작은 것에서부터 점점 그 격차를 좁혀가며 지구촌 전체로 퍼져나가고 있다. 그 선두에 디지털강국 대한민국이 있다.

7

매일 배우고 매일 새롭게

CEO에게 필요한 덕목은?

요즈음같이 환경이 급변하고 불확실성이 큰 시대에 CEO에게 가장 중요한 덕목은 선견력(先見力)이라고 할 수 있다. 기업이 처해 있는 상황을 냉정하게 파악하고 최악의 사태를 가정한 시나리오경영을 할 수 있어야 한다.

정보화가 안 되어 있던 얼마 전까지만 해도 남들이 갖지 못한 정보를 선점하면 그것이 곧 힘이고 리더십이라고 생각했었다. 그러나 이젠 정보통신의 발달, 특히 인터넷의 보급으로 어떤 정보라도 쉽게 확보할 수 있게 되었다. 바야흐로 정보를 독점할 수 없는 시대가 된 것이다. 그러니 '정보가 곧 힘'이라는 말은 옛말이 되었고, 이제는 그것을 지식으로 얼마나 잘 활용하느냐가 더 중요한 세상이 되었다.

한편, 사람들의 사회적인 의식도 많이 변해서 이제 윗사람이 아랫사람에게 떡값을 주거나 이권을 나눠주면서 회유하고 설득한다고 줄을 서는 전근대적인 시대도 지났다.

그러면 이러한 디지털시대에는 어떤 리더십이 필요할까? 특히 기업이나 조직의 최고 의사결정권자인 CEO(Chief Executive Officer), 즉 최고경영자에게는 어떤 덕목이 필요할까? 다음은 일반적으로 필요하다고 생각되는 21가지의 덕목을 나열한 것이다.

용기	자신감	결단력
책임감	자제력	도덕성
추진력	포용력	도전정신
협동심	긍정적인 사고	비전제시
지식	진실함	융통성
인간적인 배려	계획성	매너

패션감각   유머감각   부드러움

요즈음같이 환경이 급변하고 불확실성이 큰 시대에 CEO에게 가장 중요한 덕목은 선견력(先見力)이라고 할 수 있다. 즉, 몇 년 뒤 시장동향이 어떻게 될 것인지, 어떤 기술이나 상품이 필요한지를 미리 내다보고 투자하는 능력 말이다. 또 기업이 처해 있는 상황을 냉정하게 파악하고 최악의 사태를 가정한 시나리오경영을 할 수 있어야 한다. 전조직원이 따르고 공감할 수 있는 비전을 제시하여 직장에 신바람을 일으키는 것도 중요하며, 공과 사를 확실히 구분하고 상벌을 분명히 하는 능력 또한 빠뜨릴 수 없을 것이다.

나는 이런 점을 고려하여 CEO의 철자를 다음과 같이 풀어 CEO에게 필요한 덕목을 정리해 보았다.

C : Communicate(의사소통), Clarify(분명한 방향제시)
E : Envision(비전설정), Empowerment(권한위임), Energize(신바람)
O : Organize(조직운영)

전체 조직을 책임지고 있는 CEO라면 조직 전체의 비전을 스스로 만들 수 있어야 하고, 전직원이 공감하도록 만들어야 한다. 이때 CEO에게 가장 필요한 덕목은 모든 사람을 신바람나게 만들 수 있는, 업무에 대한 열정이다. 장래에 대한 간단명료한 비전에서 나오는 CEO의 열정은 전직원을 한 방향으로 나가게 하는 원동력인 것이다.

나는 대표이사가 된 후 그 이듬해인 1997년부터 매달, 그리고 매분기 말에 전직원을 모아놓고, 그 기간 내의 실적에 대해 점검하고(Review) 다음 기간 동안의 업무목표를 검토하는 전략회의를 가져왔다. 각 부문 책임자들이 직접 발표를 하고 자신의 부하직원뿐만 아니라 중요 간부

앞에서 자신의 실적과 할 일을 설명하는 자리다. 이렇게 하면 직원들은 자신이 속한 분야뿐만 아니라 다른 부서의 추진현황에 대한 정보도 얻게 되는데, 이는 곧 시너지를 최대화하는 효과를 불러온다. 또 부문 책임자들 사이에 보이지 않는 선의의 경쟁을 유발할 수 있어 조직 전체의 활성화에도 기여하게 된다.

또 연말에는 대부분의 직원이 참여하는 대규모 전략회의를 갖곤 했는데, 이때에는 그해의 실적에 대한 점검과 내년에 할 일에 대한 전략을 각 분야 책임자들이 발표하도록 했다. 이때 CEO로서 중요한 역할이 있다. 사람들은 대개 목표를 하향조정해서 일을 좀 편하게 하고 나중에 평가도 잘 받기를 원하는데, CEO가 이런 부분을 조정해 줘야 하는 것이다.

어떻게 하면 목표를 낮게 설정하는 것을 방지하고 빡빡한 실천목표를 저항 없이 할당해 줄 수 있을까? 그럼으로써 전조직의 실적을 높일 수 있을까? 여기서 CEO의 가장 중요한 역할 중 하나인 비전설정과 대화를 통한 설득 능력이 필요하다.

나는 상당한 시간을 투자하여 시장이나 경쟁사에 관해 충분한 데이터와 논리를 준비해 두었다가 전략회의 때 이를 제시하고, 중간책임자들과 장시간 토론하며 필요하면 협상과 조정 과정을 거친다. 그렇게 함으로써 보통은 엄청나게 노력해야만 달성할 수 있는 정도의 공격적인 목표를 설정하는 것에 대해 공감대를 형성한다. 물론 이런 일들을 해낼 수 있는 유능한 스태프조직(전략기획팀)을 갖추고 있어야만 한다.

이렇게 목표가 설정되면 각 부서는 여기에 맞춰 분기별·월별 계획을 수립하고 인센티브까지 정리하는데, 이쯤 되면 CEO로서의 한 해 농사는 반 이상 끝난 것이나 다름없다. 중간책임자들이 그런 것을 달성할 만한 인재들로 채워져 있으니 믿고 맡기기만 하면 되는 것이다. 그야말로 책임경영제인 것이다.

그러면 이 상태에서 CEO는 어떤 일을 해야 할까? 직원들이 각자의 자리에서 맡은 바 책임을 다하는 동안, 나는 갑자기 닥칠지도 모를 위기를 여러 가지로 가정해 보고, 그 가능성을 미리 제거하는 데 많은 시간을 할애한다. 예를 들어, 경쟁사가 갑자기 엄청난 기술이나 제품을 내놔서 우리를 궁지에 몰아넣지는 않을지, 지금 우리가 개발하고 있는 기술이나 제품에 무슨 큰 문제가 발생하고 있지는 않은지 등 위기관리를 하는 데 초점을 맞추는 것이다.

또한 조직 전체에서 일이 꼬여 잘 안 된다든가, 특정 기술이 너무 어려워서 일이 진행되지 않는 등 큰 문제가 발생하면 나는 그것에 100% 집중한다. 그때는 내가 직접 진두지휘해서 일을 해결해 나가는 것이다.

반도체에 몸담고 있던 시절 큰 불량이 나서 공장가동을 중단시키는 결정을 내린 일이나, 레이저프린터를 개발하던 시절 잉크의 화학적 문제점을 해결한 일이 모두 그와 같은 일이다. 또 공직에 와서 디지털TV 전송방식 논란을 해결할 때도 나는 그 소용돌이의 중심에 서서 직접 해결을 시도했다. 이렇게 함으로써 어려운 일이 있으면 CEO가 항상 자신들의 옆에 있을 거라는 믿음을 심어주고 자신감을 잃지 않게 하는 것이 중요하다. 그 반대로 잘되고 있는 일은 칭찬해 줌으로써 신바람나는 분위기를 유지해 주기만 하면 되는 것이다.

일 잘하는 조직을 만드는 리더십

조직의 하위직급으로 내려가면 전문성을 기르기 위해 조직을 기능별로 구성하는 것이 바람직하다. 반면 상위직급으로 올라갈수록 책임과 권한이 분명한 과제별 또는 업무별로 구분해서 책임경영 또는 자기완결형 조직을 만드는 것이 최선이라고 생각한다.

미국 보스턴에 설립해서 운영했던 API사를 통해 나는 미국인들이 일하는 방식이 우리나라 기업들의 행태와는 상당히 다르다는 것을 알게 되었다.

당시 현지 사장으로 영입했던 게리 탤벗은, 과제의 내용을 확실히 파악하고 직원의 능력과 부담에 따라 업무를 할당하는 '곤트차트(Gaunt Chart)'라는 형식을 사용해 업무를 추진하고 있었다. 이는 톱니바퀴가 꽉 물려서 돌아가는 거대한 기계를 운영하는 것에 비유할 수 있는데, 개개인은 하나의 톱니바퀴로서 역할을 해나가고, 어떤 톱니바퀴가 늑장을 부리는 경우에는 금방 문제점이 드러나도록 되어 있는 시스템이었다.

이 시스템하에서 모든 직원은 각자의 업무가 언제까지 얼마만큼 진행되어야 하는가를 충분히 인지하고 있었다. 때문에 굳이 장시간 회의를 하지 않아도 서로간의 업무를 이해하고 있었으며, 적절한 시기에 그 진행정도를 맞춰보는 것으로 충분했다.

또 특정한 업무를 수행할 만한 인력이 사내에 없는 경우에는 바로 채용공고를 내거나 헤드헌터를 통해 재빨리 필요한 인재를 구해 업무를 추진했다. 말하자면 필요인력에 대한 업무규정(Job Description)을 정확하게 알고 있는 것이다. 미국 같은 선진국의 경우 인건비가 비싸기 때문에 꼭 필요한 인력을 잘 선별해서 뽑아야 하는 만큼 이런 인사활용 시스템이 자연스럽게 발달한 것 같다.

반면 우리나라 대기업들은 대체로 대학 졸업생을 공개채용한 후 약간의 훈련을 쌓게 한 뒤 바로 현업에 투입시킨다. 따라서 꼭 뭔가를 잘 알고 있기 때문에 어떤 일을 맡긴다기보다는 팀 속에 들어가 배워가면서 일을 하는 형태다.

그러나 사실 이런 인력관리에는 문제가 있다. 요즘은 그나마 전산화가 잘되어 있어 과거에 진행되었던 결과를 많이 활용한다고 하지만, 통상 남이 만든 결과는 잘 믿지 않으려고 하기 때문에 새로운 담당자는 시행착오를 겪더라도 일의 앞뒤를 스스로 맞춰보고 싶어한다. 그만큼 불필요한 일을 반복하게 되는 것이다.

그나마 자신의 영역이 확실히 정해져 있는 프로젝트매니저라고 해도, 미국인들과 비교할 때 모자라는 경향이 있다. 미국인들의 경우 업무의 내용을 꿰뚫고 사전에 철저히 계획을 세워서 몇 명이 몇 달을 하면 얼마만큼 성취할 수 있는가를 제시하는 것이 아주 능숙하다.

물론 우리나라 직원들의 개별적인 능력이 뒤져서가 아니다. 그보다는 처음부터 그런 훈련을 받을 기회가 없고, 일에 따라 필요한 전문인력을 모아 과제를 추진하는 형태가 자리잡지 않았기 때문이다. 이런 점때문에 우리나라의 대기업이나 공직사회는 직원 개개인의 업무규정을 기술하기가 어렵고, 그만큼 일의 생산성도 떨어지는 것이다.

나는 내가 맡은 업무에서 최고의 결과를 끌어내기 위해 가능한 한 많은 방법을 동원하는 편이다. 기업에서나 공직에서나 나는 조직도 여러 번 바꾸고 업무목표도 여러 형태로 제시하는 등 여러 가지 실험을 해보았다. 그러면서 조직을 효율적으로 꾸리는 방법을 나름대로 터득하게 되었다.

일반적으로 조직의 하위직급으로 내려가면 전문성을 기르기 위해 조직을 기능별로 구성하는 것이 바람직하다. 반면 상위직급으로 올라갈수록 책임과 권한이 분명한 과제별·업무별 구분을 통해 책임경영 또는 자기완결형(Autonomous) 조직을 만드는 것이 최선이라고 생각한다.

어떤 조직이라도 투입되는 자원을 이용해 최대의 실적을 만들어내는 것을 목적으로 한다. 여기서 자원은 당연히 예산과 직원일 것이다. 따라서 어떤 조직형태가 최선인가는 주어진 업무의 특성에 따라 결정될 사항이긴 하지만, 적어도 CEO는 조직 전반의 업무를 강물이 유유히 흐르는 듯 운영해 나가야 한다. 즉, 업무의 난이도나 부담의 정도를 파악해 막힘이 있거나 흐름이 느려지는 병목현상이 발생하지 않도록 해야 하는 것이다. 또한 업무의 특성으로 봐서 조직을 기능별로 만들 것인지 아니면 부문별 자기완결형으로 만들 것인지 또는 절충형으로 할 것인지를 판단해야 한다.

나는 기업에서 과제책임자, 사업부장, 본부장, 나아가 대표이사 사장을 역임하면서 조직의 형태가 업무수행에 어떤 영향을 주는지, 또 조직의 속성상 어떻게 업무목표를 설정해 주어야 최대의 실적을 만들 수 있는가에 관해 많은 경험을 해왔다.

삼성전자 반도체시절 당시의 일화다. 총괄 부사장이었던 김광호 부사장은 연구소와 공장의 책임자를 모두 모아놓고 '4M D램 양산이전'을 결정하는 회의를 진행하고 있었다.

개발팀은 이미 4M D램 개발을 완성하고 공장의 생산팀에게 업무를 인수했으니 자신들의 책임은 끝났다고 주장했다. 이미 개발이 완료되었으니 개발팀의 역할은 끝났고, 남은 것은 하루빨리 공장에서 4M D램 생산에 착수하는 일뿐이라는 것이었다.

반면 공장에서는 한창 진행중인 1M D램 생산물량 맞추는 것만으로도 바쁘니, 개발팀에서 4M D램을 넘겨도 당장 생산에 들어가기는 힘들다고 했다. 그러니 1M D램의 양산이 원활하게 될 때까지 연구소에서 4M D램의 미진한 부분을 완벽하게 만들어 다시 이전해 주기를 강력하게 희망하고 있었다.

그런데 이 둘의 입장을 회사에서도 조정해 주기가 어려웠다. 이미 경쟁사들은 4M D램을 생산하기 시작했으니 우리도 4M D램 생산을 더이상 늦출 수 없는 입장이었고, 또 한편으로는 한창 이익이 많이 나는 1M D램을 대량 만들어 최대한의 이익을 끌어내는 것도 회사로서는 놓칠 수 없는 입장이었던 것이다. 때문에 양쪽의 주장은 계속 팽팽하게 평행선을 달리고 있었다.

논의는 시간가는 줄을 모르고 계속되었다. 서로가 여러 가지 자료를 제시하면서 자기주장을 펼쳤고, 연구소 이외에 영업부서나 재무부서까지 적어도 6개월 정도는 더 기다렸다가 4M D램을 양산이전해 달라고 요청했다. 그러나 당시 일본의 상황을 잘 알고 있던 김광호 부사장은 조기생산을 결정했고, 육두문자까지 써가면서 공장 측을 설득하기에 이르렀다.

"더 이상 반대하는 놈 있으면 머리카락을 몽땅 태워버리겠다."

강력한 카리스마를 가진 윗사람의 결정으로 회의는 끝났지만, 양산이전은 계속 삐거덕거리면서 진행될 수밖에 없었다. 회사 전체의 목표가 제대로 공감되지 않았기 때문이다. 이런 경우 리더의 개인적인 카리스마가 없다면 업무의 인수인계는 불가능하다. 그야말로 무어(Geoffrey A. Moore)가 얘기하는 '마케팅의 캐즘(Chasm)'과 유사한 단절현상이 일어나는 것이다. 이럴 때에는 특정 개인의 능력과 권위에 의존하는 '사람중심'이 아닌, 제도적 장치가 만들어지는 프로세스 혁신이 필요하다.

메모리제품은 4M D램과 16M D램 등이 개발되어 전사적인 회의를 거쳐 이전되는 경우도 있지만, 중간중간 원가절감을 위한 축소설계라든가 다른 종류의 메모리제품을 거의 한 달에 하나씩은 공장으로 이전해야 한다. 따라서 매번 연구소와 공장 사이에 심각한 갈등이 발생할 소지를 안고 있었다.

연구개발을 전담해 오던 나는 1993년 신설된 메모리사업부장으로 승진할 때, 이를 제도적으로 해결할 수 있도록 프로세스를 혁신하자고 강력히 요구했다. 즉, 당시 공장에 속해 있으면서 연구소에서 개발된 제품이 이전되어 올 때 배턴터치를 하는 '제품기술팀'이라는 조직이 있었는데, 이 조직을 사업부로 이전해 중간단계를 하나 없애고 또 사업부가 제품의 마케팅까지도 간접적으로 간여하게 해달라는 내용이었다.

그러나 공장장과 영업본부장 입장에서는 받아들이기 힘든 제안이었다. 이는 곧 자신의 조직과 권한이 축소되는 것을 의미하므로 상당한 반대와 저항이 있었다. 그러나 얼마 지나지 않아 나의 혁신적인 의견이 훨씬 효과적일 수 있음을 이해하고 그렇게 하기로 동의해 주었다.

제품기술팀이 기술개발의 이력을 처음부터 잘 알고 있는 사업부에 속하도록 함으로써, 제품이 양산되고 시장에 나갈 때까지의 전반적인 책임을 모두 지게 한 것이다. 개발과 양산 및 판매의 단절현상은 이렇게 중간단계를 없애고 상호 연결고리를 강화해 줌으로써 제도적으로 해결되었다.

당시는 '프로세스 혁신'이라는 용어조차 없던 시절이다. 반도체처럼 먼저 시장에 나가기만 하면 경쟁사들보다 훨씬 많은 이익을 챙기게 되는 사업은 이렇게 업무연결상의 배턴터치를 줄이는 것이 여러 가지로 유리했다.

이런 업무프로세스 혁신은 내가 대표이사가 되어 담당하게 된 비메모리사업본부에서도 계속되었다. 비메모리사업본부는 제품의 기획, 설계, 개발, 생산, 마케팅, 영업 등 전문적인 기능별로 나누어져 있었다.

그렇다 보니 판매된 물건에 불량이 발생하면 영업은 생산이 잘못되었다고 비난하고, 생산은 개발이 불완전하여 문제가 생겼다고 미루고, 개발은 마케팅이나 기획이 방향을 잘못 잡았다고 손가락질을 해댔다. 이처럼 문제가 있는데도 해결은 하지 않고 서로 책임미루기에만 급급해서, 사업본부장이 개입해 조정하고 결정을 내려주어야만 일이 추진되곤 했다.

또 개발된 제품이 시장에서 불량이 발생하면 오래전에 그 제품을 설계했던 인력까지 불량문제를 해결하는 데 투입되니, 차세대제품의 개발이 지연되는 악순환이 지속되고 있었다. 이러한 문제가 만연하다 보니 회사는 회사대로 골병이 들고, 부서간에는 서로 손가락질하고 비난을 일삼는 문제가 끊이지 않고 발생했다.

이러한 조직 전체의 구조적인 문제를 해결하기 위해 나는 97년 초에 대대적인 조직개편을 단행했다. 즉, 1천여 종의 제품을 성격이 유사한 6개 정도의 군으로 묶어, 기획·개발·마케팅을 모두 포함하는 독립적인 사업책임체제로 만들고, 생산과 영업은 사업부를 지원하는 공통서비스로 남겨두었다. 이처럼 책임소재가 분명해지자 그 다음부터는 서로 책임을 전가하는 분위기가 많이 해소되었다.

그런데 이런 문제는 내가 속한 사업부뿐만 아니라 삼성전자 전체에서도 일어나고 있었다. 거의 모든 조직이 유사한 기능별 체제로 나뉘어 있어, 비슷한 오류가 많이 발생하고 있었던 것이다. 때문에 당시 윤종용 총괄 사장은, 이처럼 수많은 문제를 해결하기 위해서는 '사장이 400명은 있어야겠다'고 푸념하곤 했다. 뭔가 변화가 필요한 상황이었다.

외환위기가 한창이던 98년 앤더슨컨설팅회사는 삼성전자의 조직을 자기완결형으로 만들라고 권고했다. 회사는 이를 받아들여 부문별 사업부제를 도입했다. 우리는 이를 GPM이라고 불렀는데, 각 사업부에는 기획·개발·생산·영업·재무 기능이 모두 포함되어 있었다. 이 제도는 사업부장이 사업의 손익까지도 책임지기 때문에 이익을 내기 위해 자율적인 구조조정도 할 수 있도록 되어 있었다. 이는 삼성전자가 오늘날 많은 이익을 내는 세계적인 기업으로 발전하게 된 큰 원동력으로 평가되고 있다.

공직에 진출한 이후에도 나는 효율적인 조직을 만들기 위해 계속 고민해 왔다. 그러면서 정부와 기업의 운영방식도 비교해 보았다.

정부는 기본적으로 '분권과 자율'이라는 이중 잣대를 갖고 운영되고 있다. 하지만 자율보다는 권력이 독점되어 부패하지 않도록 '견제와 균형(Check and Balance)'을 훨씬 더 강조하는 편이다. 따라서 중앙부처 공무원들은 감사원, 국회, 언론 등 감시·감독하는 수많은 기관의 견제와 점검을 받게 되어 있다. 그래서 공무원들은 "일하는 사람보다 빨간 펜 들고 설치는 사람 수가 다섯 배는 많다"고 볼멘소리를 하기도 한다.

나는 '정부에서도 기업처럼 책임경영제를 도입하면 어떨까?' 하는 생각으로 여러 번 건의했다. 정부의 조직이 분권을 위해 기능적으로 나누어지는 것은 이해하지만, 서로 견제가 심해 업무조정이 안 된다면 뭔가 변화를 줄 필요가 있지 않을까? 부처간에 갈등이 유발되지 않도록 유사한 성격을 가진 부처를 묶어서 책임장관제라든가 부총리제를 강화해 내부조정이 원활하게 이루어지도록 하면 얼마나 좋을까?

기업이든 정부든 효율적인 조직에서 업무가 추진되면 서로간에 의사소통이 잘 이루어지고 갈등은 줄어들게 마련이다. 또 매번 일어나는 시행착오를 줄일 수 있어 회사의 이익 혹은 국익에도 좋은 영향을 미친다. 무엇보다 사회 전체가 반목하지 않고 화합하는 분위기를 만드는 데 큰 도움이 될 것이다.

세상에서 가장 존경하는 사람

"위기상황에 나쁜 기업은 망하고, 좋은 회사는 살아남으며, 위대한 회사는 이를 기회로 발전시킨다."

예나 지금이나 나에게 "세상에서 가장 존경하는 인물이 누구냐?"고 물으면 나는 서슴없이 "인텔의 그로브 회장"이라고 이야기한다.

그로브 회장은 인텔의 창업자로 1998년까지 인텔을 맡아 세계적인 반도체업체로 키운 장본인이다.

또한 그는 내가 서울대에서 석사논문을 쓰면서 내용을 거의 외울 정도로 열심히 공부했던 『반도체물리학 *Semiconductor Device Physics*』이라는 책의 저자이고, 내가 박사학위를 받은 '실리콘 산화막 성장이론(Deal-Grove Model)'의 최고권위자이기도 하다.

내가 그를 처음 만난 것은 94년 여름의 일이다. 당시 우리나라는 PC보급률이 높아져, PC를 혼자 사용하는 것보다 여럿이 연결해서 각자의 컴퓨터파일을 공유하고 작업하면 더 빠르고 좋은 결과가 나온다고 하여 '컴퓨터 연결하기(Connecting PC)' 개념이 나올 때다. 아직 네트워킹의 개념이나 인터넷이 발명되기 전의 일이다.

94년 한국을 방문한 그로브 회장(당시 사장)은 'Connecting PC'라는 제목의 강연을 했는데, 이는 PC의 보급률을 높여서 인텔의 제품인 마이크로프로세서를 더 많이 팔기 위한 전략이었다.

강연차 한국을 방문한 그와 회의 약속을 잡은 우리는 내내 긴장하고 있었다. 회의 안건은 우리가 인텔에 뭔가를 부탁하는 것이었기 때문에 그가 과연 그 부탁을 들어줄지 의문이었던 것이다.

전형적인 유대인인 그로브 회장은 깐깐하기로 소문이 나 있었다. 삼성전자의 강진구 회장도 수년 전에 이미 그의 깐깐한 맛을 본 적이 있다고 했다. 그로브 회장을 만나서 인텔이 보유한 특허의 사용권을 달라고 부탁했었는데 일언지하에 거절당했다는 것이다. 그때 그로브 회장은 우리가 인텔 특허를 계속 침해하고 있는 것을 빗대 이런 말을 했다고 한다.

"강 사장, 나더러 같이 사교춤을 추자고 말씀하시는 것 같은데, 당신이 지금 내 발을 밟고 있으니 어떻게 같이 춤을 출 수 있겠어요?"

드디어 나는 그로브 회장과 협상테이블에 앉았다. 우리는 인텔과 두 가지를 협상해야 했는데, 둘 다 삼성 쪽에서 아쉬운 소리를 해야 하는 것이었다.

하나는 인텔의 마이크로프로세서가 이미 486으로 갔으니 '철지난 286이나 386 설계의 핵심을 우리에게 기술이전해 주십사' 하는 것이었다. 386은 PC에 사용하기에는 성능이 떨어지지만 가전제품에는 아직도 많이 활용할 수 있으니 가전업체인 삼성에 기술이전을 해줘도 되지 않느냐 하는 것이 우리의 설득논리였다. 이에 대해 그로브 회장은 이렇게 답했다.

"386은 우리의 보석 같은 것인데, 삼성에게 386설계의 핵심을 전해줘서 우리 인텔에 돌아오는 이익이 도대체 무엇이지요? 어떤 경쟁회사는 자신들이 386을 조금 손봐서 486을 만들었다고 주장한다는데 삼성도 그러지 말라는 법이 없지 않소? 우리가 삼성에 386을 꼭 줘야 하는 필요불가결한 이유(Compelling Reason)를 말해보시오."

우리는 삼성의 컴퓨터사업은 조그마해서 그럴 생각이 없고, TV 같은 가전제품에만 활용하겠다고 열심히 설명했다. 적절한 기술료도 주겠다고 했다. 그런데도 그로브 회장은 면전에서 거절했다. 비록 철지난 기술이지만 삼성에게 이전을 해주면 분명히 성능을 향상시켜 언젠가는 인텔의 경쟁사가 될 것이라고 예상하고 이를 사전에 봉쇄하겠다는 의도가 있었던 것이다.

첫 번째 부탁을 면전에서 거절당해 기가 완전히 꺾였지만, 우리는 용기를 내 두 번째 부탁으로 넘어갔다. 인텔이 기본특허를 갖고 있는 플래시메모리의 기술료가 너무 비싸서 사업을 하기 어려우니 기술료를 좀 깎아달라는 내용이었다. 그로브 회장은 또 이렇게 대응했다.

"내가 삼성에 제공하고 있는 플래시메모리의 특허기술료와 다른 회사 것을 모두 비교해 봤는데 절대로 높지 않습니다. 합당한 기술료를 받고 있다고 생각하니 앞으로는 이 건에 대해 절대 거론하지 마시오."

객관적인 자료를 내세워 설득력 있는 논리를 펼치는 그에게 더 이상할 말이 있을 리 만무했다.

두 번째 만남은 좀 다른 자리였다. 삼성이 이미 메모리시장을 제패하고, 반도체시장에서 중요한 자리를 차지하고 있던 97년 5월이었다. 97년 초에 취임한 윤종용 총괄 사장이 미국의 큰 고객들을 방문하는 차에 인텔에 들른 것이다. 삼성에서는 윤 사장과 나를 포함한 대표이사급과 기타 임원 10여 명이 방문했고, 인텔에서도 위상을 맞추기 위해 그로브 회장과 재무·기술개발·생산 등 거의 모든 고위경영층이 모였다.

그런데 인텔에서 제일 크다는 본사의 회의실은 너무 작아서 20명이 좀 넘는 그날의 참석자 전원이 다 앉을 수가 없을 정도였다. 그로브 회장은 인텔 역사상 이렇게 많은 고위임원이 한 회의실에 모여본 적이 없다고 농담을 하기도 했다.

서로 인사를 끝내고 삼성의 미래비전을 발표했는데 그로브 회장이 우리가 발표한 내용에 대해 꼬치꼬치 물어왔다. 그때 나는 비메모리반도체 사업을 야심차게 키워보려는 생각을 갖고 있었고, 우리가 발표한 내용에도 비메모리반도체의 꽃이라는 마이크로프로세서에 대한 계획이 살짝 들어 있었다. 이를 놓칠 그로브 회장이 아니었다.

"삼성에서 말하는 마이크로프로세서 개발계획이 뭐요? 혹시 마이크로프로세서 사업을 하려는 것 아니오?"

나는 거짓말을 할 수는 없어 적당히 애매모호하게 대답했다.

"DEC사에서 만드는 알파칩을 단순생산해서 공급해 주려는 것입니다. 인텔하고 뭐 경쟁을 하거나 하려는 것은 아닙니다."

그러나 그로브 회장은 그 이후로 인텔 내부 중요회의 때마다 삼성의 알파칩 생산현황과 기술진전에 대해 물어보고 걱정하는 소리를 했다고 한다.

"인텔이 앞으로 가장 두려워해야 할 것은 경쟁사인 AMD가 아니라 삼성이 마이크로프로세서 사업에 진입하는 것이니, 어떻게 하든 그런 일이 일어나지 않도록 각별한 주의를 기울이시오."

우리로 봐서는 좀 심한 얘기 같지만, 그로브 회장 특유의 성격의 한 단면을 보는 것 같았다. 그로브 회장의 저서 중에 『승자의 법칙』이라는 책이 있는데, 원서 제목은 'Only the Paranoid Survive' 즉 '오직 편집증환자만이 살아남는다'이다. 이는 그로브 회장의 특성을 적나라하게 드러내는 책이라고 할 수 있다.

그로브 회장은 항상 모든 직원에게 '혹시 뭔가 빠진 데가 없는지, 혹시 고객에게(외부뿐 아니라 내부고객도) 더 봉사할 수 있는 것은 없는지, 혹시 내가 병목현상의 문제아는 아닌지' 등을 편집증환자처럼 끊임없이 고민하라고 요구한다.

인텔이 거대한 조직이면서도 재빠르게 움직일 수 있는 비결은 모두 그로브 회장의 이러한 편집증 때문이 아닐까? 모든 것을 걱정하는 문화가 회사 내에 퍼져 있는 것이다.

그로브 회장은 자신이 내린 가장 중요한 결정으로 두 가지를 꼽는다. 하나는 85년 사업의 상당부분을 차지하던 메모리사업이 일본과의 경쟁이 치열해지면서 적자를 보기 시작하자 이를 과감하게 포기하고 마이크로프로세서에 전념하기로 한 것이다. 메모리는 소위 말해 대량생산 제품으로 지속적으로 원가경쟁을 해야 하지만, 마이크로프로세서 시장은 지적자산으로 보호될 수 있음에 착안한 것이다. 이는 이후 미래를 정확하게 내다본 결정이었다는 평가를 받았다.

두 번째는 94년 말 펜티엄 버그로 알려진 특정 계산오류 문제가 발생했을 때, 실제로 사용자에게 문제가 생길 확률은 미미했지만 그때까지 판매된 모든 펜티엄을 전량 수거하기로 결정한 것이다. 초기 대응이 미흡해 구매자들로부터 거센 반발을 사긴 했지만 결국 판매된 모든 펜티엄을 전량 교환해 주기로 결단을 내렸다. 이로 인한 피해가 무려 5억 달러 정도 되었다고 한다.

불량문제가 다 해결된 이후 산타클라라 본사의 직원식당에서 그로브 회장은 이때의 위기를 85년의 D램 위기에 버금가는 위기상황이었다고 술회했다. 그러면서 명언을 한마디 남겼는데, 이는 당시 불량을 초래했던 문제의 칩에 새겨져 직원들에게 열쇠고리로 배포되기도 했다.

"위기상황에 나쁜 기업은 망하고, 좋은 회사는 살아남으며, 위대한 회사는 이를 기회로 발전시킨다."

그로브 회장의 사무실은 여러 사람이 공동으로 사용하는 큰 방에 칸막이로 둘러쳐져 있는데, 면적은 두 평 정도 된다. 때문에 옆에서 전화를 한다든가 회의하는 소리가 다 들린다. 그래서 책상 옆에다 라디오를 작게 켜둔다고 한다. 일반 연구원의 사무실 크기보다 약간 더 큰 정도였다. 실리콘밸리는 사무실 임대료가 비싸니 굳이 크게 사용할 필요가 없고, 그런 불필요한 경비를 절약해야만 건전한 기업이 된다는 정신이 실천에 옮겨지고 있었다.

나는 지금까지도 '준비하지 않으면 도태된다'는 신념을 갖고 있다. 이는 그로브 회장의 『승자의 법칙』을 읽은 이후 갖게 된 신념이다. 그로브 회장은 이 책에서 기업의 경영자는 끊임없이 내부와 주변을 돌아보면서 기업에 어떤 위기가 닥쳤는지를 예민하게 관찰하면서 결정을 내려야 한다고 주장한다.

그는 인텔이 오늘날 세계 최고 반도체회사의 위치에 오르게 된 동력이 바로 편집광처럼 예민하게 위기의 시그널에 대처했기 때문이라고 말한다. 최고경영자가 어떤 현상을 소음인지 진짜 위기의 신호인지 구분하지 못한다면 기업은 시장에서 사라지는 운명을 맞게 된다. 내가 스스로 가만히 있지 못하고 끊임없이 '뭔가를 해야만' 하는 '일하는 사람'으로서의 성품을 갖게 된 것도 모두 이러한 그로브 회장의 교훈 때문이다.

늘 불안해하면서도 동시에 대안을 찾고 전략을 수립하는 편집광. 승자가 되려면 '편집증환자'라는 말을 들을 정도로 매사에 최선을 다해야 한다는 그로브 회장의 교훈은 가히 깊이 새길 만하지 않은가.

내가 만난
빌 게이츠 회장

"저 빌 게이츠라는 사람이 MS사를 떠나면 주가가 얼마로 떨어질까? 한번 조사해 보시오."

1994년 여름 빌 게이츠 회장이 방한했을 때, 나는 이건희 회장과의 오찬자리에 초대되어 처음으로 게이츠 회장을 만났다.

그런데 두 시간여에 걸친 두 사람의 대화는 계속 겉돌고 있었다. 게이츠 회장은 앞으로 전자지갑이라는 것이 나와 현금을 가지고 다니는 일이 없어질 것이고, 지금 여러 개 지니고 다니는 신용카드도 그 전자지갑으로 통합될 것이라면서, 여러 가지 예를 들어 열심히 설명하고 있었다. 또 지금은 병원끼리 의료정보 공유가 잘 안 되는데 앞으로는 모든 병원의 컴퓨터가 연결되어 환자의 진료정보를 모든 병원이 공유해 불필요한 진료나 검사를 안 하게 할 수 있다는 얘기도 했다.

21세기가 된 지금 돌이켜보면 당연하게 생각되는 이야기들이지만, 인터넷도 없던 당시로서는 그야말로 정확히 앞을 내다본 아이디어들이었다고 할 수 있다. IT가 엄청나게 발달된 우리나라가 현재 개인정보나 의료정보 등을 공유하지 못하고 있는 것은 사실 기술의 문제가 아니라 사회적 제도가 아직 정비되지 않았기 때문이다.

그러나 이건희 회장은 이런 것에 별로 흥미를 보이지 않았고 그저 묵묵히 듣고만 있었다. 내가 보기엔 아마도 두 사람 공동의 관심사가 아닌 것 같았다. 그렇게 한 시간 이상 서먹한 분위기가 계속되었는데, 점심식사가 거의 끝나갈 무렵 드디어 두 사람 공동의 관심사가 무엇인지 드러났다.

게이츠 회장이 자동차에 관한 얘기를 꺼낸 것이다. 그가 자기는 고속도로에서 240km정도로 고속운전을 해봤다고 말하자, 이건희 회장이 "나는 280km 이상도 달려본 적이 있소"라고 대꾸했는데, 그게 유일하게 접점이 되는 화제였다.

게이츠 회장을 배웅하고 난 뒤 이건희 회장이 참석한 사람들에게 물었다.

"저 빌 게이츠라는 사람이 MS사를 떠나면 주가가 얼마로 떨어질까? 한번 조사해 보시오."

게이츠 회장이 시대를 초월하는 발언을 하는 동안 이건희 회장은 그저 듣고만 있었지만, 사실은 그의 그런 비전이 마이크로소프트사를 이끌어가고 있다는 생각을 하고 있었던 모양이다.

빌 게이츠 회장과의 두 번째 만남은 2000년 홍콩에서 열린 마이크로소프트 기술포럼에 초대되어 갔을 때 이루어졌다. 기조연설을 하는 게이츠 회장의 발표내용에는 또다른 미래의 청사진이 그려져 있었다.

바로 '디지털신경계(Digital Nerves System)'라는 것으로, 기업에서 일어나고 있는 일에 대한 각종 정보를 한눈에 알아볼 수 있도록 시스템을 만들어 중요한 사항이 미리 드러나게 함으로써 큰 문제로 발전되는 것을 사전에 차단할 수 있도록 하자는 것이었다. 요즈음에는 기업정보시스템이라고 해서 웬만한 회사는 그런 지식관리체계를 보유하게 되었지만 당시만 해도 획기적인 내용으로 받아들여졌다.

그날 저녁식사 때 게이츠 회장과 같은 테이블에 앉게 되어 많은 얘기를 주고받을 수 있었다. 게이츠 회장의 관심사는 주로 장래에 어떤 일이 일어날 것인가 하는 문제였다. 나는 그와 식사를 하는 동안 그의 장점 한 가지를 발견할 수 있었다.

　보통 천재적인 사람들의 일반적인 특징은 남의 얘기를 잘 안 듣는 것인데, 게이츠 회장은 달랐다. 오히려 남의 말을 경청하면서 많은 것을 흡수하려고 노력하는 것 같았다. 게이츠 회장이 남의 얘기를 들으면서 얘기하는 사람이 신나게끔 부추겨주는 트레이드마크 같은 말이 있다.

　"Really? Excellent! And then what happens?"(정말요? 굉장하네요. 그래서 그 다음에 어떻게 되었습니까?)

　이후에도 수차례 큰 모임에서 강연을 듣거나 만나서 얘기를 나눌 기회가 있었다. 2001년 여름 시애틀의 MS본사에서 매년 하는 행사인 마이크로소프트 정상회의 때였다. 그는 앞으로 무선으로 연결되는 태블릿PC가 보편적으로 사용될 것이라는 내용의 기조연설을 했다. 그때 회의장에서 사용한 태블릿PC는 대만의 한 회사에서 만든 것이었는데 무겁기도 하거니와 좀 조잡해 보였다.

　나는 당시 시장에서 판매되고 있던 삼성의 '세계에서 최고로 얇고 가벼운 노트북PC'인 센스-Q를 보여줬다. 그랬더니 게이츠 회장은 깜짝 놀라면서 삼성에서 빨리 좀 만들어줄 수 없느냐고 했다. 당시에는 시장이 얼마나 될까 하는 의문이 있어서 그렇게 적극적으로 협조해 주지 못했다. 그런데 태블릿PC는 빌 게이츠의 예상과 달리 아직 보편적으로 사용되지 않고 있다. 무겁고 사용하기 불편하며 비싸서 노트북PC의 주류가 되지 못하고 있는 것이다. 제아무리 빌 게이츠라고 해도 세상을 보는 게 다 맞지는 않는 모양이다.

　게이츠 회장이 자랑하는 5천만 달러짜리 자택도 방문해 보았다. 워싱턴 호숫가에 위치한 자택을 방문하려면 시애틀에서 호수를 가로지르는 요트를 타고 30~40분 정도 항해를 해야 한다. 그동안에는 배에 타고 있는 세계에서 내로라하는 CEO들이 환담하는 자리를 마련해 주었다.

세상을 하나로 만들고 또 그럼으로써 MS사의 영향력을 극대화하려는 고단수 전략인 것 같았다.

호수의 절벽에 비스듬하게 지은 초호화저택 게이츠홈은 온갖 새로운 디지털기기들로 가득 차 있었다. 초대형 LCD화면에는 세계 명화가 수시로 바뀌면서 전시되었고, 당시에는 최첨단이었던 무선LAN으로 집 안이 모두 연결되어 있었다. 도서관도 제법 큼직해 눈길을 끌었는데, 그보다 더 특이한 것은 아직 걸음마 정도인 아기를 위해 따로 놀이터를 만들어두었다는 것과 열 평 안팎의 홈시어터룸이 있다는 사실이었다. 과연 세계를 주름잡는 IT계 거장의 집으로서 손색이 없다고 할 만했다.

2001년 말경, 게이츠 회장은 삼성전자와 홈네트워크 관련 협력약정서에 서명하기 위해 다시 우리나라를 방문했다.

MS사와 인텔은 지금도 여전히 컴퓨터세상을 제패하고 있어서, 컴퓨터에 들어가는 모든 부품이며 소프트웨어는 윈텔이 정한 규격에 맞아야 한다. 심지어는 우리나라가 많이 만들고 있는 LCD모니터의 화면 크기도 15, 17, 19인치 등으로 표준화되어 화면 크기나 동작방법 등에서 다른 혁신을 할 수 없게 되어 있다.

상황이 이렇다 보니 컴퓨터는 소위 기성복처럼 되어버렸다. 뿐만 아니라 아무도 맞춤복을 만들어 입을 수 없게 되었고, 이런 표준화를 통해 MS사와 인텔사는 세상을 지배하면서 둘이서만 최고의 이익을 내고 있는 것이다.

그러나 컴퓨터만큼 많이 팔리는 TV라든가 휴대폰 같은 각종 디지털기기는 크기나 모양, 성능에 이르기까지 그런 독점적 표준이 없어서 각 기업의 창의적인 노력에 의해 다양한 제품이 나오고 있고 소비자가 원하는 형태를 선택할 수 있도록 되어 있다.

이런 상황이니 MS사는 디지털가전기기 분야에 뛰어들어 특히 운영체계를 컴퓨터처럼 통일하고 싶어한다. 이에 맞서 디지털가전 메이커들은 MS사가 제공하는 운영체계가 아닌 다른 것을 사용하고 있는데, 문제는 그러다 보니 각 사에서 만든 디지털기기들이 서로 호환이 안 될 위험에 봉착한다는 것이다.

심한 예를 들면, 삼성전자의 디지털TV와 LG의 DVD플레이어를 홈네트워크로 연결하면(PLC 경우) 호환이 안 되는 상황이었다.

나는 이런 사태를 막으면서도 디지털TV가 향후 집 안에서 컴퓨터를 대체할 정도로 발전할 것을 감안해, 디지털TV 자체는 아니고 다른 기기와 상호 연동하게 하는 홈네트워크의 운영체계로 MS의 가전용 운영체계(Win CE)를 채택하기로 2001년 게이츠 회장과 협력약정서에 사인을 하기도 했다. 이에 대해 일본의 소니가 반대하고 나섰다. 그럴 만한 이유가 있다고 생각은 했지만, 나로서는 어차피 이이제이(以夷制夷)해야 하는 입장이었다. MS사에서는 삼성에게 Win CE의 소스코드를 무상으로 제공해 주고 자유롭게 수정해서 사용할 수 있도록 특별대우를 해주었다.

어쨌든 게이츠 회장은 디지털가전기기 분야에 발을 걸치게 된 것을 매우 기분 좋게 생각했다. 그는 우리가 개발하고 있던 각종 디지털기기에 대해 많은 관심을 표명했다. 그중에서 넥시오 시제품이 마음에 들었던지, 미국행 비행기를 타기 직전에 급하게 연락이 왔다. 시제품을 하나 주면 자신이 하는 컴덱스 기조연설에서 보여주겠다는 것이었다. 그러나 나는 이듬해 ICES에서 이를 보여주고 세상을 깜짝 놀라게 할 요량이었기 때문에 거절하고 대신 다른 기기를 주었다.

가전시장이나 휴대폰시장은 아직도 MS사의 지배를 거부하고 있다. 아마도 영원히 평행선을 그으며 나아갈 것 같다. 컴퓨터시장에서 당한 온갖 부당한 대우를 피해 꿋꿋이 생존하는 길만이 우리나라 같은 이 분야의 강자가 지켜야 할 터전이라고 생각한다.

괴짜천재와의 5천만 달러짜리 약속

"이 전화기는 들면 바로 사용할 수 있는데 컴퓨터는 전원을 켜면 수십 초씩이나 기다려야 합니다. 바로 MS사의 윈도우 때문에 세계의 수많은 사람들이 컴퓨터를 켤 때마다 수십 초씩 시간을 낭비하는 겁니다."

1980년 초에 스탠퍼드를 갓 졸업한 몇 사람이 선마이크로시스템이라는 회사를 창업했다. 그 대표주자 격인 맥닐리(Scott McNealy) 사장은 빌 게이츠와 대적하는 천재적인 괴짜 중의 한 사람이다. 실리콘밸리의 자유분방한 문화를 만든 장본인이라고 할 수 있는 맥닐리 사장은 노타이의 붉은 셔츠에 청바지를 즐겨 입는 스타일이다.

선(SUN)이라는 회사명이 '스탠퍼드대학 네트워크(Stanford University Network)'의 머리글자를 땄다고 해서 특별히 정이 가기도 하지만, 또 다른 인연이 있는 곳이기도 하다. 삼성전자가 16M D램을 개발했을 때 가장 먼저 시스템에 장착해 주고, 가장 많이 사준 곳이 바로 이 회사였던 것이다. 그런 점에서 보면 삼성반도체의 오늘은 SUN이라는 회사가 있었기에 가능했다고 말해도 과언이 아니다.

그런데 삼성전자가 16M D램을 개발했을 때 SUN 덕분에 회사가 컸듯이, SUN 역시 삼성전자 덕분에 많이 크기도 했다. 당시는 반도체만 확보하면 돈이 되는 시대였기 때문에 서로가 승승(Win-Win)의 관계를 유지했던 것이다. 그러니 맥닐리 사장과 나의 관계는 자연히 두터워질 수밖에 없었다.

메모리반도체를 판매하기 위해 그를 몇 번

만나본 적이 있는데, 그중 97년 삼성전자 대표단이 SUN사를 방문했을 때의 일화가 가장 기억에 남는다.

MS사가 만든 운영체계는 컴퓨터의 전원을 켤 때 컴퓨터 안의 모든 소프트웨어나 하드웨어가 윈도우 운영체계에 적합한가를 모드점검하는데 이를 위해 30초가량의 부팅시간이 필요하다. 이에 대해 항상 불만이 있던 맥닐리 사장은 마침 근처에 있던 전화기를 집어들더니 우리 코앞에 갖다대고는 열을 내며 큰 소리로 말했다.

"이 전화기를 보세요. 이 전화기는 들면 바로 사용할 수 있는데 컴퓨터는 전원을 켜면 수십 초씩이나 기다려야 합니다. 바로 MS사의 윈도우 때문에 세계의 수많은 사람들이 컴퓨터를 켤 때마다 수십 초씩 시간을 낭비하는 겁니다. 우리는 이 문제를 해결할 방안이 있습니다."

SUN사는 오래전부터 MS사의 독점에 맞서서 '자바'라는 컴퓨터언어를 개발하고 있었다. 자바로 소프트웨어를 만들면 그런 문제가 없고, MS사처럼 많은 돈을 받아갈 생각도 없다는 것이었다. 실제로 지금 눈에는 잘 띄지 않으나 우리가 사용하고 있는 많은 분야에서 자바가 응용되고 있다.

맥닐리 사장은 누구를 만나도 MS사 또는 게이츠 회장을 서슴지 않고 비난한다. 그만큼 라이벌의식이 높다.

그는 학창시절에 하키선수로도 활약했었다. 그래서인지 골프를 아주 잘 친다. GE의 잭 웰치 회장과는 알아주는 맞수라고 하는데 핸디캡이 0.3이라고 할 정도로 프로급이다. 언젠가 그를 만나 요새는 골프 핸디캡이 얼마나 되느냐고 물었다. 그랬더니 좀 엉뚱한 대답이 돌아왔다.

"내 핸디캡 말이오? 그건 회사와 내 아들이오."

무슨 얘기인지 얼른 이해가 되지 않겠지만 맥닐리 사장을 잘 아는 사람이라면 금방 알아들을 수 있는 말이었다.

'회사'라는 얘기는 당시 컴퓨터서버 시장의 경쟁이 심해져서 회사 경영이 어려워져 구조조정을 하고 있던 것을 빗대어 한 소리고, '아들'이라는 얘기는 아들만 네 명이나 본 맥닐리 사장이 그때 막 막내아들을 낳아 아주 바빠졌다는 소리였다.

그는 가정생활에 대해서도 재미있게 표현했는데, 집안에서 부인은 총괄사장(CEO)이고 첫째아들은 경영담당(CFO), 둘째아들은 기술담당(CTO), 셋째는 정보담당(CIO)이라고 했다. 그러면서 자기는 집에 가면 평사원이라서 꼼짝도 못한다며 농담을 했다. 그는 아주 가정적이라고 정평이 나 있는 사람이다.

2003년 대통령을 수행해 실리콘밸리를 방문했을 때의 일이다. 우리는 빌 게이츠나 HP사의 칼리 피오리나 등 초일류기업의 최고경영자들을 초대해 현지 간담회를 추진하고자 했다.

그런데 다들 연간계획을 세워놓고 빡빡하게 사는 사람들이라 응해주는 사람이 아무도 없었다. 내가 직접 여러 사람을 찾아가 부탁했으나 이사회와 겹치는 등 어렵겠다는 대답이 돌아왔는데, 맥닐리 사장만은 자기 스케줄을 변경하면서까지 대통령 간담회에 참석해 주었다.

그때 대통령은 맥닐리 사장을 앞에 두고 계속 MS사와 오라클사 제품에 대해 언급하셨다. 나는 속이 좀 탔다. 그래서 SUN사의 사장이 와 있다고 말씀드렸더니 SUN사의 자바에 대한 얘기를 꺼내셨다.

"수년 전에 한국에서 자바를 배우려는 열풍이 있었는데 그때 '자바를 잡아라'라는 말이 유행했었지요."

나는 현지 사람들이 이해하기 쉽도록 영어로 통역해 주었다. 그 의미를 'Catch the JAVA'라고 설명해 주자 모두 재미있어했다. 특히 맥닐리 사장은 흡족한 표정을 지으면서 크게 웃었다.

그때 나는 한국에 연구소를 세워달라고 부탁했는데, 당시 회사가 어려워 선뜻 결정을 내리지 못했던 맥닐리 사장은 2005년 초에 한국에 연구소를 세워주었다. 개소식을 하러 한국에 들른 맥닐리 사장이 껄껄 웃으면서 말했다.

"당신과의 약속을 지키기 위해 5천만 달러를 투자했소. 그만큼 비싸게 먹혔으니 앞으로는 그런 비싼 부탁 하지 마시오."

100점짜리 인생의 조건

100점짜리 인생은 삶을 대하는, 삶을 사는 자세에 달려 있다고 나는 믿는다.

살아가면서 항상 내 머릿속을 떠나지 않는 것이 있다. 후회없이 최선을 다했다고 스스로에게 당당하게 말할 수 있는 이른바 '100점짜리 인생'은 어떻게 만들어지는가에 대한 고민이 바로 그것이다. '매일 배워서 매일 새로워진다'는 뜻의 일일학 일일신(日日學日日新)이라는 내 삶의 철학 또한 이러한 고민에서 나온 것이다.

2005년 3월의 어느 봄날, 대한상공회의소 초청 조찬간담회를 시작하면서 나는 "재미있는 얘기를 하나 하겠습니다"라며 참석자들에게 농담성 멘트를 던졌다.

"인생을 100점짜리로 만들기 위한 조건은 무엇일까요?"

갑자기 던진 질문에 어리둥절해하며 웃음짓던 청중들이 한마디씩 던졌다. 운, 노력, 사랑…… 여러 가지 대답이 쏟아졌다. '대박'이나 '로또' 같은 답변도 나와 청중들을 즐겁게 만들기도 했다.

나는 참석자들이 가장 궁금해할 때쯤 파워포인트를 열었다. 숫자를 좋아하는 내가 숫자를 조합해서 만든 100점짜리 인생에 대한 내용이었다.

일단 알파벳에 순서대로 숫자를 붙여준다. A에 1, B에 2, C에 3, D에 4…… 이런 식으로 Z(26)까지 붙이면 된다. 다음에는 단어를 구성하는 각각의 알파벳에 붙여진 숫자를 모두 더해 100이 되는 단어를 찾는다.

내가 이 방법을 소개하자 사람들의 눈이 초롱초롱 빛났다. 각자 미간을 찌푸려가며 100점짜리 근사한 단어를 찾느라 애쓰는 모습이 역력했다. 내 문답은 계속됐다.

"열심히 일하면 될까요? Hard Work, 98점입니다. 일만 열심히 한다고 100점짜리 인생이 되는 건 아닌 모양입니다."

나는 다른 단어도 제시했다.

"그렇다면 지식이 많으면 될까요? Knowledge는 96점입니다. 사랑을 하면? Love는 54점입니다. 운이면 될까요? 천만에요, Luck는 겨우 47점입니다. 돈이 많으면? Money는 72점입니다. 리더십은요? Leadership은 97점입니다. 그럼 뭘까요?"

모두 정답이 뭔지 매우 궁금해했다.

"답은 바로 Attitude입니다. 인생은 '태도' '자세' 또는 '마음먹기'에 따라 100점짜리가 될 수 있다는 의미입니다."

사람들의 얼굴에 감동과 감탄의 표정이 퍼져나갔다. 모두들 만족스러운 미소를 짓고 있었다.

그렇다. 100점짜리 인생은 삶을 대하는, 삶을 사는 자세에 달려 있다고 나는 믿는다. 이것은 원효대사가 동굴에서 간밤에 해골에 담긴 물을 마셨다는 걸 알고 깨달음을 얻으면서 "모든 것은 생각하기 나름이다. 마음이 만물을 창조한다(一切唯心造)"라고 말한 것과 일치한다.

100점짜리 인생에 대한 나의 강연은 그후에도 많은 언론에 소개되어 큰 인기를 끌었다. 수천 개의 블로그가 형성되기도 했다. 기사를 보고 감동과 깨달음을 얻어 인생을 다시 생각하고 시작하게 되었다는 내용의 수많은 이메일이 네티즌들로부터 쇄도했다.

어떤 사람은 컴퓨터 프로그램을 짠 다음 단어장을 아예 통째로 넣어서 100점이 되는 모든 단어를 찾아 보내주기도 했다.

다 참신한 아이디어였지만, 그중에서도 가장 마음에 들었던 것은 스트레스(Stress)와 휴식취하기(Take a Rest)였다. 스트레스와 휴식취하기는 각각 단어의 숫자를 더해보면 100점이 된다. 살다 보면 가끔 스트레스를 받아야 100점이 되고, 또 이를 해소하기 위해 꼭 휴식을 취해줘야 100점짜리 인생을 계속 유지해 나갈 수 있다는 점에서 심오하다는 생각이 든다.

나는 후속작품(?)을 연달아 내놨다. 노무현 대통령의 독일과 터키 순방을 수행했을 때는 인생철학에서 더 나아가 골프 잘 치는 방법을 소개하기도 했다.

골프를 잘 치기 위해서는 '드라이버(Driver, 76점)'나 '아이언(Iron, 56점)'을 잘 치는 것도 중요하지만, 역시 '퍼터(Putter, 100점)'를 잘해야 한다. 시쳇말로 드라이버는 쇼, 퍼터는 돈이라는 말이 있지 않은가? 즉, 무엇보다도 끝까지 마무리를 잘하는 것이 가장 중요하다고 역설하자 국내외 인사들이 다들 신기해했다.

내가 이쯤 설명하자 사람들은 이 얘기가 더 이상 농담이 아니라며 믿기 시작했다. 역시 모든 것은 마음먹기 나름일까?

이어서 나는 제3탄도 내놨다. 미국을 방문, 샌프란시스코 팰러앨토 시에서 '한민족 IT전문가대회' 기조연설을 할 때였다.

'KOREA + AMERICA = 100점.'

이때에는 이렇게 한국과 미국의 파트너십을 강조해 눈길을 끌었다. 재미있게도 KOREA와 AMERICA는 각각 50점으로, 둘을 합치면 100점이 된다. 이에 양국이 협력해 윈-윈할 수 있도록 파트너십을 강화하고 비즈니스를 연계한다면 큰 시너지효과를 거둘 것이라고 강조했다.

성공하려면 열정을 경영하라

자신에게 잘 맞는 일은 갯벌 속에 묻혀 찾기 어려운 보석 같은 것이니, 적당한 곳에 만족하여 머무르지 말고 목표를 드높여(Aim High) 도전하기를 멈추지 말아야 한다. 끊임없는 도전과 열정은 젊음의 특권이자 책임이다.

그동안 각계각층의 요청에 의해 국내외에서 상당히 자주 강연을 해왔다. 공돌이로서 조국에 돌아와 반도체신화를 일구어낸 젊은시절, 글로벌기업의 최고경영자로서 세계와 경쟁했던 일, 그리고 '공익근무요원(정통부 장관)'으로서 이 나라의 IT산업을 지휘하게 된 사연 등 알고 보면 그리 대단치도 않은 나의 인생이야기에 사람들은 귀를 기울여주었다.

내가 초청받아 간 강연회의 주제는 대부분 디지털산업과 정보통신(IT)에 관한 것이었는데, 아이로니컬하게도 강연 후 질문의 내용은 주제에서 벗어나는 것이 많았다. 예를 들면 '성공의 비결이 무엇이냐?'는 식의 질문이 대부분이었다.

그때마다 나는 간단히 대답해 주기는 했지만, 나중에도 이메일과 편지로 물어오는 질문이 꽤 많았다. 대부분 성공비결에 관한 것이었는데, 어떨 때는 '박사하고 사장하고 장관까지 다 해보았는데, 그것도 모두 성공적으로 잘한 것 같은데, 무슨 비장의 방법이라도 있느냐?'는 식의 노골적인 질문도 있었다.

물론 나는 그들이 무엇을 궁금해하는지 알고 있고, 최대한 그들에게 도움이 되는 이야기를 들려주고 싶다. 특히 이공계 대학생들을 비롯한 미래의 지도자가 될 젊은이들이 야망에 빛나는 눈빛으로 진지하게 질문을 던질 때는 속을 다 뒤집어서라도 전부 보여주고 싶다.

그렇지만 "이렇게만 하면 성공할 수 있다"라고 자신있게 말할 수 있는 것은 아니었다. 때문에 그때그때 생각나는 대로 답변하게 되고, 또 질문하는 사람에 따라 조금씩 다르게 답변을 했던 것 같다.

내가 정답을 얘기해 줄 수 없었던 이유는 모범답안을 가지고 있지 않기 때문이었다. 항상 초를 다투는 기술개발로 세계와 싸우느라 너무 바쁘게 살아왔으니 그런 것을 정리해 둘 여유가 없었던 것이다.

그러나 지천명의 나이를 넘어 세상을 알 만하게 되었다는 생각도 들고, 이제껏 살아온 삶을 찬찬히 뒤돌아보니 항상 나를 이끌어준 삶의 진리 같은 것이 하나 있었다. 언제 어디서나 꿈과 목표를 높이 설정하고 끊임없이 열정적으로 최선을 다해 그 목표에 도전하는 것, 그리고 나중의 결과가 어떻든 간에 겸허히 감사하는 마음으로 받아들이는 것. 이를 한마디로 "성공하려면 스스로의 열정을 경영하라"라고 말할 수 있겠다.

꿈을 높게(Aim High)!

성공한 사람들의 삶을 자세히 살펴보면 그들은 공통적으로 '꿈과 열정'을 가지고 있다. 나는 무릇 대한민국의 젊은이라면 꿈을 높게 갖고 살기를 바란다.

그런데 꿈이라고 하면 통상 '큰 부자가 되어보겠다'든가 '위대한 과학자나 세계적 대기업의 CEO가 되겠다'는 등 원대한 목표를 세우기 마련이다. 그런 높은 목표를 달성하기 위해 굴하지 않고 지속적으로 노력할 수만 있다면 그보다 더 훌륭한 일은 없을 것이다.

우리는 어릴 때부터 이런 식으로 '멀고 높은 꿈을 가져야 한다'는 애기를 들으면서 자랐다. "소년이여, 야망을 가져라(Boys, be ambitious)!"라는 저 유명한 말은 80여 년 전 윌리엄 클라크 박사가 한 말이지만 오늘날까지도 매우 적절한 말이라고 생각한다.

그러나 너무나 먼 후의 현실적이지 못한 목표를 꿈으로 설정하면 현실과의 괴리가 커서 쉽게 좌절감을 맛보고 중단해 버릴 가능성이 있다. 그것은 바람직한 일이 아니라고 생각된다. 나는 좀더 실현 가능하면서도 가까운 목표를 세우라고 권하고 싶다.

많은 젊은이들이 CEO가 되기 위해 무엇을 준비해야 하느냐고 묻는다. 그럴 때마다 내가 얘기하는 게 있다. 대기업의 사장이 되기 위해서는 부장과 임원을 거쳐야 하는데, 일을 잘하는 사람이 아니면 부장이나 임원이 될 수 없을 것이다. 또 임원이 되었다고 해도 남들보다 빼어난 능력을 보여야 사장의 후보군에 들어갈 수 있다. 그러니 제일 먼저 해야 할 일은 우선 뛰어난 부장이 되는 것이다.

즉, 자기가 어떤 분야나 어떤 지위에서 일하든 그 안에서 세계 최고가 되겠다는 꿈을 가지고 노력을 경주해야 더 크게 성공할 수 있다는 얘기다. 마케팅을 하든 연구개발을 하든 생산현장에서 일하든, 자신의 경쟁자가 누구이고 어느 수준에 있는지를 항상 눈을 부릅뜨고 귀를 크게 열고 살펴야 한다. 이는 또한 자신이 속해 있는 회사 내에서뿐만 아니라 국내에서, 또 세계에서 누가 본받을 만한 대상인지를 항상 찾아봐야 한다는 의미다.

이렇게 중간단계에서 성공하겠다는 꿈과 목표를 높게 설정하고 계속 스스로를 채찍질하면서 끊임없이 노력해야 그 다음 꿈을 실현할 수 있다. 그래서 자신의 주변환경을 잘 이해하고 현실성 있는 꿈을 설정하는 것이 중요한 것이다.

만루홈런을 치려는 욕심에 계속 삼진을 당하는 것보다는 매게임에서 적시안타를 치는 것이 훨씬 더 가치있는 일이라는 비유와 일맥상통할 것이다.

이런 계획하에 30대에 최고가 되어 40대에 모든 기량을 남김없이 발휘할 수 있다면 가장 이상적일 것이다. 분야를 막론하고 최고가 되면 삶의 궤적에 대해 고민할 필요가 없다. 자기 자리에서 최고가 되면 자연히 다음 길이 보이기 때문이다.

나는 "전공이 이공계인데 비전이 있을까요?"라고 질문하는 대학생이나 신입사원들을 만나면 오히려 "자네의 경쟁자가 누구인지를 우선 알아보라"고 권유한다. 최고가 되는 일은 그렇게 거창한 일도 먼 일도 아니다. 그저 지금 자신이 하고 있는 일에서 최고가 되어보면 된다.

일본에 가면 3대나 4대를 이어가면서 세상에서 가장 맛있는 찹쌀떡이나 쟁반국수를 만들기 위해 노력하고 또 인정받는 작은 가게들이 있다. 최고란 이런 것이다. 앞으로 우리나라도 이런 전통이 자리잡는 사회가 되리라고 믿는다.

내가 아무리 이렇게 설명해도 사람들의 질문은 여전히 변하지 않는다. 돈을 많이 벌기 위해, CEO가 되기 위해, 또 장관이 되기 위해 젊어서부터 어떤 계획을 수립해 왔느냐는 것이다.

미안하지만 나는 회사에서 일할 때 CEO가 되겠다는 목표를 세우고 일하지 않았다. 적어도 그 바로 근처에 가기 전까지는 확실히 그랬다. 그런 목표는 높기는 해도 너무 멀리 있는 것이기 때문이다. 대신 나는 '내가 현재 하는 일에서 타의 추종을 불허하는 최고가 되겠다'는 목표를 한 번도 잊지 않았다.

CEO는 지속적으로 좋은 실적을 만든 것의 결과이지 처음부터 그런 목표를 세운다고 되는 것은 아니다. 다시 말하지만, CEO가 되는 것은 그간에 자신의 업적이 쌓임으로써 이루어지는 결과이지 결코 그 자체가 목표가 될 수 없다.

내가 중학교 때 한약재를 작두로 써는 아버지를 도와 한참 한약재를 많이 썰던 시절이 있었다. 그때마다 나는 어떻게 하면 한약재를 상하지 않고 균등하게, 또 빨리 자를 수 있나 골똘히 생각했다. 한약재를 어떤 각도로 넣고 작두를 어느 정도 높이에서 어떤 강도로 누르면 잘되는지, 작두의 고리를 얼마나 단단히 조여야 힘이 덜 드는지도 고심했다.

자기 자리에서 최선을 다한다는 것은 이런 것이 아닐까 싶다. 아무리 사소한 것이라도 최선을 다해 일하는 사람에게는 좋은 결과가 올 수밖에 없다는 것이 내 생각이다.

꿈은 콩나물시루처럼 하나하나 키워나가야 한다. 자신이 담을 수 있는 그릇을 조금씩 크게 만들어나가는 것이다. 내가 어릴 때 우리집은 꽤나 가난했다. 또 나는 교실에서 늘 맨 앞에 앉을 정도로 키도 작고 몸도 약했다. 그래도 키 큰 애들한테 지지 않기 위해 악착같이 뜀박질을 했고 운동도 밤늦게까지 연습해서 꼭 이겨야만 직성이 풀렸다.

공부를 잘한 것도 순전히 노력의 결과였다. 남에게 지지 않으려고 가족이 모두 자는 밤에 이불을 뒤집어쓰고 호롱불 아래서 정말 열심히 공부한 결과였다. 돈이 없으니 놀러 다닐 수도 없었지만, 공부조차 못하면 친구들보다 나을 게 없을 것 같아 그렇게 열심히 노력했다.

고등학교 첫 실력고사에서 나는 전교 90등을 했다. 그때 나는 나 스스로에게 실망했고 '베스트10'에 들기 위해 무지하게 열심히 공부했다. 절대로 대충 하는 것으로 만족하지 못하는 성격이 아마 이때쯤 생긴 것 같다.

매사추세츠 주립대학에서는 석사논문을 쓰고, 박사자격시험도 합격했으며, '전과목A'도 받았다. 그런데도 반년 정도만 더 하면 박사를 마치도록 해주겠다는 지도교수의 만류를 뿌리치고 나는 과감히 그곳을 떠났다. 반도체의 심장부에 있는 스탠퍼드대학에서 세계 최고와 한번 겨뤄봐야겠다는 경쟁심이 나를 그곳으로 이끈 것이다.

'꿈'이라는 단어는 내 배고팠던 삶의 밑천이었다. 가난과 시련을 딛고 일어설 수 있었던 원동력은 수많은 '꿈'들이었다.

초등학교 때 남들 다 가지고 있는 전과를 한 권 갖고 싶었던 꿈, 작은 전기모터를 가지고 달나라에라도 갈 수 있는 비행기를 만들어보려던 중학교 시절의 과학자에 대한 꿈, 내 자식들에게는 절대로 가난을 대물림하지 않겠다고 다짐했던 고등학교 시절의 꿈.

어린시절 내게 그런 현실적인 꿈이 있었다면, 성장해서는 내가 하고 있는 어떤 일에서도 세계 최고가 되고 싶다는 야심찬 꿈이 있었다.

"조국에 돌아가서 반드시 반도체로 일본을 집어삼키겠다"던 청년시절 나의 꿈에 대해 사람들은 모두 미쳤다고 했다. 그러나 끝까지 포기하지 않은 그 꿈은 현실로 이루어졌고, 한국의 메모리반도체는 마침내 세계를 제패했다. 내가 벽촌에서 서울로, 서울에서 미국으로, 다시 전 세계로 뻗어나갈 수 있었던 것은 모두 이런 꿈들에 이끌려온 결과였다.

이쯤에서 이런 질문이 나올 수도 있겠다.

"어떻게 꿈을 만들 수 있을까? 가능하지만 높은 목표를 어떻게 세울 수 있을까?"

나는 이렇게 답하고 싶다.

"성공한 사람을 만나보면 대체로 꿈이 크고 열정적으로 그 꿈을 실현하기 위해 피나는 노력을 한다. 따라서 높지만 실현 가능하다고 믿어지는 꿈을 설정할 수 있어야 하는데, 여기에서는 개인적인 창의성이 관건이 된다. 이 개인적인 차이가 나중에 아주 다른 결과를 만들어내는 것이다."

그러면 남다른 창의성은 타고나는 것인가? 아니면 어느 정도 후천적으로 만들어질 수 있는 것인가? 만약 길러질 수 있는 것이라면 어떻게 해야 하나?

나는 창의적인 능력은 정도의 차이는 있겠지만 누구에게나 다 주어진다고 믿는다. 혹자는 음악이나 미술 같은 예능분야에서, 혹자는 수학이나 물리 같은 학문에서, 또 어떤 사람은 조직을 잘 다루고 말을 잘하거나 글을 잘 쓰는 능력을 받고 태어난다. 다만 자신에게 주어진 능력을 찾아내지 못한 채 사장시키고 마는 경우가 많을 뿐이다. 따라서 자신만의 능력을 찾아내는 것이 중요하다.

그러면 또 의문이 생길 것이다.

"어떻게, 무엇을 하면 그것을 찾아낼 수 있는가? 또한 그 능력을 찾아냈다면 자신에게 알맞은 높지만 실현 가능한 꿈을 어떻게 하면 만들 수 있는가?"

나는 단정적으로 말할 수 있다.

"창의성은 상상력에서 나오고 상상력은 개발된다."

상상력을 기르는 것은 쉽게 생활 주변에서 할 수 있다. 독서나 영화감상, 다른 사람들과의 대화를 통해 얼마든지 찾아낼 수 있다. 다만 연습이 필요하다. 스스로 자유롭게 생각하고 연관되는 것들을 많이 머릿속에 떠올릴 수 있도록 여유를 갖고 연습을 많이 해야 한다.

분 단위로 나뉘는 스케줄 속에서도 나는 영화감상과 독서를 즐긴다. 특히 가족과 함께 영화 보는 것을 즐겨 집에도 홈시어터와 수백 편의 DVD를 구비해 두고 있다. 영화를 통해 미래세계는 어떻게 변화할까 생각하며 상상의 나래를 펼치는 것이 큰 즐거움 중의 하나다. 영화를 보면서 새로운 기술과 사업, 전혀 생각하지 못했던 번뜩이는 아이디어와 새로운 세계를 엿보는 것이다.

말하자면 밥 먹고 자는 것 이외에는 자신의 일에 푹 빠져서 그 일을 어떻게 해결할지 고민하면 좋은 생각들이 많이 나오는 법이다.

얘기를 너무 복잡하게 풀어놓은 것 같지만, '열심히 하는 것. 높은 꿈도 좋지만 현재 자신이 하는 일에 몰입할 정도로 열심히 하는 것'이 최선임은 틀림없는 사실이다.

기회는 도전하는 사람을 기다린다

유능한 사람이 작은 성공에 만족해 더 이상 높은 것 추구하기를 멈춘다면, 이는 자신을 위해서나 또 남들을 위해서나 커다란 죄를 저지르는 것이다. 만약 당신의 능력이 모자라다면 몰라도 남들보다 탁월한 능력을 타고났다면 그것을 끊임없이 사용하고 더 나은 것을 추구해야 할 의무가 있다고 믿어야 한다.

앞서도 말했지만, 높지만 실현 가능한 목표를 세우고 이를 실천하기 위해 노력을 게을리 하지 않는 것은 무엇보다 중요하다.

하나의 목표가 달성되면 다시 그 다음의 목표를 세우고, 어려운 일에 부닥치더라도 계속해서 노력하는 것이 성공의 지름길이다. 끊임없는 도전을 통해 큰 성공을 거둔 사람들을 우리는 많이 알고 있다. 탐험대장 허영호씨나 GE를 세계적인 기업으로 만든 잭 웰치 회장 같은 사람들 뒤에 따라다니는 수식어가 바로 '도전' 아닌가?

기회는 말한다.

"도전하는 자여, 기다려라. 내 곧 너에게 가리니."

내가 살면서 절실하게 느낀 것 하나는 도전하는 자에게는 반드시 기회가 온다는 것이다. 어릴 때의 가난과 좌절은 단 하루도 쉬지 않는 나의 도전을 붙잡지 못했다. 내 부모에게는 나를 교육시키기 위해 준비해 둔 것이 아무것도 없다는 사실을 알면서도, 나는 공부에 대한 도전을 멈추지 않았고 결국 박사학위까지 무사히 끝낼 수 있었다.

도전은 적극적인 태도와도 일맥상통한다. 엔지니어로서, CEO로서,

그리고 장관으로서 "원하는 인재상은 어떤 것이냐?" 하는 질문에 대한 나의 대답 일순위는 "적극적으로 도전하는 사람"이다.

인텔이 면접을 통해 선발하고자 하는 인재는 '가장 똑똑한 사람'이 아니다. '지독하게 적극적인 사람'이다. 면접뿐만이 아니다. 매년 실적 평가를 하고 하위 5%는 퇴사하도록 유도하는 회사 운영시스템 자체가 모든 사람을 공격적으로 일하도록 만들고 있다. 물론 인텔이 세계 최고의 직장이기 때문에 가능한 일이겠지만.

인텔과 관련해 이런 일화도 있다. 내가 메모리반도체 부문에 있던 1995년 초의 일이다. 당시 펜티엄을 출시하기 위해 만반의 준비를 하고 있던 인텔에게 최대의 걸림돌은 펜티엄칩 바로 옆에 놓여 그 성능을 받쳐주는 S램 메모리가 있어야 한다는 점이었다. 기존의 메모리와는 완전히 다른 개념의 이 새로운 메모리는 세상에서 아무도 만들어본 적이 없었기에, 인텔은 메모리 선두주자인 삼성에 의지하는 수밖에 없었다.

인텔에는 기술력과 협상력을 두루 겸비한 우수한 인재들로 구성된 드림팀(Enabling Team)이 있는데, 당시 이 팀이 삼성에 와서 S램 개발을 얼마나 독려했는지 모른다. 일본에 들렀다가 아침에 한국에 와서는 몇 시간 회의를 한 후 바로 비행기를 타고 미국 실리콘밸리로 돌아가는 열성파들이었고, 돌아가서도 매주 전화회의로 우리의 개발현황을 점검하곤 했다.

S램이 공급되기 시작되자 펜티엄의 대량 출시가 가능해졌다. 그래서 삼성도 많은 이익을 봤다. 삼성에서만 S램을 공급하니 가격이 약 30달러나 되어 이익이 많이 창출됐는데, 연말이 가까워지자 S램 가격이 갑자기 5달러 이하로 떨어졌다. 이 인텔의 드림팀이 세계를 돌아다니면서 거의 모든 반도체회사가 S램을 개발하도록 만들어 경쟁을 유발시켰고, 결국 가격을 떨어뜨려 인텔에 유리한 환경을 만든 것이다. 이런 사람들로 구성된 인텔이 초일류 반도체기업으로 승승장구하는 것은 당연

한 일 아니겠는가?

나는 이렇게 적극적으로 도전하는 사람에게 당연히 가장 높은 점수를 준다. 기업에 있을 때나 공직에 진출했을 때도 이런 적극적인 사람들을 발탁해서 책임 있는 자리에 앉히곤 했다. 정보통신부에 온 이후로 나는, 너무 공격적이라 윗사람들에게 잘못 보여 소외받고 있던 사람들을 대거 등용했다. 또한 적극적인 인물들을 발탁해 만년 2등, 힘없는 정보통신부를 혁신의 선봉에 서는 부처로 만들었다. 이렇게 함으로써 공직자들을 자신감 넘치고 신바람나게 만들었다.

내 인생의 큰 지표가 되어준 또다른 좌우명 하나는 『장자』에 나오는 "성공한 곳에 오래 머물지 않는다"는 말이다. 한 분야 또는 작은 우물 안에서의 성공에 만족해 그곳에 안주한다면, 그 사람의 인생은 자승자박하는 꼴이 된다. 내가 벽촌에서 서울로, 미국으로, 세계로 뻗어나갈 수 있었던 것도 성공한 자신의 이미지 안에 오래 머물지 않겠다는 나의 도전정신이 만들어낸 결과였다.

내가 매사추세츠 주립대학에서 스탠퍼드대학으로 옮긴 것이나, 불가능처럼 여겨졌던 '새 부리 현상' 해석을 박사논문 주제로 잡은 것, 또 반도체강국 일본과 대적하기 위해 당시 최고의 직장 IBM 연구소를 훌쩍 박차고 나온 것은 모두 도전정신 때문이었다.

그후로도 나는 세계 최고가 된 반도체메모리 사업에 안주하지 않고, 비메모리사업에 뛰어들어 적자사업을 흑자로 바꾸어 안정적으로 만들고 21세기 최대의 격전장 디지털사업의 총괄 사장이 되었다. 시스템사업에서 이겨야만 그 후방산업에서의 경쟁력도 공고해진다고 굳게 믿은 나는 가전분야의 막강파워 소니를 밀어내고 얇고 가벼운 PC나 디지털TV 분야에서 세계 최고가 되기 위해 세계를 누볐다.

이 모든 것이 카우보이모자를 눌러쓴 서부의 사나이처럼 새로운 곳을 개척하고픈 마음 때문이었다. 나는 항상 내가 하고 있는 일에서 최선을 다해 최고를 일구어낸 다음에는 바로 다른 곳으로 가서 '뭐 할 거 없나?' 하며 기웃거리곤 했다. 땅속에 파묻힌 또다른 다이아몬드를 발굴해서 누구보다 빛나게 갈고닦아 보고 싶은 욕심으로 내 머릿속은 항상 가득 차 있었다.

'10~15년 후 우리 국민의 먹거리산업을 만들라'는 임무는 내가 지금까지 해온 어떤 일보다 명예롭고 보람된 도전이었으므로, 나는 여러 가지 개인적인 손해를 감수하면서까지 기꺼이 받아들였고, 3년 동안 공직을 수행하면서 많은 것을 배우고 이뤘다고 자부한다.

2002년까지 우리나라는 인터넷인프라가 잘 깔려 있는 나라로만 알려져 있었는데, 3년이 지난 2005년 11월 유엔에서는 우리나라가 IT의 보급·활용·기여도 등 모든 면에서 세계 최고(디지털기회지수 1위)라고 인정했다. 이제 우리나라는 세계가 공식적으로 인정하는 IT강국으로 변모했다. 또 같은 시기 우리나라 부산에서 개최된 APEC 정상회의에서 우리의 고유한 기술로 개발해 세계표준이 된 와이브로와 DMB를 시연하자 세계 정상들은 모두 "원더풀"을 연발하며 한국의 IT가 세계 최고임을 인정해 주었다.

초일류회사인 삼성전자의 CEO라는 안정된 자리를 떠나 공익근무를 한다는 마음으로 공직에 몸담게 된 것도 모두 이런 도전정신 때문이었다. 몸담아온 회사를 세계 초일류로 일구었고 더 이상 아쉬움도 없던 터에 완전히 다른 세상에 몸을 던져 우리나라를 최고의 IT국가와 선진국으로 만들어보자는 도전의식은 뿌리치기에는 너무나 매력적인 것이었다.

공직생활 약 3년차인 지금 크게 성장한 자신을 보고 스스로도 깜짝 놀랄 때가 많다. 그동안 몸담았던 조직과는 판이하게 다르고 복잡한 공

각종 첨단제품들로 IT코리아의 실체를 생생하게 보여줌으로써 ITPEC이라는 별칭을 얻기도 했던 2005 부산 APEC에서 미국 부시 대통령 내외와 일본 고이즈미 총리를 안내하는 모습.

직사회에서 산전수전을 겪으며 많은 것을 배웠다. 훨씬 넓은 시야와 인간관계, 종합적인 의사결정능력과 행정능력을 구비하게 된 것이다. 근본적인 변화가 있었다고나 할까. 기업에만 머물러 있었다면 시도할 생각조차 못했을 경험들이라고 감히 자부한다. 공직에 오면서 많은 물질적인 손실을 감수했지만 얻은 것이 더 많다고 생각된다. 돈으로는 결코 환산할 수 없는 경험을 얻었기 때문이다.

기업인으로서 그리고 관료로서 1년 중 100일 이상을 해외에 체류하며 거의 모든 나라를 다니면서 느낀 것은, 이 세상에는 할 일이 무궁무진하다는 것이다. 다만 자신에게 잘 맞는 일은 갯벌 속에 묻혀 찾기 어려운 보석 같은 것이니, 적당한 곳에 만족하여 머무르지 말고 목표를 드높여(Aim High) 도전하기를 멈추지 말아야 한다. 끊임없는 도전과 열정은 젊음의 특권이자 책임이다.

그렇다면 끊임없이 도전하는 삶을 위해 무엇이 필요한가?

가장 중요한 것은 자극이다. 사람이란 불완전한 존재여서 꿈과 도전을 계획해도 언젠가는 안주하게 되고 만족하게 되기 마련이다. 멈추지 않는 자극을 위해 나는 언제나 벤치마킹을 했다. 여기서 말하는 벤치마킹은 세계를 상대로 하는 것이다. 자신이 국내 최고의 회사에 다닌다고 해서 자기 또한 최고가 되었다고 자만해서는 안 된다.

세계를 대상으로 벤치마킹하라. 세계 도처에 깔린 경쟁사의 카운터 파트(Counterpart)와 자신을 비교해 보는 것이다. 선진국의 선진기업에서 일하는 경쟁자들에게는 반드시 배울 점이 있다. 세계적인 경쟁자들과 겨루고 비교해서 자신이 제일 잘하는 사람이라는 평가가 내려지지 않는다면, 항상 그들로부터 벤치마킹해야 한다. 벤치마킹 그 자체가 도전이요, 끊임없이 개발을 추구하도록 자극과 동기를 부여할 것이다.

도전의 가장 큰 적은 실패에 대한 두려움이다. 나 또한 실패를 맛본 적이 몇 번 있다. 젊은시절, 가정형편이 어려워 유학의 꿈을 잠시 접는 등 나의 노력이나 능력과는 상관없이 실패한 경험도 있고, 마이크로프로세서 사업을 일으켜보려고 했지만 세계의 높은 벽 앞에서 좌절한 적도 있다. API의 도산처럼 최선의 노력을 다했음에도 불구하고 실패한 경험도 있다. 하지만 실패를 두려워할 필요는 없다.

세상의 일은 오묘해서, 실패의 순간에는 모르지만 지나고 보면 오히려 전화위복이 되는 경우가 많다. 내 경우만 하더라도, 유학에 실패하지 않았다면 내 삶의 가장 큰 지지자인 아내의 얼굴조차 구경하지 못했을 것이다. API 실패도 그 순간에는 뼈아픈 경험이었지만, 후에 더 큰 사업을 성공으로 이끄는 데 중요한 자산이 되었으며 공직에 와서 중소·벤처 기업을 이해하고 지원하는 정책개발에 많은 도움이 되었다.

세상의 위대한 도전과 성취는 두려움을 밟고 올라서는 데에서 시작되었다는 것을 잊지 말자.

당연한 얘기겠지만, 도전을 위해서는 체력관리와 시간관리가 중요하다. 체력관리를 위해 나는 눈이 오나 비가 오나 운동을 한다. 약 5시간 정도 잠을 자고 6시경에 일어나 조깅 또는 수영을 하곤 한다. 출장을 가서도 마찬가지다. 운동은 시차를 극복하는 데 제격인데, 시차로 몸이 피곤할 때 조깅이나 수영을 하면 잠을 쫓는 데 더할 나위 없이 좋다.

나의 도전정신은 운동에도 예외가 없다. 더 열심히 그리고 더 재미있게 동기를 부여하기 위해 나는 운동을 할 때도 일정한 목표를 정하고 시작한다. 승부욕이 유달리 강해서 테니스시합을 해도 꼭 내가 이길 때까지 해야 직성이 풀리곤 했다. 골프도 싱글 핸디캡이지만 끊임없이 스윙을 연구한다.

지금은 가장 좋아하는 운동이 되었지만, 골프를 시작하게 된 계기도 스탠퍼드대학에서 테니스로는 더 이상 나를 이길 한국 학생이 없었기 때문이다. 경쟁자가 없어 새로운 종목인 골프에 도전했던 것이다. 골프는 만만치 않은 운동으로, 인생처럼 끊임없는 공부와 도전이 필요한 운동이라 특히 좋아한다.

아침마다 하는 수영도 '일일학 일일신'을 적용한다. 어떻게 하면 더 적은 에너지 소모로 더 빨리 더 많이 헤엄칠 수 있을까 생각해 보고, 오늘 20바퀴를 15분에 돌았다면 내일은 25바퀴를 돌거나 13분에 주파하는 목표를 세운다. 매일 밤 양재천을 걸을 때도 가끔 걷는 방법을 좀더 효과적으로 할 수 없나 생각해 보기도 한다.

이런 얘기를 들으면 '인생을 참 피곤하게 산다'고 생각하는 사람이 있을지도 모르겠다. 그러나 그런 분들에게 해줄 얘기가 있다.

"뭐든지 그런 상상력을 펼쳐 더 잘하기 위해 노력해 보세요. 아주 재미있고 즐거운 일이랍니다."

분초를 다투는 일의 특성상 나는 항상 시간과 싸워왔다. 똑같이 주어진 시간을 최대한 활용하기 위해 내가 쓰는 방법은 동시작업이다. 나는 절대로 한 번에 한 가지 일을 하지 않는다. 대표적인 것이 TV와 컴퓨터를 두 대씩 혹은 그 이상 동시에 들여다보는 것이다. 그래서 우리집 거실에는 TV가 두 대, 사무실에는 무려 세 대의 모니터가 나란히 있다.

처음에는 어렵지만 훈련을 하다 보면 두 가지 이상의 정보에 똑같이 집중할 수 있다. 한술 더 떠서 TV를 보면서 인터넷을 하거나 신문을 읽기도 한다. IT기술이 눈부시게 발달하면서 이동하는 차 안에서 두 대의 DMB단말기로 뉴스를 시청하면서, 동시에 와이브로로 인터넷을 검색하게 되어 매우 즐겁다. 지금 이 순간에도 달리는 차 안에서 이 책을 쓰면서 동시에 뉴스속보를 보고 있다.

사랑하고 감사하자

자신이 처한 환경을 깊이 이해하고 사랑하며, 최선의 방법으로 그것을 활용해 주어진 사명을 적극적으로 성취하려는 모습만큼 아름다운 것은 없다. 많은 사람들이 주어진 것에 감사하지 못하고 불만을 갖고 불평을 하거나 푸념을 늘어놓는다. 심지어는 자신을 저주하는 사람들도 있는데 이는 가장 어리석은 일이다.

내가 2005년 강연에서 조크로 한 '100점짜리 인생은 마음먹기에 달려 있다'는 주제는 바로 '주어진 것을 사랑하고 감사하는 마음'을 달리 표현한 것이다.

어떤 사람이 험한 산길을 가다가 굶주린 호랑이를 만났다. 그는 호랑이에게 잡아먹히지 않도록 해달라고 청원기도를 올렸고, 호랑이는 좋은 먹이를 주신 것에 감사하는 기도를 올렸단다. 하느님은 누구의 기도를 들어주셨을까? 결국 사람이 호랑이에게 잡아먹히고 말았는데, 이는 하느님이 호랑이의 감사기도를 더 높이 쳐주셨기 때문이라고 한다.

웃자고 하는 이야기지만, 우리들에게 시사하는 바가 크다. 소원을 비는 데 그치는 것보다는 자신이 처한 위치를 사랑하고 작은 성취라도 이루어진 것에 대해 감사할 수 있다면 그 인생은 보람과 기쁨으로 충만할 것이다.

그래서 믿음, 소망, 사랑 중 제일 큰 덕목은 사랑이라 했던가! 꿈꾸고 도전하고 사랑하고 감사하는 '꿈도사' 중에서도 제일은 사랑과 감사다. 나는 자신에 대한 사랑과 삶에 대한 깊은 애착에서 꿈과 도전이 생겨난다고 믿는다. 내가 성공적으로 꿈을 꾸고 도전할 수 있었던 원동력은 나 자신에 대한 자부심과 애정이 컸기 때문인 것 같다. 또 일을 즐겁게 할 수 있었고 일을 즐겼기에 자연스럽게 좋은 성과가 뒤따랐다고 생각한다. 물론 재미없고 애정이 가지 않는 일들도 없지 않았다. 하지만 그것마저 내 일로 만들어서 애정을 붙이니 절로 정성과 노력이 뒤따랐다.

언제 어디서나 나는 첨단과학기술 그 자체와 세계 최고의 명예를 지켜나가기 위해, 전세계와의 경쟁을 즐기고 또 사랑했다. IBM을 박차고 한국에 돌아와 반도체사업을 일으킨 것도, 다시 대한민국 IT사령탑을 진두지휘하게 된 것도 국내 과학기술 중흥과 조국에 대한 사랑 때문이었다. 돈과 명예보다도 더 값지고 강력한 것은 사랑과 감사의 힘이다.

어려운 시절의 그 수많은 고비를 극복하고 세계적인 학교에서 박사학위를 무사히 끝낸 다음 IBM 취업이 결정되는 순간, 나는 누군가에게 진심으로 감사드려야 한다는 걸 깨달았다.

나는 지금도 이병철 회장이 내게 첨단 반도체개발 업무를 맡겨준 것에 대해 늘 감사하고 있다. 마찬가지로 노무현 대통령이 나에게 우리 국민이 먹고살 먹거리산업을 만들기 위해 노력할 수 있는 기회를 주신 것에 대해 늘 감사드린다.

사실 나는 나의 힘만으로 그런 위치에 갈 수 없었음을 알고 있었고, 그렇기에 더욱 나를 그 위치까지 가도록 만든 그 어떤 힘, 그리고 내 주위의 모든 것에 감사드리고 싶었다. 또 그런 일들을 맡았을 때 적지 않은 성과를 거둘 수 있었다는 사실에도 감사한다. 나는 감사를 드릴 대상으로 하느님을 찾았지만, 부끄럽게도 아직까지 충분한 감사를 드리는 경지에 이르지는 못하고 있다. 그러나 한 가지만은 확실하다. 그런 감사를 어떤 형태로라도 표현하고 싶다는 것.

공직생활을 하면서 기업에서는 알 수 없었던 많은 것을 배우고 깨달았다. 우리나라는 현재 선진국을 향해 전진하고 있고, 또 벌써 세계 10위 정도의 경제강국이 되었지만, 우리 주변에는 아직도 소외받고 어려움을 겪는 사람들이 많이 있다. 북으로는 2천 500만 명의 동포가 굶주림과 추위에 떨고 있다. 이런 문제를 해결하는 일이 앞으로 내가 수행해야 할 소중한 소명이라고 생각한다. 이런 일을 할 수 있는 기회가 주어진다면 나는 그 일을 사랑할 것이고, 또 그런 기회가 주어진 것에 감사드릴 것이다.

아무 준비 없이 공직에 왔을 때 공인으로서의 잣대에 맞추지 못한 지난날 때문에 언론의 심판을 받았다. 국회에 처음으로 출두해 또다시 심판을 받기로 되어 있던 2003년 4월 어느 날, 나는 하루종일 국회의원들의 질문에 시달려야 했지만, 그 고통을 분담한다고 집에서 국회까지 20여 킬로미터를 혼자서 도보로 행군한 집사람의 사랑에 감사한다.

고백하거니와 사랑을 논할 때 나는 항상 미안한 마음이 든다. 가족에 대한 사랑을 넉넉하게 베풀지 못했기 때문이다. 여유가 생기면서 돌아보니 30~40대에 나는 가족에 대한 사랑을 깨닫지 못하고 일에 대한 생각으로 머리가 꽉 차 있었기에 가족을 따뜻하게 챙겨주지 못했다. 사실 가족의 사랑과 지원이 없었다면 나는 이 자리에 서 있지 못했으리라. 때론 두렵고 힘들고 어려울 때도 나 하나만을 믿고 따라주는 가족이 있었기에 설사 실패한다 해도 두려울 것이 없었던 것 같다.

한동안 내게는 'IT전도사' 또는 '디지털전도사'라는 별명이 따라다녔다. 나는 여기다 '꿈과 도전과 사랑의 전도사'라는 별명을 하나 더 갖고 싶다. 물론 나의 삶의 방식이나 생각이 성공적인 인생을 살아가는 지름길이라고 주장하고픈 마음은 추호도 없다. 다만 무엇보다 소중한 우리네 삶을 보다 진한 애정과 열정을 가지고 살아가는 데 조금이나마 힘을 보태고 싶다.

"이 땅의 리더이자 선진한국의 주역이 될 젊은이들이여, 우리 함께 꿈꾸고 도전하고 감사합시다!"

부록

강연중 자주 나오는 질문에 대한 답변

CEO가 되려면 무엇을 해야 합니까?

많은 대학생이 장차 CEO가 되기 위해 지금 무엇을 준비해야 하느냐고 묻는다. 아마도 CEO가 되려면 아직 멀었지만 미리 준비해 두고 싶은 욕망이 있기 때문일 것이다.

사실 CEO가 되려면 무엇을 어떻게 하면 된다는 유의 책도 많고, 경영학이나 회사 경영에 관한 책도 많으며, 유명한 사람들의 자서전도 많다. 그럼에도 불구하고 왜 나에게 그런 질문을 하는 것일까? 아마도 젊은이들이 원하는 것은 책에 적힌 FM식 정답이 아닌 산증인의 산 경험이 담긴 대답이기 때문일 것이다.

많은 책에서 이런 얘기를 한다.

"CEO가 되기 위해서는 전공과목을 열심히 하고, 경제나 경영에 관한 상식뿐만 아니라 영어도 잘해두어야 하며, 또 운동이나 춤 같은 사교적인 것도 한두 가지는 해두어야 한다."

그래서 많은 젊은이가 본인의 전공 이외에도 다양한 것을 공부하기 위해 많은 노력을 기울이고 있다. 그런데 과연 그것이 가장 옳은 길일까? 어디 한번 CEO가 되는 길을 따라가보자.

우선 가업을 물려받아 바로 CEO가 되거나 스스로 벤처를 창업해 처음부터 CEO가 되는 것은 예외로 하고, 중소기업이나 대기업의 사장이 되기 위해 무엇을 해야 하는가 생각해 보자.

일단 사장이 되기 위해서는 부장과 임원을 거쳐야 한다. 그런데 평범한 사원은 부장이 될 수 없고, 마찬가지로 평범한 부장은 임원이 될 수 없다. 적어도 남들보다 잘나야 승진이 되는 것이다. 또 임원이 되었다고 무조건 안심할 수도 없다. 임원 중에서도 남들보다 빼어난 능력을 보이는 사람만이 사장의 후보군에 들어갈 수 있는 것이다. 그러니 제일 먼저 할 일은 우선 뛰어난 부장이 되는 것 아닐까?

우리나라의 경우, 전공이 무엇이든 일단 입사를 하면 약간의 오리엔테이션 기간을 거친 뒤 바로 현업에 배치되고 실무를 하면서 일을 배우게 된다. 또 어떤 부서에 배치되든 일을 하다 보면 많은 문제에 부딪히게 된다. 이때부터 일 잘하는 사람과 일 못하는 사람이 갈리기 시작한다. 회사에서는 당연히 문제를 척척 해결해 나가는 사람을 좋아하는데, 결국 이런 사람들이 윗사람의 눈에 들게 마련이다. 또 이런 것이 쌓이고 쌓여 부장이 되고 임원이 되는 것이다.

특히 이공계의 경우, 일을 하다 보면 기본적인 기술을 얼마나 가지고 있느냐가 상당히 중요한 문제로 대두된다. 응용부문은 대체로 사내에 알려져 있는 것들이 많아 부지런히 찾아보거나 물어서 터득하면 되지만, 기본적인 지식은 스스로 가지고 있지 않으면 풀어나갈 수 없는 일이 많기 때문이다. 더구나 어려운 일일수록 기본에 충실해야만 해결할 수 있는 법이다.

때문에 나는 회사에서 유능한 사원이 되기 위해서는 대학 때 자신의 전공을 열심히 공부하는 것보다 중요한 것은 없다고 늘 강조해 왔다.

여기에 한 가지 덧붙이자면 커뮤니케이션 능력을 쌓는 일이 중요하다. 회사일은 대체로 혼자 진행하기보다 팀워크로 하는 경우가 많다. 이런 경우 자신의 의견을 분명하게 전달하고 설득하는 능력이 있어야 한다. 그러려면 평소에 자기가 할 얘기를 잘 정리해 두고 그 내용도 확실히 파악하고 있어야 한다.

이를 위해 '333룰'을 알고 지키면 좋을 것이다. 333룰이란 내가 만든 것인데, 30초 안에 상대의 관심을 유발하고, 이에 따라 3분의 시간을 더 얻어서 보고하려는 내용을 확실하게 전달해 내든가, 아니면 보고받는 사람의 필요에 따라 이후 30분의 시간을 할애받아 충분하게 설명하고 소기의 결정을 얻어내는 전략이다.

보고라는 것이 처음 30초 안에 성패가 결정되는 만큼, 사안의 핵심을 간결하게 정리해서 말할 수 있도록 평소에 준비해 두어야 함을 의미한다. 특히 윗사람에게 보고할 일이 있을 때 이 룰을 활용하면 좋은 성과를 얻을 수 있다. 윗사람의 경우 보통 만날 기회가 많지 않으니 항상 말할 내용을 준비하고 있어야 한다.

유능한 사원이 되어 회사의 간부가 되고 또 CEO가 되는 것은 이처럼 아주 기본적인 것에서 출발한다. 그런데도 많은 대학생이 CEO가 되기 위해 필요한 자질로 '경영능력'을 꼽는다. 그래서 이공계 학생이 경영학을 복수전공 하는가 하면, 경영대학원에 진학하는 경우도 많다.

하지만 나는 회사 경영에 대한 지식은 미리부터 알려고 애쓸 필요가 없다고 생각한다. 보통사람들은 잘 모르지만 회사에서는 직원들 중 누가 경영자로서 성장·발전할 수 있는지 늘 살피고 있다. 그리고 실제로 그런 인재들은 눈에 띄게 마련이다.

이때 회사에서 선택하는 사람은 경영지식이 있는 사람이 아니다. 그보다는 평소 좋은 실적을 쌓아서 회사에 기여도가 높은 사람들에게 먼저 눈길을 준다. 그리고 그중에서 경영적 소양이 있는 사람을 특별히 선발해 경영교육을 시키게 된다. 그러니 CEO가 되기 위해 필요한 것은 회사를 어떻게 경영할 것인가에 대한 공부보다 먼저 회사에 큰 기여를 하기 위해 최선을 다하는 모습을 보이는 것이다.

또 많은 사람이 경영자가 되기 위해서는 영어를 잘해야 한다고 생각한다. 물론 기본적으로 영어를 잘해야 입사시험에 합격할 수 있다. 그러나 실제로 기업에 들어가서 영어를 써먹게 되기까지는 보통 10년 이상의 오랜 세월이 흘러야 한다. 즉, 영어로 대화하면서 뭔가 협상하는 등의 업무는 상당히 제한적인 일부 직원들이 담당하게 된다. 게다가 요즘은 어릴 때부터 해외에 거주하다가 돌아와 영어를 자유자재로 구사하는 사원이 많기 때문에 웬만큼 상위직급으로 올라가지 않으면 그런 기회가 주어지지 않는다.

그러니 회사로서는 모든 직원이 영어를 유창하게 할 필요가 없는 것이다.

또 CEO가 된 다음에도 웬만한 협상은 영어를 잘 구사하는 마케팅부서 직원들을 대동하면 되므로 본인이 완벽하게 영어를 구사할 필요는 없다.

따라서 자신의 분야에서 열심히 일하다가 언젠가 기회를 봐서 해외근무를 한 차례 한다든가 평소에 조금씩 실전영어를 배워두는 것으로도 충분하다고 본다.

결론적으로, 대학생으로서 가장 필요한 것은 전공과목의 기본을 탄탄히 해두는 것이라고 말하고 싶다. 그 다음으로 수업이나 동아리모임 같은 곳에서 자신의 생각을 분명히 전달할 수 있는 커뮤니케이션 능력을 길러두면 좋을 것이다. 그런 연후에 경영학을 공부하든지 영어를 공부한들 누가 뭐라고 하겠는가?

나는 "CEO가 되기 위해서 어떤 준비를 해야 합니까?"라는 질문 자체가 틀렸다고 생각한다.

얼핏 들으면 합당한 것 같은 이 질문을 내가 어리석게 보는 이유는 간단하다. 지금 대학생들이 CEO가 되는 시기는 적어도 20~30년 후이다. 그런데 요즘처럼 급박하게 변하는 시대에 20~30년 후를 걱정해서 어쩌자는 말인가? 당장 5년 후, 10년 후도 어떻게 될지 모르는 판국에 무슨 30년 후를 걱정한단 말인가?

우리가 무슨 일을 열심히 하면 그 결과는 대부분 한 3년 후에나 나온다. 고등학교 3년 열심히 공부한 학생이 좋은 대학에 가고, 대학 3년을 열심히 공부한 학생이 좋은 대학원에 진학하거나 유학을 가고 취업을 한다. 그러니 우선적으로 준비할 것은 3년 뒤의 일이지 30년 뒤의 일이 아니다.

30년은 1년이 30번 쌓인 것이고, 한 달이 360번 쌓인 세월이다. 30년 뒤에 내가 CEO가 되는 것은 그동안 열심히 살아온 실적이 쌓여서 이루어낸 결과이지, 그 자체가 목표가 되어서는 안 되는 것이다. 그런데 그런 걸 다 무시하고 무조건 CEO가 되겠다는 꿈을 설정해 놓아서야 되겠는가?

내 경우만 해도 그렇다. 언제 내가 삼성전자라는 큰 기업의 CEO가 될지 알았으며, 한 나라의 장관이 될 줄 알았겠는가. 그저 대학 때는 열심히 전공 공부 하고, 회사에서는 열심히 실적 쌓고, 그러다 보니 임원자리에도 오르 고 CEO도 된 것이다. 경영공부는 부사장이 되고 나서 회사에서 시켜줘서 했지, 내가 CEO가 되기 위해 일부러 준비한 것이 아니다. 장관 역시 내가 되고 싶어서 된 것이 아니고, 한 분야의 최고자리에 오르다 보니 다른 길이 열린 것이다.

삶은 누적이지 대박이 아니라는 사실을 우리 젊은이들이 명심했으면 좋 겠다.

서른 살 정도에는 무슨 생각을 했습니까?

서른 살이면 1982년 전후인데, 박사학위를 마무리할 때라 무척 바쁘게 지 냈고, 박사학위를 끝내고는 IBM 연구소에 가기로 결정되어 있었다. 당시 공 부의 오랜 과정을 모두 마쳐 후련하기도 하고 뿌듯하기도 했다. 또 무엇이 든 해낼 수 있다는 자신감도 있었다. 무엇보다 앞으로 현장경험을 통해 반도 체에 대해 더 많은 것을 배우게 되리라는 생각에 설레는 마음이었다. 당시 꿈은 세계적인 기업 IBM에 가서 최고의 반도체기술자가 되는 것이었다.

일을 잘해서 성공하려면 어떻게 해야 합니까?

일을 잘하려면 어떻게 해야 할까? 맡은 일마다 실수없이 잘해내는 방법 은 없을까? 큰 조직 속에서 발군의 실력을 발휘하려면 어떻게 해야 할까?

이를 위해서는 우선 자신이 속해 있는 조직이나 단체의 목표와 자신의 목표를 일치시키는 것이 중요하다. 그래야 불필요한 갈등이 생기지 않기 때문이다. 특히 윗사람이 생각하는 것과 자신이 맡아서 하는 일이 잘 부합되어야 지원도 많이 받고 일의 결과도 잘 나오게 된다. 그러나 상하가 항상 의견이 같을 수는 없기 마련이다. 때문에 나는 자신이 하고 싶은 것을 상사가 인정하도록 하는 것이 최선이라고 생각한다.

자신이 지향하는 것이 최선이라고 확신한다면, 그것을 상사가 지시하도록 한번 유도해 보라. 이런 것을 두고 이건희 회장은 '상청(上請)'이라는 표현을 썼다. 즉, 흔히 대기업에서 중소기업에 일을 주는 것을 하청(下請)이라고 하는데 이와 반대되는 개념이 바로 상청이라고 할 수 있다. 자신이 상사에게 청해서 일을 하면 자연히 상사도 그 일에 동참하게 되므로, 그 일은 잘되지 않을 수 없다.

회사생활을 하다 보면 맡겨지는 일에 대해 '왜 나한테 이런 일을 시키나?' 하는 불만이 통할 수 없다. 어떤 일이든 최선을 다해서 주어진 기간 내에 맡겨진 임무를 확실히 수행할 수 있어야 한다.

그러기 위해서는 시작하기 전에 계획을 면밀히 세워 어디에 문제점이 있는가를 먼저 파악해 두는 것이 중요하다. 만약 어려운 문제에 부딪힐 것이 명확하다면 그것에 대한 대비책을 여러 가지로 만들어두어야 할 것이다. 경영자로 올라갈수록 이런 위기관리가 필요하다. 잘 안 되는 경우를 다양하게 상정하기 위해서는 상당한 통찰력과 다각적인 상상력이 필요하다.

또 하나, 하고자 하는 목표를 높게 설정해서 기대보다 더 잘하기 위해 노력해야 한다. 주어진 일만 꼬박꼬박 잘하는 것만으로는 남보다 뛰어나게 잘한다고 말할 수 없을 것이다.

보편적으로 일을 잘하는 사람은 업무를 좀 폭넓게 주어도 목표를 잘 찾아온다. 즉 주어진 업무를 빈틈없이 제시간 내에 잘해내는 사람을 의미한다.

나는 이런 사람들에게는 물어볼 것도 없이 A를 준다. 그러나 A⁺를 주지는 않는다. A⁺는 내가 미처 생각하지 못한 것을 지적해 내거나 스스로 남다른 창의적인 방안을 만들고 해결해 내는 사람들에게만 해당된다. 즉, 내가 생각한 대로 일을 해오는 사람은 A를 받지만, 나조차도 생각하지 못한 일을 해올 때는 A⁺를 주는 것이다.

다음은 최고의 측정기기 메이커로 불리는 호리바(堀場)제작소의 창업자 호리바 마사오(堀場雅夫) 회장이 쓴『일 잘하는 사람, 일 못하는 사람』에서 따온 내용이다. 호리바 회장은 50여 년이 넘는 기업경영 경험을 살려 회사원의 업무스타일을 100가지 유형으로 분류하고, 각각의 장단점을 분석했다고 한다. 기존 상식을 뒤집는 평가잣대가 새로운데, 이를 통해 새로운 시각으로 자기 자신을 평가해 보는 기회를 가져보기 바란다.

일 잘하는 사람과 못하는 사람의 특징

	일 잘하는 사람	일 못하는 사람
성격	결론을 내는 것이 빠르다. 가능성이 낮은 데 도전한다. 자기보다 지위가 높은 사람을 만난다.	결점을 고치려고 노력한다. 좋은 사람이라고 불리며 적이 없다. 모든 일을 자기가 처리하려 한다.
능력	실패를 쉽게 잊는다. 장단점이 확실하다. 시류를 읽는 것이 빠르다.	상사의 마음을 잘 읽지 못한다. 여자사원에게 인기가 없다. 흥미가 아니고 '노력'으로 일한다.
노력	서점에 가면 빈손으로 오지 않는다. 인맥을 잘 만든다.	별일도 없는데 빨리 출근한다. 밸런스감각을 중시한다.
습관	자기 업적을 과장해서 말한다. 접대를 받으면 반드시 갚는다. 반대의견에는 철저히 논쟁한다.	네 일 내 일을 구분한다. 사내 정보통으로 불린다. 무슨 일이 있으면 곧바로 회의를 연다.
발언	철저히 '모난 돌'이 된다. 권리는 반드시 찾아먹는다.	설명을 잘하지 못한다. 지시를 받으면 질문을 많이 한다.

	일 잘하는 사람	일 못하는 사람
태도	업무내용은 몰라도 부하를 신뢰한다. 언제나 중요한 부서만 희망한다. '전부 내 공'이라고 주장한다.	부하를 꾸중하지 않는다. 자기가 입안한 일만 열심히 한다. 상사의 칭찬에 일희일비한다.
사고 방식	문제 발생 즉시 상사에게 보고한다. 실패의 원인을 분석한다.	잔업을 당연하게 생각한다. 동료의식이 강하다.
가치관	용꼬리보다 닭머리가 되길 원한다. 출세욕망을 숨기지 않는다.	자신의 월급을 타사와 비교한다. 애사정신을 강조한다.

싫어하는 직원유형이 있습니까?

나는 무슨 일을 줄 때 지레 안 된다고 하는 사람을 가장 싫어한다. 무슨 일이든 일단 반응이 부정적으로 나오는 사람은 좋아하지 않는다. 또 남의 탓을 하는 사람, 핑계가 많은 사람도 좋아하지 않는다.

대신 실수를 하는 직원은 눈감아준다. 맡은 일에서 실패를 했더라도 그가 최선을 다해 그 일에 임했다면 당연히 용서하고 새로운 기회를 줘야 하지 않을까? 물론 실수를 한 일에 대해 나무라거나 야단칠 수는 있다. 그러나 아예 시도조차 하지 않는 직원은 쳐다보지도 않는다. 내가 좋아하는 직원은 아주 공격적이고 적극적으로 일에 임하는 사람이다. 아마 대부분의 상사가 그렇지 않을까?

실패하거나 좌절해 본 경험이 있나요?

회사나 공직에서 문책을 받을 정도의 실패는 없었지만, 일을 하는 중에 크고 작은 일이 잘 안 되어 엄청나게 스트레스를 받고 좌절한 경험이 있다.

16M D램 개발시에 'C형 반달무늬 불량'을 일으킨 메모리셀은 내가 특허를 낸 것이었으나 제대로 안 되어 실패한 아이디어였다. 인텔에 도전장을 던지기 위해 시작한 마이크로프로세서 알파칩사업 역시 기술개발이나 비메모리사업의 위상을 올리긴 했어도 크게 성공하지 못했다. 또 알파칩을 이용한 서버나 관련 플랫폼 사업을 통해 미국 증시에 상장해 보려고 한 노력도 결국 많은 좌절 끝에 실패로 끝났다.

그외 이런저런 실패가 있었지만 그런 실패 속에서 얻은 것도 많다고 생각하기 때문에, 삶에서 실패의 경험은 소중한 자산이라고 생각한다.

스트레스는 어떻게 해소합니까?

흔히 가장 심한 스트레스는 가족에게 불행한 일이 일어난 것이고, 둘째는 직장에서 상사와 불화가 있는 것이라고 한다.

나는 우선 스트레스받는 일이 일어나지 않도록 최선을 다하는 편이다. 그러나 일단 스트레스받을 일이 발생하면, 일단 마음을 진정하고 걱정과 우려가 근본적으로 어디서 유발되는지 곰곰이 따져본다. 문제를 노트에 적어보면서 근본원인을 생각해 보면 의외로 해결을 위한 묘안이 떠오를 때가 많다. 이는 직접적인 해소방법이라고 할 수 있다. 이처럼 스트레스를 해소할 방법을 찾지 않고 막연하게 같은 생각만 계속 반추하다 보면 아무런 도움이 되지 않고 오히려 스트레스만 더 쌓인다는 것이 나의 경험이다.

또 음악을 듣는다든가 호젓한 길을 혼자 걸으면서 마음을 편하게 갖는 방법도 좋다. 종교가 있으면 기도를 하는 것도 좋고, 마음 맞는 사람과 터놓고 얘기해 보는 방법도 좋을 것이다. 나는 평소에는 직장일을 집안에서 얘기하는 경우가 거의 없지만, 어쩌다 걱정거리가 생기면 집사람과 얘기를 나눈다. 그때마다 위안을 받곤 하는데 이 또한 스트레스 해소에 큰 도움이 된다.

공부를 잘하려면 어떻게 해야 하나요?

나는 대학시절 아르바이트로 과외선생 노릇을 많이 했다. 그때 공부를 잘하는 학생과 잘 못하는 학생을 비교해 보면 한 가지 차이점이 있었다. 바로 집중력의 차이다. 공부를 잘하는 아이들은 주위가 아무리 시끄러워도 개의치 않고 공부를 하지만, 그렇지 못한 아이들은 자신도 그것에 끼어들어 공부를 하는지 노는지 구분이 안 되는 경우가 많았다. 중요한 것은 공부를 9시간, 10시간 하는 것이 아니라 1시간을 해도 집중해서 하는 것이다.

집중력을 기르고자 한다면 머리를 많이 쓰는 게임을 하라고 권하고 싶다. 바둑을 둔다든가 각종 전자게임을 하는 것은 모두 집중력을 기르는 데 도움이 된다. 또 경쟁이 치열한 탁구나 테니스 같은 스포츠도 권장할 만하다.

공부를 잘하기 위해 또 하나 중요한 것은, 계획을 치밀하게 세우고 이를 실천하는 것이다. 나는 학창시절 시험이 다가오면 우선 계획부터 세우는 습관이 있었다. 통상 15일 전부터 시험공부를 하는데 매일매일 공부할 과목과 범위를 정해서 지켜나간 것이 큰 도움이 되었다.

하지만 실천이라는 것은 말이 쉽지 결코 쉬운 일이 아니다. 평범한 사람들의 경우 계획을 세우면 이틀 정도 실천하는 것이 평균이라고 하니, 실천이 얼마나 어려운지 짐작이 가고도 남는다.

실천을 위해 가장 중요한 것은 자기 스스로에게 동기를 부여하는 일이다. 주변을 보면 스스로 동기부여를 잘하는 사람이 공부도 잘하고 큰 사람이 되며 또 큰일을 하고 있다. 따라서 본인이 공부를 잘하고 싶다면 스스로 열심히 공부할 수 있는 동기를 많이 부여하고, 자녀가 공부 잘하기를 바란다면 자녀에게 스스로 동기부여할 수 있는 기회를 많이 만들어줘야 할 것이다.

창의성은 키워질 수 있나요?

창의적인 능력은 사람마다 분야나 그 수준의 차이가 있겠지만 누구에게든 공평하게 주어진다고 믿는다. 다만 자신에게 주어진 능력을 잘 계발해내어 얼마나 잘 활용하느냐에 따라 성공 여부가 결정되는 것이다. 따라서 자신만의 능력을 찾아내는 것이 무엇보다 중요하다.

창의성은 지적인 연상작용에 의해 남들과 다른 발상을 하는 능력을 의미하는데, 주로 상상력이 좋은 사람이 그런 능력이 뛰어난 편이다. 물론 상상력은 노력 여하에 따라 많이 진전될 수 있다. 다양한 직접경험과 책이나 영화를 통한 간접경험을 많이 하는 것이 상상력과 창의력을 기르는 데 큰 도움이 된다고 본다.

또 생활 주변에 있는 것들도 좋은 상상의 대상이 될 수 있다. 스스로 생각을 자유롭게 하고 연관되는 것들을 머릿속에 많이 떠올려보는 게 상상력을 기르는 데 좋은 역할을 할 것이다.

특별히 추천할 만한 습관이 있습니까?

내가 내세울 만한 습관 중에 메모하는 습관이 있다. 나는 메모하는 것이 아주 중요하다고 생각하는 사람이다. 그렇다고 기자들처럼 빽빽하게 메모하는 것은 아니고 몇 가지 원칙을 정해 메모를 하고 있다.

우선 누구랑 얘기를 하다가 번뜩 떠오르는 아이디어가 있으면 메모한다. 또 내가 부하직원에게 지시를 내린 일들도 메모한다. 큰 조직에 있다 보면 내가 어떤 직원에게 어떤 일을 지시했는지 잊기 마련인데, 이를 방지하기 위해 메모를 하고 나중에 꼭 체크한다.

나는 메모할 때 삼색펜을 사용한다. 보통은 검정색으로 메모하지만 급하고 중요한 것은 빨간색으로 한다. 그래서 바쁠 때는 수첩을 넘겨보면서 빨간색들만 우선 체크해서 급하고 중요한 일이 빠짐없이 진행되고 있는지 살펴본다. 그리고 파란색은 주로 대통령의 지시사항 같은 것을 적을 때 사용한다.

또 수첩의 맨 뒤쪽에는 누군가를 불시에 만날 때 해야 할 얘기들을 적어놓는다. 예를 들어 대통령을 만날 때 할 얘기들도 여기다 적어놓는다. 내가 장관이라고 하지만 대통령을 만날 기회는 그리 많지 않고, 또 대통령은 늘 바쁘시기 때문에 만날 기회가 생겨도 오래 얘기할 시간이 없다.

이는 회사에서도 마찬가지라고 생각된다. 직원들이 사장을 만날 기회는 많지 않다. 따라서 언제든 사장을 만나면 평소 건의하고 싶었던 내용을 짧게 브리핑할 수 있는 준비가 되어 있어야 하고, 혹시 모를 사장의 질문에 언제든지 대답할 준비가 되어 있어야 한다고 생각한다.

많은 회사원이 상사가 자기를 챙겨주지 않는다든가, 자기에게 무심하다고 섭섭해하는 경우가 많은데, 이는 잘못된 생각이다. 내가 나서서 상사가 나를 챙길 수 있도록 만드는 능력을 길러야 한다.

체력관리는 어떻게 합니까?

하루 한 시간 정도의 운동을 매일 하고 있다. 오랫동안 아침에 조깅을 했는데 지난 몇 년 동안은 잠자기 전에 5km 정도를 매일 걸었다. 걷는 중간에 철봉이나 윗몸일으키기 기구를 이용해 15분 정도 스트레칭을 한다. 잠자기 전의 충분한 운동은 수면에도 도움이 되지만 과하게 축적될 수 있는 칼로리를 모두 제거함으로써 체중조절에도 절대적으로 도움이 되는 것 같다.

자녀교육은 어떻게 했나요?

우리는 아이들을 엄하게 키운 편이다. 한 달에 한 번씩 용돈을 줬는데, 상당히 엄격하게 제한해서 항상 모자람을 느끼게 했고, 갖고 싶은 것을 사달라고 해도 단번에 사준 적이 거의 없다. 무슨 조건을 붙이기 일쑤였다.

한번은 아들녀석이 유명한 농구선수 마이클 조던의 얼굴이 들어 있는 운동화를 사달라고 조른 적이 있다. 그때 나는 반에서 5등 안에 석 달 연속 들면 사주겠다는 조건을 붙였다. 그리고 그 운동화를 사서 방문 앞에다 대롱대롱 매달아놓고는 들락날락할 때마다 눈에 보이도록 했다. 좀 잔인하다는 생각이 들었지만 원하는 것을 단박에 갖도록 하는 것보다 노력의 결과물로 안겨주고 싶었다. 나의 그런 결정이 좀 심했다 싶었는지 집사람이 사정을 해서 한 달 뒤 조건을 좀 완화시켜 주기는 했지만.

아이들을 엄격하게 키우기는 했지만 때론 자상한 아버지 역할도 했다. 내가 자신있는 수학과목을 아이들에게 직접 지도하기도 했고, 아이들이 취직한 후에는 사회 선배로서 지도편달을 하기도 했다. 그때마다 항상 빼놓지 않고 한 말은 '항상 최선을 다하라'는 것이었다. 세상을 살면서 최선을 다해 사는 것만큼 중요한 것은 없다고 생각하기 때문이다.

그 후의 이야기

떨어질 것 뻔히 알면서 왜 출마했소?

2006년은 내게 큰 시련과 좌절로 진한 고통을 맛본 한 해였다.

2004년 총선이 끝나자마자 지방선거의 미풍이 시작되었고 그때부터 서울시나 경기도에 출마를 해보라는 주변의 권고가 있었다. 그러나 내가 공직에 온 것은 10~15년 뒤 우리나라가 먹고살 거리를 정보통신 분야에서 만들어 달라는 국가의 부름에 응해 일을 하기 위한 것이었지 선출직이나 다른 공직을 수행해서 뭔가 출세를 해보겠다는 생각은 전혀 없었다. 초지일관 IT산업을 일으켜 정보통신 일등국가를 만드는 것이 내 생애 유일한 목표일뿐이었다. 그러나 정치권에서의 유혹은 끊임없이 있어왔다.

지방선거 출마 얘기는 2005년 하반기부터 급증하게 되었고 드디어 2006년 대통령을 수행해서 동남아 출장을 갔을 때 대통령으로부터 지방선거에 나가볼 생각이 없느냐는 질문을 받았다. 정치에 소질이 없는 것 같다는 답변을 했다. 사실 그 당시 열린우리당에 대한 여론이 극히 나쁜 상황이라 당선이란 불가능했었다. 노 대통령은 출마를 해서 낙선이 되어도 새로운 공약을 내놓고 여론을 환기시키는 것이 국가 발전에 도움이 되는 일이라는 자신의 경험을 얘기해 주기도 했다. 그러나 투자효과를 먼저 생각해보는 기업경영 방식에 익숙한 나로서는 잘 이해가 되지 않는 발상이었다.

그럼에도 불구하고 주변에서 많은 권유가 있다 보니 자연스레 서울특별시와 경기도에 관심을 가질 수밖에 없었다. 양쪽 다 작은 국가에 비견될 만한 규모와 문제점을 갖고 있었다. 정치의 중심으로 치자면 서울이

중요하겠지만 경기도는 인구가 1천 100만 명에 우리나라 총 GDP의 4분의 1을 차지하고 중소기업 중 제조업의 3분의 1과 온갖 첨단기업이 포진해 있어서 우리나라가 선진국이 되기 위해서 가장 중요한 성장엔진이 되어야만 하는 지역이었다.

그러면서도 여기저기 흩어져 있는 공단이며 아파트 난개발로 인해 환경이 훼손되고 있고 급작스런 인구 증가에 따른 교통·교육환경이 다른 지역에 비해 열악한 곳이 경기도였다. 또한 북부 경기도는 군사적으로 민감한 곳이라 개발이 제한되어 있어 남부 경기도에 비해 소득이 반 정도밖에 안 되는 문제도 안고 있었다. 사람들을 만나면 한결같이 일자리를 많이 만들어 안정된 직장생활을 할 수 있게 해달라는 주문을 많이 하였다. 일자리는 외자유치를 하든 국내기업을 부추기든 투자가 우선인데, 이 분야라면 내가 지금까지 갖고 있는 지식과 경험을 유감없이 발휘해 볼 수 있는 곳이라는 생각이 들었다.

한편 주위에서는 많은 사람들이 같은 값이면 서울로 출마하는 것이 좋지 않겠느냐는 권유를 하였다. 당시 서울에서 강금실 전 장관의 여론 지지도가 높아서 여당에서는 강 전 장관을 서울시장 후보로 내세우고 나를 경제전문가로서 경기지사 후보로 내세워 쌍끌이로 세몰이를 한다는 지방선거 전략을 세우고 있었다. 그럴듯한 전략이긴 했지만 양쪽 다 어려울 것이라는 게 여론의 반응이었다. 차라리 나와 강금실 전 장관이 둘 다 서울에 나가서 흥미진진하게 경선을 치르는 것이 국민의 관심을 모으고 여론을 환기시키는 계기가 될 것이라는 아이디어를 내놓는 사람도 있었다. 하지만 결국 나는 경기도지사로 나가는 것으로 결론이 났고, 대통령과 청와대 만찬을 하는 자리에서 이 사실이 공식화 되었다.

그때까지 선출직에는 별 관심도 없고 사전지식도 없었던 나에게 이것은 엄청난 사건이었다. 선거에 나가면 보따리 꾸려서 미국에 있는 아들 집으로 가버리겠다는 집사람의 극렬한 반대도 있었고, 그래도 이런 기회가 일생에 몇 번이나 오느냐며 멋지게 선거전을 치러보라고 격려해주는 사람들도 많았지만, 내가 당선될 거라고 믿는 사람은 거의 없었다. 그래도 너무 실망해서 시작도 안 해보고 포기해버리는 것이 걱정스러운지 임형찬 보좌관을 비롯한 측근들은 최근의 선거전은 의외의 사태가 발발해서 역전이 되는 수도 많다는, 요행수 같은 얘기를 들려주면서 처음부터 너무 기죽지 않게 신경을 쓰기도 했다.

마침내 3월 초 장관직 사의를 표명했다. 후임 장관의 국회 청문회가 끝날 때까지는 출근을 해야 했으므로 공직자의 신분이니 내놓고 선거운동은 할 수 없었다. 투표일인 5월 31일까지는 겨우 석 달이 남아 있었지만 선거를 위해서 무엇을 어떻게 준비해야 하는지 전혀 아는 바가 없었다. 선거캠프는 어느 정도 규모로 어떻게 조직해야 하는지, 선거운동은 무엇을 어떻게 해야 하는지 여기저기 물어보고 다닐 정도였다. 다행히 경기도에 지역구를 둔 여당 국회의원들로부터 지원과 지도를 많이 받았다. 여러 의원들이 파견해준 보좌관들을 데리고 수원에다 선거사무실을 하나 내는 데 금쪽같은 한 달을 소비하게 되었다.

마침 봄철이라 이런 저런 수많은 모임이 있었고 사람들이 많이 모이는 곳이면 성당이든 교회든 법당이든 무조건 달려 가봐야 했다. 그러나 제대로 초청을 받지 못한 경우는 인사말을 할 기회도 주어지지 않았고 엄격한 선거법에 의해 명함을 함부로 돌리지도 못했다.

경기도에 있는 삼성전자에서 18년을 근무하고 사장 노릇도 몇 년씩이나 했고 정보통신부 장관도 3년이나 했으니 인지도가 꽤 높으려니 하는 기대는 처음부터 무참히 깨져버렸다. 노인정을 찾아가서 인사를 하면 어디서 많이 봤다고 하면서도 처음부터 알아보는 사람은 별로 없었다. 내가 누구라고 설명을 하면 '맞아 그렇지'라고 했지만 그뿐이었다. 선거에 관심들이 없으니 누가 경기지사로 출마를 했는지에 대해서는 무관심이었다. 여론지지도도 처음에는 20%를 밑돌았다. 김문수 후보가 40% 정도의 여론지지를 받고 있었으니 정작 선거운동이 시작되기도 전에 상대방은 마라톤의 반환점 근처를 달리고 있었다. 처음부터 당선은 불가능일 것 같은 석 달간의 마라톤 경주가 시작된 것이다.

야당의 후보인 김문수 의원은 나와 중학교 동기동창이라 선거 흥행을 좋아하는 언론은 친구끼리 사생결단을 내는 선거전이라고 법석을 떨었다. 김 후보는 경기도 부천을 지역구로 갖고 있는 3선의 현직 국회의원이라는 이점을 일찍부터 살려서 경기도 전역을 수차례나 방문했다고 한다. 모든 면에서 유리한 위치에 있었지만 단 하나 약점이라면 불신 받는 정치인이란 점이었다.

국회의원 출신 후보와 반도체 성공신화의 주인공으로서 우리나라를 정보통신 일등국가로 만든 일꾼의 대결이라는 점을 대비적으로 부각시키는 전략을 세우고 분투했으나 유권자들의 반응은 싸늘했다. 지방선거를 참여정부의 중간평가로 연결시키는 한나라당의 전략은 비교적 잘 먹히고 있었고, 야당의 공천부정이 있었지만 무능한 여당보다 부정한 야당이 낫다는 유권자들의 생각을 돌이키기에는 역부족이었다.

선거캠프조직이 겨우 만들어졌다. 정책과 공약을 만드는 팀장으로 균형발전위원회에서 근무를 하다가 잠깐 쉬고 있었던 박동 실장을 영입할 수 있었던 것은 천만다행이었다. 박 실장과 나는 부지런히 경기도에 있는 교수들을 찾아가거나 만나서 경기도의 지역경제발전, 교육, 환경, 복지, 교통 및 규제해소 등에 대해 시간이 나는 대로 각 분야의 전문가와 토론을 했다. 우리 캠프에 파견되어온 의원 보좌관들이 각각 전문분야를 가지고 있어서 장시간 여러 문제에 대해 심도 있게 공부를 했다.

경기도민의 수가 천만을 넘으니 그 문제점 또한 만만하지 않았다. 기업경영이나 IT분야 이외에는 전문적인 지식이 부족함을 절실히 느끼기도 했지만 파견되어 온 몇몇 보좌관과 머리를 싸매고 노력한 결과 제법 그럴 듯한 공약집 〈도정 3원칙과 희망경기 389〉를 마련했다. 또 시간만 나면 노동조합, 노인복지센터, 재래식 시장, 장애인 센터, 각종 단체들을 방문했고 경기도 31개 시군에 출마하는 후보자들을 만나서 격려해주었다. 몸이 열이라도 부족할 지경이었다.

여론조사는 40대 20의 차이를 극복하지 못하고 시간은 흘러가고 있었다. 선거캠프의 모든 사람들은 그게 뭘 의미하는지를 잘 알고 있었지만 아무도 그것에 대해 언급을 하지 않았다. 기자들이 역전시킬 특별한 전략이 있느냐고 물을 때가 가장 곤혹스런 순간이었다. 나의 답변은 한결같았다. "특별한 전략은 없고 일자리 많이 만들어 경기도민을 더 잘살게 할 사람이 진대제이고 그래서 출마했다는 진정성이 통하도록 하는 것뿐입니다."

나는 이미 마음속으로 작정을 했고 캠프요원들에게 당부를 해둔 상태였다. 결과에 연연하지 말고 깨끗한 선거를 하자고. 선거는 끝나도 인생은 끝나지 않으니 절대로 위법적인 일이나 인격파탄 일어날 일은 하지 말자고. 어떤 사람은 탈당하고 여당과 대통령을 싸잡아 비난하면 당선 가능성이 있을 것이라고도 했다. 그러나 그렇게 의리 없는 짓을 하고 당선이 되면 무엇 하겠는가?

선거 중 어느 하루의 단상

공식 선거기간이 시작된 첫 주말은 선거결과를 좌우할 정도로 중요한 날이었다. 5월 19일 토요일 아침 7시, 집에서 간단한 식사를 하고 우리 유세팀은 9인승 승합차를 타고 집을 나섰다. 그날은 경기도 북쪽을 누비고 다니면서 거리유세를 하는 계획이 수립되어 있었다.

도로 사정이 그다지 좋지 않은 국도를 한참 달려 8시 30분경 포천시에 도착했으나 길거리를 다니는 사람이 별로 없었다. 포천시의 이른 아침은 조용하고 평안했다. 어딘가 사람이 모여 있는 곳이 있으면 강력한 소리를 내는 큼직한 스피커를 장착한 유세차량을 세워 놓고 한바탕 연설을 해야 했다. 그러나 아무도 나한테 "이제 슬슬 거리 유세를 시작할까요?"라는 말을 못하고 있었고 나도 전혀 연설을 하고 싶은 기분이 아니었다. 아무리 둘러 봐도 청중이라곤 찾을 수도 없는 조용한 토요일 아침. 시끄럽게 떠들면 오히려 표 떨어지는 소리가 들릴 것 같으니 신바람이 날 수가 없었다.

나는 어디 열린 가게라도 있으면 들어가서 인사라도 하려고 했으나 이른 아침 가게도 열린 곳이 드물었다. 마침 길거리에 트럭을 대놓고 바나나 장사를 하는 중년 남자를 만났다. 어차피 행인은 별로 없으니 다 같이 심심하던 차에 바나나 행상과 나는 한참 얘기를 나누었다.

"수고 많으시네요. 요즘 장사가 어떻습니까?"

"장사요? 죽을 지경입니다. IMF 때보다 장사가 더 안 됩니다."

"아니 왜 그렇게 장사가 안 되나요?"

"우선 바나나 값이 올랐지요. 2천 원 하던 바나나 한 손을 3천 원 받고 있습니다. 그 놈의 기름 값 때문에 그렇게 받아도 남는 것이 없어요."

"그렇다고 바나나 사먹는 사람이 그렇게 없어질 리가 있나요? 뭔가 다른 이유가 없습니까?"

"있지요. 이 동네에 있던 중소기업이 여러 개 문을 닫았고 일하던 사람들이 많이 떠났으니 장사가 될 리가 있나요."

불경기가 심각하다는 말은 많이 들었고 보기도 했지만, 그 이유가 다름 아닌 어려운 중소기업 현황 때문이고 그것이 실제로 많은 사람들의 먹고 사는 문제로 결부된다는 것을 현장에서 직접 목격한 것이었다.

나는 그 행상에게 미안한 생각이 들기도 하고 배도 출출해서 바나나를 한 손 샀다. 그리고 얼굴이 구릿빛으로 탄 중년의 행상에게 '장사 잘

해서 부자 되세요' 라는 말을 해주었다. 그러나 가슴이 아리고 다리에 힘이 쭉 빠지는 느낌을 지울 수가 없었다.

정통부 장관 3년을 하는 동안 여러 가지 중소기업 활성화를 위해 간담회도 많이 해서 중소기업에 관한 한 뭘 좀 안다고 자부를 해왔지만 중소기업이 안고 있는 자금과 기술부족 같은 것이 서민의 먹고 사는 문제로 직결되는 생생한 현장을 경험하는 것은 처음이었다. 포천 지역에 산재되어 있는 3천여 개의 중소기업이 경기도 남부의 산업공단에 집결되어 있는 기업들보다 더 큰 어려움을 당하고 있는 사실은 여기저기 흩어져 있는 폐업한 공장들을 보면 쉽게 이해가 되었다. 이 얘기는 TV토론이나 거리 유세 중에 내가 언급하는 하나의 사례가 되었다.

중소기업을 활성화하여 일하고 싶은 모든 분들에게 일자리를 제공하기 위해 일자리 100만 개를 만들겠다는 것이 나의 가장 중요한 공약사항이었다. 유럽의 스웨덴, 네덜란드, 덴마크 등 전통적인 복지국가도 최근에는 단순히 세금을 많이 거두어 가난한 사람들을 도와주는 분배적 개념의 복지보다는 많은 사람들에게 소액일지라도 소득이 생길 수 있도록 일자리를 만들어주는 '일하는 복지사회'를 만들고 있다. 전업 주부나 은퇴한 노년층에게 자신의 경험과 장기를 살린 일을 하게 하여 일하는 즐거움뿐만 아니라 용돈 마련에도 도움이 되는 새로운 복지개념을 우리나라도 이제 시도해봐야 되지 않을까?

어느 날 수원의 재래시장을 찾아 갔다가 몇 가지 봄나물을 판다고 좌판을 벌려 놓은 할머니들에게 인사를 하고 명함을 돌렸다. 할머니의 거친 손을 잡으면서 고등학교 때 용산시장에서 청소부로 일하던 어머니 생각에 울컥 눈물이 났다. 당시에 대구에서 서울로 무작정 올라왔으니 먹고 살기가 너무도 어려워 용산시장에서 청소도 하고 감자 찌꺼기며 생선이나 닭 내장 등을 얻어다 끼니로 때우느라고 엄청난 고생을 했다. 어머니를 만나러 갔을 때 본 그 당시의 지저분하던 시장과 비교해서 40

년이 지난 지금의 수원시 지동시장은 비교적 잘 정리되어 있었다. 그러나 대형할인매장의 등장으로 재래시장이 활기를 잃어가고 있는 것만은 사실이었고, 그래서 시장 상인들로부터 장사 잘되게 해달라는 부탁을 무수히 받았다.

이런 경험들을 통해 나는 기업이나 공직에서는 알 수 없던 많은 것들을 보고 깨닫게 되었다. 보통의 사람들에게는 거창한 전략이나 구호보다 안정된 일자리와 먹고 사는 문제가 가장 중요하다는 것이었다. 이걸 해결하지 못하는 지도자는 다른 어떤 것을 잘하더라도 소용이 없다는 것을 깊이 깨닫는 계기가 되었다.

가족이 총 동원된 선거캠프

선거 개시 60일 전에 주소지가 경기도로 되어 있어야 해서 우리는 부랴부랴 수원 매탄동에 전셋집을 얻었다. 거의 20여 명이 기거를 하는, 마치 대학생들 MT장 같은 분위기였다. 우리 부부와 온갖 심부름을 도맡아 서울 집과 수원 집을 오갔던 아들 내외와 손녀, 직장에 휴가를 낸 맏딸 부부, 교환 학생을 서둘러 끝내고 귀국한 막내딸, 맏사위 맏딸 걱정하시는 장모님, 가족 아니면 누가 돕겠냐며 회사에 사표를 내고 합류한 큰처남, 이때가 아니면 언제 막냇동생을 위해 밥해 주고 빨래해 주겠냐며 팔 걷어붙이고 나선 큰누이, 멀리서 애가 타서 못 견디겠다며 미국에서 날아온 미국 이민생활 30년 된 작은누이, 나를 수행했던 비서와 집사람을 수행했던 비서, 공학도로서 나를 존경한다는 이유만으로 미국 유학 중 잠시 지도교수의 허가를 받고 귀국하여 도와준 스탠퍼드 박사 과정의 N군, 막내딸 친구 P양, 그리고 아침에 회의 차 찾아온 보좌진까지 합하면 아침식탁은 20여 명이 함께 북적대어 늘 잔치 분위기였다.

사실 돌아가는 형편은 잔치 분위기와 거리가 멀었지만 기왕에 우리가 가야할 길이라면 우리 인생에서 나름대로 의미 있는 시간으로 만들어 보자는 것이 우리 가족 모두의 생각이었다. 생각해 보면 나는 일에 미쳐 모든 것을 걸고 질주해 왔지만 그래서 소홀할 수밖에 없었던 부분이 가족이라면 가족이었다.

　특히 우리나라로 돌아와 삼성에 몸담으며 반도체며 디지털 TV 등을 개발하며 주말도 휴일도 없는 피 말리는 세월을 보내다 보니 내 아이들은 어느새 내 둥지에서 날아가 버릴 정도로 성장했다. 언젠가 아들은 내게 아빠는 항상 접근이 어려운 곳에 있었노라고 불평을 하기도 했었다. 나로서는 최선을 다해서 열심히 살았다고 자부하고 있었는데 일순 당황스럽기도 하고 미안하기도 해서 지금이라도 어떻게 해볼 수 없겠느냐고 물었더니 이젠 너무 늦었다는 아들 말에 속이 쓰렸던 적도 있었다. 그런데 이렇게 어려움에 처하고 보니 발 벗고 나서는 것은 그래도 가족뿐이었다.

　인천에 사는 큰누이는 처음에는 인천과 수원을 매일 오가며 살림살이를 꾸려주었고, 나중에는 아예 숙식을 함께 하며 집안 살림을 꾸려나갔다. 고된 선거운동을 하려면 잘 먹어야 버틴다며 메뉴를 바꾸어 가며 음식을 해 주었고, 덕분에 우리는 4킬로 감량은 기본이라는 선거운동 중에도 몸 축나는 사람 없이 두어 달을 잘 버티어냈다. 어머니가 41세의 늦은 나이에 막내인 나를 낳으셨고 삶이 고단하여 산후 조리도 제대로 할 수 없었기에 나는 거의 대부분을 아홉 살 차이 큰누이 등에 업혀 자랐다. 하지만 어려서부터 고향을 떠나 뿔뿔이 흩어져 살아야 했던 우리는 형제지간의 우애를 다질 겨를도 없었다. 그런데 이렇게 함께 먹고 자고 고락을 함께 하니까, 더구나 힘든 줄 뻔히 아는 길을 고되게 함께 가다 보니 끈끈한 정이 절로 생기는 것이었다.

　미국생활 30년 된 작은누이 역시 아픈 몸을 끌고 나와 큰누이와 함께 살림을 맡아주었으니 그 고마움이 사무친다. 피는 물보다 진하다고 했던가. 병환 중인 형님 가족도 틈틈이 마음을 써 주셨다.

선거판에 나와 보니 사돈의 팔촌, 이웃, 동료 등 눈곱만큼의 인연만 있으면 기대고 신세지고 도움을 청해야 했으니, 적어도 남에게 신세는 지지 말고 살자던 평소의 생활신조는 오간 데 없는 시간이었다.

아침마다 전쟁터로 나가는 군인과 다를 바 없으니 온 가족이 엘리베이터 앞까지 나와서 배웅을 하고 서로 하이파이브를 하는 등 일부러라도 분위기를 고조시키기 위해 애썼고, 생각할 여유도 없이 짜인 일정대로 흘러가는 시간 따라 이끌려 간 우리는 매일 매일을 시위 떠난 화살처럼 앞만 향해 뛰고 또 뛰었다.

나의 아내도 자원봉사자들과 함께 쉴 새 없이 이곳저곳을 뛰어다니며 많은 고생을 했다. 처음엔 내가 미처 못 가보는 곳을 대신 가는 것으로 생각했으나 사실 선거운동은 나보다 아내가 더 많이 한 모양새가 되었다. 나는 TV토론회 준비를 하랴 선거전략 관련회의를 하랴 캠프 내에서 하는 일이 많았지만 아내는 그야말로 발로 뛰며 거의 두 달 동안 경기도를 누비고 다녔다. 예비후보가 되어 명함 돌리는 것이 가능해졌지만 선거법은 후보 본인, 배우자와 수행비서 세 명만 명함을 돌릴 수 있게 되어 있었다. 아내는 명함 한 장이라도 더 돌릴 욕심으로 발이 땅에 붙지 않을 정도로 빠르게 뛰어다녔다고 한다. 아침 일찍 집을 나선 아내는 밤이 되면 녹초가 되어서 돌아오는데, 매일 명함 돌린 기록을 깼다고 하였다. 어느 날은 3천 장의 명함을 돌린 적도 있었다니, 명함을 줘도 뿌리치고 안 받는 사람들도 꽤 있는 것을 감안하면 적어도 4천 명에게는 명함을 건넨 것이 아닐까? 나는 한편으로 미안하고 한편으로 고마운 마음을 금할 수가 없었다.

누가 우리 집사람의 놀라운 변신을 보고 한마디 했다.

"아니 출마하면 집 나간다고 하더니 어떻게 그렇게 열심히 할 수가 있습니까?"

아내의 답은 간단했다.

"30년을 같이 산 그 묵은지 정 때문에 안 할 수가 없지요."

선거전에 성심성의껏 뛰어다닌 것과는 별개로 꼭 이겨야 하겠다는 마음을 버리고 나니, 어차피 승부에 욕심을 둘 형편이 아니라는 것을 인정하고 나니, 선거일까지 사고 없이 불미스러운 일 없이 함께 하는 사람들 모두 건강하게 마무리 잘할 수 있게 하는 것에 목표를 두고 나니, 또 못할 것도 없는 것이 선거운동이었다.

장모님은 같이 계시는 동안 대상포진을 앓으시는 등 큰 고생을 하셨는데 우리 부부가 알면 신경 쓰인다고 선거가 끝날 때까지 내색을 하지 않으셨다. 큰처남도 숙식을 함께 하며 캠프 내 살림을 도맡아 했는데 육체적 정신적 피곤함에 늘 시달렸고 사고 날까 봐 노심초사 고생이 이만저만이 아니었다. 처남댁에게도 많이 고마웠지만 미처 그 고마운 마음을 전할 새도 없었다.

우리 아이들도 각기 역할을 맡아 제 몫을 단단히 해 주었는데, 아들은 네이버 블로그를 맡아 운영하였고, 딸 부부는 미니 홈피를 운영하였으며, 막내딸은 유세팀에 끼어 함께 경기도를 누비고 다녔다. 성격들이 조용하고 나서기를 별로 좋아하지 않던 아이들이었지만 이 아버지의 일이니 무엇이든 할 수 있는 일은 다 하겠다는 의지로 동참해준 것이다.

가족은 또 가족이라서 그렇다 치고 이번 선거를 통해 정말 감사한 것은 승산 없는 싸움임에도 불구하고 기꺼이 도움이 되어 주었던 친구들과 친지들이었다. 내가 선거에 나가게 된 것을 알게 되자 나와 중학교 고등학교 동창인 김용완 군이 도와주겠다고 자청했다. 선거 시작부터 사무장을 맡아 어려운 뒤치다꺼리를 묵묵히 해준 친구에게 정말 감사한다. 또 고등학교 동창인 친한 친구 이상덕 군은 생업을 잠시 접고 귀국하여 선거기간 내내 캠프에서 일을 도와주었다. 바쁘다는 핑계로 친구들과 자주 만나는 일조차 쉬운 일이 아니었는데 이렇게 친구들에게 과한 사랑을 받고 보니 고마움이 사무쳐 눈물이 날 정도였다. 경기도 곳곳을 다니면서 열린우리당에 냉정한 유권자들에게 마치 몰매를 맞는 듯한 기분이었는데 그 와중에도 가족과 친구와 친지들의 사랑을 받으며 함께할 수 있었던 일은 평생 잊지 못할 추억이고 축복이었다는 생각이 든다.

사람이 살면서 평생을 배운다고 하는데 정말 그런 것 같다. 이번 선거를 치르면서 나는 그동안 우리가 잘살아온 것일까 하는 생각을 하고 또 했다. 남에게 폐를 끼치지 않는 것으로, 상대방의 프라이버시를 최대한 존중해서 참견하지 않는 것으로 '너는 너 나는 나' 하고 살아온 것이 과연 잘사는 것일까 생각도 해보고, 대중을 위하고 사랑한다는 허울 아래 겉과 속이 다르게 사는 오지랖 넓은 사람들이 정치인이라고 단정했던 것이 과연 옳은 일이었나 생각해보곤 하였다. 내 삶에도 새로운 모습이 더해져야 한다는 생각, 즉 남을 위해 내가 가진 것을 함께 나누어야겠다는 생각도 많이 하게 되었다. 하지만 정치인은 내게 맞지 않는 옷이라는 느낌은 여전했으며, 어서 벗어야지 하는 생각이 불쑥불쑥 들곤 하였다.
선거가 끝나고 가진 어느 잡지와의 인터뷰에서 마치 건강검진 후 '정치에 적합하지 않음'이라는 진단을 받은 것 같다고 쓴 글을 보았는데 그 표현에 공감한다. 겉으로는 상처투성이의 결과였지만 속을 들여다보면 얻은 것도 많은, 어찌 보면 잃은 것 보다 얻은 것이 더 귀중한 그런 경험이기도 하였다.
모두들 어려움을 겪고 나면 가족의 소중함을 새삼 느낀다고 한다. 세상에 가장 소중한 것이 가족이라는 것도 시험문제 정답처럼 우리 뇌리에 박혀있다. 그런데 가슴으로 느끼고 확인하는 가족의 소중함은 그냥 머리로 생각하는 것과는 차원이 다른 것이었다. 내 가족, 형제자매, 친척, 친구, 친지들, 동료들, 어떻게든 도움이 되고자 애써 주었던 주위의 모든 분들께 감사하고 감사하는 마음을 다시 한 번 전한다.

지금 나에게는 돌이 지난 친손녀와 백일이 지난 외손자가 있다. 선거에 나와서 정신없이 지내는 동안 손녀 서영이의 백일이 지났고, 3개월 4개월 된 모습은 즐길 여유가 없이 지나갔다. 그럼에도 어렵고 힘든 고비마다 그 예쁜 아이들의 모습을 한 번 보고 껴안아 주는 것으로 내가 얼마나 큰 힘을 받았는지, 내가 얼마나 행복했는지 고 녀석들은 모를 것이다.

서영아! 진민아! 너희들 아빠 엄마가 어렸을 때는 내가 너무 바빠서 예뻐해 줄 시간도 마음의 여유도 없었단다. 그 때 못한 것까지 다 합쳐서 너희들이 자라는 모습을 즐기고 사랑할 거란다.

회사 창업, 55세의 나이에 새로 시작한 도전

선거에 패배한 뒤 나는 두 달간 집에서 쉬었다. 주변에서 그동안 선거를 치르느라 몸도 마음도 많이 고생했으니 머리도 식힐 겸 몇 달 푹 쉬라고 해서 내 생애 최초로 가져본 긴 휴식이었다.

모처럼의 여유 있는 시간을 보내면서 나는 앞으로 무엇을 할 것인가를 생각해보았다. 생각보다 할 수 있는 일이 별로 없었다. 공직자윤리법에 의해 동종업계 회사는 취업이 제한되고 있었고, 장관을 3년 이상이나 지냈으니 전문경영인으로 취직을 하는 것도 마땅치 않았다. 장관을 그만두고 나면 대부분 대학 교수나 총장으로 가는 경우가 많은데, 그래서 국무위원을 고등학교 학생이라고 하는 말도 있다. 아침 일찍부터 하루 종일 바쁘게 지내다 갑자기 할 일도 없고 갈 곳도 없어지니 그 말이 실감났다.

8월 중순에 휴가를 겸해서 지인들과 함께 두 번째로 백두산 천지를 등정했다. 뭔가 새로운 일에 내 마지막 인생을 걸만한 가치 있는 것이면서도 내가 지금까지 쌓아온 기업경영 노하우나 공직을 수행했던 여러 경험을 적절하게 활용할 수 있는 일이 뭘까 하고 골똘히 생각해봤다.

단순히 돈을 버는 일이 아니라 향후 우리나라가 선진국으로 진입하기 위해서 필수적인 국가경쟁력의 향상 차원에서도 도움이 되는 일을 해보고 싶었다. 이런 저런 구상을 하며 산길을 오르고 있는데, 갑자기 어떤 생각이 떠올랐다. 바로 중소벤처기업을 위한 창업투자보육 회사를 만들어 보자는 것이었다. 공직생활을 하는 동안 중소벤처기업을 육성하여 글로벌 경쟁력이 있는 대기업으로 만들려면 어떻게 해야 할까 많이 생각을 해봤고 여러 가지 정책도 만들어 봤지만 정부가 모든 것을 다해낼 수는 없다는 생각이 들었었다. 그런데 갑자기 그 순간 내가 소위 중소벤처기업의 생태계에 활력소가 되는 창업투자보육 회사를 만들어보면 어떨까 하는 생각이 든 것이다.

두 달 동안의 준비 끝에 10월 12일 정식으로 개업을 하고, 꽤 긴 이름을 가진 회사의 등록을 마쳤다. '스카이레이크 인큐베스트 주식회사'. 스카이레이크(Skylake)는 '하늘 호수', 즉 천지(天池)를 의미하며 인큐베스트(Incuvest)는 보육(Incubate)과 투자(Invest)의 뜻을 가진 합성어로 만들었다. 결국 우리 민족의 발원지이고 우리나라 백두대간의 시발점인 천지의 웅혼한 기상을 담아 IT 벤처기업들을 훌륭하게 키워내겠다는 의지가 담긴 이름인 셈이다. 또 소위 '묻지마 투자(영어식 표현은 Spray & Pray라고 함)'가 아니라 벤처경영자와 직접 머리를 맞대고 같이 회사를 키워 보자는 의미가 내포되어 있다.

명분이야 어떻든 50대 중반에 금융 서비스 분야라고 할 수 있는 생소한 분야에 뛰어들어 창업을 한다는 것 자체가 모험으로 보였던 모양이다. 그래서 가족을 포함하여 주변에서 걱정하는 사람들이 많았다. 뜻은 좋으나 실질적으로 많은 어려움에 부딪칠 것이고 그나마 쌓아온 이력에 흠이 갈지도 모른다는 것이 반대하는 이유였다.

하지만 나는 지금까지 그랬듯이 이런 새로운 도전만이 내게 즐거움과 보람을 안겨준다고 생각했다. 고맙게도 나의 뜻을 지지하고 반겨주는 유능한 인재들이 모여 들었다. 삼성전자에서 오랫동안 같이 일을 해왔던 박상일 박사, 이강석 박사, 김창근 씨 등이 우리 회사로 왔고, 또 해외 투자기관에서 근무하다 한국을 위해 일해 보겠다고 뜻을 세운 최승우 씨, 이응진 변호사 등이 모였다. 뜻이 있는 곳에 길이 있다고 펀드도 이런 생각에 동조하는 분들의 도움으로 비교적 쉽게 모아졌다.

우리나라에는 소규모 자영업체를 포함하면 약 300만 개의 중소기업이 있다고는 하지만 대다수가 영세하여 글로벌 경쟁을 할 수 없는 형편이다. 또 환율이 1달러당 900원 또는 그 이하로 내려가는 경우 수출뿐만 아니라 국내에도 값싼 외국수입품이 범람해서 중소기업들의 근간을 흔들 수 있다. 첨단업종이라도 다를 바가 없다.

예를 들어 우리나라에는 소프트웨어 업체가 6천 개가 넘지만 그 중에 매출이 300억 원 넘는 회사는 30여 개에 불과하다. 그 중 가장 매출 규모가 가장 큰 삼성SDS도 비슷한 IT서비스 업종의 IBM과 비교하면 50분의 1 수준이고 패키지 소프트로는 국내에서 가장 크다고 볼 수 있는 '한글과컴퓨터'사가 세계 최대의 소프트업체인 마이크로소프트사의 1000분의 1 수준으로 글로벌 경쟁이라는 관점에서 보면 취약하기 짝이 없다.

이렇게 소프트웨어 기업의 규모가 작으니 소프트웨어 업계의 상황도 어려울 수밖에 없다. 소프트웨어가 첨단기술이고 근사해 보이지만 그 안에 종사하는 이들은 거의 날마다 밤을 새우고 'IT업계의 3D'라는 말이 나올 정도로 열악하다. 이런 상황을 타개하는 방법은 유사한 업체끼리 합병을 하도록 하고, 그들이 성장하도록 자금을 지원해서 글로벌 경

쟁력이 있도록 만드는 일이다. 그래서 궁극적으로는 국내 소프트웨어업
계에서도 오라클이나 구글 같은 기업을 만들 수 있는 방안을 마련해야
한다.

지금까지가 벤처 창업을 지원하는 것이 중요한 시기였다면 앞으로는
그 씨앗을 어떻게 키워서 씨알이 굵은 중견기업으로 키워내는가가 중요
한 시기이다. 이것은 우리나라를 선진국으로 이끌어갈 경쟁력 있는 기
업을 키우고, 무엇보다 중요한 일자리를 창출하기 위해서도 필연적으로
해야 할 일이다. 그러나 이런 일을 모두 정부가 맡아서 하기에는 한계가
있다. 정부가 사기업에게 '너는 기술이 나쁘고 무엇이 문제이니까 이렇
게 저렇게 해라'라고 말할 수는 없다. 따라서 업체 간의 제휴와 합병을
부채질하고 판단하는 것은 결국 자금을 갖고 있는 투자기관의 몫이고
바로 '돈의 힘'이다. 민간자본으로 형성된 투자펀드가 투자를 하느냐
또는 안 하느냐에 따라 이런 흐름을 만들어 낼 수 있다. 우리나라의 벤
처 생태계에서 아직 취약한 분야가 있다면 바로 이런 일들이라고 말할
수 있다.

예를 들어 이제 우리나라에서 상용화가 시작되었지만 다른 나라에서
는 아직 계획단계에 있는 와이브로 칩셋을 만드는 회사가 전 세계에 20
개나 있고 국내에도 10개 정도가 개발을 추진하고 있다고 한다. 칩셋 시
제품 하나 만드는 데만 200만 달러 이상의 비용이 들고 결국 시장에서
성공할 수 있는 벤처는 극소수에 불과할 것이라고 본다면 수천만 달러
의 귀중한 투자자금이 회수가 되지 못한다는 뜻이다. 우리나라 벤처기
업들이 이런 경쟁을 견딜 수가 있을까? 상황을 제대로 파악하지 못하면
어렵사리 한 투자가 결국 투자자나 벤처기업가에 피해를 입히게 되고
만다. 누군가가 교통정리를 해야 하는데 바로 투자기관이 정확한 정보를
가지고 시장을 건전하게 이끌어야 한다. 벤처캐피털이 발달되어 있는 미
국과 비교하면 아직도 이런 부분이 덜 성숙되어 있음을 느끼게 된다.

삼성 사장 시절 해외의 벤처캐피털에 투자를 요청하기 위해 방문을 하고 설명을 해보면 저쪽의 우리 기술에 대한 평가와 정보가 너무 정확했다. 지금 너희 기술은 세계 선두주자에 비해 이런 점은 낮지만 저런 점은 부족하다고 지적을 해준다. 벤처캐피털은 중소벤처기업이 가진 기술에 대해서 정확한 가치평가, 즉 시장이 언제 발생하니까 언제 이 기술이 얼마의 가치를 가지게 될지 평가해줄 능력이 있어야 한다.

벤처기업이 창업을 한 뒤 코스닥에 상장하는 비율은 10%가 넘는데 이는 미국 벤처기업이 나스닥에 상장하는 비율 3%에 비해 높은 편이다. 그러나 코스닥 상장 후에 얼마 지나지 않아 경영성과가 나빠져서 일반 투자자에게 피해가 돌아가는 경우가 많다. 이런 일을 막으려면 상장 후에도 벤처기업을 잘 관리해서 지속 성장하도록 환경을 만들어 주어야 한다. 일반적으로 창업을 해서 5~7년 정도 열심히 일을 해서 상장을 하게 되면 크게 성공을 한 것이지만 창업자의 입장에서 보면 큰돈을 벌지도 못하고 심신이 많이 지쳐 있는 경우를 자주 목격하게 된다. 창업 때의 비즈니스 모델의 효용성이 다 떨어져 회사의 성장은 둔화되고 더 이상의 성장 추진력을 잃어버린 경우이다.

대기업이라면 이런 경우 CEO가 바뀌면서 또 다른 발전방안이 만들어지나 벤처의 경우는 창업자가 의욕을 잃어버린 경우라도 CEO를 바꾸는 것은 쉽지 않다. 다른 사업모델을 접목해보려 하지만 CEO 혼자의 힘으로는 역부족인 경우가 다반사다.

더불어 우리나라에는 벤처를 창업하면 무조건 상장만을 달성 목표로 여기는데 이는 잘못된 관행이다. 상장을 목표로 하면 영업, 마케팅, 재고관리 등을 잘하고 단기적인 이익이 나도록 운영을 해야 한다. 덩치가 훨씬 큰 대기업과 경쟁을 해야 하고 경영진에 과도한 하중이 실리게 되어 있다.

그런데 상장 안 하고 회사를 매각하는 창업모델이면 영업이나 마케팅은 필요 없고 연구개발한 기술이 상업화가 가능한 것을 보여주기만 하면 된다. 따라서 대기업이 인수하기 쉽도록 몸집을 최대한 가볍게 운영하면 되는 것이다.

큰 회사의 틀에 묶여있으면 발상의 전환이 쉽지 않기 때문에 획기적인 아이디어나 신기술은 대기업에서 못하는 경우가 많다. 시스코나 인텔 같은 세계적 대기업들이 자꾸 인수합병을 하는 것은 바로 이런 허점을 메우기 위한 방어대책이다. 이러한 인수합병이 활발해야 벤처도 더 많이 창업하게 된다.

이제 우리 벤처업계도 코스닥 상장만을 목표로 삼는 것이 아니라 다양한 출구를 모색해봐야 한다. 바로 중소벤처업계의 생태계를 바로잡는 일이다. 사람의 일생처럼 기업도 생로병사가 있다. 각 단계별로 발전할 수 있도록 정부와 민간이 힘을 합쳐서 지원해 주어야 한다. 특히 벤처캐피털의 이런 생태계 조정자로서의 기능이 살아나야 세계적으로 경쟁력 있는 기업이 나올 수 있다고 믿는다.

새로운 도전은 늘 나를 설레게 한다

이 책이 나온 지 꼭 일 년이 되었다. 지난 2006년은 나에게 많은 변화가 있었다. 20여 년간 기업체에 있다가 정부통신부 장관이 되어 3년간 공직자의 길을 걸어온 나는 지난해 5월 경기도지사 선거에 출마하였다.

내가 정치에 도전하게 될 줄을 나 자신도 예상하지 못했던 일이다. 하지만 초등학교 때부터 장학금을 받아 공부했고 국비유학생 1호로 미국 유학까지 마쳐서 늘 나라에 대한 마음의 빚이 있던 차에 정보통신부 장관을 하라는 나라의 부름이 있었을 때 거절할 수 없었던 것처럼, 임명직 관리로서 대통령의 도지사 출마 지명 또한 받아들일 수밖에 없었다.

새로운 도전이었지만 최선을 다했고, 그만큼 선거 결과에 깨끗이 승복했다. 내 생애 처음으로 처절한 패배를 맛보았고 마치 홍역을 치르고 난 것처럼 힘든 순간들이었지만 배우고 느낀 점도 많았다. 어떤 사람은 내가 여당 후보 가운데 유일하게 30% 이상을 득표하여 경쟁력을 입증했다고 하지만, 나는 오히려 정치인이 아닌 자연인이 되어 이제 내가 하고 싶고 잘할 수 있는 것을 마음껏 할 수 있게 된 것을 다행으로 생각하고 있다.

정보통신부 장관 시절 'IT산업을 10년, 15년 뒤 대한민국이 먹고살 먹거리 산업으로 만든다'는 결심으로 땀과 열정을 바쳐 추진했던 프로젝트들을 내 손으로 마무리하지 못한 것이 아쉬움으로 남긴 하지만, 그래도 요즘 그 프로젝트가 하나씩 결실을 맺는 것을 보니 마치 내 자식을 보는 것처럼 기쁘고 대견하다.

한국이 독자기술로 개발한 와이브로가 국제전기전자학회 광대역무선액세스 표준(IEEE 802.16e)으로, 또 DMB도 국제전기통신연합(ITU)의 국제표준으로 확인 승인됨에 따라 이제 우리의 와이브로와 DMB는 세계 시장과 앞으로 다가올 4세대 이동통신기술과 유비쿼터스 세상을 선점할 수 있는 근거를 마련하게 됐다. 앞으로 RFID(무선주파수 인식기술), 홈네트워크, 지능형 로봇 등 IT839 전략의 옥동자들이 속속 세계인의 주목을 받으며 신고식을 치를 날이 올 것이다.

지금 내가 앉아있는 사무실 벽에는 커다란 백두산 천지 사진이 걸려 있다. 회사이름은 '스카이레이크 인큐베스트'. 뛰어난 기술력과 제품경쟁력을 지닌 우리나라의 IT기업을 대상으로 투자, 해외진출을 포함한 경영 자문 및 지원을 통해 투자기업들의 성장과 가치상승을 목표로 설립한 회사다. 작년에 선거가 끝난 후 8월에 백두산에 가서 천지를 끼고도는 11시간의 트래킹을 하면서 본격적인 구상을 시작, 2개월 만에 회사를 만들었다.

한국이 이제 세계적인 IT강국이고 인터넷과 이동통신 등 인프라가 최고 수준이고 소프트웨어 업체만 6천 개가 넘는데도 왜 아직 오라클이나 구글 같은 세계적인 회사가 탄생하지 못하고 있을까? 소프트웨어 업체만 예를 든 것이지만 비메모리 반도체나 다른 분야도 비슷한 양상이다. 그 이유는 성장잠재력이 있는 중소벤처 회사에 자금을 투자하고 경영기

법을 수혈할 육성체계가 제대로 마련되지 못했기 때문이다. 이 점이 바로 내가 하고 싶은 것이다. 즉 한국의 벤처회사들로 하여금 글로벌 네트워크를 구축하고 성장을 가속화하도록 촉매역할을 하는 것이다. 또 세계적으로 소위 사모펀드가 유행하고 있고 그 펀드가 시장자본주의를 더욱 꽃 피우고 있는 점에서 시류에 딱 맞는 일을 시작한 것이다. 언론에서는 '진대제 펀드'가 떴고 기대가 크다고 한다.

나는 그동안 대기업에서 제품을 만들어 사업을 해봤고 공직에서는 정책을 만들어 전반적 IT산업을 이끌어 보기도 했지만 펀드를 운영하는 일은 처음 시도해보는 일이다. 그러나 우리나라를 선진국으로 끌고 갈 글로벌 경쟁력을 가진 회사가 많이 만들어져야 하는 것에 아무도 이의를 달지 않을 것이고 나는 이를 가능하게 하는 기업조련사 역할을 한번 해보자고 나선 것이다. 다행히 이러한 생각에 공감을 하는 유능한 사람들이 여럿 모여들었고 이제 자그마한 사무실을 열어 일을 시작한지 몇 달밖에 안됐지만 우리 사무실은 상담을 하러 오는 야심만만한 젊은 벤처기업가들로 붐비는 장소가 되었다. 이 일 또한 그렇게 쉬운 일만은 아니겠지만 나는 가장 시장 친화적이고 지속가능한 중소기업 발전모델을 만들어 국가발전에 도움이 되도록 도와주고 싶다. 이 일은 삼성전자 시절부터 메모리에서 비메모리, 가전사업 등 어려운 사업을 옮겨 다니던 나의 개척자적 기질에 딱 맞아 나를 행복하게 한다.

지금까지 소프트웨어관련 벤처회사에의 투자가 성사되었고 최초의 투자가 이루어졌으며, 다음 투자할 곳도 몇 군데 정해져 있다. 지금은 작은 규모의 투자운영회사로 시작하지만 향후에 미국의 KPCB같은 투자기관으로 성장시키고 야후나 구글, 나아가 마벨 같은 회사를 만들어 내기 위해 최선을 다 할 것이다. 나의 이런 생각에 많은 투자자와 투자기관들이 공감하고 적지 않은 자금을 지원해주기로 약속하여 조만간 2호 펀드가 출범할 예정이다. 2호 펀드는 국내의 핵심역량이 있는 중견

기업을 골라서 글로벌 경쟁력을 갖춘 기업으로 만드는 일에 쓰여 질 예정이다.

벤처 투자전문회사 대표이사라는 직함 외에 내게는 '한국정보통신대학교(ICU)' 석좌교수라는 직책이 하나 더 늘었다. 2006년 6월에 취임한 나는 이곳에서 주로 중소기업 CEO를 대상으로 '진대제와 함께하는 IT 최고경영자 과정(AMP)'을 개설했다. 명예스럽게도 우리 AMP 수강생들은 짧게 줄여서 '진대제 AMP'라고 부른다.

흔히 최고경영자 과정이라면 그저 인맥을 넓히는 사교의 장으로 생각하기 쉽지만 이곳은 아주 '빡세게' 공부하는 곳이다. 매주 강의가 있는데 첫 시간은 최근의 IT 전반에 걸친 기술 및 산업동향에 관한 강의가 있고 이어서 벤처 또는 기업회생의 성공사례를 발표하게 되고 질의 응답시간이 이어진다. 원래는 저녁 7시부터 시작되어 밤 10시까지로 계획되어 있지만 11시가 되어도 질문은 계속되고 내가 '이젠 너무 늦었으니 그만 합시다' 하기 전에는 아무도 먼저 일어나서 가지도 않는다. 급변하는 환경 속에서 살아남기 위해서, 또 다른 사업의 기회를 포착하기 위해서 불철주야 노력하는 우리나라 기업CEO들의 결연한 의지를 느끼게 된다. CEO의 우수한 자질과 경영능력이 필수적인 이 시기에 다른 사람의 성공사례를 접해 보고 최첨단 기술과 정책까지 넘나들 수 있는 명품 강좌를 만들어 보고자 한다. 특히 우리 중소기업의 CEO들이 신기술 정보뿐만 아니라 새로운 기업경영 기법을 익혀서 기업혁신을 하고 각종 의사결정을 신속 정확하게 하여 성공적인 업무를 할 수 있도록 도움을 줄 예정이다.

오랫동안 사업관계로 만나다가 친구가 된 미국인 에드워드 뉴먼(Edward Newmann) 씨가 얼마 전 자신이 가장 좋아하는 글귀라며 보내준 것이 있다.

"원하는 것을 할 수 있으면 자유이고, 하고 있는 것을 즐길 수 있으면 행복이다(To be able to do what you want is the freedom, to enjoy what you do is the happiness)."

　정말 공감이 가는 멋진 말이다. 자신이 하고 싶은 일을 하고 그것에서 보람을 찾는 일보다 더 행복한 것이 있을까?

　새로운 도전은 늘 나를 설레게 한다. 오늘도 나는 뜨거운 열정으로 새로운 목표를 세우고 세상 속으로 신바람 나서 걸어가고 있다.

우리 역사에서 전무후무한 통합적
지식인, 정약용의 지식경영법에
접속하라! 세상을 열어라!

다산선생 지식경영법

정민 지음 | 값 25,000원

다산의 지식경영법이 21세기 지식정보화 사회의 해법이다!

18년 유배생활 중 500권에 이르는 방대한 양의 저서를 완성한 한국 지식사의 불가사의, 다산 정약용. 그는 경전에 통달한 걸출한 학자인 동시에 역사를 손금 보듯 꿰고 있던 해박한 사학자, 목민관의 행동지침을 명쾌하게 정리해낸 행정가, 형법의 체계와 법률적 용을 검토한 법학자이자 『아방강역고』와 『대동수경』을 펴낸 지리학자였다. 또한 화성 축성을 설계한 뛰어난 건축가이고, 기중가와 배다리, 유형거를 제작해낸 토목공학자, 기계공학자였으며 『마과회통』『촌병혹치』 등의 의서를 펴낸 의학자인 동시에 독보적인 시인, 날카로운 비평가이기도 했다. 사상 유례없이 폭넓은 분야에서 기적 같은 학문적 성취를 일궈낸 전방위적 지식경영인 정약용은 어떻게 지식의 기초를 닦고 정보를 조직했을까? 어떻게 핵심을 장악하고 생각을 단련하고 효율성을 강화했을까? 그가 탁월한 사고 과학적인 논리로 현대에도 유용한 지식경영의 핵심과 로드맵을 제시한다!

추천의 글

방대한 자료 속에서 유용한 정보를 찾고 핵심가치를 재구성해낸 다산의 방식은 현대에도 유효하고 유효하다._조선일보 | 고전에서 현대에 필요한 지혜를 퍼 올린 책. 그의 지식경영은 효율적인 공부 방법과 경영 지침서로도 유용하다._동아일보 | 정보를 필요에 따라 수집하고 배열해 체계적이고 유용한 지식으로 탈바꿈시킬 줄 알았던 '멀티 플레이어' 다산의 동시다발 공부 비결을 밝혔다._중앙일보 | 다산이야말로 최고의 정보CEO요 탁월한 논술선생이다._한국경제 | 다산을 정민으로 대체해 〈정민선생 지식경영법〉으로 제목을 삼아도 무방할 만큼 다산과 정민이 뒤섞여 일체화돼 있다._한겨레 | 공부법이고 지식경영학이지만 결국에는 '제대로 사는 법'에 대한 인생론이라고 해도 틀리지 않을 삶의 자세에 대한 성찰이 담긴 책_경향신문 | 유배지에서 공부에 몰두하느라 방바닥에서 떼지 않았던 복사뼈에 세 번이나 구멍이 났다는 다산의 집념과 열정이 고스란히 담긴 책_문화일보

어디로 가야 하는지 모른다면
결코 그 목적지에 도달할 수 없다

극단적 미래예측

제임스 캔턴 지음 | 김민주 · 송희령 옮김 | 값 19,000원

불확실성의 시대,
지속성장기업을 꿈꾸는 CEO를 위한 생존전략보고서!

　세계적 싱크탱크 '세계미래연구소'가 미국 정부의 전폭적인 지원을 받아 완성한 2025년 탑트렌드 리포트! 30년간의 자료조사와 연구 · 분석! GE, IBM, 모토로라, 필립스 등 포춘 1000개 기업컨설팅으로 치밀하고 과학적인 미래를 예측한다!

　혁신적인 21세기 경제 환경에서 우리 기업은 어느 분야에 집중해야 하는가? 정말로 줄기세포가 인간의 수명연장의 꿈을 현실로 만들까? 미래의 인재전쟁은 어떠한 양상을 띨 것인가? 글로벌 미래에 대한 필수 안내서!

추천의 글

제임스 캔턴 박사는 앞으로 5년 내에 '세계를 흔들어놓을' 혁명적 기술을 완벽하게 분석하고 있다._ 뉴욕타임스 | 그는 우리 보다 먼저 미래를 보았다!_ 월스트리트저널